砚园学术

公共基础设施闲置及公私协力（PPP）活化机制实践

Public Infrastructure Idleness and Public-private
Partnership(PPP)Activation Mechanism Practice

邢志航 ◎ 著

基于项目全生命周期管理——

公私协力 (PPP) 项目活化机制、公共物业资产闲置预测模式、

奖励性投资开发财务风险评估、平衡绩效评估与活化战略地图

新 华 出 版 社

图书在版编目（CIP）数据

公共基础设施闲置及公私协力（PPP）活化机制实践 / 邢志航著．--

北京 ：新华出版社，2022.12

    ISBN 978-7-5166-6645-6

    Ⅰ．①公⋯ Ⅱ．①邢⋯ Ⅲ．①城市公用设施－资产管理－研究

Ⅳ．① F294

    中国版本图书馆 CIP 数据核字（2022）第 238442 号

公共基础设施闲置及公私协力（PPP）活化机制实践

作   者：邢志航

责任编辑：李 成   封面设计：树上微出版

出版发行：新华出版社

地   址：北京石景山区京原路 8 号   邮   编：100040

网   址：http://www.xinhuapub.com

经   销：新华书店、新华出版社天猫旗舰店、京东旗舰店及各大网店

购书热线：010-63077122   中国新闻书店购书热线：010-63072012

照   排：树上微出版

印   刷：湖北金港彩印有限公司

成品尺寸：185mm×260mm

印   张：30.75   字   数：495 千字

版   次：2023 年 3 月第一版   印   次：2023 年 3 月第一次印刷

书   号：978-7-5166-6645-6

定   价：128.00 元

绪 论

　　世界各地许多都市区域的都市公共建设为顺应经济的快速发展，无论是对于民众期许呼应或是为政府政绩的寻求发展与突破，都会大量地增建、兴建或创建许多公共基础设施。而这些设施多未以全生命周期的角度加以思索，出现公共基础设施长远性的管理维护等许多问题。除了整备、新建、管理、营运之外，所产生出来一连串的公款的浪费以及效率的不彰课题，形成了许多诸多闲置的现象。各个地方政府也都发现，许多公共设施的闲置造成了都市空间结构上的不连续，以及财政经济上的浪费，甚至是成为都市的颓败与治安隐患地区，妨碍都市建设发展。因此，针对此类问题提出了一连串的活化思维策略、财务手段、多元制度改革战略及政策来加以补救。

　　公私协力 (Public-private Partnership, PPP) 模式便是政府引入社会资本合作，协助公共建设兴建常用的方式，世界各地运作之项目有四类模式：具有涉及土地及天然资源相关项目、具有收益交通建设基础设施、具有收益性之巨额投资项目、具有公益性明显公共服务类城镇化或科教文卫基础建设设施。PPP 在世界各地的发展轨迹上，其中可持续发展性、竞合关系、协商对等上对于政府具有不同的时代意义。所涉及预算执行及行政经济效率上也是一种新形态制度，将全生命周期治理、风险均摊、利润共荣、奖励创新、公共管理绩效运用于公共基础建设中，为公共管理的创新，能通过奖励及约束法律并引入市场竞合机制，提高公共基础服务设施的服务质量与供给效率，将公共资产重整后再利用，形成具公共属性的资产筹码，协助推动未来发展政策。

　　中国 1984 年开始出现第一个 PPP 项目，迄今各类型的 PPP 项目如雨后春笋般在各建设中出现。中国财政部 PPP 中心公布，截至 2020 年 11 月末，2020 年 PPP 综合信息平台管理库 PPP 项目信息储备清单项目累计 3397 个、投资额 3.9 万亿元。整体由 2014 年以来，累计入库项目 9954 个、投资额 15.3 万亿元；累计签约落地项目 6920 个、投资额 11.0 万亿元，落地率 69.5%；累计开工建设项目 4188 个、投资额 6.4 万亿元，开工率 60.5%，更是发展迅猛（中国财经报，2021 年 1 月）。基于过去 30 年 PPP 经验，在 2016 年出台特色小镇建设引入 PPP 模式，2018 年 9 月《乡村振兴战略规划 (2018-2022)》的乡村振兴政策出台，鼓励"乡村振兴采取 PPP 模式"，地方政府将更需要社会资本在资金、技术和运营管理等面向协助，并配合政府的政策出台与监督，带动投向农村产业融合领域，推进地方政府（公家力量）与社会资本（民间力量）协力合作，加快农业现代化有力支撑。现今，乡村振兴具体落实战略发展，即是融合项目中农村公路建设、农村交通物流基础设施网络建设、农村水利设施网络建设、农村能源基础建设设施建设……等，此类措施皆适合以公私协力 PPP 模式给予特许权力支持进行推动，然而如何具体落实，就需要有深入并具有理论与实务的推演模拟与战略研究支持，遂本书将经验汇集研究成果结集成册。

而案例地区于 1981 年也相继出现类似 PPP 模式的法令，执行 BOT 项目的垦丁凯撒大饭店，1983 年 TP 世贸中心国际观光旅馆、1995 年的 YM 大型音乐区，均为经济快速发展时其所出现兴建之公共基础建设。在高速经济发展后至 2007 年起由案例地区行政机构所列管之闲置公共设施共计 153 件（媒体称"蚊子馆"），闲置情况仍持续在恶性循环中。公共基础建设由于诸多复杂原因，造成活力丧失。然而由于社会民众及经济产业仍期望能不断有新建设，案例地区政府期望引入多元活化模式进行活力再造及再利用，行政机构不断尝试引入各种活化手段（如：PPP、PFI、BOT、OT……）或委外经营（如：公办民营、联合开发），期望引入民间经营活力及社会资本，并制定活化标准的界定，期望持续活化。然而，迄今仍未以全生命周期的物业资产思维进行整改与兴建公共建设，故而一再形成"兴建—闲置—活化—再改建—再闲置"的循环；对都市财政的资产而言是一种结构性的系统性风险，对于政府而言形成管理效率不彰窘境，社会舆论及民间组织也不断质疑政府的规划、管理及执行能力。

一、本书价值

本书是多年累积研究成果集成，以公共基础建设资产全生命周期实践为研究范畴，涵盖预测闲置现象为课题、活化方案可行性为目标、财务绩效为手段，建构可持续发展的公共基础建设理念。

就实务应用方面，针对可持续性及公共管理绩效之经济效率观点，探讨现今都市与城乡公共基础建设发展的问题，尤其是借鉴世界各区域经济高速发展之后，反映出公共部门为应对社会经济需求产生公共设施建设需求，进行快速地产型开发建设，因诸多原因产生如：开发定位错误、公共资产闲置、经营不善、市场变迁退化……等现象，此类现象属于为影响公共资产管理效率课题。

就学术方面，本书基于可落实的实操角度出发应用多项科学方法，以实际开发相关项目的调研资料作为研究基础，文献以国际各项公私协力案例及委外经营理论探讨，并以实际PPP项目之闲置及已活化案例进行调研及量化研究分析，可以提供从事PPP项目工作的行政部门、金融机构、社会资本企业、咨询顾问业者、研究机构，及顾问专家等进行参考。研究期间成果共发表国际期刊两篇、专业期刊三篇（TSSCI）、研讨会二十篇（含EI研讨会）、得奖两件（案例地区物业管理学会年度最佳论文、日本东京都物业管理年度最佳论文）。

二、本书特色

与目前公共基础建设项目实施公私协力评价之多项研究不尽相同，有别于物有所值（Value for Money, VFM）评估的双阶段（定性与定量）由上而下的评价方式，判断采用PPP模式的适用性，其中常用的公共部门比较值法（Public Sector Comparator, PSC）所需考虑财务因素，或是需要选用相似的项目或运用模拟项目存在大量财务假设因子，反应目前PPP项目前期阶段的积累数据库与研究仍有许多不足之情况下，需要在地PPP项目的推行情况下因地制宜。体现城乡可持续发展的远程目标，对于国家公共建设发展及乡村振兴政策有重要的意义，填补科学论证实践研究的不足，并能成为实践社会共同富裕的愿景。

书中主要以案例地区之经济快速发展后的公共建设发展经验及开发个案为研究对象。其中有闲置列管公共基础设施（失败案例）及获奖的 PPP 项目公共工程（成功案例），具丰富之实地调研为研究依据，相关调研资料之收集实属不易。为多年参与公共工程 PPP 项目及研究经验汇集而成，于研究期间共计有四次针对不同研究议题进行全案例地区之深度调研访谈，整体研究期间经 1995—2018 年，关注案例地区公共基础建设 PPP 项目及所有生命周期发展过程（活化再利用）、（闲置公共设施列管）、社会舆论（蚊子馆）、政策及法规（《促参法》立法、公共工程采购法立法）、优质 PPP 项目（GTA 奖获奖个案）……等议题。

三、研究方法

以地产型公共基础设施开发为研究对象，针对公共基础设施由下而上的方式，并以各类型实地个案调研萃取关键因素，以量化研究 (Quantitative Research) 为主，运用研究方法有模糊德尔菲法 (Fuzzy Delphi Method, FDM)、探索性因素分析 (Exploratory Factor Analysis, EFA)、验证性因素分析 (Confirmatory Factor Analysis, CFA)、罗吉斯回归预测模型 (Logistic Regression Prediction Mode)、平衡计分法 (Balanced Score Card Method, BSC)、战略地图法 (Strategy Map)、结构方程模型 (Structural Equation Model, SEM)……等。

四、理论基础

运用模糊数学 (Fuzzy Mathematics) 探求闲置原因；借由工程经济学 (Engineering Economics) 进行财务评估 (Financial Appraisal)；以案例地区列管公共基础建设构建闲置概率预测分析 Predictive Parsing；应用结构方程推估委外经营可行性评估中验证存在与"项目财务"的中介效应 (Mediating Effects)；利用平衡计分卡绩效评估 (BSC Performance Appraisal) 探讨委外经营绩效、以案例地区经验建立评估绩效战略地图的成功路径，具体成果掌握公共基础建设全生命周期（识别、准备、采购、执行、移转）的阶段。基础调研资料皆来自案例地区各PPP项目相关议题的实地进行，进行抽样调查（Sampling Survey），共经历四阶段调研计划。

五、架构内容

分为五部分：PPP项目活化思维篇；PPP项目闲置预测篇；PPP项目财务评估篇；PPP项目绩效评估与策略篇；PPP项目未来趋势与展望篇共分九章。

（一）PPP项目活化思维篇

第一章可持续性及经济效率观点下公共基础设施发展，包括：探讨公共设施管理及闲置定义、公共设施生命周期、活化模式思维；第二章闲置公共基础设施形成原因与困境，包括：闲置及低度利用形成原因及分析、闲置现象之"最主要的困境"、列管公共设施之闲置原因及主要困境分析、闲置程度列管公共设施之闲置原因及主要困境分析。

（二）PPP项目闲置预测篇

第三章闲置公共基础设施委外经营活化影响因素与课题，包括：案例地区委外经营个案现况及措施、世界各地闲置公共设施活化案例、建构闲置公共设施影响活化因素架构；第四章公共基础设施闲置状况预测罗吉斯回归模型，包括：模式建构结果分析及应用建议、避免公共设施闲置情形设施条件项目之重要性。

（三）PPP项目财务评估篇

第五章观光游憩设施PPP项目开发奖励投资财务评估，包括：汇整奖励性法源及奖励民间参与公共建设案例、进行观光游憩设施开发财务评估分析、案例地区观光游憩设施PPP项目之开发财务评估实例、归结民间参与观光游憩设施PPP项目特点；第六章闲置公共设施活化项目财务可行性评估结构方程，包括：依据理论建构公私协力项目绩效指标、影响因果关系研究设计及调研成果、闲置公共设施关联性验证调查分析、建构闲置公共设施活化项目财务可行性评估之结构方程模式。

（四）PPP 项目绩效评估与策略篇

第七章公共基础设施 PPP 项目活化可行性评估机制，包括：委外经营活化方案之可行性评估项目调查分析、评估效标及架构分析、建构生命周期委外经营之可行性评估机制、委外经营可行性之活化执行措施；第八章公共基础设施 PPP 项目绩效评估平衡计分战略地图，包括：公共设施 PPP 项目绩效评估影响指标架构、公私协力项目绩效指标、建构公私协力绩效评估平衡计分卡、案例地区金擘奖 (Golden Thumb Awards,GTA) 获奖实例绩效评估结果分析。

（五）PPP 项目未来趋势与展望篇

第九章经济快速发展后公共基础设施 PPP 项目展望。包括：公共建设 PPP 项目发展趋势将更加快速；奖励性公共基础建设需求仍引入社会资本发展建设的趋势；闲置公共设施持续以 PPP 模式推动公共资产活化；公共基础建设 PPP 项目与项目财务关联是活化方案可行性评估重点；公共建设公私协力项目绩效评估机制及平衡计分战略地图。

笔者多年参与公私协力项目审查及担任业界工程顾问实务操作经验，专业领域包括：建筑学、都市设计、土地开发财务评估、城乡规划、公私协力 (PPP)、项目管理、工程招投标、工程概预算、建筑信息模型 (BIM)。现任 IPMA(International Project Management Association) Level B 国际高级项目管理师与 B 级认证评估师、TPMA 产业认证委员会评鉴委员、TIPM 台湾物业管理学会理事、学术委员、财务委员、不动产经纪人同业公会顾问、建筑开发公司促参部经理、广东肇庆学院生命科学学院风景园林系副教授。

感谢广东省肇庆学院生命科学学院风景园林学系，鼓励与支持本书出版。

感谢广东省肇庆市南药种植与资源利用生物工程技术中心、肇庆学院生物与医药产业学院鼓励与支持本书出版。

感谢哈佛都市设计博士　黄崑山教授启蒙与开发财务传授教导；感谢本议题研究期间，所有期刊论文及研讨会评审委员给予宝贵建言及斧正意见；感谢肇庆学院、成功大学、物业管理学会（TIPM）www.tipm.org.tw、专案管理学会（TPMA）www.tw-pma.org.tw 所有产业及学者前辈朋友们关怀与支持。

感谢家人支持及共同努力研究团队伙伴，研究助理陈志豪、沈志达二位协助研究室调研及数据资料汇整，编辑期间肇庆学院助理陈熙臻编辑协助文件汇整及排版，出版过程经多转折，本书始可付梓。然由于时间和笔者水平局限，难免有不足及疏漏之处，尚敬请不吝赐教。

广东省肇庆学院生命科学学院风景园林学系　副教授

IPMA Level B 国际高级项目管理师　B 级认证评估师

建筑学博士

2022 年 5 月广东肇庆砚园

目 录
Contents

公共基础设施闲置及公私协力 (PPP) 活化机制实践

PPP 项目活化思维篇

第一章 可持续性及经济效率观点下公共基础设施发展

第一节 闲置公共设施定义及相关研究

一、公共基础建设的概念

公共建设（也称为"基础设施"或"基础建设"）(Public Infrastructure) 是各项经济建设之基础，与国计民生关系密切，故可视为是政府促进经济持续发展，提升国民生活水平之最根本动能，也是经济整体竞争力提升的关键（林淑馨，2011）。政府基础公共建设的投资除了带动国家整体经济发展之外，亦是政府调和市场机制与公共利益发生冲突时的重要工具，因此公共建设的存在价值与意义无法单纯的以市场机制为唯一考虑（井雄均，1998），需纳入考虑维护社会国家的公平、稳定与安全等因素，这也是为何该项建设需要由政府来协助提供的主要原因（郑人豪，2006）。关于公共建设的概念，若以兴建主体来区分，广义的公共建设泛指以服务公众为目的或为公众使用之建设，由民间与政府所兴办者也都在涵盖的范畴之内；但狭义的公共建设，则专指由政府主导兴办，而以服务公众或为公众使用为目的之建设（钟文传，2007）。然若以建设的内容来区分，则公共建设可分为"实体基础建设"(Physical Infrastructure) 与"社会基础建设"(Social Infrastructure)，前者是指为社会生产和居民生活提供公共服务的物质工程设施，是社会赖以生存发展的一般硬件建设，如：公路、铁路、机场、通信等公共设施，而后者则包括教育、科技、医疗卫生、体育等社会环境的运作机制塑造等（黄崇哲，2008）。

二、公共基础设施释义及特性分类

公共设施是由政府所提供之财货，为公共财之一，亦属于一种福利性设施，用以满足某地区的公共需求，其所产生之效益为一般大众所共享，其实施都市计划的目的乃为改善居民之生活环境，提升地区之生活质量，而公共基础设施之设置更为达成此一目的重要手段之一。

广义的公共基础设施定义，包括"公共设施"及"公用事业设备"，说明如下。

1. "公共设施"

就法律上观点，系指"供公共目的使用之有体物或其他物之设备"；然而功能性观点，可知空间利用的"公共性"乃是公共设施概念之核心，而公共性此一富含政策意涵的概念（叶俊荣、江淳芳、陈仲嶙，2002）。公共设施则是由政府所提供之财货，为公共财之一，用以满足某地区的公共需求，其具有下列特性：

(1) "递减性"。地方公共财的财货利益于空间上分布是不均质的，会随距离增加而减少。

(2) "规模空间经济性"。地方公共财与效用有一最适规模，即此一最适规模产生的总效益最大，过与不及都会降低总效益。

(3) "外溢性"。地方公共财产生的总效益往往超过该地区的范围，而使其他范围受益。

(4) 具某种程度的"不排他性"与"整体消费性"。即增加一人利益，并不减损其他人的利益。

公共设施以各项特性加以区分（见表 1-1）。（刘小兰，2002）：

表1-1 依公共设施特性界定公共基础设施类别及项目定义表

区分方式	类别	项目定义
服务范围	1. 区域性公共设施	服务范围最广，超过都市的行政界线。
	2. 全市性公共设施	服务对象以当地市民为服务对象。
	3. 社区性公共设施	服务对象以社区居民为服务对象。
	4. 邻里性公共设施	服务对象以邻里居民为服务对象。

区分方式	类别	项目定义
依费用分担方式区分	1. 一般性公共设施	由政府之税收支付兴建维护所需费用的公共设施，并不限制使用对象。
	2. 会员式公共设施	是指该设施仅供会员使用，而非会员不得使用，通常会员是公共设施的维护由会员缴会员费维持。
	3 排他性公共设施	该项设施仅限于购票付费者使用，此种设施的缴费方式是依据使用次数的多寡付费。
	4. 公共事业设施	是指都市生活中与人们息息相关所必要的一些管道设备和服务，服务所需的成本经费通常是由使用者定期缴交基本费用和超额使用费来分担。
依服务性质划分	1. 交通设施	包括道路、停车场、加油站、邮政、电信等。
	2. 文教设施	包括学校、图书馆、机关等。
	3. 游憩及康乐设施	包括公园、绿地、广场、儿童游戏场、运动、体育场等。
	4. 卫生设施	包括卫生所、垃圾处理场等。
	5. 安全设施	包括警察局、消防队、国道设施等。
	6. 公用设备	包括变电所、污水处理厂、自来水厂、电信机房等。
依都市计划法分	公共设施按都市计划法第四十二条之规定，于都市计划区范围内，应适实际情况，分别设置下列公共设施用地：	道路、公园、绿地、广场、儿童游乐场、民生航空站、停车场所、河及港埠用地。
		学校、社教机构、体育场所、市场、医疗卫生机构及机关用地。
		上下水道、邮政、电信、变电所及其他公用事业用地。
		其他公用设施用地（加油站、殡仪馆、公墓地、火葬场、屠宰场、煤气场等。）

数据源：刘小兰，2002

2. "公用事业设施"

公用事业设施包括自来水、电力系统、邮电设施、污水系统，为一种自足性事业，用户按其使用多寡，自行负担服务的费用是采"使用者负担"的公平原则来负担成本的。

三、公共设施开发经营管理模式

案例地区行政管理机构资产之公共设施开发模式◇

公共设施以经营主体区分之开发模式，可区分为公办公营、公办民营、公产民营，分别定义说明（见表 1-2）：

表1-2 公共设施以经营主体区分之开发模式表

开发模式	说明
公办公营	公共设施的软件与硬件资源，从规划设计到使用管理维护之过程，皆由政府一手包办，无民间参与之开发方式。
公办民营	由政府进行公有闲置空间、土地硬件设施修建，再以契约委托民间团体进行软件开发与经营。由政府针对某一特定或合适之公有闲置空间、土地，拟定艺文发展方向，然后公开甄选民间经营团队所提出之整体闲置空间软、硬件规划构想，并经政府审议通过，再由政府出资以契约委托民间团队进行闲置空间之规划设计与营运，并定期接受政府监督与考核。
公产民营	政府提供特定之公有闲置空间、土地，并拟定艺文发展方向，以有偿方式，租赁予民间具备整体空间软、硬件之规划与经营能力之团体，再由民间经营团队自行出资包办所有软、硬件规划与经营，并定期接受政府监督考核。 由民间经营团队主动寻找适当之公有闲置空间、土地，并向政府提出空间软、硬件之再利用构想或发展方案，经由政府审核通过后，再由民间团体承租，并出资包办所有软、硬件规划与经营。

数据源：曾梓峰，2002

四、公有资产委外模式（民间参与）开发经营管理

案例地区行政管理机构为奖励民间投资公共建设，引进民间资金及借重民间企业经营效率，以达到加速公共建设之兴建，并减轻政府财政负担。在 1994 年起陆续通过施行"奖励民间参与交通建设条例""开放发电业作业要点""奖励公民营机构兴建营运垃圾焚化厂推动方案"等法令。并于 2000 年公布施行《促进民间参与公共建设法》（简称《促参法》）。提及公共设施以委外模式区分之开发分类（见表 1-3）：

表1-3 公共设施以委外模式区分之开发分类表

	委外模式（民众参与）	说明	特性说明	委外模式评价
兴建营运类	BOT（Build-Operate-Transfer）模式	由民间机构投资兴建并为营运，营运期间届满后，移转该建设之所有权予政府。	一般之程序为政府先进行前导性研究后，以公开发包方式将公共建设之规划或设计、建造均交由民间办理，并由政府以特许权（Franchise）方式给予民间机构营运一特定期间后，再将所有权移转给政府。	余德铨（1996）指出BOT案具有先期投资成本高、回收期间长、相关风险高、政府与民间机构需长期广泛合作及采用项目融资（Project Financing）等特点，也因此遭遇到不少问题，如政府与民间机构彼此信任不足、立场不同、经验欠缺、关系人（参与者）众多整合不易、营运期间太长、风险不易评估，以致不易寻求银行团支持等。
	BOOT（Build-Own-Operate-Transfer）	与BOT之差异在于民间机构拥有所有权，之后于特许营运一段期间后，再转移给政府。	—	—
	BOTO'T（Build-Operate-Transfer-Operate'-Transfer）	BOTO'T亦即BOT+OT，亦即第一阶段BOT模式完成后，再进行第二阶段之OT。	—	—
	BOO（Build-Operate-Own）	配合案例地区政策，由民间机构投资新建，拥有所有权，并自为营运或委托第三人营运。	由民间依据政府规划，自行购买土地兴建，拥有所有权，并经政府特许经营一特定期间。	洪德苍（2000）相较于BOT方式，BOO有其优势，主要原因在于：(1)营运期后，公共建设资产的移转公有，将增加项目计划的复杂性。(2)政府可能无意愿、无能力或无适当的组织架构，接收公共建设营运。(3)公共建设接收后，营运将需要再投入资金以从事资产的汰旧更新。(4)营运期满后直接于资本市场出售股份，资产价值可获得公平的评价，较易吸引外资参与公共建设的投资。BOO方式从规划、细部设计、施工新建、营运、资产所有及资金筹措均由民间参与，近于完全民营之状况。

7

	委外模式 （民众参与）	说明	特性说明	委外模式评价
兴建移转模类	BT（Build-Transfer；新建 - 移转）	由政府委托民间新建政府核定之计划，并于完工后由政府一次或分年编列预算还款。	此种方式之特色在于由民间承担建造期之风险，以及政府可借由还款期间之规划，降低现金流量之压力。	—
	BTL（Build-Transfer-Livery；新建 - 移转 - 出租）	民间机构新建完成后，直接移转给政府，再由政府出租给他人使用。	—	优点在于政府可依其规划目标及原则，作整体的开发。 缺点则是政府须负担庞大资金与承受不确定风险。
	无偿 BTO(Build-Transfer-Operate)	由民间机构投资新建完成后，政府无偿取得所有权，并委托该民间机构营运；营运期间届满后，营运权归还政府。	与 BOT 类似，主要差别在于所有权转移之时间点提前至新建完工后。	—
	BTS（Build-Transfer-Sell；新建 - 移转 - 出售）	民间兴建后，移转给政府，再由政府出售给其他业者。	—	—
兴建出租类	BLT（Build-Livery-Transfer；新建 - 出租 - 移转）	BLT 模式与 BTL 模式之主要差异在于 BTL 先转移，而 BLT 则是民间机构新建完成后，政府出租给该民间机构营运一特定期间，期满后再将产权及营运权移转给政府。	—	优点是可降低资金及营运风险的压力，缺点则是新建完毕后，只能出租给该民间机构经营，且依民法规定，出租契约最高年限为二十年，利润可能不足以吸引民间企业参与计划（洪德苍，2000）。
扩建营运类	ROT（Rehabilitate Operate-Transfer）	政府委托民间机构，或由民间机构向政府租赁现有设施，予以扩建、整建后并为营运；营运期间届满后，营运权归还政府。	透过契约方式，由民间机构增修现有公共设施，并取得一定期间之营运特许权。	此类计划通常适用于投资金额少，兴建期短，风险较小的情况。
营运移转类	OT（Operate-Transfer）方式	由政府投资新建完成后，委托民间机构营运；营运期间届满后，营运权归还政府。	政府兴建完成后，以特许方式委由民间机构经营。俟经营期满后，将营运权交还政府，由政府另行寻找适当厂商，以进行新回合营运合约	主要优点在于借助民间之经营效率，避免政府经营不善、产生亏损或效率低落的状况。

数据源：本研究汇整

第二节 公共基础设施公私协力（PPP）理论与研究

一、公私协力（PPP）理论

（一）公私协力[①] 发展背景

1970 年代，各国为应对政府财政日益困窘，公私协力渐成为政府推动重大建设之理念[②]，其类型应可包含政府及民间组织二者间各种形态组合下之"协议""合作"关系，亦即："一个城市的政府与企业，从双方预期得到的特定产出目标下，到个别达成一特定贡献所为之不间断语正式关之谓"（Norman, 1998）。

"公私协力"或称"公私协力"（Public-Private Partnership, PPP）之伙伴关系，强调积极性的政府及公共领域核心的重要性（林玉华，2004）。在"政府组织改造"与"民营化"的趋势下，公私协力目前已成为推动公共建设与公共资产管理的新趋势（Savas, 2000；李宗勋，2004）。目前政府的财政状况下，透过公私协力合作机制来进行建设将是政府长远的计划愿景。公私协力为政府与民间组织于互动过程中，在共同参与、责任分担及平等互惠的原则下，所产生的合法形式的合作形态（吴济华，2001；陈明灿、张蔚宏，2005）。

李宗勋（2007）传统市场或层级节制二分法来区分政府与私部门的社会机制似乎过于简化；相反地，必须寻求两者间最适合的治理网络关系，以"合作与参与"

---

① 公私协力 (Public-Private Partnership, PPP) 常于公共建设着重考虑有全面性的综效 (Synergy)，如何以绩效评估公共建设公私协力机制的成败，多因政府与民间组织立场之不同而呈现竞合关系。

② 学者陈佩君综合归纳政府实施公私协力之背景为：（一）市场失灵以及（二）政府失灵；更重要者，公私协力之相关理论有：（一）"公民参与"(citizen participation) 理论、（二）"民营化"(privatization) 理论。

代替"竞争与控制"，此种关系即是以公私协力 (PPP) 伙伴所构联的政府附加价值而建立的角色。所谓民间参与系指民间利用其资金及管理能力，投入公共建设，以协助政府分担建造期或营运期之特定风险（张家春、唐瑜忆，2005）。张学圣、黄惠愉（2005）认为公私协力乃指公私双方均有参与意愿，并建立在评等互惠与责任分担之基础下。E. S. Savas、黄煜文译（2005）公共建设采由公私协力的型式（见图 1-1）。

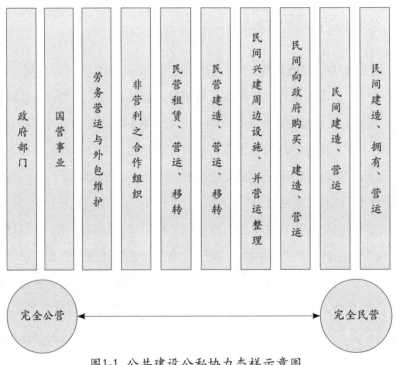

图1-1 公共建设公私协力态样示意图

（二）民间参与公共建设发展

林淑馨（2011）民间参与公共建设被视为是民营化政策的一环，是案例地区政府实现国际化、自由化的重要经济发展策略。其政策目标在减轻政府财政负担、精简政府组织人才，以及提升公共建设的效率与服务质量，以达成促进案例地区社会经济发展为最终目标，其中又以减轻政府财政负担最为迫切。在民间参与公共建设的原因中，随着世界潮流的改变，政府部门的角色功能逐渐减弱，已无法应对多元化、复杂化的公共建设需求。因此，虽然私人资本与公共建设本质有相当的差异存在，但在适当的机制下仍有可能将公共建设市场化或民营化，作为促进民间参与的诱因（钟文传，2007）。

Savas（2002）的分析，民间参与公共建设可以满足下列三项需求：（1）提升公共设施的水平以应对人口成长，满足日渐严重的法令要求，或以吸引投资与开发；（2）使公共建设的兴建成本极小化，以避免其后续对社会大众造成的"费率震撼"（Rate Shock）；（3）由该公共建设特许权取得之付款以作为其他潜在计划所需之资本。

换言之，政府开放民间参与公共建设，主要是希望借由民间的参与，一方面弥补政府在专业知识上的不足，另一方面节省投资经费和营运费用，以进行更多的公共投资。在民间参与公共建设的形态中，尽管公共建设种类繁多，但多少具有公共财的性质，因此并非每项公共建设均适用于民间参与模式开发，而必须视其经营的可能性而定（林淑馨，2011）。在适用民间参与模式的公共建设种类中，可依公共建设的投资期长短，以及公共性和商业性之强弱等特性而选择不同的民间参与模式（钟文传，2007）。

若公共建设回收期较长，公共性强的特性，则又可根据独占或寡占来加以区隔，如公共建设具有独占性，政府必须确实监督以保障建设后民众的权益，另外对民间而言，由于参与这类投资建设所涉及的层面复杂、专业性高、回收期长、风险大，政府需提供足够的计划诱因；如公共建设具有寡占性，政府部门所扮演的是以公权力协助民间取得土地与办理相关行政事宜，并且控制收费标准以维护公众利益，协助附加价值开发等，亦即政府需进行功能性规范，而民间则可以在规划设计、施工与营运管理上尽情发挥（林淑馨，2011）。

相形之下，若公共建设无独占性，也非民生基本设施，却具商业价值，政府对此类的公共建设开发，仅需做功能性的规范以确保公共利益，至于规范构想、经营策略等则可由民间充分发挥。由于此类公共建设具有自偿性，所以必须额外提供诱因吸引民间参与，但政府需制订公平、公开的游戏规则，以确保民众能够被提供最佳的设施选择（林淑馨，2011）。另外若公共建设本身为民众日常生活的一部分，虽自偿性不高，但因可以吸引大量人潮，所以能创造附属设施的商业价值，也因此，政府对于此类计划的附属设施开发应采开放的态度，在不影响原有设施机能的前提下，提供民间经营的必要规模与条件，才能吸引民间参与投资开发（钟文传，

2007)。

民间机构参与公共建设之方式依据案例地区财政事务主管部门 (2014) 促进民间参与公共建设法令汇编第八条说明如下：

（1）由民间机构投资兴建并为营运；营运期间届满后，移转该建设之所有权予政府。

（2）由民间机构投资新建完成后，政府无偿取得所有权，并委托该民间机构营运；营运期间届满后，营运权归还政府。

（3）由民间机构投资新建完成后，政府一次或分期给付建设经费以取得所有权，并委托该民间机构营运；营运期间届满后，营运权归还政府。

（4）由政府委托民间机构，或由民间机构向政府租赁现有设施，予以扩建、整建后并为营运；营运期间届满后，营运权归还政府。

（5）由政府投资新建完成后，委托民间机构营运；营运期间届满后，营运权归还政府。

（6）为配合政府政策，由民间机构投资新建，拥有所有权，并自为营运或委托第三人营运。

（7）其他经主管机关核定之方式。

周蔚霈 (1999) 及郭进雄 (2006) 整理各类民间参与公共建设的方式，所谓民间参与，系指民间以其资金与管理能力，投入公共建设以协助政府分担建造期或营运期特定风险之作法，一般而言，民间参与公共建设的方式众多，包括：(1) BO(Build-Operate)、(2)BOOT(Build-Own-Operate-Transfer)、(3)BTO(Build-Transfer-Operate)、(4)BOO(Build-Own-Operate)、(5)BT(Build-Transfer)、(6)OT(Operate-Transfer)、(7)BTL(Build-Transfer-Lease)、(8)BLT(Build-Lease-Transfer)、(9)ROT(Rehabilitate Operate-Transfer)、(10)ROO(Refunish-Own-Operate)、(11)LROT(Lease-Rehabilitate-Operate-Transfer)、(12)BOT(Build-Operate-Transfer)、(13)DBFO(Design-Build-Finance-Operate)。

以下就民间参与公共建设之方式，逐一说明（见表1-4）：

表1-4 民间参与公共建设之形态与意义文献汇整表

编号	形态	意义	出处
1	BO (Build-Operate)	政府赋予民间机构超统包（Super-turnkey）的责任，并在双方合意的费用协议下，赋予其营运与维修之义务。	周莳霈 (1999)
2	BOOT (Build-Own-Operate-Transfer)	BOOT 可分为两种，一是特许公司拥有该项公共设施产权，在特许期满后，将该设施产权以有偿方式移转给政府；另一是政府在特许中授予某些相关开发项目，如特许合约中同意附属投资开发事项，亦以原特许权存续期间为依据。	郭进雄 (2006)
		由民间机构筹资兴建并拥有公共建设之所有权，在营运一段时间后，将所有权有偿或无偿转予政府	周莳霈 (1999)
3	BTO (Build-Transfer-Operate)	BTO 即一般所指公有民营或公办民营，即政府就现有公共设施以合约方式，委托或出租给民间经营；或就单一公共建设计划由政府编列预算，政府或民间规划兴建，最后以合约方式委托或出租给民间经营。BTO 与典型 BOT 之不同，在于其所有权始终属于政府且计划预算由政府编列。	郭进雄 (2006)
		由民间机构筹资兴建完成后，先将公共建设所有权移转予政府，再由该民间机构营运一段时间。	周莳霈 (1999)
4	BOO (Build-Own-Operate)	BOO（兴建-拥有-营运，完全民营化）系完全由民间投资兴建、拥有与营运为完全民营化。此方式不但由民间投资兴建，并完整拥有该公共建设之产权，并无限期的负责营运。此种方式之好处，在于可经由民间之财力、人力与经验，提供民众所需之公共建设。	郭进雄 (2006)
		BOO 合约包含所有 BOOT 合约中的权利与义务，但不包含特许期届满须将公共建设所有权移转予政府的义务。	周莳霈 (1999)
5	BT (Build-Transfer)	BT（兴建-移转，通称迟延付款）系由民间自备资金，兴建政府核定之建设计划，完工后，将设施移转给政府。政府则于完工后。逐年编列预算，偿还建设经费及利息，或于施工期阶段性付款。部分款项于完工后，再分年偿还。此种参与模式，即政府核定之公共建设，由业主及其融资银行共同参与投标，以标金最低者得标。此种参与模式，民间除需先垫付经费外，并需承担建设期间的风险，以 BT 模式兴建公共建设，对政府最大的好处，民间承担建造期间的主要风险，使政府能够以固定成本与预定日期完工，因此，BT 模式为各国政府应对资金不足，所普遍采用的民间参与公共建设方式。	郭进雄 (2006)
		或称"延迟付款"（Deferred payment）；即由民间机构筹资兴建，待工程部分或全部完工后，政府再一次或分次偿还工程款。	周莳霈 (1999)
6	OT (Operate-Transfer)	OT 是由政府兴建完成之建设计划，经核准由民间机构投资营运其一部分或全部者，由政府借助民间营运能力及资源，作有效率之营运。OT 与公营事业民营化最大不同，在于公营事业民营化包括人员、设备与业务经营等整个移转民营；而 OT 可以仅就建设之一部分，如某项设施进行民营化。	郭进雄 (2006)
		或称"公有民营"或"公办民营"；即政府将已兴建完成之公共建设，委托民间机构经营一定期限后，移转予政府。	周莳霈 (1999)

编号	形态	意义	出处
7	BTL（Build-Transfer-Lease)	由民间机构筹资兴建完成后，先将公共建设所有权移转予政府，再由政府出租予民间机构使用	周莳霈（1999)
8	BLT（Build-Lease-Transfer)	由民间机构筹资兴建完成后，将公共建设租予政府使用，待租期届满后，一并将所有权移转予政府。	周莳霈（1999)
9	ROT（Rehabilitate-Operate-Transfer)	政府将老旧的公共建设交由民间机构投资改建或增建，待营运一段时间，再将所有权移转予政府。	周莳霈（1999)
10	ROO（Refunish-Own-Operate)	政府将老旧的公共建设交由民间机构投资改建或增建，民间机构于完工后拥有该建设之所有权，并为营运。	周莳霈（1999)
11	LROT（Lease-Rehabilitate-Operate-Transfer)	由民间机构向政府承租老旧公共建设，并为投资改建或增建，待营运一段时间，再将所有权移转予政府	周莳霈（1999)
12	BOT（Build-Operate-Transfer)	BOT（兴建－营运－移转）系由民间负责筹建公共建设，民间特许营运一段时间，再将产权移转给政府，其所有权仍属政府。就民间参与的程度而言，BOT 模式，民间除负担建造费用外，尚需承担营运风险，而由于 BOT 模式兴建公共建设之建设成本，完全由民间负担，可大幅减轻政府财政负担，又可引进民间的经营效率。BOT 模式与传统公共工程办理方式主要差异，包括：民间机构在完工后，拥有一段特定期间之特许经营权，由业主独立经营。通常政府必须行使公权力，协助业者取得所需土地。主办建设计划，资金需求较大，需由银行团提供长期及低利优惠贷款。在 BOT 工程兴建与筹设期间，投资者通常只有支出没有收入，而完工后营运之费率，也需受政府的管制，现金流入有限，贷款负担沉重，政府亦提供税赋减免及优惠。	郭进雄（2006)
13	DBFO（Design-Build-Finance-Operate)	DBFO 为 BOT 的一种衍生，在特许公司营运期间，由政府编列预算，依约支付费用给特许公司，而不直接向使用者收费。此方式适用于有平行竞争性、无独占性或无法直接向用户收费之公共工程。	郭进雄（2006)

数据源：周莳霈，1999；郭进雄，2006；本研究整理

（三）世界各地公私协力相关研究

邢志航（2012）整理相关公私协力世界各地诸多文献（见表1-5）：

表1-5 公私协力相关文献汇整表

公私协力运作与建构说明	研究者
认为伙伴关系成功的要件，应该是互相信任、目标清楚、责任明确、分工确实；健全的协调机制执行不仅有正面优点，而且能同时创政府与民间组织共同价值、解决分配问题，使组成成员继续不断互动与分享创造的价值、产生足够的互信感、化解冲突地解决问题。	F. W. Sharp（1977）
主张现今社会在多元发展之下，政府与民间组织之互动日趋频繁、政府已无法胜认唯一治理的角色，需要与民间建立共同治理之模式，落实公私协力的策略。	Kooiman（1993）
"公私协力"为政府与民间组织互动过程之形式之一，其主要内涵为："政府与民间组织以合伙方式达到互利，彼此同意相互签订权利与义务规范，并未共同目标而努力。"	吴济华（1994）
指出新公共管理时代来临，已由过去"政府独大"转变为"政府市场共治"时代。	丘昌泰（1999）
BOT项目以项目融资为其基础，若投资者无法说服银行办理融资，则此项目将无法进行，这也是办理项目融资之基本精神－"借不到钱就不做（Bankable or Terminate）"。BOT项目之融资金额较一般工程庞大许多，因此利息扮演的角色相较传统工程案更为重要。	郭素贞、高守智（2000）
以BOT模式运用于图书馆可行性，将风险管理纳入考虑，其中探讨政府采用BOT的原因有减轻政府财政困难、政府与民间企业合力分担公共建设投资风险、吸引外资及新技术，改善国家投资环境、引进民间企业文化，可提高公共建设管理的效率与质量。其中BOT风险主要分为政府风险与项目风险，政府风险又分为政治风险、政府财务风险、法治风险；项目风险分为开发风险、完工风险、营运风险。	蔡佳容、邱炯友（2002）
提出近40年世界发展BOT的经验观察，提出"财务问题是BOT成败的关键"。	黄世杰（2003）
将BOT财务相关之风险分析分为现金流量风险、营运风险、设备供给风险、完工期限风险。	柯伯升、杨明昌（2005）
以学生宿舍探讨BOT财务规划，经过试算得知，政府着重的自偿率SLR、民间特许公司重视的NPV与IRR、营建业关心的ROI以及银行授信所必须检视的DSCR等财务数字，均可接受，举财务可行性。	黄明圣、黄成斐（2003）

公私协力运作与建构说明	研究者
以花卉批发市场BOT研究结论得知，就计划财务风险之指标而言，民间业者与政府的立场，皆以自偿率为首要，另外民间业者与融资机构，另一个重要考虑指标即为还本期间与偿债能力。	张家春、唐瑜忆 (2005)
以 AHP 评估游艇港埠建设 BOT 研究，研究成果以政治风险、项目本身风险、特许公司财务风险、联合开发风险。	王和源、林仁益、谢胜寅 (2004)
以政府观点探讨权利金的模式建构，主要以财务现金流量观念，利用数学解析方法，建构 BOT 计划政府财务决策模式，提出政府出资比例、民间出资比例、权利金，与政府财务回收率之间的完整财务模式，借以改善自偿率不适用于 BOT 计划财务决策问题。	康照宗、冯正民、黄思绮 (2005)

数据源：邢志航，2012

（四）公私协力关键绩效评估

Hayfield(1986) 发现大多数的 BOT 计划案失败的主要原因，都不是因为技术上的问题，此现象说明计划开始进行风险评估之风险确认的重要性，若将风险做不适当的确认，或仅做部分的确认，可能对整个计划案的风险造成错误的估计。

黄昆山、邢志航 (1997)、邢志航 (1998) 透过世界上公共工程采用公私协力方式开发经验及文献发现，公私协力成功与否的关键性因素于财务问题，其中所包含的相互影响关系（见图 1-2），影响面向可归纳如下四项，包括："政府与民间组织扮演角色差异性""影响财务因素之不确定性""开发财务计划之可行性""协商评估决策机制之完整性"四项间相互影响。

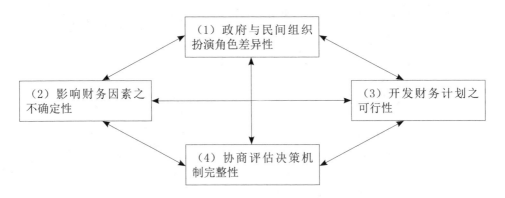

图1-2 公私协力关系与"协商评估决策机制之完整性"相互影响面向关系图

数据源：邢志航、黄昆山，2005

苏南（2013）认为 BOT 模式有下列六点优点：

（1）节省政府财政。

（2）引进民间的专业经营。

（3）提高建设对民众需求的服务效率。

（4）节省营运成本。

（5）使公共建设成为融资工具，使资金有效运用。

（6）提供较佳的人力服务效率。

冯正民、钟启桩（2000）依据相关文献将 BOT 项目于运行时间中可能产生之风险列为表 1-6：

表1-6 BOT项目各运行期间之可能遭用风险汇整表

运行期间	规划投标期	订定合约期	建设期	营运期	移转期
可能 遭遇 风险	1. 社会接受度低 2. 准备期过长 3. 低价抢标 4. 审标期过长 5. 评选程序不公	1. 协商期过长 2. 协商失败 3. 合约文意不清 4. 协商内容可能图利他人	1. 土地取得延迟 2. 工期展延 3. 整合困难 4. 工程质量不佳 5. 设计错误 6. 成本估计错误 7. 施工技术不足	1. 营运因灾害中断 2. 营运质量效率差 3. 费率调整受干预 4. 运量不足	1. 设备老旧须大量维修 2. 总收入未达投资效益

数据源：冯正民，钟启桩，2000

政府绩效难以衡量是不争的事实，因为没有营利的动机且缺乏客观的市场数据如营收、获利率及市场占有率等，所以在绩效本身有界定上的困难（杨佳慧，2001）。郭幸萍、吴钢立（2013）公私协力并非万灵丹，成功的公私协力模式取决于是否有一套完整的机制设计，包括公私协力关系与政府角色的界定、伙伴文化及互信互惠关系的建立、相关法令与制度的建立、公私协力运作模式之建构、合理的契约内容、参与者权责界定、风险及不确定性的管控，以及委外管理措施和奖励诱因的配套制度等。

二、公私协力理论与形态

"公私协力"或称"公私合伙"(PPP)之伙伴关系，强调积极性的政府及公共领域核心的重要性（林玉华，2004）。公私协力关系包括"合作关系"(Cooperation)及"合伙关系"(Partnership)两个层面，"合作关系"乃指在政府与民间组织水平互动的过程中，政府扮演"诱导性"和"支持性"的角色，而民间组织扮演"配合性"的角色；"合伙关系"乃指在政府与民间组织互动过程中，双方形成平等互惠、共同参与及责任分担的关系（刘嘉雯，2000）。

公私协力是一种将私部门参与公共事务地位"合法化"或"正式化"的做法，政府与民间组织互相依存的程序，会因合作、合伙关系的建立而增强，而合作与合伙关系的主要差异在于政府与民间组织共同决策及责任分担的程度，政府与民间组织在合伙关系中的共同决策程度比合作关系来得高（吴英明，1993）。陈恒钧（1997）认为政府与民间组织协力关系意指政府与民间组织共同寻求目标、策略及资源整合，共同分担经营社会责任与共创可分享之成果，此种关系的建立试图将民间企业精神及成本效益分析的观念引进政府服务功能之中。

三、公私协力类型

程明修（2006）指出行政机构（意指公家单位）与私人机构（私人意指私部门、民间机构）在公共基础设施的兴建管理与营运合作协力之上，随着不同角色的扮演，一般可以有所谓"公办公营（均由行政机构担任建设、管理与营运角色）""公办民营（由行政机构担任建设；但由私人机构担任管理与营运角色）""民办公营（由私人机构担任建设；但由行政机构管理与营运角色）"以及"民办民营（均由私人机构担任建设、管理与营运角色）"之分（见表 1-7），并对四个类别之建设、管理与营运角色方式作概略说明如下：

表1-7 公私协力"管理营运"与"兴建责任"角色承担分类表

		管理营运	
		行政机构	私人机构
兴建责任	行政机构	公办公营 全由行政机构担当 部分业务委托私人	公办民营 管理营运委托 设施出租 设施转让 DBO
	私人机构	民办公营 设施让受 设施借用	民办民营 PFI BTO BOT BOO

数据源：程明修，2006

（一）公办公营

公共基础之建设、管理与营运角色均由行政机构担任。但是不排除将部分的业务透过契约委托私人办理。但是关于营运管理的责任还是由行政承担。业务委托所需之费用则由行政负担。这是公私协力行为中最常见之一种活用类型（程明修，2006）。

（二）公办民营（委外经营）

童诣雯、杜功仁（2010）以全生命周期的观念将 TP 市市民运动中心公办民营之过程分为四大阶段，依序分别为规划设计时间、公告招商阶段、营运阶段及移转阶段，并建构公办民营模式流程概况图，透过概况图的说明，可以了解每个阶段的每个程序，政府势必扮演着关键的主导者，而民间组织亦必须秉持着经济效益考虑下，达到最完美的分工合作，才能满足政府与民间组织彼此的效益与愿景。

由行政担任建设；但由私人担任公共基础设施管理与营运角色。其中再可区分：

（1）管理营运委托：私人担任公共基础设施之管理与营运乃是透过委托的方式为之。委托管理营运所需费用仍由行政负担。所谓《案例地区促进民间参与公共建设法》（以下称《促参法》）第 8 条第 1 项第 5 款规定"由行政机构投资新建完成后，委托民间机构营运；营运期间届满后，营运权归还行政机构（OT）"，即包括此一类型。

(2) 设施出租（Rehabilitate-Operate-Transfer, ROT）：行政机构兴建设施后可透过有偿或无偿的方式租借给私人，而委由私人进行营运管理。管理营运之费用则由从利用人处收取之收入充之。案例地区《促参法》第8条第1项第4款规定"由行政机构委托民间机构，或由民间机构向行政机构租赁现有设施，予以扩建、整建后并为营运；营运期间届满后，营运权归还行政机构"，可包括此一类型。

(3) 设施转让：行政机构兴建设施后可以透过有偿或者无偿的方式将所有权移转给私人，而委由私人进行营运管理。管理营运之费用则由从利用人处收取之收入充之。至于兴建所需费用，如果是在有偿转让情形，实际上形成私人负担；至于无偿转让时，则仍由行政机构承担。

(4)DBO（Design-Build-Operate）：这是前述三种形态的进一步活用类型。不只营运管理（Operate），即使是设施的设计（Design）或者工程的施作（Build）均可以部分地委由私人为之（程明修，2006）。

（三）民办公营

由私人担任兴建公共设施；但由行政管理与营运角色。其中又可区分二种形态：

(1) 设施让受：这是由私人兴建公共设施，之后将该设施让授予行政，而由行政担任管理与营运之角色。因此，公共设施之兴建以及管理营运所需费用，实际上是由行政机构负担。

(2) 设施借用：这是由私人兴建公共设施，之后将该设施出借予行政机构，而由行政机构担任管理与营运之角色。因此，公共设施之兴建以及管理营运所需费用，实际上是由行政机构负担（程明修，2006）。

（四）民办民营

均由私人担任公共基础设施之建设、管理与营运角色。其中可分以下几种类型：

(1)PFI（私人财务投资，Private Finance Initiative）：这是将公共基础设施之设计、兴建、营运与资金调度全部交给私人完成，这是民办民营类型中最极致的形态。

(2)BTO（Build-Transfer-Operate）：公共基础设施之设计、兴建、营运与资金调度全部都委由私人完成，但是建设完成后将所有权移转给行政的类型。案例地区《促参法》第 8 条第 1 项第 2 款规定"由民间机构投资新建完成后，政府无偿取得所有权，并委托该民间机构营运；营运期间届满后，营运权归还政府"，以及第 3 款规定"由民间机构投资新建完成后，政府一期或分期给付建设经费以取得所有权，并委托该民间机构营运；营运期间届满后，营运权归还政府"，即指此一类型。

(3)BOT（Build-Operate-Transfer）：公共基础设施之设计、兴建、营运建设与营运期间届满后，将所有权移转给行政的类型。《促参法》第 8 条第 1 项第 1 款规定"由民间机构投资新建并为营运；营运期间届满后，移转该建设之所有权予政府"，即指此一类型的合作关系。

(4)BOO（Build-Own-Operate）：公共基础设施之设计、兴建、营运与资金调度全部都委由私人完成，但是建设与营运期间届满后，并不将所有权移转给行政的类型。《促参法》第 8 条第 1 项第 6 款规定"为配合行政机构政策，由民间机构投资新建，拥有所有权，并自为营运或委托第三人营运"，即包括此一类型（程明修，2006）。

四、公私协力案例相关考虑因素之研究

林贵贞（2006）指出国际公认英国在推动民间参与公共建设成效卓著，根据英国推动民间参与公共建设的经验显示，事后的绩效评量是相当重要但却常常受到忽视的环节。民间参与公共建设案件的许可期间短则数年、长则数十年，规模小则数十万，大则数百亿。无论规模大小及年期长短之差异，对政府财政、整体社会与经济层面都将产生深远的影响。

而民间参与公共建设委托经营案于营运期间，营运绩效除攸关行政机构的施政质量，更关系受托经营之私部门的获利，及后续的承接意愿。因此，建立一套有系统地追踪民间参与公共建设的执行成效的绩效评估机制至为重要。

第三节 世界各地公共设施委外经营活化思维研究

现行的行政机构委外经营的措施，以市场为基础的行政机构治理模式，对于"委外经营"之相关研究甚多，就主要研究方向分为二：委外经营制度之研究面向、对于目的事业公共设施之委外经营个案之研究面向。

一、委外经营制度面向研究

委外经营文献中相关研究甚多，主要包括：黄莹芳（2006）针对公立博物馆委外经营探讨；张琼玲、张力亚（2005），政府业务委外经营管理及运作过程之研究--以TP市政府社会局为例；洪昌文、陈思均（2005），一般性管理训练委外之研究（上）（下）；何心宇（2005），策略性委外经营模式与商机；丘昌泰（2002），政府业务委外经营的三部曲模式；刘坤亿（2002）地方政府治理机制的创新挑战--市场治理模式的功能与限制；廖丽娟（2004），长期社会性资产委外经营管理应用之认知--兼论投资创业投资事业可行性分析；李宗勋、范祥伟（2001），以"总量管制"推动政府业务委外经营的理论与做法。

与本研究相关之论述，包括：李宗勋、范祥伟（2001）以"总量管制"推动政府业务委外经营的理论与做法，提及"案例地区在以总量管制推动政府业务委外经营的过程，宜针对过往只偏重于'运行时间'才开放民间竞标参与，忽略'规划阶段'的民间参与意愿、能力之调查与可行性分析、'评估阶段'的指标架构与检讨调整，致陈义过高或一厢情愿，亟待改正"；丘昌泰（2002）提及："政府业务委外经营的三部曲模式：'以客户满意经营为核心价值'、'以营造公私合伙关系为委外原则'、'以多元民营化方式为委外策略'甚为重要"；许华伟（2003）亦对行政机关资安业务委外经营的法制重点举隅研析；而近期张琼玲、张力亚（2005），行政机构业务委外经营管理及运作过程之研究，认为"政府业务委外的政策时必须建立'铁三角关系'[①]，意指将行政机构、受托单位、受服务民众这三项目标，提出作法、建议，且相互监督制衡，使委外政策能更符合效率与巩固公共利益稳定运作模式"。

二、委外经营相关理论及经验

（一）委外经营之含义及相关理论

面临全球化潮流来临，各国政府为提升国家竞争力，必须创造政府的附加价值（value-added），因此现代化政府不断以调和传统公共服务以及师法企业的新价值为职志，政府便致力追求提升政府响应力与效率，减少政府过去陋习而追求小而美的政府的价值。（李宗勋，2002）

推动政府业务委外部但可提升公共服务质量与效率，亦可避免政府财政成长失控，再加上可以刺激民间部门的发展并提振经济，因此各国政府都将此列为努力的重点，使得政府业务委外不仅是大势所趋，亦成为各国政府共通的政策之一。

1. "委外经营"之含义

政府业务委外经营是将本身的业务以各种不同的形式委由民间单位执行或办理，其形式包含公办民营、签约外包、BOT（Build-Operate-Transfer）、民营化等。从内容上可界定为：是政府各行政机关依其组织法令范围内所规定应办理业务委托之业务。其次，业务委外又指将行政上所欲执行之业务委托他人或组织办理者而言。（张琼玲、张力亚，2005）

2. 委外经营之相关理论

根据 Walsh(1995) 之观点，业务委外经营管理层面所必须面临的问题包括以下几项：信息（Information）、诱因（Incentives）、信任（Trust）、品质（Quality）、风险（Risk）等五项，此五项问题会相互影响。

---

① "铁三角关系"亦称为"安逸小三角"(cozy little triangles) 或 (triple alliances) 为形容美国政府次系系统的运作状况，指国会某委员小组，一两个行政机关与相关利益团体三者之间，以某一政策中三个目标团体之间运作方式视为铁三角关系，而现指将政府委外政策中三个目标之团体运作方式视为"铁三角关系"。

李宗勋（2002）对于政府业务委外经营的理论基础，认为以"制度经济学理论"①为主；其中包括"公共选择理论""委托人代理人理论""交易成本理论""社会选择理论""理性选择理论"等学派，以通盘性的"最佳价值"概念架构引涉各相关理论之观点。

（二）世界各地委外经营案例与发展经验

期望达成改善闲置公共设施及活化利用之目标，可应用世界各地对于公共设施资产管理领域的思维与经验，如：英国铁路旅馆、英国电信、英国瓦斯、垃圾收集、医院清洁……等委外经营案；美国印第安纳波里市自来水处理场、纽约市以契约方式委外经营案至 1988 年共有 4361 件（社福机构）；OECD 会员国之委外经营：澳洲、墨西哥、丹麦、瑞典、希腊等国近数十年经验等。

而依据世界各地政府之委外经验，以中国、英国、美国、加拿大、日本之经验，依据（张琼玲、张力亚，2005）之文献汇整，说明如下。

1. 中国之政府委外经验

傅庆阳（2019）指出 2004 年以来 PPP 模式的爆发式增长，PPP 项目实施的规范性越来越受到国家相关部委和业界的重视。截至 2018 年 12 月末，全国 PPP 综合信息平台项目管理库累计项目数 8654 个、投资额 13.2 万亿元；另外，还有 3971 个项目已列入储备清单，投资额达 4.6 万亿元，中国已成为全球最大、最具影响力的 PPP 市场。PPP 模式在中国发展的过程和结果，已经超出了人们的预期，这不仅包含 PPP 模式涉及的领域、范围和规模，还包括 PPP 推进的力度、进度、质量和层出不穷的问题。2014 年以来，中国国务院及国家发展改革委、财政部、住建部等部委陆续发文，在全国范围推广应用政府和社会资本合作 (Public-Private Partnership, PPP) 模式，尤其是在垃圾处理、污水处理等具有现金流、市场化程度较高的公共服

---

① "制度经济学理论"是修正与扩展新古典经济学的分析方法 (Kettl & Milward, 1996)，制度经济学理论的理性偏好假定，指出了个人是基于任之与权衡行动过程的成本与利益来制定决策，这样的假定虽然成功地应用在研究完全竞争市场的行为；然而人类理性行为应用至制度结构的研究，如公共财、共有财资源、厂商经营的治理结构与大小、经济变迁途径执行与政策网路实务等方面，并无法契合真实世界情形。

务领域更是力推应用 PPP 模式。政府推广力度前所未有，为此在全国范围内掀起了一股 PPP 热潮，一时间，PPP 模式在各行各业被广泛应用，PPP 项目在全国各地遍地开花。

由于 PPP 发展过于迅猛，出现了部分地区对于 PPP 的理解出现偏差或执行走样，2017 年年底国家相关部委开始对 PPP 项目实行严格甄别、强化监测、规范管理，2018 年以来财政部与国家发展改革委实施了规模宏大的项目库清理整顿行动，2018 年管理库共清退项目 2557 个，涉及投资额 3.0 万亿元。日益严格的人库审查和全过程动态监管已成为 PPP 项目管理的主旋律，从而促使 PPP 回归理性与常态，而绩效评价管理正是 PPP 项目全过程规范管理不可或缺的关键部分。因此业界将 2018 年称为 PPP 的规范之年。

2. 英国之政府委外经验

英国政府业务委外经验：就委外经验项目，包括："第三条道路与服务"[①]、"最佳价值的委外经营"[②]、"公司合伙取代市场优势"[③]；可供参考之经验内容如下：

（1）公私合伙的做法上具有阶段性"启动、寻找合伙对象、进行合伙、检视方案"。

（2）训练较案之传输协同民间机构共同提供。

（3）委外场馆内部粉饰、展示、保全及机电维护。

3. 美国之政府委外经验

美国州政府业务委外经验：就委外经验项目，包括："州政府委外经营累积之经

---

①Bevir, Mark & David O'Brien (2001)."英国的新工党和公共部门"，公共管理评论 .61(5):pp.535-547.

②Woods, Rober (2000) ."社会住房管理多重压力"于 John Clark, Sharon Gewirtz & Eugene McLaughlin（编辑），《新管理主义，新福利》.英国，伦敦：塞奇出版公司 ,pp.137-151.

Clarke, John (2000)."休闲：管理主义和公共空间"于 John Clark, Sharon Gewirtz & Eugene McLaughlin（编辑），《新管理主义，新福利》.英国，伦敦：塞奇出版公司，pp.186-201.

③Faloconer, Peter K. & Kathleen McLaughlix (2000)."英国的公私伙伴关系和'新工党'政府"于 Stephen P. Osborne（编辑），《公私伙伴关系：国际视野中的理论与实践》.英国，伦敦：塞奇出版公司 ,pp.120-133.

验"[1]、"营造竞争环境的委外过程"[2]、"推展委外经营的关键"[3]；可供参考之经验内容如下：

(1) 引进成果导向之观念。

(2) 业务委外推动必须有政治领导者积极投入与承诺。

(3) 政府必须将员工移转到私部门环境的策略。

(4) 以"明确"及"弹性"为原则建构契约管理机制。

(5) 政府必须监督与评估私部门服务绩效以确保完成政府的目标。

4. 加拿大之政府委外经验

加拿大联邦及省政府业务委托外包经验：就委外经验项目，包括："加拿大政府业务委外形式""安大略省政府业务委外经验""魁北克省政府委外经验"；可供参考之经验内容如下：

(1) 对委外后相关单位受影响人员提供补偿性措施。

(2) 运用"合作协议"方式，建立政府与民间组织良善的伙伴关系。

(3) 行政机关业务如具有市场竞争性，亦可规划转型为事业机构。

(4) 重新思考政府任务之必要性。

(5) 建议创新的治理模式。

5. 日本之政府委外经验

日本在 21 世纪初，即以"转用"方式促进都市空间能更有效活用，便以"转用"的促使都市空间能更有效活用探讨，认为"转化"主要是因不动产原空间功能随时代经济环境转变，而失去原有效益，亦即进入都市生命周期的"衰退"时期，在需求减少下，如何使"衰退"的不动产回复、再生、现代化，即为"转用"最主要的功能。

---

①Raffe, Jeffrey A.,Debar A. Auger, & Kathryn G. Denhardt(1997). 竞争和私有化选项：提高州政府的效率和效力. 特拉华州, 纽约：特拉华大学公共管理研究所.

②Savas, E. S.(2000). 私有化和公私合作. 纽约：查塔姆智库.

③Ibid., 174-210. DeHoog, Ruth Hoogland (1990). "竞争、谈判或合作：服务承包的三种模式"行政与社会 .22(3):pp.317-340

将行政机构所建设投资之公共设施视为"项目"(Project)进行管理，就公共设施的项目生命周期特性，大略可分为"规划评估""兴建施工""执行经营""移转更新"等阶段，而各阶段所需考虑之"项目的目标权衡"(Trade-Offs)与"项目的风险掌控"皆不相同，纳入"项目管理"(Project Management)①与"风险管理"(Risk Management)②的管理理念，以美国学者 Savas, E. S. (2000) 归纳提出公共服务委外经营竞争过程步骤的论点，将更能在推动公共建设活化利用上有所帮助。

三、目的事业公共设施委外经营个案研究面向思维

目的事业公共设施之委外经营个案案例多为公共文化设施及社会福利等政府业务为主，近年有更多元之公共设施采用委外经营方式：如历史建物再利用、垃圾清运、社区大学、渔港开发、医院业务、公有闲置空间、非营利组织、学校运动设施、军事后勤要项、院校校务基金、公园绿地、文化设施（博物馆、美术馆、公有图书馆）等多样的公共设施。具体如下：

曾希文 (2006) 对于 TP 当代艺术馆委外经营之困境与蜕变；柯正峰 (2005)，科学教育馆委外经营经验分享；陈冠年 (2004)，论图书馆服务之全面委外经营；朱正一、施仁兴、陈奕芝、徐韶涓、黄秀美 (2004)，乡、镇卫生所医疗业务委外经营可行性初探 —— 以 HL 县玉里镇卫生所为例；蔡进满 (2004)，行政机构业务委外财务绩效检讨 —— 以武陵农场第二国民宾馆为例；李连宗、蔡蜜西 (2003)，明新技术学院运动中心委外经营学生满意度之研究；许美云 (2002)，公立博物馆现行委外经营模式探讨兼谈其冲突与和谐；王惠君 (2001) 闲置空间再生与活化 —— 活化公有闲置空间成为文化资源之探讨。

---

①"项目管理"(Project Management)：项目是一个复杂的、非例行性的、被时间、预算、资源与绩效等规格限制住的一次努力，且这些限制规格皆须以满足需求为前提。
②"风险管理"(Risk Management)：凡对于任何计划之预期成本或预期收入产生负面冲击、不良影响、或潜在不利因素，称之为"风险"。"风险"会随计划性质、应用领域或考虑层面之差异而有不同之衡量指标。

公共基础设施闲置及公私协力 (PPP) 活化机制实践

四、公共设施委外经营之活化思维

与本研究相关之文献内容：王惠君（2001）针对闲置空间再生与活化研究，其中提及与本研究所探讨之活化公共设施中，活化公有闲置空间之意义有六项，亦为本研究所期望之目标：

(1) 提高行政管理机构财产及资源之利用效能。

(2) 增进行政管理机构各部门之协调机制。

(3) 创造公有闲置空间之多元功能再利用。

(4) 推动公共设施之永续经营。

(5) 建立公众参与机制活化公共资产。

(6) 创造新的公共使用空间经验。

另外，对于"闲置空间再利用之经营模式"其中提及四项特性：

(1) 公有闲置空间、土地再利用之经营使用期限。

(2) 空间再利用之权属变更方式。

(3) 公有闲置空间再利用整理修缮方式。

(4) 公有闲置空间再利用之经营组织及策略。

以案例地区公共设施低度利用及闲置情形而言，突显出长久以来政府对于公共建设的处理态度，由相关研究文献与以及未经由整合评估机制，轻忽建立整体性地方公共建设的配套策略所形成，下列二项为主要的课题：

(1) 对于公共建设工程规划之事前评估未能周全。

于公共预算筹编、审议、执行、决算审计四阶段中的"预算运行时间"（Reed, B. J. & Swaim, J. W.，1996），呈现出公共设施闲置及低度利用之情形，即为公共建设在开发及管理，政府未着重于投资及市场利用效益，应纳入项目计划之精神，于时间、成本及绩效中做出适当之权衡。

(2) 对于风险管控以及应变措施的机制不足。

形成在公共需求与供给于市场变化时，无法有效应对市场变化而有弹性调整机制。应于运行时间纳入风险管理的思维，不同公共设施在投资兴建时所面临的风险并不相同，如何应对市场供需之变化具备定位的弹性，是在提供公共需求与供给之

28

变化过程中，活化公共设施重要的关键。

五、公共基础建设 PPP 项目全生命周期思维

PPP 项目的全生命周期是涵盖发起、识别、筛选、准备、设计、融资、建造、运营、维护至终止移交的完整周期，与传统项目全生命周期相比，需要更多科学理论与研究进行协助。

尤其是公共基础建设 PPP 项目在全生命周期思维中，因社会、经济、市场等环境因素影响，所出现的发展课题，如：利用闲置预测警示、运营管理绩效不彰、活化再利用方案可行性、财务敏感度关键因素、各类合作模式之公私部门协力机制、管理绩效评估工具、经营战略地图……等管理技术与工具，均需要进一步之研究以促使公私协力项目更加完善。

因此公共基础建设物业资产全生命周期为研究范畴，以预测闲置现象为课题、活化方案可行性为目标、财务绩效为手段，建构可持续发展的公共基础建设理念，将是公共基础建设 PPP 项目重要的管理思维。

第二章 案例地区公共基础设施闲置形成原因与困境

第一节　公共设施闲置及低度利用形成原因调查

一、"闲置空间"与"闲置公共设施"界定

案例地区行政管理机构文化建设事务主管部门（1998）将"闲置空间"初步定位为："依法指定为古迹、登录为历史建筑或未经指定的旧有闲置建筑物或空间，在结构安全无虞，而仍具有可再利用以推展文化价值者。"

而闲置空间是一个不易界定清楚的名词，主要是在内容上与经营主体上存在着极大的差异性，相关研究论点有许多差异的看法，摘述如下：

（1）刘舜仁（2001）"另类空间的"另类"思考，闲置空间再生的矛盾本质与跷跷板原理"，闲置空间是指：被废弃的（Deserted/Abandoned/Discarded）空间、是多余的（Space/Superfluous）空间、是坏掉的（Damaged/not Functioning）空间、是被遗忘的（Forgotten/Ignored/Lost）空间、是过渡的（Transitional）空间，或是悬荡的（Suspended）空间。当然，"闲置空间"也可能是上述状况的多重组合。所以闲置空间经常流露其"边缘而非中心的""地下而非地上的""分支而非主流的""颓废而非端庄的""旁门左道而非正统的"性格。

（2）傅朝卿（2001）将"闲置空间"改造的缘起归纳为两个主因，其一是古迹与历史保存：以让老建筑活化的保存方式取代冻结为展品的保存方式；其二是社会经济产业结构之改变：原属某种特殊产业类型的建筑，因无法生存于剧变的社会而逐渐被闲置，这些建筑在某些面向上若稍加改善，仍可重生于城镇之中。

（3）王惠君（2002）以广义的方式将"公共闲置空间、土地"定义为："原有阶

段性功能消失，目前使用功能不彰，可以有更积极的使用方式者。"

(4) 胡宗凤、杨德宜、林重銮(2005)造成闲置的原因，除史迹因素外，有部分是原使用者不存在或所有权人弃置；有部分原属某种特殊产业建筑，因无法生存于剧变之经济结构而被闲置；有部分则为政府缺乏完善评估，在挹注资金建设后却无法经营管理的"蚊物馆。

本书所指之"闲置公共设施"的问题及涵盖于"闲置空间"之内，范围定义为公共财之公共建设，其所产生的问题多半围绕在：

(1) 法令的问题(像是土地权归属、使用权取得、都市计划变更、消防法规等)。

(2) 再利用规划时缺乏民众与文艺工作者参与的问题。

(3) 众人对闲置空间的认知差距等问题。

二、列管闲置公共设施现况

公共设施是由政府所提供之财货，为公共财之一。对都市生活质量的提高亦有极大的影响，当人们的生活水平提高时，人们对公共设施及服务种类的要求使用相对增加，由于需求不断增加，也增重了公共预算的负担，故必须将有限的资源做妥善的分配。闲置公共设施的存在代表着公共资源的浪费。

目前部分公共建筑物机能之退化及缺乏，以致无法做有效的服务，因此闲置公共设施(以下简称"闲置公设")的形成原因变得非常重要，且不同种类的公共设施在不同的环境下闲置原因亦不完全相同，其中会造成闲置也应有共同的形成因素，本研究即以此为目的，探讨案例地区公共设施闲置形成原因之评估因素架构。

案例地区行政管理机构公共工程事务主管部门 2008 年度数据，将公共设施类别分为九类："交通建设""工商投资""文教设施""体育场馆""社福设施""展览场馆""办公厅舍""市场""工商设施"。

案例地区闲置公共设施列管个案共计 153 件，遍及全省各地及外岛地区，总建造费约 474 亿元新台币，并依据活化闲置设定标准，将公共设施闲置现况分类为三种等级，"已活化""低度使用""完全闲置"。检视案例地区列管闲置公共设施案件，依机能类型及分布区位加以分析。

"案例地区行政管理机构活化闲置公共设施项目小组"针对案例地区低度利用或完全闲置公共设施，积极推动活化工作 ，总计列管案件 153 件（迄今仍以滚动式统计列管）。所在案例地区县市以 KS 县市为最多达到 17 件 11.1%，其次为 CH 县市 10.4%、ML 县市 9.1%、PT 县市 8.5%，再者为 TN 县市 7.2%，TC 县市与 NT 县市 6.5%，HL 县市与 TT 县 5.2%（见图 2-1）。

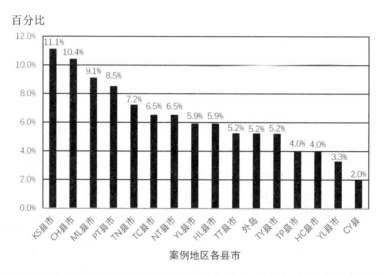

百分比

图2-1 列管闲置公共设施以案例地区各县市分布之比较条形统计图

（一）交通建设

闲置公共设施交通建设项目共 75 件案例（表 2-1），案例现况目前已活化 52 件案例；低度使用 13 件案例；完全闲置 10 件案例，总案例 153 件个案中约占 49% 为最多类别之闲置公共设施。以停车场为最多项目，其次为游憩区、机场、港口、服务中心、设施修复工程等。

表2-1 闲置公共设施"交通建设"案例类名录表

编号	类别	所在	闲置公共设施案名	现况
1	交通建设	TP 市	370 号公园附建地下停车场新建工程（建筑工程）	已活化
2	交通建设	NP 市	NP 市 贡寮乡澳底公园地下停车场	已活化
3	交通建设	NP 市	NP 市 树林市停五立体停车场机车停车区	完全闲置
4	交通建设	TY 县	补助地方政府兴建示范停车场计划—TY 县 杨梅镇光复路第一立体停车场	已活化
5	交通建设	TY 县	CL 市停四立体停车塔	已活化
6	交通建设	TY 县	TY 县八德市大湳公二地下停车场	完全闲置
7	交通建设	TY 县	ZZ 机场案例地区航厦	已活化
8	交通建设	TY 县	芦竹滨海游客服务中心	已活化
9	交通建设	ML 县	公共停车场四年建设计划－ ML 县铜锣乡停－停车场	已活化
10	交通建设	ML 县	头份镇停二立体停车场	已活化
11	交通建设	ML 县	后龙镇停一立体停车场	已活化
12	交通建设	ML 县	ML 县立文山小学分校（巨蛋体育馆）地下停车场	已活化
13	交通建设	ML 县	ML 北苗市场迁建及市四地下停车场	低度使用
14	交通建设	ML 县	ML 苑里镇滨海游憩区服务中心	已活化
15	交通建设	ML 县	后龙滨海游憩区促进民间参与公共建设投资兴建暨营运案	低度使用
16	交通建设	TC 县	TC 县丰原市社皮里市六用地地下停车场	低度使用
17	交通建设	TC 县	补助地方政府兴建示范停车场计划— TC 县大里运动公园地下停车场	低度使用
18	交通建设	TC 县	补助地方政府兴建示范停车场计划—TC 县大雅乡停一立体停车塔	低度使用
19	交通建设	TC 县	中部国际机场第一期工程	已活化
20	交通建设	TC 县	TC 港旅客服务中心	已活化
21	交通建设	NT 县	NT 县草屯停二多目标立体停车场	已活化
22	交通建设	NT 县	NT 县水里乡停三停车场	已活化
23	交通建设	NT 县	补助地方政府兴建示范停车场计划—NT 县埔里镇停四（仁爱）立体停车场	完全闲置
24	交通建设	NT 县	补助地方政府兴建示范停车场计划—NT 县名间乡停一立体停车场	完全闲置
25	交通建设	NT 县	日月潭水社游客中心	已活化
26	交通建设	NT 县	东埔温泉旅游服务中心	已活化
27	交通建设	NT 县	NT 县竹山镇杭头铁桥灾修工程	已活化
28	交通建设	CH 县	CH 县和美镇广停四停车场	已活化
29	交通建设	CH 县	CH 县埔心乡停车场	已活化
30	交通建设	CH 县	CH 县埤头乡停车场	已活化
31	交通建设	CH 县	CH 员林环安停车场（员林小学运动场地下停车场）	已活化
32	交通建设	CH 县	CH 阳明国中运动场地下停车场	已活化
33	交通建设	CH 县	CH 县花坛乡公所停－立体停车场	已活化

编号	类别	所在	闲置公共设施案名	现况
34	交通建设	CH县	CH市华阳公有零售市场立体停车场	已活化
35	交通建设	CH县	CH县鹿港镇停一立体停车场	已活化
36	交通建设	CH县	CH县员林镇旧有鱼市场兴建立体停车场	低度使用
37	交通建设	CH县	CH市公儿二地下停车场	已活化
38	交通建设	CH县	鹿港生态性县民休闲公园	已活化
39	交通建设	YL县	DN镇市二停车场	已活化
40	交通建设	YL县	补助地方政府兴建示范停车场计划—YL县斗南镇停一立体停车场	已活化
41	交通建设	YL县	案例地区公共停车场四年建设计划—YL县斗南镇停五立体停车场	完全闲置
42	交通建设	YL县	YL县斗南镇东外环道与台一丁线联络道路	已活化
43	交通建设	CY县	补助地方政府兴建示范停车场计划—CY县新港乡停一立体停车场	已活化
44	交通建设	CY市	CY市东市场综合大楼二、三楼改建停车场	低度使用
45	交通建设	TN县	TN县新市乡新市小学运动场地下停车场	已活化
46	交通建设	TN县	TN县永康市停三立体停车场	已活化
47	交通建设	TN县	TN县麻豆机三地下停车场	已活化
48	交通建设	TN县	TN县新化镇广停二地下停车场	低度使用
49	交通建设	TN县	TN县楠西停二立体停车场	低度使用
50	交通建设	TN县	TN县双春滨海游憩区	已活化
51	交通建设	TN市	补助地方政府兴建示范停车场计划—TN市公十一地下停车场	已活化
52	交通建设	TN市	安平远洋渔港	低度使用
53	交通建设	TN市	海安路地下街	完全闲置
54	交通建设	KS县	案例地区公共停车场四年建设计划—KS县冈山镇停二停车场	低度使用
55	交通建设	KS县	茄萣乡停二立体停车场	完全闲置
56	交通建设	KS县	兴达远洋渔港	低度使用
57	交通建设	KS县	KS县旗山运动公园旅游服务中心	完全闲置
58	交通建设	PT县	补助地方政府兴建示范停车场计划—PT县春日乡力里村停车场	已活化
59	交通建设	PT县	补助地方政府兴建示范停车场计划—万丹乡游泳池地下停车场	低度使用
60	交通建设	PT县	PT航空站	已活化
61	交通建设	PT县	恒春机场	已活化
62	交通建设	PT县	海口港第一、二期相关设施	已活化
63	交通建设	PT县	PT县枋山乡藤桐脚滨海游憩区	完全闲置
64	交通建设	PT县	玛家游客中心	已活化
65	交通建设	TT县	TT市火车站前广场地下停车场	已活化
66	交通建设	TT县	海端乡公所停车场	已活化
67	交通建设	TT县	池上乡大坡池停车场	已活化
68	交通建设	HL县	补助地方政府兴建示范停车场计划—HL县吉安乡停四（仁里）立体停车场	已活化
69	交通建设	HL县	补助地方政府兴建示范停车场计划—HL县HL市忠孝立体停车塔	完全闲置

编号	类别	所在	闲置公共设施案名	现况
70	交通建设	HL 县	凤凰山庄	已活化
71	交通建设	YL 县	补助地方政府兴建示范停车场计划—案例地区 YL 大学运动场地下停车场	已活化
72	交通建设	PH 县	PH 县白沙乡后寮旅客服务中心及周边停车场、公园	已活化
73	交通建设	PH 县	PH 县西屿渔翁岛旅客服务中心	已活化
74	交通建设	PH 县	澎 25 号线路基路面拓宽工程	已活化
75	交通建设	KM 县	KM 县尚义环保公园	已活化

（二）工商投资

闲置公共设施工商投资项目共 5 件案例，案例现况目前低度使用 2 件案例；完全闲置 3 件案例，总案例 153 件个案中约占 3%，从表 2-2 可得知情况最不理想为 YL 县台西乡之三座零售市场目前仍然为完全闲置之情形。

表2-2 闲置公共设施"工商投资"案例类名录表

编号	类别	所在	闲置公共设施案名	现况
1	工商投资	TC 市	中管处暨中市站新建工程	低度使用
2	工商投资	YL 县	台西乡牛厝公有零售市场	完全闲置
3	工商投资	YL 县	台西乡台西公有零售市场	完全闲置
4	工商投资	YL 县	台西乡仑丰公有零售市场	完全闲置
5	工商投资	KS 市	前镇渔港鱼货直销中心	低度使用

（三）文教设施

闲置公共设施文教设施项目共 20 件案例（见表 2-3），占总案例 13%，完全闲置案例为 1 件，低度使用为 3 件，其余 18 件案例皆已解除列管，显示文教设施于积极推动之下已有明显的现况改善。

表2-3 闲置公共设施"文教设施"案例类名录表

编号	类别	所在	闲置公共设施案名	现况
1	文教设施	TP 市	外讲所就地改建工程	已活化
2	文教设施	HC 市	案例地区 HC 教育大学附设实验国民小学第二校区新建工程	已活化
3	文教设施	ML 县	ML 南庄乡赛夏文物馆	已活化
4	文教设施	ML 县	案例地区苑里高级中学第二期校舍新建工程	已活化
5	文教设施	CH 县	CH 县大城演艺厅	已活化

公共基础设施闲置及公私协力 (PPP) 活化机制实践

编号	类别	所在	闲置公共设施案名	现况
6	文教设施	CH 县	CH 县原居民文物馆	已活化
7	文教设施	CY 县	CY 校区教学大楼	已活化
8	文教设施	KS 县	三民乡原居民文物馆	已活化
9	文教设施	KS 县	KS 县桃源乡原居民文物馆	完全闲置
10	文教设施	KS 市	KS 大学图书信息大楼	已活化
11	文教设施	PT 县	三地门乡原居民文物馆	已活化
12	文教设施	PT 县	来义乡原居民文物馆	已活化
13	文教设施	TT 县	成功镇原居民文物馆	已活化
14	文教设施	TT 县	TT 艺术村（美浓）	低度使用
15	文教设施	HL 县	HL 县客家民俗会馆	已活化
16	文教设施	HL 县	万荣乡原居民文物馆	已活化
17	文教设施	HL 县	瑞穗乡原居民文物馆（奇美）	已活化
18	文教设施	HL 县	HL 县新城乡原居民文化馆	低度使用
19	文教设施	YL 县	YL 南澳乡泰雅文化馆	低度使用
20	文教设施	YL 县	YL 泰雅生活馆	已活化

（四）体育场馆

闲置公共设施体育场馆项目共 11 件案例（表 2-4），占总案例 7%，完全闲置案例为 4 件，低度使用为 2 件，其余 5 件案例皆已解除列管，以游泳池为最多设施项目。

表2-4 闲置公共设施"体育场馆"案例类名录表

编号	类别	所在	闲置公共设施案名	现况
1	体育场馆	HC 县	HC 县五峰多功能体育馆	完全闲置
2	体育场馆	ML 县	ML 县立文山小学分校体育馆（巨蛋体育馆）	已活化
3	体育场馆	TC 县	TC 县立游泳池	已活化
4	体育场馆	YL 县	斗六市立游泳池	已活化
5	体育场馆	TN 市	TN 市青少年极限运动场	已活化
6	体育场馆	KS 县	KS 县凤山市运动公园兴建沙滩排球场	已活化
7	体育场馆	KS 县	KS 县凤山市运二运动公园 B 级极限设施场	低度使用
8	体育场馆	PT 县	内埔乡游泳池	完全闲置
9	体育场馆	TT 县	TT 县鹿野乡立游泳池	完全闲置
10	体育场馆	TT 县	TT 县棒球村第二期新建工程－第一棒球场	低度使用
11	体育场馆	YL 县	苏澳镇立游泳池	完全闲置

36

（五）社福设施

闲置公共设施社福设施项目共 8 件案例（表 2-5），占总案例 5%，完全闲置案例为 1 件，低度使用为 1 件，其余 6 件案例皆已解除列管，其中 NT 县民间乡立殡仪馆目前仍为完全闲置之情形，以及 TY 县 综合性身心障碍福利服务中心目前为低度使用，其余皆已解除列管使用情形良好。

表2-5 闲置公共设施"社福设施"案例类名录表

编号	类别	所在	闲置公共设施案名	现况
1	社福设施	TY 县	TY 县 综合性身心障碍福利服务中心	低度使用
2	社福设施	TC 县	TC 县儿童青少年福利服务中心	已活化
3	社福设施	TC 县	TC 县原居民综合服务中心	已活化
4	社福设施	TC 市	TC 市身心障碍福利服务中心	已活化
5	社福设施	NT 县	921 震灾 NT 县竹山镇柯子坑新社区	已活化
6	社福设施	NT 县	NT 县名间乡立殡仪馆	完全闲置
7	社福设施	CH 县	鹿港镇图书艺文中心	已活化
8	社福设施	KS 县	KS 县鸟松乡老人活动中心	已活化

（六）展览场馆

闲置公共设施展览场馆项目共 9 件案例（表 2-6），占总案例约 6%，低度使用为 1 件，其余 8 件案例皆已解除列管，显示各县市展览中心、产业中心于政府推动与使用情形，以确实达到活化使用之标准。

表2-6 闲置公共设施"展览场馆"案例类名录表

编号	类别	所在	闲置公共设施案名	现况
1	展览场馆	NP 市	NP 市 工商展览中心	已活化
2	展览场馆	HC 县	HC 县迎风馆（前 HC 县关西农民活动中心）	已活化
3	展览场馆	HC 县	横山民俗文物馆	已活化
4	展览场馆	NT 县	NT 县地方产业交流中心	低度使用
5	展览场馆	CH 县	CH 县地方产业交流中心	已活化
6	展览场馆	PT 县	高树乡地方产业交流中心及外围环境	已活化
7	展览场馆	HL 县	HL 县吉安乡南昌村多功能活动中心（并原居民文物馆）	已活化
8	展览场馆	YL 县	YL 县产业交流中心	已活化
9	展览场馆	PH 县	PH 县沙港海豚资料展示馆暨社区渔民活动中心	已活化

（七）办公厅舍

闲置公共设施办公厅舍项目共 9 件案例（表 2-7），占总案例约 6%，完全闲置为 1 件，其余 8 件案例皆已解除列管，显示各县市办公楼于政府推动与使用情形，以确实达到活化使用之标准。

表2-7 闲置公共设施"办公厅舍"案例类名录表

编号	类别	所在	闲置公共设施案名	现况
1	办公楼	TY 县	大园工业活动中心	已活化
2	办公楼	HC 县	案例地区财政事务主管部门案例地区北区国税局 HC 县分局办工厅舍新建工程	已活化
3	办公楼	ML 县	ML 后龙镇水尾海水浴场行政办公大楼	已活化
4	办公楼	ML 县	ML 县 ML 市县府广场及外围环境改造工程〈第二期〉	已活化
5	办公楼	TN 市	度政大楼 4 楼贵宾室、分局长室、5 楼礼堂	已活化
6	办公楼	KS 县	永安乡卫教馆〈俗称永安医疗大楼〉	已活化
7	办公楼	KS 市	临海工业区新生服务大楼（旧服务中心）	已活化
8	办公楼	PT 县	鹅銮鼻游憩区二期工程服务站	已活化
9	办公楼	PT 县	海巡署第 63 大队鹅銮鼻分队哨	完全闲置

（八）市场

闲置公共设施办公厅舍项目共 7 件案例（表 2-8），占总案例约 5%，完全闲置为 2 件，低度使用为 3 件，其余 2 件案例皆已解除列管，显示各县市市场于政府推动与使用情形，仍须以活化标准为努力目标。

表2-8 闲置公共设施"市场"案例类名录表

编号	类别	所在	闲置公共设施案名	现况
1	市场	HC 县	北埔公有零售市场	已活化
2	市场	ML 县	卓兰镇公有零售市场	低度使用
3	市场	YL 县	虎尾镇现代化大型批发鱼市场	低度使用
4	市场	KS 县	KS 县梓官乡公所第二公有市场	已活化
5	市场	KS 县	林园乡第一市场	低度使用
6	市场	KS 县	KS 县茄萣乡兴达港特定区公有市场（第五期）	完全闲置
7	市场	HL 县	寿丰乡丰田市场	完全闲置

（九）工商设施

闲置公共设施工商设施项目共 9 件案例（表 2-9），占总案例约 6%，完全闲置为 1 件，低度使用为 2 件，其余 6 件案例皆已解除列管，而案例 TT 县绿岛南寮渔港交通船专用港，约 4 亿总建造费为低度使用之金额最高案例。

表2-9 闲置公共设施"工商设施"案例类名录表

编号	类别	所在	闲置公共设施案名	现况
1	工程设施	NP 市	八里污水处理厂蛋形消化槽	已活化
2	工程设施	TY 县	客运园区	已活化
3	工程设施	ML 县	ML 玉清大桥新建及后续工程产生新生地设置土资场	已活化
4	工程设施	CH 县	CH 县花卉生产专业区示范温室	已活化
5	工程设施	KS 县	KS 县内门乡石坑村原野体能训练场	低度使用
6	工程设施	TT 县	绿岛南寮渔港交通船专用港	低度使用
7	工程设施	PH 县	PH 县水库外围改善工程	已活化
8	工程设施	PH 县	增加成功兴仁水库集水面积工程 - 土木部分	已活化
9	工程设施	LJ 县	LJ 县南竿海淡厂二期附属设备工程及委托操作销售（又名海淡包装厂）	完全闲置

三、列管闲置公共设施调查计划及实施过程

（一）调查对象及问卷内容

本研究调查计划调查对象为地区各设施机关管理单位及承办负责人员主管，因管理单位与承办人员拥有实务经验，及全程参与工程新建至完工阶段，至最后因相关闲置因素导致公共设施闲置情形实属全程参与人员与承办单位，因此以上述设施管理机关与承办人员为本研究调查对象。

问卷研拟依据模糊德尔菲专家问卷找寻相关闲置因子，经整理与汇整并收集相关参考文献研拟"活化闲置公共设施推动方案"相关环境政策议题之问卷。研究问卷分为四部分各阶段再详细依承办人员之相关经验与专业知识回复本研究问卷之议题。

1. 您承办业务接触本个案"闲置公共设施"的经验及专业看法。

（1）请问您承办业务接触有关本"闲置公共设施"个案的经验，约略经历几年。

(2) 就您所参与本"闲置公共设施"个案，请评定您所接触之个案"造成闲置原因"之影响程度。分别以 6 类因素 10 项闲置原因为问题（见表 2-10）。

表2-10 接触个案"造成闲置原因"之影响程度调查表

影响面项	闲置原因
管理不善	(1) 专业经营经验不足
	(2) 专责管理人才及单位缺失
缺少经费	(3) 政府预算不足无力支持
行政程序尚未完成	(4) 行政机关协调配套措施不足
	(5) 公共设施相关法令的适法性疑虑
	(6) 空间与土地权属的取得受阻
环境变迁	(7) 社区民众支持及参与程度缺乏
	(8) 设施规划认知与市场需求现况差异
	(9) 设施功能定位及用途配置规划不当
政策因素	(10) 案例地区发展政策变迁
竞选承诺	(11) 选举时承诺但未经规划配套

(3) 请问您认为贵单位对本"闲置公共设施"个案，造成闲置现象之"最主要的困境"为何（见表 2-11）。

表2-11 造成闲置现象之"最主要的困境"调查问项表

题项	最主要的困境
(1)	地方政府财政预算不佳
(2)	缺乏规划及经营管理技术
(3)	无法掌握闲置公共设施资源价值
(4)	空间主体定位未被民众认同
(5)	以上皆是
(6)	其他（请说明）

2. 闲置公共设施推动活化策略之相关课题。

(1) 本闲置公共设施推动活化策略面向中，所包含项目之影响程度分为三类共 26 项项目（见表 2-12）：

表2-12 闲置公共设施推动活化策略面向中项目影响重要程度调查表

影响面向	项目	
工程完成进度	(1) 成本效益评估 (3) 项目管理技术服务厂商 (5) 使用安全性 (7) 工程维护之效益性	(2) 工期完工 (4) 项目管理之统包厂商能力 (6) 设施生命周期持久性
再利用潜力	(1) 组织预算之充足程度 (3) 邻近公共空间发展计划 (5) 地方产业支持度 (7) 开发经营模式 (9) 政府配合程度 (11) 影响生态保护之程度	(2) 设备之完备程度 (4) 邻近重大开发计划 (6) 管理维护制度立法 (8) 民间参与程度 (10) 造成环境污染之程度 (12) 资源再利用
使用情形	(1) 地点可及性 (3) 兼具都市景观 (5) 合理管理制度方案 (7) 符合现地需求之设计	(2) 基础设备完善性 (4) 使用上最适分配 (6) 缺失矫正及预防措施

(2) 您对本闲置公共设施以"委外经营"方式推动活化策略之看法，分别为闲置公共设施个案实施面、个案执行面、个案委外经营方式（见表2-13）：

表2-13 公共设施以"委外经营"方式推动活化策略看法调查问项表

影响面向	项目
"闲置公共设施"个案设施面，认为最有可能改善之"设施使用活化方式"	设施规划转型再利用；强化设施多元功能；提升设施管理技术及制度；加速设施工程完工；引入活动增加设施利用；其他
"闲置公共设施"个案执行面，认为最有可能改善之"营运形态活化方式"	公办公营（政府经营）；公私合营（公私共营）；公办民营（委外经营）；其他
"闲置公共设施"个案若以"委外经营"方式执行，"成功推动活化可行性"	非常可行；可行；不一定；不可行；非常不可行；其他

(3) 您认为本"闲置公共设施"个案推动活化，在策略上"较缺乏的要素"及其影响程度为何（见表 2-14）。

表2-14 个案推动活化在策略上"较缺乏的要素"及其影响程度调查表

题项	项目
(1)	资源运用合作模式思维
(2)	对社会成本与效益的整体考虑
(3)	整合性的资源支持系统
(4)	具备多元的诱因机制
(5)	建构工程质量监测制度
(6)	结合地方民众支持与参与
(7)	兼具保存特有在地文化理念
(8)	永续经营之规划理念

(4) 您认为研拟本"闲置公共设施"个案活化策略，未来应着重的努力方向及其重要性为何（见表 2-15）。

表2-15 未来应着重的努力方向及其重要性调查问项表

题项	项目
(1)	强化各类公共设施专业特殊性考虑
(2)	建立各类公共设施闲置评估预警机制
(3)	健全各类公共设施空间功能机能之定位
(4)	落实列管案件追踪管考
(5)	建立主办机关及工作团队鼓励措施
(6)	汲取世界各地活化案例经验及策略

3. 避免公共设施闲置情形，以您的专业经验判定"设施条件项目"之重要性为何（见表 2-16）。

表2-16 "设施条件项目"之重要性调查问项表

题项	（设施条件）项目
(1)	活化再利用性质定位评估
(2)	土地权属取得难易程度评估
(3)	安全性评估
(4)	适法性评估
(5)	发展规模评估
(6)	可及性评估

题项	（设施条件）项目
（7）	学术或文史价值评估
（8）	工程经费预算评估
（9）	邻近实质环境特质评估
（10）	经济环境支持评估
（11）	地方政府配合程度评估
（12）	地方居民认同感评估
（13）	地方民间组织参与程度评估
（14）	所在区域地方资源支持评估
（15）	所在区域地方产业特色评估
（16）	政府与民间组织互谋合作机制评估

4. 您认为"闲置公共建设以"委外经营"推动活化方案"可行性评估效标重要性。可行性评估依序为"政策与法令制度""经济环境""市场环境""项目规划""项目财务""项目协商机制"（见表 2-17）。

表2-17 以"委外经营"推动活化方案可行性评估效标重要性调查问项表

活化可行性	评估效标	
政策与法令制度	（1）法令制度健全 （3）土地取得问题 （5）政府承诺协助事项	（2）税制变动 （4）投资奖励优惠吸引力
经济环境	（1）工资波动 （3）外汇汇率及货币变动	（2）通货膨胀率变动 （4）不动产景气波动
市场环境	（1）产品和市场定位明确程度 （3）营销和宣传效果	（2）同业竞争情形 （4）拥有的市场规模特性
项目规划	（1）环境冲击 （3）设施配置 （5）工程设计错误或变更 （7）发包方式	（2）公共设施配套 （4）联外交通 （6）工程期变动
项目财务	（1）银行融资能力 （3）回收期 （5）成本管控 （7）内在报酬率 （9）回馈金 （11）土地取得成本	（2）自偿率 （4）营运收入 （6）现金流量稳定 （8）特许期间年期 （10）权利金（固定＋变动）
项目协商机制	（1）法律风险之分配 （3）付款条件及机制 （5）融资机构介入权	（2）补偿与违约事项 （4）费率物价调整机制 （6）主办单位需求变更

（二）实施过程

本研究问卷从发放至回收共耗时约四个月，先是遭遇设施管理机关非县府管辖单位，其中有些隶属案例地区省直属部门与私人单位，因此县府单位将问卷转回告知请将问卷寄之相关单位。

经由上述错误经验已将问卷再次寄之相关隶属部门，案例地区省政府部门以及地方乡镇市公所以及相关民间负责单位。尔后得知相关单位回文并告知填写困难之问题经了解如以下几点：

（1）此设施已拆除或即将活化，以及目前营运情况良好，与公共工程事务主管部门列管内容不符，因此无法填写相关问卷问题不予已回复。

（2）此设施长期使用良好，编列为低度使用与完全闲置实为媒体不实报道，因此不知如何填写问卷。

（3）设施地点为管辖单位之边缘地区，相关单位互相推托未能回复问卷。

（4）最后一点则是工程以外包，请联络外包厂商给予回复。

已将问卷未回复单位以实际联络之情形，告知填写问卷之调查用意为学术研究之资料建立，并非相关单位之绩效考核，恳请予以填写问卷并协助调查。

四、列管闲置公共设施调查结果分析

本研究根据地区案例地区行政管理机构公共工程事务主管部门所列管之公共工程153 件，针对曾经闲置及低度利用之公共设施进行调查，针对本研究调查为全数抽样共发出 153 份问卷，回收 119 份，回收率 77.8%。无效问卷 0 份，有效问卷共 119 份。

（一）受访样本结构

调查样本结构中男生占 70.6%、女生占 29.4%，以男生居多；受访者年龄以31-40 岁居多，占 39.5%，其次为 41-50 岁占 32.8%；教育程度以大专程度居多占63.9%，其次为硕士程度占 27.7%。接触公共设施个案之经验以 0.5 年居多，3 年以内参与该列管公共工程设施经验受访者为 83.2%，具体受访者基本数据（见表 2-18）。

表2-18 受访者基本数据表

题项		次数	百分比	有效百分比	累积百分比（%）
年龄	30 岁以下	13	10.9	10.9	10.9
	31～40 岁	47	39.5	39.5	50.4
	41～50 岁	39	32.8	32.8	83.2
	50 岁以上	20	16.8	16.8	100.0
	总和	119	100.0	100.0	——
性别	男生	84	70.6	70.6	70.6
	女生	35	29.4	29.4	100.0
	总和	119	100.0	100.0	——
教育程度	高中（职）	9	7.6	7.6	7.6
	大专	76	63.9	63.9	71.4
	硕士	33	27.7	27.7	99.2
	博士	1	.8	.8	100.0
	总和	119	100.0	100.0	——
接触公共设施个案经验（年）	0.5	40	33.6	33.6	33.6
	1.0	20	16.8	16.8	50.4
	2.0	24	20.2	20.2	70.6
	3.0	15	12.6	12.6	83.2
	4.0	7	5.9	5.9	89.1
	5.0	5	4.2	4.2	93.3
	6.0	4	3.4	3.4	96.6
	8.0	2	1.7	1.7	98.3
	10.0	1	.8	.8	99.2
	11.0	1	.8	.8	100.0
	总和	119	100.0	100.0	—

（二）各类列管公共设施受访个案资料

本研究所调查回收之受访个案问卷之资料内容，列管之公共设施类别共计119件，而以交通设施64件占53.8%最多，其次为文教设施11件占9.2%，再次以体育场设施10件占8.4%（见表2-19）。对于主管公共设施闲置等级评定之情形，以评定"已活化"82件占68.9%居多，评定"低度使用"22件占18.5%为其次，评定"完全闲置"15件占12.6%再次（见表2-20）。

将列管公共设施类别与闲置等级交叉分析，以交通设施评定为"已活化"之件数最多47件，其次为交通设施评定为"低度使用"10件，各类设施皆有均衡分布样本，具抽样样本之均质性（见表2-21）。经 Pearson 卡方检定显著性 p(0.002)<0.05 具显著性（见表2-22）。

表2-19 列管公共设施类别统计表

题项		抽样件数	百分比	有效百分比	累积百分比（%）
列管公共设施类别	交通设施	75	64	53.8	53.8	53.8
	工商园区	5	3	2.5	2.5	56.3
	文教设施	20	11	9.2	9.2	65.5
	体育场馆	11	10	8.4	8.4	73.9
	社福设施	8	6	5.0	5.0	79.0
	展场设施	9	9	7.6	7.6	86.6
	办公厅舍	9	5	4.2	4.2	90.8
	市场	7	5	4.2	4.2	95.0
	工程设施	9	6	5.0	5.0	100.0
	总和	153	119	100.0	100.0	—

表2-20 列管公共设施闲置等级评定情形表

		次数	百分比	有效百分比	累积百分比
闲置等级	已活化	82	68.9	68.9	68.9
	低度使用	22	18.5	18.5	87.4
	完全闲置	15	12.6	12.6	100.0
	总和	119	100.0	100.0	—

表2-21 列管公共设施类别与闲置等级交叉分析表

			闲置等级			总和
			已活化	低度使用	完全闲置	
类别	交通设施	个数	47	10	7	64
		类别内的 %	73.4%	15.6%	10.9%	100.0%
		闲置等级内的 %	57.3%	45.5%	46.7%	53.8%
		总和的 %	39.5%	8.4%	5.9%	53.8%
	工商园区	个数	0	0	3	3
		类别内的 %	.0%	.0%	100.0%	100.0%
		闲置等级内的 %	.0%	.0%	20.0%	2.5%
		总和的 %	.0%	.0%	2.5%	2.5%
	文教设施	个数	8	3	0	11
		类别内的 %	72.7%	27.3%	.0%	100.0%
		闲置等级内的 %	9.8%	13.6%	.0%	9.2%
		总和的 %	6.7%	2.5%	.0%	9.2%
	体育场馆	个数	5	2	3	10
		类别内的 %	50.0%	20.0%	30.0%	100.0%
		闲置等级内的 %	6.1%	9.1%	20.0%	8.4%
		总和的 %	4.2%	1.7%	2.5%	8.4%
	社福设施	个数	4	1	1	6
		类别内的 %	66.7%	16.7%	16.7%	100.0%
		闲置等级内的 %	4.9%	4.5%	6.7%	5.0%
		总和的 %	3.4%	.8%	.8%	5.0%
	展场设施	个数	8	1	0	9
		类别内的 %	88.9%	11.1%	.0%	100.0%
		闲置等级内的 %	9.8%	4.5%	.0%	7.6%
		总和的 %	6.7%	.8%	.0%	7.6%
	办公厅舍	个数	4	0	1	5
		类别内的 %	80.0%	.0%	20.0%	100.0%
		闲置等级内的 %	4.9%	.0%	6.7%	4.2%
		总和的 %	3.4%	.0%	.8%	4.2%
	市场	个数	2	3	0	5
		类别内的 %	40.0%	60.0%	.0%	100.0%
		闲置等级内的 %	2.4%	13.6%	.0%	4.2%
		总和的 %	1.7%	2.5%	.0%	4.2%
	工程设施	个数	4	2	0	6
		类别内的 %	66.7%	33.3%	.0%	100.0%
		闲置等级内的 %	4.9%	9.1%	.0%	5.0%
		总和的 %	3.4%	1.7%	.0%	5.0%

		闲置等级			总和
		已活化	低度使用	完全闲置	
总和	个数	82	22	15	119
	类别内的 %	68.9%	18.5%	12.6%	100.0%
	闲置等级内的 %	100.0%	100.0%	100.0%	100.0%
	总和的 %	68.9%	18.5%	12.6%	100.0%

表2-22 交叉分析卡方检定表

	数值	自由度	渐近显著性 （双尾）
Pearson 卡方	36.835(a)	16	.002
概似比	30.807	16	.014
有效观察值的个数	119		

（三）受访单位问卷回收统计

回收问卷分布于案例地区各县市与外岛地区，回收率已为具大多数单位，因具样本之代表性。

1. 问卷信度分析：

本研究各构面之Cronbach α 系数 (0.893) 达0.8 以上，Item to Total Correlations 皆大于0.5，显示题项具有相当良好之内部一致性，因此本研究问卷之信度值应可被接受。

2. 问卷效度分析：

本研究的问卷题目是经由文献探讨整理及本研究研拟出来的，并在进行前测之后修正，因此本问卷应具有一定的内容效度。

五、公共设施闲置及低度利用形成原因调查结果

（一）公共设施闲置及低度利用形成原因

针对案例地区相关的研究报告与公共工程事务主管部门所提列的个案中，以文献回顾及归纳法找寻关键性的闲置因子，并借由分类讨论加以说明，内容如下。

1. 管理不善

此一现象主要发生在完工前、建设后及法令层面所遭遇问题，显示各阶层之分工管理出现问题，并导致未来公共设施产生闲置状态，分类说明如下：

(1) 工程管理不良。

公共工程事务主管部门列管的个案中，尚有四个工程个案因工程规划与管理不良导致该公共建设至今尚未完工或改制后无人管辖，例如：案例地区 TN 市海安路地下街之工程计划。

(2) 经营管理不善。

案例地区公共建设之经营模式常以公办公营为主（萧佳虹，2006），导致许多原居民文物馆及旅客服务中心的经营管理缺乏专业团队及市场竞争力，违背了政府推行计划的本意，最后成为当地的蚊子馆。

(3) 缺乏奖励与管理机制。

目前案例地区的奖励条例来自"文化资产保存法"及"促进民间参与公共建设法"（黄剑虹，2007），但是上述的两类法则，大多数系参考世界各地相关法令与奖励措施修正得来，并且案例地区推行活化政策的时间短，因时适地尚须磨合，难免有不周全之处。

2. 缺乏经费

经费筹措与管理常是维持公共建设营运的最主要工作，如果成本效益不相符及长期斥资后，将自然而然地建设便会衰败老旧、终至闲置。其叙述如下：

(1) 设施硬件老旧：

目前使用机能式微、荒废无使用的老旧建筑设施与空间，缺乏政府监督及管理导致该公共设施使用概率贫乏等闲置状况发生（黄干忠、叶光毅、施荣铮，2002）。

(2) 行政机构预算不足无力支持：

目前闲置公共设施大部分系由政府补助经费维持经营（朱淑慧，2004），原本由上级规划的设施在完工后，由下级地方政府经营管理，经常会发生地方经费不足以维持该公设正常营运之状况。

(3) 整体经济环境不支持。

面临其他较具有经济效益的方案及建设时，往往都会放弃了该公共设施原本设立之意涵及历史意义，违背永续经营之原则（吴国硕，2004）。

3. 行政程序尚未完成问题

行政问题常是政府推行计划的阻碍，程序繁杂且常发生相互推诿责任等问题，经常造成时间点的延迟且执行效果不彰，所以行政问题势必为未来推行活化闲置公共设施必须注重的方向。叙述如下：

(1) 行政机关协调配套。

上下级管理单位对于该设施的经营管理信息不对等，导致政策迟滞不进、相关措施无法正常运作与实施，导致该公设无法正常使用。

(2) 公共设施相关法令的适法性。

相关法令的不完善，导致闲置空间再利用在适法性上遇到瓶颈而无法正常推动（文化建设事务主管部门，2006）。

(3) 空间与土地权属的取得问题。

公共设施之相关产权取得不易或相关权属不明等行政问题，导致设施无法正常使用（萧佳虹，2006）。

4. 环境变迁

吴纲立、赖丽巧（2003）提及长期的社经演变与蜕变过程，许多对应当时特定环境的使用方法与需求空间皆会随着都市机能的扩张与性质变更或是民众使用习惯上的改变，而在都市空间中呈现一种窳陋闲置的状况（李宜君，2004）。叙述如下。

(1) 社区民众支持与参与程度不足。

公共设施空间之使用首要关键在于人，因此地方居民能否参与（杨敏芝，2002），认同融入当地生活正确使用该公共设施，系为地方性公共设施主要努力之目标。

(2) 设施规划认知与市场需求现况差异。

方乃中（2005）该公共建设只是阶段性任务、不具未来发展之潜力，对于整体市场需求及未来规划并未能作出详细发展计划及永续性，导致若干年后闲置窳陋。

(3) 设施功能定位及用途配置规划不当、缺乏在地性。

该公共设施一开始之设计与评估方向错误不明，导致建设完工后与实际需求不符，当然未达活络使用该公共设施之目标（赖丽巧，2004）。

5. 政治因素

政治问题常是阻碍案例地区建设发展的要因，当然公共建设此环节亦是如此，如何令公共建设摆脱政治议题，只加入专业性是未来改进的目标。叙述如下：

（1）案例地区发展政策变迁。

朱淑慧（2004）论及公共建设之设计规划而至建设，经常朝令夕改未能一致性地执行计划案，一再修改建物内容导致浪费公款，最后建设亦未能如期发挥功效。

（2）竞选时承诺但未经规划配套。

政治人物为骗取选票及对当地选民开未经熟虑的竞选支票，当选后虽然兑现但未经规划配套，在时间的考验下公共设施逐渐走向闲置荒废。

综合上述针对"列管公共设施闲置及低度利用之形成因素"之相关研究归纳，研拟形成闲置原因之十一题的问项进行调查（见表2-23）。希望透过造成列管公共设施闲置及低度利用之形成因素进行综合考虑，以期发现形成之构面及主要因素为何。其中，各构面所包含之问项（见表2-23）所列共计有11项问题，以采用李克特五点量表，分数越高代表受访者对该问项满意的倾向越高。

表2-23 "造成闲置原因"之问卷调查问项表

就您所参与本"闲置公共设施"个案，请评定您所接触之个案"造成闲置原因"之影响程度？						
	形成闲置原因	很小	小	普通	大	很大
管理不善	（1）专业经营经验不足	☐	☐	☐	☐	☐
	（2）专责管理人才及单位缺乏	☐	☐	☐	☐	☐
缺乏经费	（3）政府预算不足无力支持	☐	☐	☐	☐	☐
行政程序尚未完成	（4）行政机关协调配套措施不足	☐	☐	☐	☐	☐
	（5）公共设施相关法令的适法性疑虑	☐	☐	☐	☐	☐
	（6）空间与土地权属的取得受阻	☐	☐	☐	☐	☐
环境变迁	（7）社区民众支持及参与程度缺乏	☐	☐	☐	☐	☐
	（8）设施规划认知与市场需求现况差异	☐	☐	☐	☐	☐
	（9）设施功能定位及用途配置规划不当	☐	☐	☐	☐	☐
政策因素	（10）案例地区发展政策变迁	☐	☐	☐	☐	☐
竞选承诺	（11）选举时承诺但未经规划配套	☐	☐	☐	☐	☐

（二）列管公共设施闲置原因之叙述统计分析

本研究所调查回收之受访个案问卷内容中，呈现成果说明如下，受访个案之受访者对于本列管个案接触经验，时间最短为半年、最常为11年、平均为2年多之时间（标准偏差2.0133），呈现回答之受访者具一定程度之认识，问卷回答具信度。

列管之公共设施类别对于造成闲置原因之影响程度，由表2 24观察如下：

1. 平均值观察大于"普通"者共有七项，(1) 专业经营经验不足、(2) 专责管理人才级单位缺乏、(3) 政府预算不足无力支持、(7) 社区民众支持与参与程度缺乏、(8) 设施规划认知与市场需求现况差异、(9) 设施功能定位及用途配置规划不当。

2. 由平均值观察等于"普通"者：(4) 行政机关协调配套措施不足。

3. 由平均值观察低于"普通"者共有四项，(5) 公共建设相关法令的适法性疑虑、(6) 空间与土地权属的取得受阻、(10) 案例地区发展政策变迁、(11) 选举时承诺但未经规划配套。

表2-24 造成闲置原因影响程度填答结果统计表

	最小值	最大值	平均数	标准差
接触公共设施个案经验 __ 年	0.5	11.0	2.076	2.0133
(1) 专业经营经验不足	0	5	3.01	1.312
(2) 专责管理人才及单位缺乏	0	5	3.13	1.369
(3) 政府预算不足无力支持	0	5	3.11	1.407
(4) 行政机关协调配套措施不足	0	5	3.00	1.289
(5) 公共建设相关法令的适法性疑虑	0	5	2.58	1.312
(6) 空间与土地权属的取得受阻	0	5	2.31	1.345
(7) 社区民众支持与参与程度缺乏	0	5	3.16	1.426
(8) 设施规划认知与市场需求现况差异	0	5	3.61	1.335
(9) 设施功能定位及用途配置规划不当	0	5	3.36	1.466
(10) 案例地区发展政策变迁	0	5	2.84	1.365
(11) 选举时承诺但未经规划配套	0	5	2.65	1.441

另就针对造成闲置原因影响程度之叙述统计（见表 2-25）及直方图（见图 2-2），逐项说明如下：

1. 专业经营经验不足

受访个案总体认为影响程度为大者占 28.6% 最多，其次为普通 27.75，影响很大者为 11.8%，平均值 3.01 大于普通，标准偏差为 1.312，由图 2 2 观察得知偏向影响较大者为多。

2. 专责管理人才级单位缺乏

受访个案总体认为影响程度为大者占 33.6% 最多，其次为普通 52.1%，影响很大者为 14.3%，平均值 3.13 大于普通，标准偏差为 1.369，由图 2 2 观察得知偏向影响较大者为多。

3. 政府预算不足无力支持

受访个案总体认为影响程度为大者占 26.1% 最多，其次为普通 22.7%，影响很大者为 16.5%，影响小者占 46.6%，平均值 3.11 大于普通，标准偏差为 1.407，由图 2 2 观察得知偏向影响较大者为多。

4. 行政机关协调配套措施不足

受访个案总体认为影响程度为普通者占 27.7% 最多，影响大者为 26.9% 其次，平均值 3.0 正好等于普通，标准偏差为 1.269，由图 2 2 观察得知仍略偏向影响较大者为多。

5. 公共建设相关法令的适法性疑虑

受访个案总体认为影响程度为普通者占 33.6% 最多，其次为影响小者 20.2%，影响大者为 16.6%，平均值 2.58 小于普通，标准偏差为 1.312，由图 2 2 观察得知仍略偏向影响较小者为多。

6. 空间与土地权属的取得受阻

受访个案总体认为影响程度为普通者占 30.3% 最多，其次为影响很小者 26.9%，影响小者为 19.3%，平均值 2.31 小于普通，标准偏差为 1.345，由图 2 2 观察得知仍略偏向影响较小者为多。

7. 社区民众支持与参与程度缺乏

受访个案总体认为影响程度为普通者占 26.9% 最多，其次为影响大者 24.4%，影响很大者为 20.2%，平均值 3.16 大于普通，标准偏差为 1.426，由图 2 2 观察得知仍略偏向影响较大者为多。

8. 设施规划认知与市场需求现况差异

受访个案总体认为影响程度为大者占 40.3% 最多，其次为影响很大者为 26.1%，平均值 3.61 大于普通，标准偏差为 1.335，由图 2 2 观察得知偏向影响较大者为多。

9. 设施功能定位及用途配置规划不当

受访个案总体认为影响程度为很大者占 27.7%，影响大者为 25.2%，平均值 3.36 大于普通，标准偏差为 1.466，由图 2 2 观察得知偏向影响较大者为多。

10. 案例地区发展政策变迁

受访个案总体认为影响程度为普通者占 29.4% 最多，其次为影响小者 21.8%，影响大者为 16.8%，平均值 2.84 小于普通，标准偏差为 1.365，由图 2 2 观察得知仍略偏向影响较小者为多。

11. 选举时承诺但未经规划配套

受访个案总体认为影响程度为小及普通者均占 2.35% 最多，其次为影响很小者 21%，平均值 2.65 小于普通，标准偏差为 1.114，由图 2-2 观察得知仍略偏向影响较小者为多。

表2-25 造成闲置原因影响程度之叙述统计表

造成闲置原因	影响程度	次数	百分比	累积百分比 (%)	平均数	标准差
(1) 专业经营经验不足	未填	3	2.5	2.5	3.01	1.312
	很小	17	14.3	16.8		
	小	18	15.1	31.9		
	普通	33	27.7	59.7		
	大	34	28.6	88.2		
	很大	14	11.8	100		
(2) 专责管理人才级单位缺乏	未填	5	4.2	4.2	3.13	1.369
	很小	13	10.9	15.1		
	小	18	15.1	30.3		
	普通	26	21.8	52.1		
	大	40	33.6	85.7		
	很大	17	14.3	100		
(3) 政府预算不足无力支持	未填	4	3.4	3.4	3.11	1.407
	很小	15	12.6	16		
	小	20	16.8	32.8		
	普通	27	22.7	55.5		
	大	31	26.1	81.5		
	很大	22	18.5	100		
(4) 行政机关协调配套措施不足	未填	4	3.4	3.4	3.00	1.289
	很小	12	10.1	13.4		
	小	24	20.2	33.6		
	普通	33	27.7	61.3		
	大	32	26.9	88.2		
	很大	14	11.8	100		
(5) 公共建设相关法令的适法性疑虑	未填	8	6.7	6.7	2.58	1.312
	很小	19	16	22.7		
	小	24	20.2	42.9		
	普通	40	33.6	76.5		
	大	20	16.8	93.3		
	很大	8	6.7	100		
(6) 空间与土地权属的取得受阻	未填	8	6.7	6.7	2.31	1.345
	很小	32	26.9	33.6		
	小	23	19.3	52.9		
	普通	36	30.3	83.2		
	大	11	9.2	92.4		
	很大	9	7.6	100		

造成闲置原因	影响程度	次数	百分比	累积百分比（%）	平均数	标准差
（7）社区民众支持与参与程度缺乏	未填	6	5	5	3.16	1.426
	很小	12	10.1	15.1		
	小	16	13.4	28.6		
	普通	32	26.9	55.5		
	大	29	24.4	79.8		
	很大	24	20.2	100		
（8）设施规划认知与市场需求现况差异	未填	5	4.2	4.2	3.61	1.335
	很小	7	5.9	10.1		
	小	9	7.6	17.6		
	普通	19	16	33.6		
	大	48	40.3	73.9		
	很大	31	26.1	100		
（9）设施功能定位及用途配置规划不当	未填	6	5	5	3.36	1.466
	很小	9	7.6	12.6		
	小	17	14.3	26.9		
	普通	24	20.2	47.1		
	大	30	25.2	72.3		
	很大	33	27.7	100		
（10）案例地区发展政策变迁	未填	5	4.2	4.2	2.84	1.365
	很小	16	13.4	17.6		
	小	26	21.8	39.5		
	普通	35	29.4	68.9		
	大	20	16.8	85.7		
	很大	17	14.3	100		
（11）选举时承诺但未经规划配套	未填	5	4.2	4.2	2.65	1.441
	很小	25	21	25.2		
	小	28	23.5	48.7		
	普通	28	23.5	72.3		
	大	15	12.6	84.9		
	很大	18	15.1	100		

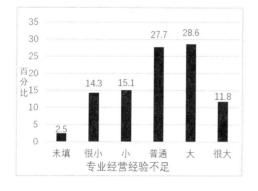

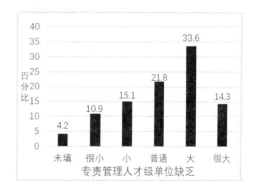

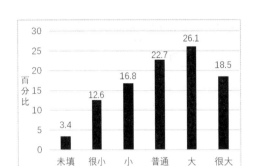

政府预算不足无力支持

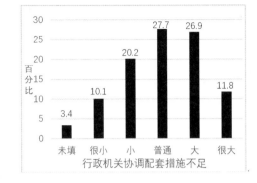

行政机关协调配套措施不足

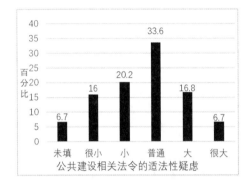

公共建设相关法令的适法性疑虑

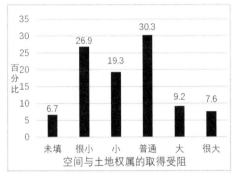

空间与土地权属的取得受阻

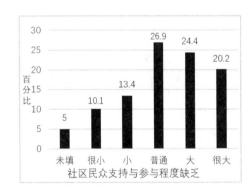

社区民众支持与参与程度缺乏

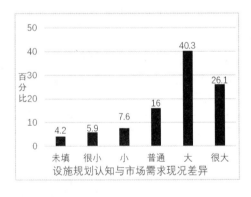

设施规划认知与市场需求现况差异

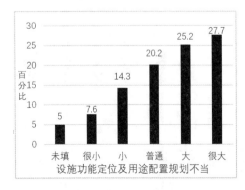

设施功能定位及用途配置规划不当

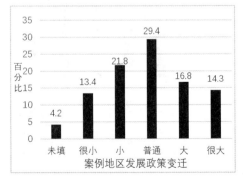

案例地区发展政策变迁

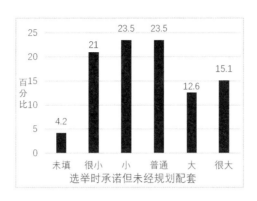

图2-2 造成闲置原因影响程度直方图

（三）造成闲置影响因素之相关性分析

为了解列管公共设施形成闲置原因之相关联程度，进行相关分析以求两变量之间的关联程度，经分析得知结果如下：

(1) 依据上述之形成闲置原因十一项原因相关性分析结果皆为"正相关"。

(2) 若依据本研究对于相关性之定义，以相关系数 0.5 为界定标准，若相关系数大于等于 0.5，设为"强相关"之变项，若相关系数小于 0.5，设为"弱相关"之变项。则结果（见表 2 26）。

1."强相关性"之变项

(1) "专业经营经验不足"与"专责管理人才级单位缺乏"相关系数 (0.816) 且达显著水平；"专责管理人才级单位缺乏"与"政府预算不足无力支持"相关系数 (0.543) 且达显著水平；

(2) "行政机关协调配套措施不足"与"公共建设相关法令的适法性疑虑"相关系数 (0.672)、"小区民众支持与参与程度缺乏"相关系数 (0.526)、"设施功能定位及用途配置规划不当"相关系数 (0.561)、"选举时承诺但未经规划配套"相关系数 (0.566) 均达显著水平。

(3) "公共建设相关法令的适法性疑虑"与"空间与土地权属的取得受阻"相关系数 (0.608) 且达显著水平；"小区民众支持与参与程度缺乏"与"设施规划认知与市场需求现况差异"相关系数 (0.625) 且达显著水平，且与"设施功能定位及用途配置规划不当"相关系数 (0.625) 且达显著水平。

（4）"设施规划认知与市场需求现况差异"与"设施功能定位及用途配置规划不当"相关系数（0.749）且达显著水平，"设施功能定位及用途配置规划不当"与"选举时承诺但未经规划配套"相关系数（0.570）且达显著水平；"案例地区发展政策变迁"与"选举时承诺但未经规划配套"相关系数（0.630）且达显著水平。

2. "弱相关性"之变项

"政府预算不足无力支持"与其他各原因变项相关系数均小于 0.5，因此为弱相关之变项；（见表 2-26）中位标注之两两变项，为弱相关性之变项。

表2-26 造成闲置影响因素相关性分析表

	专业经营经验不足	专责管理人才及单位缺乏	政府预算不足无力支持	行政机关协调配套措施不足	公共建设相关法令的适法性疑虑	空间与土地权属的取得受阻	社区民众支持与参与程度缺乏	设施规划认知与市场需求现况差异	设施功能定位及用途配置规划不当	案例地区发展政策变迁	选举时承诺但未经规划配套
专业经营经验不足	1	.816(**)	.441(**)	.401(**)	.396(**)	.421(**)	.362(**)	.283(**)	.395(**)	.228(*)	.302(**)
专责管理人才及单位缺乏		1	.543(**)	.408(**)	.436(**)	.439(**)	.445(**)	.278(**)	.400(**)	.224(*)	.255(**)
政府预算不足无力支持			1	.341(**)	.310(**)	.255(**)	.338(**)	.352(**)	.383(**)	.433(**)	.345(**)
行政机关协调配套措施不足				1	.672(**)	.425(**)	.526(**)	.394(**)	.561(**)	.458(**)	.566(**)
公共建设相关法令的适法性疑虑					1	.608(**)	.439(**)	.292(**)	.468(**)	.398(**)	.499(**)
空间与土地权属的取得受阻						1	.327(**)	.248(**)	.402(**)	.410(**)	.459(**)
社区民众支持与参与程度缺乏							1	.625(**)	.625(**)	.327(**)	.481(**)
设施规划认知与市场需求现况差异								1	.749(**)	.416(**)	.455(**)
设施功能定位及用途配置规划不当									1	.457(**)	.570(**)
案例地区发展政策变迁										1	.630(**)
选举时承诺但未经规划配套											1

注：(1)** 在显著水平为 0.01 时（双尾），相关显著；(2)* 在显著水平为 0.05 时（双尾），相关显著。

第二节 列管公共设施闲置及低度利用之形成原因

一、列管公共设施闲置及低度利用之形成因素分析

本研究探讨列管公共设施闲置及低度利用之形成因素，由文献及本研究汇整之构面为六项，依据相关研究及公共工程事务主管部门之检讨成因，归纳包括 (1) 管理不善；(2) 缺乏经费；(3) 行政程序尚未完成；(4) 环境变迁；(5) 政策因素；(6) 竞选承诺。

本研究以探索性 (Exploratory) 因素分析，探讨"列管公共设施闲置及低度利用之形成因素"之因素，本研究以主成分分析法进行因素分析，并以 Varimax 法进行因素转轴，因素分析表结果（见表 2-28、图 2-3、图 2-4）。

经由因素分析结果得知，本研究共收集 119 件案例地区行政管理机构公共工程事务主管部门所列管之公共设施，共有 11 个原始变量，为归纳及了解列管公共设施闲置及低度利用之形成因素的构面，进行因素分析。

原始资料经过 KMO 及 Bartlett's 检验后发现，此处的 KMO 值为 0.834，Bartlett's 球形检验值为 719.311，自由度为 55，显著水平为 0.001 以下，结果显示为代表"适合进行因素分析"。

表2-27 KMO与Bartlett检验表

Kaiser-Meyer-Olkin 取样适切性量数。		0.834
Bartlett 球形检定	近似卡方分配	719.311
	自由度	55
	显著性	0.000

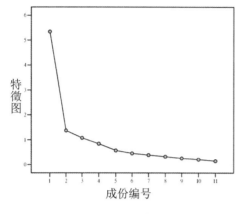

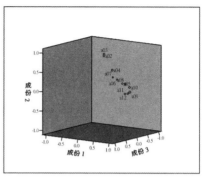

图2-3 因素陡坡图　　　　图2-4 转轴后空间中成分图

表2-28 列管公共设施闲置及低度利用之形成因素分析表

		抽取因素			共同性
		因素一 公共行政	因素二 管理专业	因素三 设施规划	
a05	行政机关协调配套措施不足	.762*	−.096	−.225	.641
a12	选举时承诺但未经规划配套	.734*	−.350	−.211	.705
a06	公共建设相关法令的适法性疑虑	.727*	.051	−.448	.732
a07	空间与土地权属的取得受阻	.649*	.141	−.481	.673
a11	案例地区发展政策变迁	.647*	−.326	−.208	.568
a03	专责管理人才级单位缺乏	.675	.651*	.156	.823
a02	专业经营经验不足	.650	.622*	.119	.823
a04	政府预算不足无力支持	.604	.252	.237	.485
a09	设施规划认知与市场需求现况差异	.671	−.375	.491*	.831
a08	社区民众支持与参与程度缺乏	.726	−.161	.317	.654
a10	设施功能定位及用途配置规划不当	.796	−.270	.268	.779
	特征值	5.341	1.374	1.079	—
	解释变异量 (%)	48.556	12.489	9.805	—
	累积解释变异量 (%)	48.556	61.045	70.850	—
	信度值（原信度0.893）	0.840	0.816	0.856	—

注: 成分矩阵萃取方法: 主成分分析。本研究所采用之因素负荷量为0.25为基准，"空格"为因素负荷量 < 0.25。* 表因素负荷量 ≧ 0.5

二、探索性因素分析结果说明

1. 形成因素构面分析

为了解从文献与本研究所拟定构面，是否经问卷回收后仍维持一致，除依据上述之设定外，并设定特征值大于 1 的因素才萃取，结果见表 2 29。原构面为 (1) 管理不善、(2) 缺乏经费、(3) 行政程序尚未完成、(4) 环境变迁、(5) 政策因素、(6) 竞选承诺；由表中得知，共可抽取三项特征值大于 1 之因素，发现其与本研究之基本设定不同，经观察其差异显著性归纳为三项因素，针对这些因素之特性分别重新命名如下：

(1) 因素一：命名为"公共行政推动"因素，包括：(a05) 行政机关协调配套措施不足、(a12) 选举时承诺但未经规划配套、(a06) 公共建设相关法令的适法性疑虑、(a07) 空间与土地权属的取得受阻、(a11) 案例地区发展政策变迁，共计五题，皆为"案例地区公共政策及行政体制出现之公共行政推动"课题。特征值为 5.341，解释变异量达 48.556% 为最高。

(2) 因素二：命名为"管理专业质量"因素，包括：(a03) 专责管理人才级单位缺乏、(a02) 专业经营经验不足、(a04) 政府预算不足无力支持交通设施规划，共计三题，皆属于"公共事务管理专业质量能力技术"课题。特征值为 1.374，解释变异量为 12.489%。

(3) 因素三：命名为"设施规划使用"因素，包括：(a09) 设施规划认知与市场需求现况差异、(a08) 社区民众支持与参与程度缺乏、(a10) 设施功能定位及用途配置规划不当，共三题，为"公共设施规划技术及使用"的课题。特征值为 1.079，解释变异量为 9.805%。

整体而言，萃取之构面与原本假设构面有显著之不同，其中"公共行政推动"因素，包括：综合多项原假设"行政程序尚未完成"问项及"政策因素""竞选承诺"问项，其解释变易量亦最高，为最主要形成原因之构面；"管理专业质量"因素，将"管理不善"及"缺乏经费"组成为一构面，为管理公共设施专业能力的形成原因构面；"设施规划使用"因素为公共设施值实质环境与非实质环境规划阶段所应具备之考虑，共计三项，为原假设之"环境变迁"问项归纳为一个形成因素构面；上述三项累积变异量达 70.85% 具代表性。

2. 一致性分析

为验证本研究所萃取之因素其包括变量之一致性，将以信度分析加以验证。一份量表的信度可以整份合并计算信度，也可先采用因素分析将题目分组或是主观分组成几个构面，然后再对各构面计算信度。

本研究之原十一问项形成因素之信度值为 (0.893)，经因素分析后四项因素构面之信度值，因素一"公共行政推动"构面之信度值 (0.840) 高于整体之信度值，因素二"管理专业质量"构面信度值 (0.816)、因素三"设施规划使用"构面信度值 (0.856)。整体而言，因素构面之信度接近整体构面并具一致性，因素构面信度均达 .0.8 以上，故信度以达可接受。

本研究上述之三项因素构面已于原本之假设构面不同，且将因素负荷量均大于 0.25，共计十一项。各构面因之信度值均高于 0.8 不高，但就其所代表之具代表意义。因此，本研究经因素分析后所萃取的架构："公共行政推动"因素、"管理专业质量"因素、"设施规划使用"因素三项，更厘清"列管公共设施闲置及低度利用之形成因素"之解释意义。

表2-29 列管公共设施闲置及低度利用之形成因素构面表

	闲置原因	形成因素构面
a05	行政机关协调配套措施不足	"公共行政推动"因素
a12	选举时承诺但未经规划配套	
a06	公共建设相关法令的适法性疑虑	
a07	空间与土地权属的取得受阻	
a11	案例地区发展政策变迁	
a03	专责管理人才级单位缺乏	"管理专业质量"因素
a02	专业经营经验不足	
a04	政府预算不足无力支持	
a09	设施规划认知与市场需求现况差异	"设施规划使用"因素
a08	社区民众支持与参与程度缺乏	
a10	设施功能定位及用途配置规划不当	

第三节　造成闲置现象之最主要的困境分析

根据问卷中造成闲置之"最主要的困境"之问项，共区分为"地方政府财政预算不佳""缺乏规划及经营管理技术""无法掌握闲置公共设施资源价值""空间主体定位未被民众认同"四项，分析调查结果发现：以"缺乏规划及经营管理技术"占25.2%最高，其次为"空间主体定位未被民众认同"占17.6%，再次为四项皆是占16.8%，"地方政府财政预算不佳"占11.8%，"无法掌握闲置公共设施资源价值"仅占4.2%最小（见表2-30、图2-5）。

综观调查呈现之意义，可得知造成闲置之"最主要的困境"为"缺乏规划及经营管理技术"，另一主要原因为"空间主体定位未被民众认同"，共占42.8%，若加入以上皆是之选项，粗估近50%，此结果可解读为列管之公共设施在兴建、规划、经营出现力有未逮的现象，即建筑开发企划之执行出现无法推行的窘境。

表2-30 造成闲置之"最主要的困境"之次数统计表

		次数	百分比	有效百分比	累积百分比
造成闲置之 "最主要的困境"	未填	3	2.5	2.5	2.5
	地方政府财政预算不佳	14	11.8	11.8	14.3
	缺乏规划及经营管理技术	30	25.2	25.2	39.5
	无法掌握闲置公共设施资源价值	5	4.2	4.2	43.7
	空间主体定位未被民众认同	21	17.6	17.6	61.3
	以上皆是	20	16.8	16.8	78.2
	其他	26	21.8	21.8	100.0
	总和	119	100.0	100.0	—

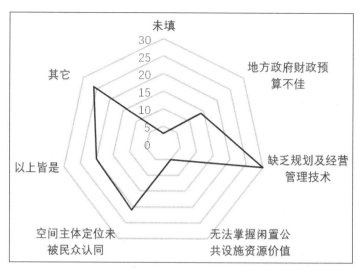

图2-5 造成闲置"最主要的困境"之调查结果

针对造成闲置之"闲置原因"对"最主要的困境"之 ANOVA 分析，除"公共建设相关法令的适法性疑虑"及"案例地区发展政策变迁"较不显著，其余九项皆与造成闲置"最主要的困境"之产生有显著水平，且经卡方检定具有显著性（见表2-31）。

表2-31 造成闲置原因对"最主要的困境"ANOVA分析表

		平方和	自由度	平均平方和	F 检定	显著性
专业经营经验不足	组间	39.679	6	6.613	4.535	.000
	组内	163.313	112	1.458		
	总和	202.992	118			
专责管理人才级单位缺乏	组间	48.771	6	8.128	5.283	.000
	组内	172.338	112	1.539		
	总和	221.109	118			
政府预算不足无力支持	组间	71.284	6	11.881	8.199	.000
	组内	162.296	112	1.449		
	总和	233.580	118			
行政机关协调配套措施不足	组间	29.592	6	4.932	3.320	.005
	组内	166.408	112	1.486		
	总和	196.000	118			
公共建设相关法令的适法性疑虑	组间	20.586	6	3.431	2.107	.058
	组内	182.406	112	1.629		
	总和	202.992	118			

		平方和	自由度	平均平方和	F 检定	显著性
空间与土地权属的取得受阻	组间	24.324	6	4.054	2.400	.032
	组内	189.172	112	1.689		
	总和	213.496	118			
社区民众支持与参与程度缺乏	组间	40.485	6	6.747	3.788	.002
	组内	199.482	112	1.781		
	总和	239.966	118			
设施规划认知与市场需求现况差异	组间	34.093	6	5.682	3.609	.003
	组内	176.344	112	1.575		
	总和	210.437	118			
设施功能定位及用途配置规划不当	组间	32.563	6	5.427	2.752	.016
	组内	220.899	112	1.972		
	总和	253.462	118			
案例地区发展政策变迁	组间	14.250	6	2.375	1.293	.266
	组内	205.716	112	1.837		
	总和	219.966	118			
选举时承诺但未经规划配套	组间	37.796	6	6.299	3.402	.004
	组内	207.381	112	1.852		
	总和	245.176	118			

第四节　列管公共设施之闲置原因及主要困境分析

依据案例地区行政管理机构公共工程事务主管部门 97 年度数据提供，目前案例地区闲置公共设施列管个案共 153 件，遍及全省各地即外岛地区，总建造费约 395 亿元，并依据活化闲置设定标准，将公共设施闲置现况分类为三种等级，"已活化""低度使用""完全闲置"，并依公共设施类别分为九类："交通建设""工商投资""文教设施""体育场馆""社福设施""展览场馆""办公厅舍""市场""工商设施"。

现就以回收问卷 119 件列管之公共设施进行分析，以前一节进行因素分析之结果，将"列管公共设施闲置及低度利用之形成因素"共区分为"公共行政推动"因素、"管理专业质量"因素、"设施规划使用"因素三项，进行各类列管公共设施闲置及低度利用之原因分析说明，借此说明各类列管公共设施之主要闲置与低度使用之原因。

一、各类列管公共设施闲置及低度利用之"公共行政推动因素"原因

（一）行政机关协调配套措施不足

对于各类列管公共设施以"行政机关协调配套措施不足"原因，所形成的结果进行分析如下："影响程度大"者为交通设施、文教设施、体育设施、工商设施；"影响程度小"者为办公厅舍、市场，其中社福设施倾向影响程度较小；而"影响程度普通"者为工商投资、展览设施、市场（见表 2-32、图 2-6）。

表2-32 各类列管设施因"行政机关协调配套措施不足"原因分析表

类别程度		交通设施	工商投资	文教设施	体育设施	社福设施	展览设施	办公厅舍	市场	工商设施	总和
未填	个数	2	0	1	0	0	1	0	0	0	4
	%	3.1%	.0%	9.1%	.0%	.0%	11.1%	.0%	.0%	.0%	3.4%
很小	个数	4	0	1	0	1	1	3	1	1	12
	%	6.3%	.0%	9.1%	.0%	16.7%	11.1%	60.0%	20.0%	16.7%	10.1%
小	个数	13	0	1	3	2	1	1	2	1	24
	%	20.3%	.0%	9.1%	30.0%	33.3%	11.1%	20.0%	40.0%	16.7%	20.2%
普通	个数	16	3	3	2	1	3	1	2	2	33
	%	25.0%	100%	27.3%	20.0%	16.7%	33.3%	20.0%	40.0%	33.3%	27.7%
大	个数	20	0	4	4	0	2	0	0	2	32
	%	31.3%	.0%	36.4%	40.0%	.0%	22.2%	.0%	.0%	33.3%	26.9%
很大	个数	9	0	1	1	2	1	0	0	0	14
	%	14.1%	.0%	9.1%	10.0%	33.3%	11.1%	.0%	.0%	.0%	11.8%
总和	个数	64	3	11	10	6	9	5	5	6	119
	%	100%	100%	100%	100%	100%	100%	100%	100%	100%	100%

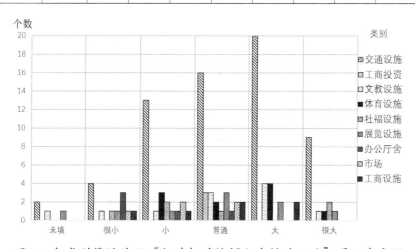

图2-6 各类列管设施因"行政机关协调配套措施不足"原因直方图

（二）就职时承诺但未经规划配套

对于各类列管公共设施以"就职时承诺但未经规划配套"原因，所形成的结果进行分析如下："影响程度大"者为文教设施、社福设施;"影响程度小"者为交通设施、展览设施、办公厅舍、工商设施;而"影响程度普通"者为工商投资、体育设施、市场、工商设施（见表 2-33、图 2-7）。

公共基础设施闲置及公私协力 (PPP) 活化机制实践

表2-33 各类列管设施因 "就职时承诺但未经规划配套" 原因分析表

类别程度		交通设施	工商投资	文教设施	体育设施	社福设施	展览设施	办公厅舍	市场	工商设施	总和
未填	个数	3	0	1	0	0	1	0	0	0	5
	%	4.7%	.0%	9.1%	.0%	.0%	11.1%	.0%	.0%	.0%	4.2%
很小	个数	10	0	2	2	2	4	3	2	0	25
	%	15.6%	.0%	18.2%	20.0%	33.3%	44.4%	60.0%	40.0%	.0%	21.0%
小	个数	19	0	2	1	1	0	1	0	4	28
	%	29.7%	.0%	18.2%	10.0%	16.7%	.0%	20.0%	.0%	66.7%	23.5%
普通	个数	14	3	1	3	1	2	0	3	1	28
	%	21.9%	100%	9.1%	30.0%	16.7%	22.2%	.0%	60.0%	16.7%	23.5%
大	个数	8	0	2	2	2	1	0	0	0	15
	%	12.5%	.0%	18.2%	20.0%	33.3%	11.1%	.0%	.0%	.0%	12.6%
很大	个数	10	0	3	2	0	1	1	0	1	18
	%	15.6%	.0%	27.3%	20.0%	.0%	11.1%	20.0%	.0%	16.7%	15.1%
总和	个数	64	3	11	10	6	9	5	5	6	119
	%	100%	100%	100%	100%	100%	100%	100%	100%	100%	100%

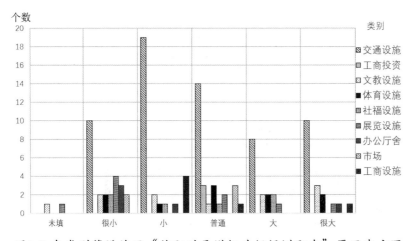

图2-7 各类列管设施因 "就职时承诺但为经规划配套" 原因直方图

（三）公共建设相关法令的适法性疑虑

对于各类列管公共设施以 "公共建设相关法令的适法性疑虑" 原因, 所形成的结果进行分析如下: "影响程度大" 者为社福设施、办公厅舍; "影响程度小" 者为体育设施、工商设施; 而 "影响程度普通" 者为交通设施、工商投资、文教设施、展览设施、市场 (见表 2-34、图 2-8)。

表2-34 各类列管设施因"公共建设相关法令的适法性疑虑"原因分析表

类别程度		交通设施	工商投资	文教设施	体育设施	社福设施	展览设施	办公厅舍	市场	工商设施	总和
未填	个数	6	0	1	0	0	1	0	0	0	8
	%	9.4%	.0%	9.1%	.0%	.0%	11.1%	.0%	.0%	.0%	6.7%
很小	个数	8	0	1	0	2	2	4	1	1	19
	%	12.5%	.0%	9.1%	.0%	33.3%	22.2%	80.0%	20.0%	16.7%	16.0%
小	个数	14	0	2	2	2	0	0	1	3	24
	%	21.9%	.0%	18.2%	20.0%	33.3%	.0%	.0%	20.0%	50.0%	20.2%
普通	个数	21	3	4	3	1	4	0	2	2	40
	%	32.8%	100%	36.4%	30.0%	16.7%	44.4%	.0%	40.0%	33.3%	33.6%
大	个数	9	0	2	4	1	2	1	1	0	20
	%	14.1%	.0%	18.2%	40.0%	16.7%	22.2%	20.0%	20.0%	.0%	16.8%
很大	个数	6	0	1	1	0	0	0	0	0	8
	%	9.4%	.0%	9.1%	10.0%	.0%	.0%	.0%	.0%	.0%	6.7%
总和	个数	64	3	11	10	6	9	5	5	6	119
	%	100%	100%	100%	100%	100%	100%	100%	100%	100%	100%

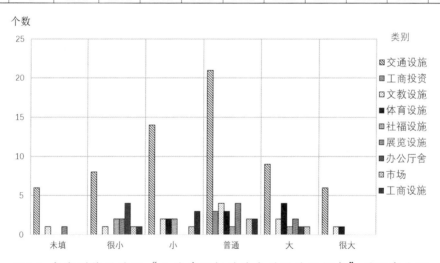

图2-8 各类列管设施因"公共建设相关法令的适法性疑虑"原因直方图

（四）空间与土地权属的取得受阻

对于各类列管公共设施以"空间与土地权属的取得受阻"原因，所形成的结果进行分析如下："影响程度大"者为展览设施、工商设施；"影响程度小"者为交通设施、社福设施、办公厅舍；而"影响程度普通"者为工商投资、文教设施、体育设施、社福设施、市场、工商设施（见表2-35、图2-9）。

表2-35 各类列管设施因"空间与土地权属的取得受阻"原因分析表

类别程度		交通设施	工商投资	文教设施	体育设施	社福设施	展览设施	办公厅舍	市场	工商设施	总和
未填	个数	6	0	1	0	0	1	0	0	0	8
	%	9.4%	.0%	9.1%	.0%	.0%	11.1%	.0%	.0%	.0%	6.7%
很小	个数	18	0	3	1	2	3	3	1	1	32
	%	28.1%	.0%	27.3%	10.0%	33.3%	33.3%	60.0%	20.0%	16.7%	26.9%
小	个数	17	0	1	2	1	0	0	1	1	23
	%	26.6%	.0%	9.1%	20.0%	16.7%	.0%	.0%	20.0%	16.7%	19.3%
普通	个数	15	3	4	5	2	1	1	3	2	36
	%	23.4%	100%	36.4%	50.0%	33.3%	11.1%	20.0%	60.0%	33.3%	30.3%
大	个数	7	0	0	0	1	1	0	0	2	11
	%	10.9%	.0%	.0%	.0%	16.7%	11.1%	.0%	.0%	33.3%	9.2%
很大	个数	1	0	2	2	0	3	1	0	0	9
	%	1.6%	.0%	18.2%	20.0%	.0%	33.3%	20.0%	.0%	.0%	7.6%
总和	个数	64	3	11	10	6	9	5	5	6	119
	%	100%	100%	100%	100%	100%	100%	100%	100%	100%	100%

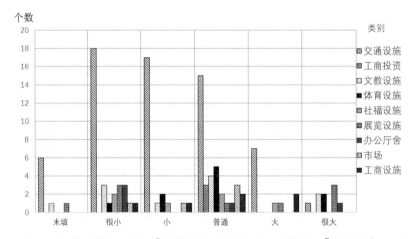

图2-9 各类列管设施因"空间与土地权属的取得受阻"原因直方图

（五）案例地区发展政策变迁

对于各类列管公共设施以"案例地区发展政策变迁"原因，所形成的结果进行分析如下："影响程度大"者为文教设施、社福设施；"影响程度小"者为办公厅舍、工商设施；而"影响程度普通"者为交通设施、工商投资、体育设施、展览设施、市场（见表2-36、图2-10）。

表2-36 各类列管设施因"案例地区发展政策变迁"原因分析表

类别程度		交通设施	工商投资	文教设施	体育设施	社福设施	展览设施	办公厅舍	市场	工商设施	总和
未填	个数	3	0	1	0	0	1	0	0	0	5
	%	4.7%	.0%	9.1%	.0%	.0%	11.1%	.0%	.0%	.0%	4.2%
很小	个数	7	0	1	2	1	2	2	1	0	16
	%	10.9%	.0%	9.1%	20.0%	16.7%	22.2%	40.0%	20.0%	.0%	13.4%
小	个数	17	0	2	1	1	0	1	1	3	26
	%	26.6%	.0%	18.2%	10.0%	16.7%	.0%	20.0%	20.0%	50.0%	21.8%
普通	个数	19	3	2	3	0	3	1	3	1	35
	%	29.7%	100%	18.2%	30.0%	.0%	33.3%	20.0%	60.0%	16.7%	29.4%
大	个数	11	0	2	2	3	1	1	0	0	20
	%	17.2%	.0%	18.2%	20.0%	50.0%	11.1%	20.0%	.0%	.0%	16.8%
很大	个数	7	0	3	2	1	2	0	0	2	17
	%	10.9%	.0%	27.3%	20.0%	16.7%	22.2%	.0%	.0%	33.3%	14.3%
总和	个数	64	3	11	10	6	9	5	5	6	119
	%	100%	100%	100%	100%	100%	100%	100%	100%	100%	100%

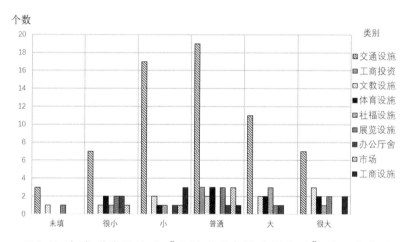

图2-10 各类列管设施因"案例地区发展政策变迁"原因直方图

二、各类列管公共设施闲置及低度利用之"管理专业质量因素"原因

(一)专责管理人才级单位缺乏

对于各类列管公共设施以"专责管理人才级单位缺乏"原因,所形成的结果进行分析如下:"影响程度大"者为大多设施;"影响程度小"者为办公厅舍、市场、工商设施;而"影响程度普通"者为体育设施、社福设施、市场(见表 2-37、图 2-11)。

表2-37 各类列管设施因"专责管理人才级单位缺乏"原因分析表

类别程度		交通设施	工商投资	文教设施	体育设施	社福设施	展览设施	办公厅舍	市场	工商设施	总和
未填	个数	4	0	1	0	0	0	0	0	0	5
	%	6.3%	.0%	9.1%	.0%	.0%	.0%	.0%	.0%	.0%	4.2%
很小	个数	5	0	1	1	1	1	2	1	1	13
	%	7.8%	.0%	9.1%	10.0%	16.7%	11.1%	40.0%	20.0%	16.7%	10.9%
小	个数	11	0	0	2	1	0	0	2	2	18
	%	17.2%	.0%	.0%	20.0%	16.7%	.0%	.0%	40.0%	33.3%	15.1%
普通	个数	13	0	2	3	2	2	1	2	1	26
	%	20.3%	.0%	18.2%	30.0%	33.3%	22.2%	20.0%	40.0%	16.7%	21.8%
大	个数	21	3	4	3	1	4	2	0	2	40
	%	32.8%	100%	36.4%	30.0%	16.7%	44.4%	40.0%	.0%	33.3%	33.6%
很大	个数	10	0	3	1	1	2	0	0	0	17
	%	15.6%	.0%	27.3%	10.0%	16.7%	22.2%	.0%	.0%	.0%	14.3%
总和	个数	64	3	11	10	6	9	5	5	6	119
	%	100%	100%	100%	100%	100%	100%	100%	100%	100%	100%

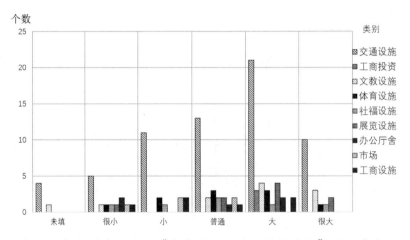

图2-11 各类列管设施因"专责管理人才级单位缺乏"原因直方图

（二）专业经营经验不足

对于各类列管公共设施以"专业经营经验不足"原因，所形成的结果进行分析如下："影响程度大"者为交通设施、工商投资、文教设施、社福设施、展览设施；"影响程度小"者为办公厅舍、市场；而"影响程度普通"者为体育设施、社福设施、工商设施（见表 2-38、图 2-12）。

表2-38 各类列管设施因"专业经营经验不足"原因分析表

类别程度		交通设施	工商投资	文教设施	体育设施	社福设施	展览设施	办公厅舍	市场	工商设施	总和
未填	个数	2	0	1	0	0	0	0	0	0	3
	%	3.1%	.0%	9.1%	.0%	.0%	.0%	.0%	.0%	.0%	2.5%
很小	个数	7	0	1	2	1	2	3	0	1	17
	%	10.9%	.0%	9.1%	20.0%	16.7%	22.2%	60.0%	.0%	16.7%	14.3%
小	个数	10	0	0	1	1	1	0	3	2	18
	%	15.6%	.0%	.0%	10.0%	16.7%	11.1%	.0%	60.0%	33.3%	15.1%
普通	个数	17	0	3	4	2	1	1	2	3	33
	%	26.6%	.0%	27.3%	40.0%	33.3%	11.1%	20.0%	40.0%	50.0%	27.7%
大	个数	18	3	4	3	2	3	1	0	0	34
	%	28.1%	100%	36.4%	30.0%	33.3%	33.3%	20.0%	.0%	.0%	28.6%
很大	个数	10	0	2	0	0	2	0	0	0	14
	%	15.6%	.0%	18.2%	.0%	.0%	22.2%	.0%	.0%	.0%	11.8%
总和	个数	64	3	11	10	6	9	5	5	6	119
	%	100%	100%	100%	100%	100%	100%	100%	100%	100%	100%

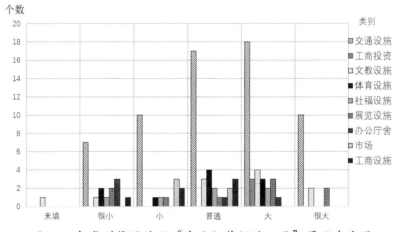

图2-12 各类列管设施因"专业经营经验不足"原因直方图

（三）政府预算不足无力支持

对于各类列管公共设施以"政府预算不足无力支持"原因，所形成的结果进行分析如下："影响程度大"者为文教设施、体育设施、展览设施；"影响程度小"者为办公设施、市场、工商设施；而"影响程度普通"者为交通设施、工商投资、市场。其中社福设施影响程度大小均有相同比例认同（见表2-39、图2-13）。

表2-39 各类列管设施因"政府预算不足无力支持"原因分析表

类别程度		交通设施	工商投资	文教设施	体育设施	社福设施	展览设施	办公厅舍	市场	工商设施	总和
未填	个数	3	0	1	0	0	0	0	0	0	4
	%	4.7%	.0%	9.1%	.0%	.0%	.0%	.0%	.0%	.0%	3.4%
很小	个数	9	0	1	0	1	0	3	1	0	15
	%	14.1%	.0%	9.1%	.0%	16.7%	.0%	60.0%	20.0%	.0%	12.6%
小	个数	9	0	0	3	2	0	0	2	4	20
	%	14.1%	.0%	.0%	30.0%	33.3%	.0%	.0%	40.0%	66.7%	16.8%
普通	个数	17	3	1	0	0	3	0	2	1	27
	%	26.6%	100%	9.1%	.0%	.0%	33.3%	.0%	40.0%	16.7%	22.7%
大	个数	16	0	4	5	2	3	1	0	0	31
	%	25.0%	.0%	36.4%	50.0%	33.3%	33.3%	20.0%	.0%	.0%	26.1%
很大	个数	10	0	4	2	1	3	1	0	1	22
	%	15.6%	.0%	36.4%	20.0%	16.7%	33.3%	20.0%	.0%	16.7%	18.5%
总和	个数	64	3	11	10	6	9	5	5	6	119
	%	100%	100%	100%	100%	100%	100%	100%	100%	100%	100%

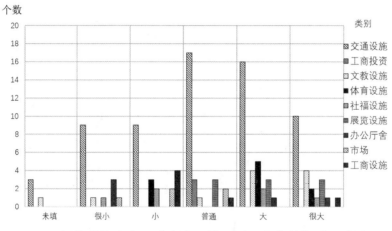

图2-13 各类列管设施因"政府预算不足无力支持"原因直方图

三、各类列管公共设施闲置及低度利用之"设施规划使用因素"原因

(一)设施规划认知与市场需求现况差异

对于各类列管公共设施以"设施规划认知与市场需求现况差异"原因,所形成的结果进行分析如下:"影响程度大"者为体育设施、社福设施、展览设施、办公厅

舍;"影响程度小"者为工商设施;而"影响程度普通"者为其他设施(见表2-40、图2-14)。

表2-40 各类列管设施因"设施规划认知与市场需求现况差异"原因分析表

类别程度		交通设施	工商投资	文教设施	体育设施	社福设施	展览设施	办公厅舍	市场	工商设施	总和
未填	个数	3	0	1	0	0	1	0	0	0	5
	%	4.7%	.0%	9.1%	.0%	.0%	11.1%	.0%	.0%	.0%	4.2%
很小	个数	3	0	0	1	0	0	2	0	1	7
	%	4.7%	.0%	.0%	10.0%	.0%	.0%	40.0%	.0%	16.7%	5.9%
小	个数	5	0	1	0	0	1	0	0	2	9
	%	7.8%	.0%	9.1%	.0%	.0%	11.1%	.0%	.0%	33.3%	7.6%
普通	个数	10	0	2	1	2	1	0	0	3	19
	%	15.6%	.0%	18.2%	10.0%	33.3%	11.1%	.0%	.0%	50.0%	16.0%
大	个数	28	3	4	4	2	3	0	4	0	48
	%	43.8%	100%	36.4%	40.0%	33.3%	33.3%	.0%	80.0%	.0%	40.3%
很大	个数	15	0	3	4	2	3	3	1	0	31
	%	23.4%	.0%	27.3%	40.0%	33.3%	33.3%	60.0%	20.0%	.0%	26.1%
总和	个数	64	3	11	10	6	9	5	5	6	119
	%	100%	100%	100%	100%	100%	100%	100%	100%	100%	100%

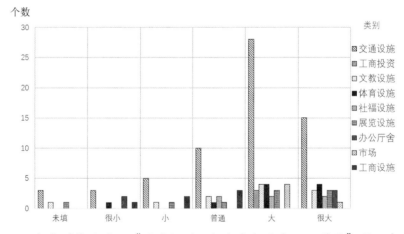

图2-14 各类列管设施因"设施规划认知与市场需求现况差异"原因直方图

(二)社区民众支持与参与程度缺乏

对于各类列管公共设施以"社区民众支持与参与程度缺乏"原因,所形成的结果进行分析如下:"影响程度大"者为工商投资、文教设施、体育设施、社福设施、市场;"影响程度小"者为展览设施、办公厅舍;而"影响程度普通"者为交通设施、

公共基础设施闲置及公私协力(PPP)活化机制实践

工商设施（见表2-41、图2-15）。

表2-41 各类列管设施形成于"社区民众支持与参与程度缺乏"原因之分析表

类别程度		交通设施	工商投资	文教设施	体育设施	社福设施	展览设施	办公厅舍	市场	工商设施	总和
未填	个数	4	0	1	0	0	1	0	0	0	6
	%	6.3%	.0%	9.1%	.0%	.0%	11.1%	.0%	.0%	.0%	5.0%
很小	个数	4	0	1	2	1	0	3	0	1	12
	%	6.3%	.0%	9.1%	20.0%	16.7%	.0%	60.0%	.0%	16.7%	10.1%
小	个数	9	0	1	0	0	3	1	1	1	16
	%	14.1%	.0%	9.1%	.0%	.0%	33.3%	20.0%	20.0%	16.7%	13.4%
普通	个数	18	0	3	3	0	2	1	1	4	32
	%	28.1%	.0%	27.3%	30.0%	.0%	22.2%	20.0%	20.0%	66.7%	26.9%
大	个数	14	3	1	3	5	1	0	2	0	29
	%	21.9%	100%	9.1%	30.0%	83.3%	11.1%	.0%	40.0%	.0%	24.4%
很大	个数	15	0	4	2	0	2	0	1	0	24
	%	23.4%	.0%	36.4%	20.0%	.0%	22.2%	.0%	20.0%	.0%	20.2%
总和	个数	64	3	11	10	6	9	5	5	6	119
	%	100%	100%	100%	100%	100%	100%	100%	100%	100%	100%

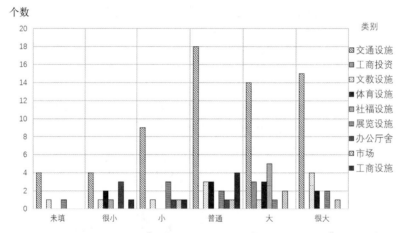

图2-15 各类列管设施因"社区民众支持与参与程度缺乏"原因直方图

（三）设施功能定位及用途配置规划不当

对于各类列管公共设施以"设施功能定位及用途配置规划不当"原因，所形成的结果进行分析如下："影响程度大"者为交通设施、工商投资、文教设施、体育设施、社福设施、展览设施、市场；"影响程度小"者为社福设施、办公厅舍、工商设施；而"影响程度普通"者为文教设施（见表2-42、图2-16）。

表2-42 各类列管设施因"设施功能定位及用途配置规划不当"原因分析表

类别程度		交通设施	工商投资	文教设施	体育设施	社福设施	展览设施	办公厅舍	市场	工商设施	总和
未填	个数	4	0	1	0	0	1	0	0	0	6
	%	6.3%	.0%	9.1%	.0%	.0%	11.1%	.0%	.0%	.0%	5.0%
很小	个数	3	0	1	1	1	0	2	0	1	9
	%	4.7%	.0%	9.1%	10.0%	16.7%	.0%	40.0%	.0%	16.7%	7.6%
小	个数	10	0	1	0	2	1	0	0	3	17
	%	15.6%	.0%	9.1%	.0%	33.3%	11.1%	.0%	.0%	50.0%	14.3%
普通	个数	16	0	3	2	0	1	0	1	1	24
	%	25.0%	.0%	27.3%	20.0%	.0%	11.1%	.0%	20.0%	16.7%	20.2%
大	个数	14	3	2	4	2	2	0	3	0	30
	%	21.9%	100%	18.2%	40.0%	33.3%	22.2%	.0%	60.0%	.0%	25.2%
很大	个数	17	0	3	3	1	4	3	1	1	33
	%	26.6%	.0%	27.3%	30.0%	16.7%	44.4%	60.0%	20.0%	16.7%	27.7%
总和	个数	64	3	11	10	6	9	5	5	6	119
	%	100%	100%	100%	100%	100%	100%	100%	100%	100%	100%

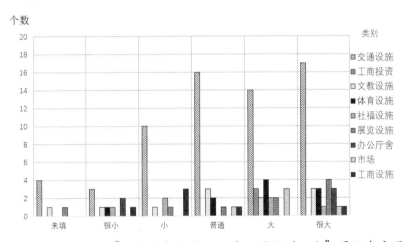

图2-16 管设施因"设施功能定位及用途配置规划不当"原因直方图

四、各类列管公共设施闲置及低度利用原因

各类列管设施闲置及低度利用原因之分析，经次数统计后将"影响程度大""影响程度小""影响程度普通"分类，将上述之各构面之因素归纳（见表2-43）：

表2-43 各类列管设施形成原因影响程度汇总表

构面	形成原因	交通设施	工商投资	文教设施	体育设施	社福设施	展览设施	办公厅舍	市场	工商设施
公共行政推动	行政机关协调配套措施不足	■	◎	■	■	※	◎	□	□	■
	选举时承诺但未经规划配套	□	◎	■	□	■	□	□	◎	□
	公共建设相关法令的适法性疑虑	◎	◎	◎	■	□	◎	□	◎	□
	空间与土地权属的取得受阻	□	◎	◎	◎	◎	■	□	■	■
	案例地区发展政策变迁	◎	◎	■	◎	■	◎	□	◎	□
管理专业质量	专责管理人才级单位缺乏	■	■	■	※	◎	■	□	□	□
	专业经营经验不足	■	■	■	◎	※	■	□	■	□
	政府预算不足无力支持	◎	◎	■	■	※	■	□	■	□
设施规划使用	设施规划认知与市场需求现况差异	■	■	■	■	■	■	□	■	□
	社区民众支持与参与程度缺乏	□	■	■	■	■	□	□	■	◎
	设施功能定位及用途配置规划不当	■	■	■	■	※	■	□	■	□

注：■表影响程度倾向较大者 ◎表影响程度倾向普通者
　　□表影响程度倾向较小者 ※表影响程度倾向不明确者

第五节　闲置程度分类之闲置原因及主要困境分析

一、闲置程度列管公共设施之"公共行政推动因素"原因

（一）行政机关协调配套措施不足

对于闲置程度列管公共设施以"行政机关协调配套措施不足"原因，所形成的结果进行分析如下：已活化设施者为影响程度大占29.3%，低度利用者为影响程度小及普通为均占27.3%，完全闲置者为影响程度普通占46.7%（见表2-44、图2-17）。

表2-44　依现况闲置因"行政机关协调配套措施不足"影响程度分析表

闲置程度		已活化	低度利用	完全闲置	总和
未填	个数	4	0	0	4
	类别内的 %	4.9%	.0%	.0%	3.4%
很小	个数	7	4	1	12
	类别内的 %	8.5%	18.2%	6.7%	10.1%
小	个数	15	6	3	24
	类别内的 %	18.3%	27.3%	20.0%	20.2%
普通	个数	20	6	7	33
	类别内的 %	24.4%	27.3%	46.7%	27.7%
大	个数	24	4	4	32
	类别内的 %	29.3%	18.2%	26.7%	26.9%
很大	个数	12	2	0	14
	类别内的 %	14.6%	9.1%	.0%	11.8%
总和	个数	82	22	15	119
	类别内的 %	100%	100%	100%	100%

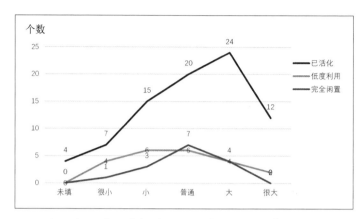

图2-17 闲置程度因"行政机关协调配套措施不足"影响程度分析图

（二）选举时承诺但未经规划配套

对于依现况闲置分类列管公共设施以"选举时承诺但未经规划配套"原因，所形成的结果进行分析如下：已活化设施者为影响程度小占 24.4%，低度利用者为影响程度小占 36.4%，完全闲置者为影响程度普通占 60.0%（见表 2-45、图 2-18）。

表2-45 依现况闲置状况因"选举时承诺但未经规划配套"影响程度分析表

闲置程度		已活化	低度利用	完全闲置	总和
未填	个数	4	1	0	5
	类别内的 %	4.9%	4.5%	.0%	4.2%
很小	个数	16	5	4	25
	类别内的 %	19.5%	22.7%	26.7%	21.0%
小	个数	20	8	0	28
	类别内的 %	24.4%	36.4%	.0%	23.5%
普通	个数	16	3	9	28
	类别内的 %	19.5%	13.6%	60.0%	23.5%
大	个数	11	3	1	15
	类别内的 %	13.4%	13.6%	6.7%	12.6%
很大	个数	15	2	1	18
	类别内的 %	18.3%	9.1%	6.7%	15.1%
总和	个数	82	22	15	119
	类别内的 %	100%	100%	100%	100%

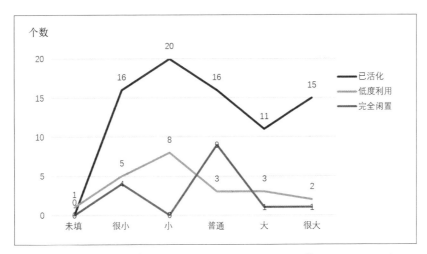

图2-18 闲置程度因"就职时承诺但未经规划配套"影响程度分析图

（三）公共建设相关法令的适法性疑虑

对于闲置程度列管公共设施以"公共建设相关法令的适法性疑虑"原因，所形成的结果进行分析如下：已活化设施者为影响程度普通占 35.4%，低度利用者为影响程度小及大为均占 22.7%，完全闲置者为影响程度普通占 60%（见表 2-46、图 2-19）。

表2-46 闲置程度因"公共建设相关法令的适法性疑虑"影响程度分析表

闲置程度		已活化	低度利用	完全闲置	总和
未填	个数	6	1	1	8
	类别内的 %	7.3%	4.5%	6.7%	6.7%
很小	个数	12	6	1	19
	类别内的 %	14.6%	27.3%	6.7%	16.0%
小	个数	17	5	2	24
	类别内的 %	20.7%	22.7%	13.3%	20.2%
普通	个数	29	2	9	40
	类别内的 %	35.4%	9.1%	60.0%	33.6%
大	个数	13	5	2	20
	类别内的 %	15.9%	22.7%	13.3%	16.8%
很大	个数	5	3	0	8
	类别内的 %	6.1%	13.6%	.0%	6.7%
总和	个数	82	22	15	119
	类别内的 %	100%	100%	100%	100%

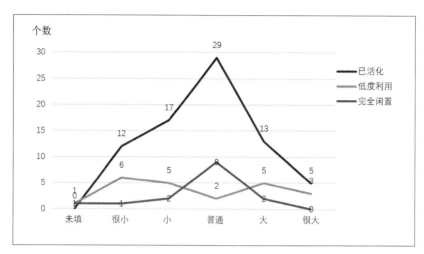

图2-19 闲置程度因"公共建设相关法令的适法性疑虑"影响程度分析图

（四）空间与土地权属的取得受阻

对于闲置程度列管公共设施以"空间与土地权属的取得受阻"原因，所形成的结果进行分析如下：已活化设施者为影响程度普通占32.9%，低度利用者为影响程度很小占36.4%，完全闲置者为影响程度普通占33.3%（见表2-47、图2-20）。

表2-47 闲置程度因"空间与土地权属的取得受阻"影响程度分析表

闲置程度		已活化	低度利用	完全闲置	总和
未填	个数	6	1	1	8
	类别内的 %	7.3%	4.5%	6.7%	6.7%
很小	个数	20	8	4	32
	类别内的 %	24.4%	36.4%	26.7%	26.9%
小	个数	15	6	2	23
	类别内的 %	18.3%	27.3%	13.3%	19.3%
普通	个数	27	4	5	36
	类别内的 %	32.9%	18.2%	33.3%	30.3%
大	个数	7	2	2	11
	类别内的 %	8.5%	9.1%	13.3%	9.2%
很大	个数	7	1	1	9
	类别内的 %	8.5%	4.5%	6.7%	7.6%
总和	个数	82	22	15	119
	类别内的 %	100%	100%	100%	100%

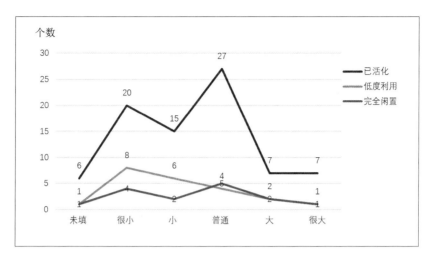

图2-20 闲置程度因"空间与土地权属的取得受阻"影响程度分析图

（五）案例地区发展政策变迁

对于闲置程度列管公共设施以"案例地区发展政策变迁"原因，所形成的结果进行分析如下：已活化设施者为影响程度小占 26.8%，低度利用者为影响程度普通为均占 36.4%，完全闲置者为影响程度普通占 46.7%（见表 2-48、图 2-21）。

表2-48 闲置程度因"案例地区发展政策变迁"影响程度分析表

闲置程度		已活化	低度利用	完全闲置	总和
未填	个数	4	1	0	5
	类别内的 %	4.9%	4.5%	.0%	4.2%
很小	个数	10	2	4	16
	类别内的 %	12.2%	9.1%	26.7%	13.4%
小	个数	22	3	1	26
	类别内的 %	26.8%	13.6%	6.7%	21.8%
普通	个数	20	8	7	35
	类别内的 %	24.4%	36.4%	46.7%	29.4%
大	个数	13	6	1	20
	类别内的 %	15.9%	27.3%	6.7%	16.8%
很大	个数	13	2	2	17
	类别内的 %	15.9%	9.1%	13.3%	14.3%
总和	个数	82	22	15	119
	类别内的 %	100%	100%	100%	100%

公共基础设施闲置及公私协力 (PPP) 活化机制实践

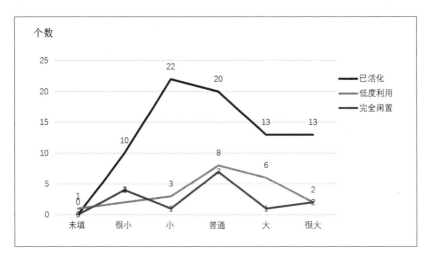

图2-21 闲置程度因"案例地区发展政策变迁"影响程度分析图

二、闲置程度列管公共设施之"管理专业质量因素"原因

（一）专责管理人才级单位缺乏

对于闲置程度列管公共设施以"专责管理人才级单位缺乏"原因，所形成的结果进行分析如下：已活化设施者为影响程度大占 34.1%，低度利用者为影响程度大为均占 31.8%，完全闲置者为影响程度普通及大均占 33.3%（见表 2-49、图 2-22）。

表2-49 闲置程度因"专责管理人才级单位缺乏"影响程度分析表

闲置程度		已活化	低度利用	完全闲置	总和
未填	个数	3	1	1	5
	类别内的 %	3.7%	4.5%	6.7%	4.2%
很小	个数	9	3	1	13
	类别内的 %	11.0%	13.6%	6.7%	10.9%
小	个数	13	3	2	18
	类别内的 %	15.9%	13.6%	13.3%	15.1%
普通	个数	15	6	5	26
	类别内的 %	18.3%	27.3%	33.3%	21.8%
大	个数	28	7	5	40
	类别内的 %	34.1%	31.8%	33.3%	33.6%
很大	个数	14	2	1	17
	类别内的 %	17.1%	9.1%	6.7%	14.3%
总和	个数	82	22	15	119
	类别内的 %	100%	100%	100%	100%

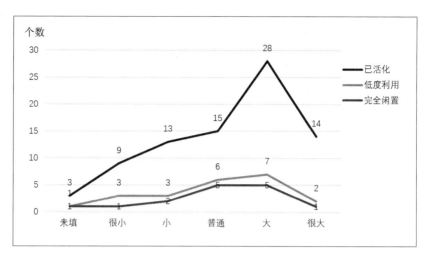

图2-22 闲置程度因"专责管理人才级单位缺乏"影响程度分析图

（二）专业经营经验不足

对于闲置程度列管公共设施以"专业经营经验不足"原因，所形成的结果进行分析如下：已活化设施者为影响程度普通及大均占 26.8%，低度利用者为影响程度普通为均占 31.8%，完全闲置者为影响程度大占 40%（见表 2-50、图 2-23）。

表2-50 闲置程度于"专业经营经验不足"原因之分析表

闲置程度		已活化	低度利用	完全闲置	总和
未填	个数	3	0	0	3
	类别内的 %	3.7%	.0%	.0%	2.5%
很小	个数	10	4	3	17
	类别内的 %	12.2%	18.2%	20.0%	14.3%
小	个数	13	4	1	18
	类别内的 %	15.9%	18.2%	6.7%	15.1%
普通	个数	22	7	4	33
	类别内的 %	26.8%	31.8%	26.7%	27.7%
大	个数	22	6	6	34
	类别内的 %	26.8%	27.3%	40.0%	28.6%
很大	个数	12	1	1	14
	类别内的 %	14.6%	4.5%	6.7%	11.8%
总和	个数	82	22	15	119
	类别内的 %	100%	100%	100%	100%

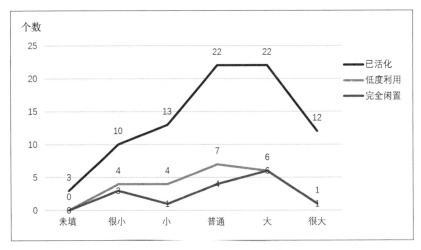

图2-23 闲置程度因"专业经营经验不足"影响程度分析图

（三）政府预算不足无力支持

对于闲置程度列管公共设施以"政府预算不足无力支持"原因，所形成的结果进行分析如下：已活化设施者为影响程度大占 25.6%，低度利用者为影响程度大为占 40.9%，完全闲置者为影响程度普通占 40%（见表 2-51、图 2-24）。

表2-51 闲置程度因"政府预算不足无力支持"影响程度分析表

闲置程度		已活化	低度利用	完全闲置	总和
未填	个数	4	0	0	4
	类别内的 %	4.9%	.0%	.0%	3.4%
很小	个数	11	2	2	15
	类别内的 %	13.4%	9.1%	13.3%	12.6%
小	个数	13	5	2	20
	类别内的 %	15.9%	22.7%	13.3%	16.8%
普通	个数	19	2	6	27
	类别内的 %	23.2%	9.1%	40.0%	22.7%
大	个数	21	9	1	31
	类别内的 %	25.6%	40.9%	6.7%	26.1%
很大	个数	14	4	4	22
	类别内的 %	17.1%	18.2%	26.7%	18.5%
总和	个数	82	22	15	119
	类别内的 %	100%	100%	100%	100%

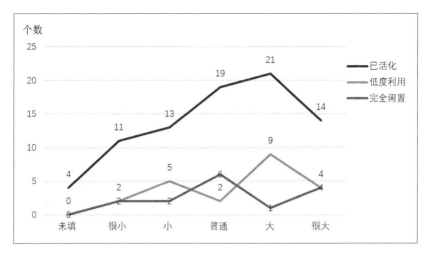

图2-24 闲置程度因"政府预算不足无力支持"影响程度分析图

三、闲置程度列管公共设施之"设施规划使用因素"原因

（一）设施规划认知与市场需求现况差异

对于闲置程度列管公共设施以"设施规划认知与市场需求现况差异"原因，所形成的结果进行分析如下：已活化设施者为影响程度大占 40.2%，低度利用者为影响程度大为均占 40.9%，完全闲置者为影响程度大占 40%（见表 2-52、图 2-25）。

表2-52 闲置程度因"设施规划认知与市场需求现况差异"影响程度分析表

闲置程度		已活化	低度利用	完全闲置	总和
未填	个数	5	0	0	5
	类别内的 %	6.1%	.0%	.0%	6.1%
很小	个数	4	1	2	4
	类别内的 %	4.9%	4.5%	13.3%	4.9%
小	个数	6	2	1	6
	类别内的 %	7.3%	9.1%	6.7%	7.3%
普通	个数	11	4	4	11
	类别内的 %	13.4%	18.2%	26.7%	13.4%
大	个数	33	9	6	33
	类别内的 %	40.2%	40.9%	40.0%	40.2%
很大	个数	23	6	2	23
	类别内的 %	28.0%	27.3%	13.3%	28.0%
总和	个数	82	22	15	82
	类别内的 %	100%	100%	100%	100%

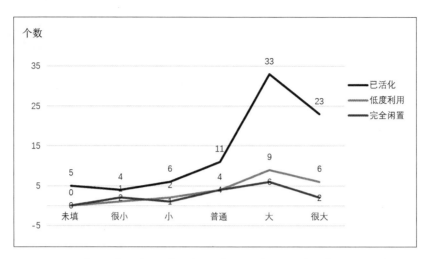

图 2-25 闲置程度因"设施规划认知与市场需求现况差异"影响程度分析图

（二）社区民众支持与参与程度缺乏

对于闲置程度列管公共设施以"社区民众支持与参与程度缺乏"原因，所形成的结果进行分析如下：已活化设施者为影响程度普通及大均占 25.6%，低度利用者为影响程度普通为占 36.4%，完全闲置者为影响程度大占 26.7%（见表 2-53、图 2-26）。

表2-53 闲置程度因"社区民众支持与参与程度缺乏"影响程度分析表

闲置程度		已活化	低度利用	完全闲置	总和
未填	个数	5	0	1	5
	类别内的 %	6.1%	.0%	6.7%	6.1%
很小	个数	9	1	2	9
	类别内的 %	11.0%	4.5%	13.3%	11.0%
小	个数	10	4	2	10
	类别内的 %	12.2%	18.2%	13.3%	12.2%
普通	个数	21	8	3	21
	类别内的 %	25.6%	36.4%	20.0%	25.6%
大	个数	21	4	4	21
	类别内的 %	25.6%	18.2%	26.7%	25.6%
很大	个数	16	5	3	16
	类别内的 %	19.5%	22.7%	20.0%	19.5%
总和	个数	82	22	15	82
	类别内的 %	100%	100%	100%	100%

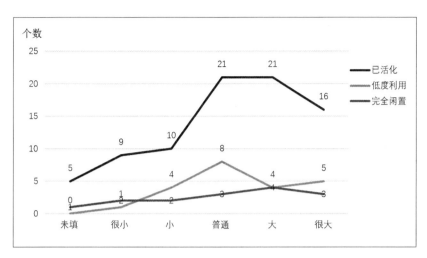

图2-26 闲置程度于"社区民众支持与参与程度缺乏"原因之直方图

（三）设施功能定位及用途配置规划不当

对于闲置程度列管公共设施以"公共建设相关法令的适法性疑虑"原因，所形成的结果进行分析如下：已活化设施者为影响程度很大占 31.7%，低度利用者为影响程度普通及大为均占 27.3%，完全闲置者为影响程度普通及大均占 26.7%（见表2-54、图 2-27）。

表2-54 闲置程度因"设施功能定位及用途配置规划不当"影响程度分析表

闲置程度		已活化	低度利用	完全闲置	总和
未填	个数	5	0	1	6
	类别内的 %	6.1%	.0%	6.7%	5.0%
很小	个数	6	1	2	9
	类别内的 %	7.3%	4.5%	13.3%	7.6%
小	个数	11	4	2	17
	类别内的 %	13.4%	18.2%	13.3%	14.3%
普通	个数	14	6	4	24
	类别内的 %	17.1%	27.3%	26.7%	20.2%
大	个数	20	6	4	30
	类别内的 %	24.4%	27.3%	26.7%	25.2%
很大	个数	26	5	2	33
	类别内的 %	31.7%	22.7%	13.3%	27.7%
总和	个数	82	22	15	119
	类别内的 %	100%	100%	100%	100%

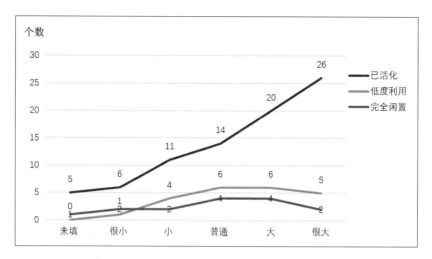

图2-27 闲置程度因"设施功能定位及用途配置规划不当"影响程度分析图

四、列管公共设施闲置"现况分类等级"之闲置主要困境交叉分析

对于闲置程度列管公共设施以"闲置主要困境"原因,"缺乏规划及经营管理技术"为各列管之闲置公共设施,共同认为是主要困境中的重要原因,其次为"空间主体定位未获民众认同",列管公共设施闲置"现况分类等级"之闲置主要困境交叉分析,结果说明如下:

1. "已活化"列管闲置公共设施

针对已活化设施者,调查结果发现对于"缺乏规划及经营管理技术"占25.6%为最高,其次为"其他"占23.2%,再其次为"以上皆是"占19.5%。

2. "低度使用"列管闲置公共设施

针对低度使用设施者,调查结果发现对于"空间主体定位未获民众认同"占36.4%为最高,其次为"其他"占27.3%,再其次为"缺乏规划及经营管理技术"及"地方政府财政预算不佳"均占13.6%。

3. "完全闲置"列管闲置公共设施

针对完全闲置设施者,调查结果发现对于"缺乏规划及经营管理技术"占40.4%为最高,其次为"地方政府财政预算不佳"占20%(见表2-55、图2-28)。

表2-55 闲置程度因"闲置主要困境"影响程度分析表

闲置程度		已活化	低度利用	完全闲置	总和
未填	个数	2	0	1	3
	类别内的 %	2.4%	.0%	6.7%	2.5%
地方政府财政预算不佳	个数	8	3	3	14
	类别内的 %	9.8%	13.6%	20.0%	11.8%
缺乏规划及经营管理技术	个数	21	3	6	30
	类别内的 %	25.6%	13.6%	40.0%	25.2%
无法掌握闲置公共设施资源价值	个数	4	0	1	5
	类别内的 %	4.9%	.0%	6.7%	4.2%
空间主体定位未获民众认同	个数	12	8	1	21
	类别内的 %	14.6%	36.4%	6.7%	17.6%
以上皆是	个数	16	2	2	20
	类别内的 %	19.5%	9.1%	13.3%	16.8%
其他	个数	19	6	1	26
	类别内的 %	23.2%	27.3%	6.7%	21.8%
总和	个数	82	22	15	119
	类别内的 %	100.0%	100.0%	100.0%	100.0%

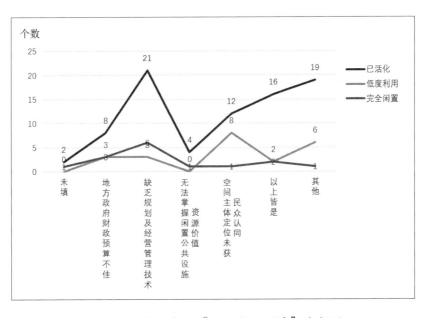

图2-28 闲置程度因"闲置主要困境"分析图

第六节　案例地区列管闲置公共基础设施活化困境综述

本研究根据案例地区行政管理机构公共工程事务主管部门所列管之公共工程 153 件，针对曾经闲置及低度利用之公共设施进行调查，针对本研究调查为全数抽样共发出 153 份问卷，回收 119 份，回收率 77.8%。

将调查结果进行分析，受访样本结构以男生、年龄为 31 ～ 40、教育程度大专居多，三年内接触该列管公共工程设施经验为 83.2%，足见调查之样本具一定程度代表性。列管设施中以交通设施居多 53.8%，依据案例地区公共工程事务主管部门所列之活化标准（附录一）以现况闲置等级评定划分，已活化为 82 件 68.9% 为最多、低度使用为 18.5%、完全闲置为 12.6%。

公共设施闲置及低度利用形成之原因，经由文献可归结为五大面向：包括"管理不善""缺乏经费""行政程序尚未完成问题""环境变迁""政治因素"。分析发现结论如下：

1. 依据文献拟定十一项问项，包括："行政机关协调配套措施不足""选举时承诺但未经规划配套""公共建设相关法令的适法性疑虑""空间与土地权属的取得受阻""案例地区发展政策变迁""专责管理人才级单位缺乏""专业经营经验不足""政府预算不足无力支持""设施规划认知与市场需求现况差异""社区民众支持与参与程度缺乏""设施功能定位及用途配置规划不当"，再针对列管公共设施进行调查。

2. 将各项进行叙述统计，其中发现七项大于普通、一项等于普通、四项低于普通，发现多项具有突显形成闲置的原因。

3. 就相关性分析发现除"政府预算不足无力支持"为"弱相关性"外，其余十项均为"强相关性"。

4. 经因素分析发现结果，调查资料适合进行因素分析 (KMO 为 0.834)，以探索性因素分析以直交法进行因素转轴，依据因素特征值大于 1 之因素，归纳为三项，命名为"公共行政推动"因素、"管理专业质量"因素、"设施规划使用"因素，累积解释变异量达 70.85% 具代表性，经分析结果可厘清"列管公共设施闲置及低度利用之形成因素"。

(1)"公共行政推动"因素，包括：行政机关协调配套措施不足、选举时承诺但未经规划配套、公共建设相关法令的适法性疑虑、空间与土地权属的取得受阻、案例地区发展政策变迁，共计五题，皆为"案例地区公共政策及行政体制出现之公共行政推动"课题。

(2)"管理专业质量"因素，包括：专责管理人才级单位缺乏、专业经营经验不足、政府预算不足无力支持交通设施规划，共计三题，皆属于"公共事务管理专业质量能力技术"课题。

(3)"设施规划使用"因素，包括：设施规划认知与市场需求现况差异、社区民众支持与参与程度缺乏、设施功能定位及用途配置规划不当，共三题，为"公共设施规划技术及使用"的课题。

5. 另就造成闲置现象之主要的困境分析，发现"缺乏规划及经营管理技术"为最高，其次为"空间主体定位未被民众认同"，再次为"地方（案例地区省政府）政府财政预算不佳"，"无法掌握闲置公共设施资源价值"，又再次为综合四项皆有影响者占 78.2%，显示已涵盖主要造成困境之原因。

6. 将十一项形成闲置原因与最主要困境进行单因子变异数分析，发现除"公共建设相关法令的适法性疑虑""案例地区发展政策变迁"较不显著，其余九项将达显著，表示最主要困境受形成原因之影响程度显著，验证本研究之形成原因足见掌握及可信。

7. 由九项列管设施"交通建设""工商投资""文教设施""体育场馆""社福设施""展览场馆""办公厅舍""市场""工商设施"对于十一项形成闲置原因进行次数分析，发现各项列管设施对于形成因素构面之原因，皆不相同，均有其特殊成因。

8. 由列管设施闲置现况分类"已活化""低度利用""完全闲置"对于十一项形成闲置原因进行次数分析，发现均有其特殊成因之现象。

PPP 项目闲置预测篇

第三章 闲置公共基础设施委外经营活化影响因素与课题

第一节　闲置公共设施活化案例

一、世界各地闲置公共设施委外活化案例

无论是哪一种类型闲置空间的出现，必然是由于先前的生存时空已经改变，旧有的空间若未能应对调整，就难创造再生的契机，旧有空间再生的主要课题不在冻结时空保存过去而在延续过去，并且透过改变过去来衍生新的生命力。

借由世界各地闲置空间活化的案例来看，可以了解到闲置空间再利用，最普遍且最直接的想法就是转变为艺文空间，其转变的最大理由，不外乎是将多层面向的都市、人文、历史关怀与智慧在此集结而后扩散，空间自身的条件及外在环境与社会的需求都潜藏了空间再生的可能性。

本研究透过世界各地相关案例整理分析，作为评估因子之选定参考，面对不同空间类型以及不同国家（地区）之实质条件、与资源系统所采取的经营模式，将之整理为两大类：文化空间再造（见表3-1）；闲置空间定位与经营现况与策略（见表3-2）。

表3-1 世界各地闲置空间活化"文化空间再造"案例数据汇总表

类别	再利用前机能	再利用机能	机构名称	国家（地区）	推动主体	经营主体
住宅	住宅	文艺表演空间	行动剧院	新加坡	政府	民间组织
	度假别墅	艺术村	马内艺术中心	美国	私人	私人
	社区	户外博物馆	汉克镇教材博物馆	美国	私人	第三部门
	住宅	小剧场	拉玛玛实验剧场	美国	政府	第三部门
	住宅/当铺	艺廊	小仓库	日本	私人/公司	私人/公司
	住宅	美术馆	原美术馆	日本	私人/公司	基金会
	传统民宅	艺术村	长泽艺术村	日本	政府	政府
	住宅/店铺	复合设施	奈良町博物馆	日本	民间组织	基金会

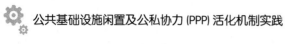公共基础设施闲置及公私协力 (PPP) 活化机制实践

类别	再利用前机能	再利用机能	机构名称	国家（地区）	推动主体	经营主体
产业遗构	工厂	艺术家工作室	埃克米工作室	英国	民间组织	民间组织
	片厂	博物馆	美国电影博物馆	美国	政府	第三部门
	铁工厂	摇滚音乐厅	摇滚工厂	德国	私人／公司	私人／公司
	烟厂（大型）	艺术家工作室 复合室艺文中心 文资中心	拉费胥艺文特区	法国	政府	民间组织
	化学工厂	艺文中心	勾贝克之屋	德国	民间组织	民间组织
	矿区行政中心	展演空间 观光休闲 美术馆	澳奴矿区	比利时	民间组织	民间组织
	电缆工厂	复合式艺文中心 博物馆展演空间 ／出租	电缆工厂	芬兰	私人／政府	公司
	西红柿酱工厂	艺术中心	卡拉艺术中心	美国	私部门	第三部门
	铁工厂（大型）	表演艺术中心	坎普纳格	德国	民间组织	第三部门
	储冰工厂	表演艺术中心	厨房实验剧场	美国	私部门	第三部门
	酒场	餐厅／纪念馆	黄樱酒造本店	日本	私人／公司	私人／公司
	酒场（大型）	复合设施	文化酿制厂	德国	民间组织	私人／公司
	炼钢场（大型）	古迹／休闲	杜伊斯堡景观公园	德国	第三部门	第三部门
	企业员工育乐中心	复合式艺文中心	手工制造	法国	民间组织	民间组织
	电子厂	美术馆／剧场	麻州当代艺术馆	美国	私人	第三部门
	鞋扣工厂	另类展演空间 空间出租 学校	鞋扣工厂	法国	私人	私人／公司
	酒厂（大型）	复合设施	普费佛酒厂	德国	民间组织	第三部门
	制糖厂	艺文表演空间	拉芬那瑞	比利时	民间组织	民间组织
	电子厂	艺文中心	莱贝克工厂	德国	第三部门	第三部门
	制片厂	复合设施	乌发工厂	德国	民间组织	民间组织
	农场	艺术村	弗吉尼亚当代艺术中心	美国	民间组织	民间组织
	炼钢厂（大型）	古迹／艺文活动	福克林恩	德国	政府	政府
	矿业厂房	复合设施	关税同盟 12 号矿区	德国	第三部门	政府／基金会
	酒窖	餐厅／展示场	白雪长寿藏	日本	私人／公司	私人／公司
	场防区（大型）	复合设施	洲本图书馆	日本	政府	政府
	酒窖	商店／餐厅	神户酒心馆	日本	私人／公司	私人／公司
	工厂	艺廊	现代美术制作馆	日本	私人／公司	私人／公司
仓库	仓库	博物馆	波士顿儿童博物馆	波士顿	政府	第三部门
	冷藏库	艺术家工作室	铁道冷藏库	法国	民间组织	私人／民间组织
	仓库	艺廊	艺廊	日本	私人公司	私人公司
	仓库	会场纪念馆	舞鹤市政纪念馆	日本	民间组织	政府
	冰库	复合式艺文中心	艺穗会	中国香港	民间组织	民间组织

类别	再利用前机能	再利用机能	机构名称	国家（地区）	推动主体	经营主体
军事设施	军营	复合式艺文中心	赫德兰艺术中心	美国	民间组织	民间组织
	碉堡	学生俱乐部	莫里兹堡	德国	第三部门	公司
	军需处	艺术村复合式艺文中心	军需处	法国	政府	政府
	军营	艺术家工作室复合式艺文中心	瞬息及逝工厂	法国	政府	民间组织
公共建筑	警察局	美术馆	波士顿当代艺术馆	美国	私人	第三部门
	车站	艺廊	南海电铁滨寺公园站	日本	民间组织	私人/公司
	车站	艺廊	东京车站艺廊	日本	民间组织	基金会
商业设施	花市交易所	综合艺术中心	波士顿艺术中心	美国	政府	第三部门
	市场	展览厅	戴希陀当代艺术馆	德国	第三部门	第三部门
	旅馆	旅馆	福尔顿旅馆	新加坡	私/政府	私营
	有盖式商场	艺文表演空间	史盖贝克商场	比利时	民间组织	民间组织
	银行	美术馆艺术家工作室	哈林工作是美术馆	美国	私部门	第三部门
	百货公司	艺术家工作室	塔贺勒斯	德国	民间组织	民间组织
宗教建筑	修道院	艺术村空间出租观光休闲	查尔特勒修道院	法国	政府	民间组织
	教堂	复合式艺文中心	静敏思修女学院	新加坡	民间组织	私营
	修道院	复合式艺文中心观光休闲餐厅	罗摇蒙修道院	法国	私人	基金会
	教堂	艺术家工作室文资中心	卓越艺术中心	美国	私人/公司	基金会
学校	学校	展览空间	图像艺廊	英国	政府	基金会
	小学	表演艺术空间	表演空间	美国	私部门	第三部门
	学校	艺术村	古老工作室	新加坡	私/政府	政府
	大学	讲堂展示室	奈良女子大学本馆	日本	政府	政府
	小学	商店街	北野工房	日本	民间组织	第三部门
聚落	聚落	商店街	伯明翰珠宝产业特区	英国	民间组织	不祥
	聚落	商店街	川越一番街	日本	民间组织	私人/公司
	聚落	商店街	黑壁广场	日本	民间组织	第三部门
其他	船	展演空间	灯塔船	法国		民间组织
	区域计划	艺术村	多东尼艺术驻地计划	法国	政府	政府
	博览会会场	博物馆	探拓博物馆	美国	政府	第三部门
	澡堂	艺廊	SCAI 艺廊	日本	私人公司	私人公司
	养老院	综合艺文中心	斯诺港文化中心	美国	政府	第三部门
	牲畜检疫场	艺术家工作室	牛棚艺术村	中国香港	政府	不详
		复合式艺文中心	麦仔屋	中国澳门	民间组织	民间组织

数据源：闲置空间再利用 世界各地案例汇编（2002 年）

表3-2 世界各地闲置空间活化"闲置空间定位"与"经营现况与策略"综理表

编号	闲置空间定位	经营现况与策略
1	行动剧场－芒果树下的绿色剧场幼芽	• 艺文新发表培育场"行动剧场" • 有备而来接受优惠条件 • 永续经营之法在于稳定的收入 • 无压力的尝试才有精准的修正
2	马内艺术中心－在静谧乡村内发展的人文科技	• 文人雅士的秘密花园 • 空间的整理与再生 • 结合科技的乡村创作园地
3	汉克镇教村－保存历史性的宗教生活美学社区的极致典范	• 建立在宗教信仰上的社区 • 独一无二的生活模式与美学 • 由宗教社区到户外博物馆 • 审视生活美学价值的参考坐标
4	拉玛玛实验剧场－实践表演艺术家梦想的场域	• 拉玛玛传奇的开始·崭新的附加剧场 • 专业化取向的空间利用
5	小仓屋艺术空间－历史悠久的当铺独立经营小型艺廊	• 谷中区老当铺更新经营艺廊"小仓屋" • 木造店铺及土造仓库组成的展示场 • 以积极营销推广经营的小型艺廊 • 住家式空间成为举办展览的限制
6	原美术馆－宁静住宅区内的优质文化休闲空间	• 表现派建筑师渡边仁打造原邦造住宅 • 保留稀有战前豪宅作为美术馆之用 • 自行策展的彩虹美术财团与群马分馆的兴建
7	长泽艺术村－山村社区中心的日本版画研习营	• 偏远山区的社区中心作为版画教室 • 来自长泽町町长的艺术村规划 • 有待观察的艺术村研习成果
8	奈良町物语馆－在古老町屋内茁壮的社区总体营造中心	• 奈良元兴寺旧址－中新屋町 • 十年经营而有所成的奈良町总体营造 • 老旧的闲置町屋翻修成为奈良町物语馆 • 古都历史传承与街町保存的共识
9	埃克米工作室－另类工作空间规划的魔术师	• 另类创作空间的需求与崛起 • 艺术创作者的生存盟友 • 产权自主保障使用者权益 • 消防队计划 • 埃克米的服务主张·私部门长期经营，政府临门一脚，创造双赢
10	美国电影博物馆－寓教于乐、保存电影文化的博物馆	• 旧片厂活化为电影博物馆 • 电影文化收藏称冠全美·营运有方、期待下一个二十年
11	摇滚工厂－摇滚乐大本营与社区中心	• 产业遗构再利用的先驱 • 原样重建的摇滚工厂空间·摇滚乐与社区服务并行 • 古迹再利用的连锁效应

编号	闲置空间定位	经营现况与策略
12	拉费胥艺文特区－都会文化发展的帮浦	• 城市发展与闲置空间 • 在贝勒美地区落地生根的拉费胥艺文特区 • 荒地美学 • 跨出传统领域的多元尝试 • 拉费胥的文化经济发展计划
13	勾贝克之屋－社区倍力中心	• 四个社区团体共组联盟的动员过程 • 社区倍力中心的规划与经营 • 改造勾贝克之屋并保存勾贝克庄 • 社区共同打造空间改善生活质量
14	奥奴矿区－乌托邦神话的复兴与再造	• 划时代的产业城廓规划 • 以文化产业重振地区经济 • 人气凝聚与就业机会的创造
15	电缆工厂－共生共荣的文化生机	• 产业转型造成的闲置空间 • 不动产公司经营的"空间旅店" • 环保修缮的主张 • 千万风貌的文化迷宫
16	卡拉艺术中心－版画工作者的天堂	• 象征永恒创造的卡拉 • 再创西红柿酱工厂的新生命 • 充分利用的空间规划与设备考虑 • 艺术家进驻计划 • 画廊经营策略与教育课程
17	坎普纳格－创造市场的当代表演艺术中心	• 歪打正着的机械厂再利用 • 另类剧场创造市场 • 数度蜕化转型的专业经营团队 • 表演艺术产业改写区域形象
18	厨房实验剧场－走过三十年的前卫剧场圣地	• 发源于厨房的录像艺术 • 艺术宗旨・成长与迁移 • 统仓的空间利用・改造厨房、展望未来
19	黄樱酒造本屋－"黄樱酒造"企业化经营的酒厂复合体	• "伏水"吟酿酒与"黄樱酒造" • 企业化经营的大厂仍致力保存创业本店 • 黄樱纪念馆、清酒工房、麦酒工房、黄樱酒厂 • 伏见区制酒业结合观光发展新可能
20	文化酿酒厂－以啤酒酿制多元艺术	• 世界上最早现代化的啤酒厂 • 命运多轨的历史古迹 • 以文艺团体经营特色为基础经营的文化产业中心
21	杜伊斯堡景观公园－休闲兼探险的工业纪念馆	• 钢铁厂变成巨大的工业废墟 • 结合工业历史、生态、休闲与文化的创造公园 • 永续经营的机制与效益
22	手工制造－都会中的艺文育乐中心	• 文化专业与地区发展的结盟 • 有限空间的规划与多元使用 • 青年协会的"苗圃计划" • 开拓多元营运资源

编号	闲置空间定位	经营现况与策略
23	麻州当代美术馆－全美面积最大视觉艺术与表演艺术中心，再造小镇文化奇景	• 印布厂、电子厂脱胎换骨为当代艺术空间 • 乔塞夫汤普森筹组专业团队重造旧工厂 • 从现成建物中造旧新博物馆的建筑哲学 • 空间支持展览策酪·改建及经营之道 • 具体可行的经济效益
24	鞋扣工厂－私有产业的文化租赁	• 在欧洲的美式工厂建筑 • 让活动与建物的原始美感达到平衡 • 绝对私营的空间管理 • 大型空间的长期租赁
25	普费佛酒厂－草根力量形硕城市文化	• 啤酒厂留下的建筑群 • 再利用产权取的过程 • 以艺术、文化、社区服务为主的营运规划
26	拉芬那端－制糖场内创作天空	• 政府收购托付专业的团体 • 透过修缮规划，搭起舞主与其他艺术领域的桥梁
27	莱贝克文化工厂－以休闲文化作为区域再造的契机	• 两德统一带来经济逆转 • 不断变易的场所历史 • 都发、劳工局协助更新规划
28	乌发工厂－大都会里的小乌托邦	• 环球影城留下的建筑聚落 • 结合生态、艺术、社福的再利用构想 • 以生态为出发的空间改造 • 社区家庭支持系统·开向国际的文化中心
29	弗吉尼亚艺术中心－艺术下乡到牧场	• 集中的时间与空间让心灵专注 • 利用特殊基金赞助无实质利益的创作 • 这不是普通的谷仓，它需要高度的维护
30	福克林恩冶炼厂－世界级的文化遗产	• 十九世纪德国最大的钢铁厂 • 工业时代的纪念碑 • 把古迹带向未来的工作计划
31	关税同盟 12 号矿区－老矿区蜕变创意产业中心	• 世界最漂亮的矿坑 • 结合产业与教育规划矿区 • 文化营销改写区域形象
32	白雪酿酒村长寿藏－大型百年酒窖的变身活用	• 清酒发祥地伊丹酿酒业转型产生的再利用课题 • 百年老店的经营策略与特色餐厅的诞生 • 两百年大型酒窖变身为多功能餐厅 • 旧瓶装新酒－老酒窖的再生启示
33	洲本图书馆－都心整备与红砖工厂区的新生	• 以工厂区红砖建筑群提出的"新都心区整备构想" • 新都心区的新文化角色 • 以全新观念与手法改造的洲本市图书馆 • 市民共同记忆与再生的契机
34	神户酒心馆－灾后复兴的制酒产业文化	• 神户东滩区制酒产业 • 酒心馆配置：水名藏、丰明藏、东明藏与福寿藏 • 福寿酒藏语丰泽酒造合并的新事业体 • 酒心馆再生与蕴含地域文化的酒藏事业

编号	闲置空间定位	经营现况与策略
35	现代美术制作所－简洁方型工厂规划出的多变展览空间	• 没落古旧社区闲置的中小企业工厂 • 千变万化的展览场地 • 经营者对艺术的理想与现实的困境
36	波士顿儿童博物馆－充满想象与多元文化交织的儿童最爱	• 激发儿童新视野的博物馆哲学 • 交互式儿童博物馆的先驱 • 有机的空间运用·别具一格的典藏方式 • 稳定的财务状态
37	铁道冷藏库－民间对都市计划的介入与参与	• 产业建筑特色造就绝佳的创作场域 • 河左岸区域开发计划带来的生存威胁 • 民间团体串联，争取对话与参与的权力
38	Ef 艺廊－自力造屋整修建材仓库的艺廊	• 浅草地区硕果仅存的建材仓库 • 自力造屋达成"无国界咖啡馆"的构想 • 艺术家巧思打造的奇妙艺廊 • 经营艺廊保存古老建筑的漫漫长路
39	舞鹤市政纪念馆－红砖仓库浪漫风情	• 海军镇守府残留的红砖仓库群 • 建筑同郝会寻找地区特色而发展的红砖网络 • 改造红砖仓库而成的"舞鹤市政纪念馆" • 深受居民认同的"舞鹤市政纪念馆"
40	艺穗会－以艺文带动商圈发展的冰库	• 以支持创意展演为重心 • 独立经营不受大环境影响，并丰饶地区发展 • 修缮工作依需求循序渐进
41	赫德兰艺术中心－艺术与创意的实验室	• 公私合作关系
42	莫里兹碉堡－老碉堡成为学生俱乐部	• 残存的中世纪城市碉堡 • 学生发现碉堡进行再利用的过程·营运顺利的学生俱乐部
43	军需处－期待开拓另类风情的官方闲置空间	• 打造文化新风貌 • 官方行政与另类运作的两难 • 期待新活力的整合
44	瞬息即逝工厂－另类展演空间的开拓者	• 穷则变，变则通！短期利用的艺文空间 • 瞬息即逝医院 • 营运专业获得肯定·瞬息即逝军营
45	波士顿当代艺术馆－居时代前锋、身段灵活的小型美术馆	• 第一个以当代艺术为名的艺术机构 • 向外拓展的新策略·未来新展望
46	南海电铁滨寺公园站－保存古老洋风车站提供地区文化活动	• 关西的镰仓－滨寺公园 • 南海电铁与滨寺公园车站的再利用计划 • 日本最古老的洋风车站 • 车站艺廊与密切互动的社区
47	东京车站艺廊－繁忙车站－为过往旅客做文化洗礼	• 大正时期辰野金吾折衷样式建筑的代表作 • 迁就原有厂第座室内装修的艺廊空间 • 改建车站丸之内出口左翼为艺廊 • 非营利组织铁道文化财团负责经营管理

编号	闲置空间定位	经营现况与策略
48	波士顿艺术中心－多角经营、扎根社区的艺术基地	• 草根艺术力量在社区 • 历史回溯·空间功能多角经营
49	戴希陀展览馆－菜市仔变成国际当代艺术馆	• 汉堡门户变蔬果市场 • 设立国际当代艺术馆的再利用计划 • 保存建筑原味的整修方针 • 带动汉堡当代艺术的发展
50	浮尔顿酒店－百年前最重要，今日也是重量级的地址	• 跨世纪的大型新建计划 • 雄伟公共古迹转变为现代服务质量的五星级旅馆 • 远东集团长期使用的经营管理权
51	史盖贝克商场－无边界的艺文推广舞台	• 学运思潮的理念·达成目标的漫长道路 • 为后继者建立经验交流的平台
52	哈林工作室美术馆－孕育非洲裔艺术家的摇篮	• 前身为银行的美术馆 • 结合工作室与美术馆于一体 • 改变哈林区的再生力量
53	塔赫勒斯－充满惊叹号的艺术废墟	• 战争留下的建筑废墟 • 废墟变成另类文化观光胜地 • 草根力量与政府、开发公司的角力
54	查尔特勒修道院－古迹的文化再造与营销	• 被支解的修院圣地 • 文化交会中心的概念 • 将被遗忘的历史与今日接轨 • 静态古迹的营销策略
55	静敏思修女学院－载歌载舞，满庭欢乐	• 根据需求而产生的重建计划 • 重新规划为商业文化的多功能休闲设施 • 细说分明的过去与现在
56	罗瑶蒙修道院－与时代并进的古迹艺文沙龙	• 随着时代变迁不断改变功能的修院古迹 • 多元层次，同时并进的文化活动 • 多角经营与修缮考虑
57	卓越艺术中心－企业压轴提拔在地艺文	• 吸引专业人士在地立足 • 寒夜之火燃起都会生活的新火把 • 以单一窗口筹措基金
58	图像艺廊－市府不用分文却或的永续团队的新展览馆	• 劳工党市议员追求都心重建，十年美梦成真 • 老市区中心运河两旁的修缮再利用 • 市府要求企业回馈市民 • 政府发挥创意追求理想
59	PS122表演空间－巧妙运用旧小学的多媒体实验小剧场	• 发现废弃旧小学 • 五个团体共构社区型的表演空间 • 纽约曼哈坦下的东城的文化中心
60	古老工作室－艺术村是老学校的第二春	• 提倡艺文发展、遴选各类艺术创作者 • 集中各式艺术互动交流的古老工作室 • 文化局对"艺文空间规划"的付出与成果
61	奈良女子大学本馆－建校纪念物的保存与新生	• 大学行政中心与讲堂保存作为纪念馆 • 创校纪念性物的再利用计划 • 原样保存的修复工程 • 奈良女子大学本馆的活动与功能

编号	闲置空间定位	经营现况与策略
62	北野工房接－灾后重建小学校舍振兴在地产业	• 活用小学校地振兴北野地区产业观光 • 重新评估与协商达成的效果 • 北野小学教改建的神户特产专卖店
63	伯明翰珠宝产业特区－英国创意产业的代表之作	• 创造力与工业生产－从伯明翰经验谈起 • 珠宝产业特区的演变 • 珠宝产业与当地社区居民 • 一种教育的观点－珠宝设计学院与产业界的关联 • 维护管理与未来展望 • 都市聚落的发展
64	川越一番街－由国家指定保存再生的大型历史街区	• 历史文化遗产丰富的小江户－川越市 • 火灾之后全面改建的土藏造店屋 • 川越的市民活动与社区委员的开发构想 • 以公务员与非营利组织为中心的社区总体营造
65	黑壁广场－从收购银行旧馆开始的总体营造事业	• 丰臣秀吉的商业都市城下町与成为地目标洋风建筑"黑壁银行" • 成立"株式会社黑壁"保存银行建筑，作为是中心活性化的据点 • "丰臣秀吉博览会"与"新长滨计划" • "株式会社黑壁"成效卓著，长滨成为示中心再生的模范都市 • 长滨市的现状与课题
66	灯塔传－回归市场机制的艺术夜总会	• 公司与协会互通有无的经营策略 • 商业潮流中的文化定位 • 延伸的舞台空间
67	多东尼艺术驻地计划－走出硬件框架的艺术村	• 当代艺术介入农村生活 • 只有软件架构的艺术村 • 创意的激荡与生活艺术
68	探拓科学博物馆－融合科技、艺术于一体的独特空间	• 风光明媚，游客知识的景点 • 交互式科学博物馆的原型 • 既科学又艺术的艺术家进驻计划
69	SCAI 艺廊－公共澡堂改建而成的艺廊	• 多年闲置公共澡堂"柏汤" • 保留澡堂外观拆除内部设备的艺廊 • 新旧对照形成的整体趣味
70	司诺港文化中心－社区居民的全方位艺文中心	• 创造社区共同文化价值的园区 • 兼具历史保存与开创精神的营运方向 • 组织分工为三大主轴：视觉艺术、表演艺术、教育推广
71	牛棚艺术村－为中国香港当代艺术开刀的催生地	• 1997 年本土意识的觉醒 • 要求另外安置的创作空间 • 长期生存时间考验
72	澳门养老院"婆仔屋"－新新人类的温床	• 探索时空胶囊 • 拥有过去的澳门也应该开始筹划未来 • 编织过去迎向未来的艺术家

数据源：闲置空间再利用 世界各地案例汇编（2002 年）

二、案例地区闲置公共设施活化案例

1997 年 6 月 3 日，位于 TP 市市中心的旧 TP 酒厂—华山受到文艺界人士的注意，随即华山艺文特区促进会成立，此由艺术界自觉而发起一连串的活动，带动了北、中、南多处闲置空间活化的雏形，慢慢地让政府及民间正视到闲置空间如何再利用的议题，这不仅是经济利用的问题，更是承载市民生活记忆的传承。

闲置空间①是一个不易界定清楚的名词，主要是在内容上与经营主体上存在着极大的差异性，依据案例地区行政管理机构文化建设事务主管部门 (1998) 将"闲置空间"初步定位为：依法指定为古迹、登录为历史建筑或未经指定的旧有闲置建筑物或空间，在结构安全无虞，而仍具有可再利用以推展文化价值者；傅朝卿 (2001) 将"闲置空间"改造的缘起归纳为两个主因，其一是古迹与历史保存：以让老建筑活化的保存方式取代冻结为展品的保存方式；其二是社会经济产业结构之改变：原属某种特殊产业类型的建筑，因无法生存于剧变的社会而逐渐被闲置，这些建筑在某些面向上若稍加改善，仍可重生于城镇之中；王惠君 (2002) 以广义的方式将"公共闲置空间、土地"定义为："原有阶段性功能消失，目前使用功能不彰，可以有更积极的使用方式者。"（胡宗凤、杨德宜、林重鎏，2005）造成闲置的原因，除史迹因素外，有部分是原使用者不存在或所有权人弃置；有部分原属某种特殊产业建筑，因无法生存于剧变之经济结构而被闲置；有部分则为政府缺乏完善评估，在挹注资金建设后却无法经营管理的"蚊物馆"。

以"都会闲置空间的再造与艺文展演"为题的研讨会在 TP 华山艺文特区举行，

---

① 在刘舜仁（2001）"另类空间的'另类'思考，闲置空间再生的矛盾本质与跷跷板原理"，"闲置空间"是指：被废弃的（Deserted/Abandoned/Discarded）空间、是多余的（Space/Superfluous）空间、是坏掉的（Damaged/not Functioning）空间、是被遗忘的（Forgotten/Ignored/Lost）空间、是过渡的（Transitional）空间，或是悬荡的（Suspended）空间。当然，"闲置空间"也可能是上述状况的多重组合。所以闲置空间经常流露其"边缘而非中心的""地下而非地上的""分支而非主流的""颓废而非端庄的""旁门左道而非正统的"性格。

借以呼吁政府有关部门对文化产业的重视，对其暂行性的空间予以确认与法制化，此种空间的提出还是围绕在"古迹的保存""历史空间的再利用"（黄海鸣，"视觉艺术肥皂箱"演讲标题）、"城市空间再结构"（陈朝兴，"都会闲置空间的再造与艺文展演"会议手册，《案例研讨引言》，p4）等相关问题之讨论上。

本研究透过案例地区相关案例整理分析，进行个案实施概况分析，面对不同空间类型以及不同实质条件与资源系统，所采取的经营模式作为评估因子参考之选定（见表3-3）。

表3-3 案例地区闲置空间活化案例数据汇总表

机构名称	再利用前机能	再利用机能	推动主体	经营主体
华山艺文特区	原 TP 酒厂	艺文特区	民间组织	民间组织
HC 市空军十一村再利用	日式园林建筑群	都会型广场	政府	政府
铁道艺术网络—二十号仓库 TC 站	仓库	铁道网络—艺文场所	政府	民间组织
大雪山林业公司旧制材厂区闲置空间再利用	旧制材厂	超场域—林业博物馆	政府	民间组织
HC 县沙湖坜艺术村	湖边地～历史建物古耀基之故居	艺术村	政府	民间组织
南瀛总爷艺文中心	制糖株式会社	艺文中心	政府	民间组织
KS 市驳二艺术特区	仓库	艺术特区	政府	民间组织
PT 县枋寮火车站闲置空间再利用	火车站	艺文活动空间	政府	民间组织
花连松园别馆	军事要地	历史风貌专区	政府	民间组织
红楼	公营市场－市场八角堂	艺文活动空间	政府	民间组织
TP 国际艺术村	旧建筑	艺术村	政府	民间组织
竹围工作室	鸡寮与废弃建筑	艺术家工作室	私人	第三部门
NT 草鞋墩文史工作室	仓库	休闲园区	政府	政府
新滨码头艺术空间	旧建筑	艺术空间	民间组织	民间组织
豆皮文艺咖啡空间	个人工作室	社区总体营造	私人	私部门
广播文化园区	历史建筑	文化园区	政府	政府
得旺公所	替代空间	概念空间	私人	民间组织
淡水谷牌仓库	仓库	保存策略	私部门	政府
PT 竹田米仓	仓库	艺术村	私人	民间组织
州知事官邸	旧建筑	卖场	政府	政府
CY 铁道仓库	仓库	艺术村	政府	民间组织

数据源：空间再利用倡导手册，2003；华山 2000 文化论坛系列

三、闲置活化再利用评估策略研究

本研究之相关评估因子搜集，乃透过"旧建筑相关评估""闲置空间再利用相关评估""公共设施使用相关评估""土地资产利用相关评估"等四大相关研究，针对各研究领域所提出评估因素作探讨（见表3-4）。

表3-4 "闲置"及"活化再利用"相关研究领域所探讨评估因素文献汇总表

文献领域	研究课题	评估因素	作者（年）
旧建筑相关评估	新旧共生－生物互利共生现象在建筑上的转喻（以HC市自治会馆再利用设计为例）	1. 新旧并置 2. 基地实况 3. 共生形态	钟振峰（1999）
	建筑立面保存方法之探讨－以HC市北门街为例	1. 建筑保存 2. 空间使用安全性	林孜珊（2000）
	旧建筑防火逃生避难改善办法之案例探讨	1. 旧建筑物之结构 2. 空间大小 3. 空间所处之位置	詹雅婷（2004）
	新旧共生建筑评估模式之建立与检视－以案例地区文学馆为例	1. 内部共生的空间 2. 文话意念的传达 3. 空间的舒适度 4. 空间的敏感度	叶芳彣（2004）
	以永续观点探讨既存建筑物改善更新可行性之研究－以案例地区南部办公建筑为例	1. 永续性观点 2. 健康建筑	李政贤（2004）
	旧建筑再利用中历史与文化的省思：以TP之家与红楼剧场为例	1. 历史的诠释权 2. 社会阶级文化 3. 文化空间之消费	吴梵炜（2004）
	HL松园别馆之地方感研究	1. 民众认同程度 2. 效益评估	林怡伶（2005）
	YL县再利用公有闲置空间营运实施之研究	1. 再利用执行过程 2. 营运对策	萧佳虹（2005）
	法国闲置空间再利用与城市发展之关系	1. 空间评估与规划方针 2. 营运模式与营销策略 3. 经济效益与城市发展 4. 公众教育与文化推广	杨司如（2006）
	案例地区旧建筑再利用理念与手法之探讨	1. 保存价值 2. 再利用后的使用效益	梁箐华（2006）

文献领域	研究课题	评估因素	作者（年）
闲置空间再利用相关评估	公有闲置空间再利用评估模式之研究	1. 再利用评估模式 2. 地方资源合理配置	廖慧萍（2003）
	公有闲置空间再利用为身心障碍福利机构之探讨	1. 制定合理的租借办法 2. 无障碍环境问题	王瀞玉（2004）
	闲置空间文化再造策略比较之研究 - 以 TC 酒厂旧址为例	1. 经营管理面向 2. 社区资源串联 3. 政府部门沟通协调 4. 政策面向	徐国训（2004）
	共生概念运用于产业闲置空间再利用 —以案例地区水泥竹东厂为例	1. 保存策略的操作困境 2. 产业与地区发展关系	林杰祥（2004）
	从资源基础论探讨闲置空间再利用之经营策略—以 TP 之家为例	1. 资源属性 2. 协调机制 3. 闲置空间经营策略	林柏志（2004）
	闲置空间再利用之"再闲置"研究 — 以 TC 二十号仓库为例	1. 闲置空间再利用的制度 2. 委外的经营政策与执行	陈怡君（2006）
	公私协力应用于闲置空间再利用之研究—以 HL 县七星柴鱼博物馆为例	1. 公私协力之应用 2. 私有产权之转移	杨信洲（2006）
公共设施使用相关评估	使用者负担方式应用于都市计划公共设施用地之研究	1. 使用者负担制度 2. 准公共财	陈肇琦（1985）
	民众参与政策议程建立过程之研究——YL 县反六轻个案之分析	1. 民众参与决策 2. 参与民主	林圣慧（1990）
	由最大效用原理探讨都市公共设施需求行为	1. 公共设施配置 2. 使用频率模式 3. 使用者动机	许亚儒（1990）
	公共工程项目管理系统建构之研究	1. 项目管理系统	童健飞（2000）
	社区环境改造中民众参与程度之探讨 —以"温州公园"与"福林社区"为例	1. 民众参与程度 2. 民众参与定义	吴涵宜（2003）
土地资产利用相关评估	国营事业土地资产利用策略之研究 -- 以台电及 TS 公司为例	1. 土地资产利用 2. 资源归属 3. 生命周期	丁福致（2002）
	以 AHP 法探讨国有财产管理 -- 土地资产之决策研究	1. 土地资产处分决策 2. 经济效益	赖家雄（2006）
	太鲁阁特定区公园设立对当地原居民土地资源利用冲突之研究	1. 土地利用冲突 2. 包容共存政策	张致声（1997）

数据源：本研究整理

　　世界各地活化策略经验及趋势本研究搜集世界各地相关文献与活化案例，探讨世界各地推行空间活化的主要策略且进行相互比对，如何发掘各活化策略之精要实应深思，并期望在相互比较后，可配套出更合适于案例地区推行活化闲置公共设施之策略，最后建构问卷进行调查，验证其执行之可能性。

（一）世界各地活化策略经验

世界各地推行之活化策略主要系配套经济为主，其空间发展较多元，并且可由民间主动发起，政府亦有多项奖励补助措施（萧丽虹、黄瑞茂，2002）。相关策略如下：

（1）建物空间再规划多样化。

世界各地政府、私人与专业团体皆可发起从建、整修等作业，在彼此意见整合后，更新的公共空间相当多元化，并且减少建物空间的二次修整规划概率。

（2）结合民众参与建物特色发展。

基于历史空间的考虑，保存建物特色，引导当地民众参与并且提高其认同感，对于该建物空间会有更多情感因素，促进民众使用与保存。

（3）改变设施营运模式。

世界各地多为非营组织与第三部门经营，为追求更高的效益，便可快速使用设施空间。

（4）修正行政程序与资源分配。

政府应大释利多，以经济诱因及实施减税、财务奖励制度，促进政府与民间组织合作机会并且为当地带来新的生气与活力。

（5）推行空间利用与活动计划（开放民众使用与经营）。

传统产业新思维再利用，可结合地方产业重新推销与包装，充分利用建物空间营造出老酒新酿的历史氛围。

（二）案例地区运用的活化策略经验

案例地区案例大多系结合艺文等相关策略，多为委托民间专业团体或政府自行执行较多，因推行年数短而常有不周全之处（黄剑虹，2007）。本研究整理之世界各地活化策略之比较表（见表3-5），具体相关策略有下列五项。

表3-5 世界各地活化策略比较表

活化策略 \ 地区	世界各地	中国案例地区
使用空间性质转换	多元化具经济效力	以不改变建物主体为主
政府与民间组织合作机制	在地居民或民间团体与政府合作	多为委托民间专业团队或全权由政府推行
配套合适资源再规划	运用在地资源与政府合作推行活化	结合在地历史文化特色，少有当地支持
其他奖励方式	多方面的政策奖励诱因	鲜少
委外经营	公办民营及公私合营皆有	多为公办民营
结合艺文进驻	结合外来艺术与经济	融入当地文化与艺术

数据源：本研究整理

1. 空间使用再规划

以不改变建物主体为原则，重新规划设计建物空间与用途，以较小成本达成建物空间再使用之目的。

2. 融入地方社区强化居民认同感

将建物使用权属划分给在地民间团体与第三部门管理使用，借由建物空间之维护保存与使用，进而加强当地居民向心力，已达建物活化使用率。

3. 委托民间专业团体经营

案例地区推动活化策略大多为公办民营与公办公营之方式，究其因大多系政府部门无法挪出多余经费且专业性不足导致，所以翼望能由民间主动推动，政府则扮演推手角色。

4. 更新相关法规

在法令支持上、案例地区制度尚未完全，相关法令大多沿袭世界各地制度，系为专业人才与推行经验不足之因素，所以在更新相关法令上系未来发展重要目标。

5. 结合艺文推动活化

案例地区闲置空间再利用大多系以结合艺术文化等相关议题推行的，因为这是短期内可达到一定成效的快捷方式，亦是多数人较能接受之规划推行方针。

而经由世界各地文献回顾与活化案例之研究及文献探讨，可以反思中国案例地区闲置空间闲置之原因如下：

(1) 空间都由公家管理。

其实案例地区提供了类似服务的公共空间，如社教馆、民众活动中心等，一些弱势社服团体常侧身在市场、区公所的公有空间里。然而，这些空间都由公家管理，硬件条件和使用设计不良，常使空间配置与活动内容难拥有良好的搭配。

(2) 政府主导一切。

民间团体想要进驻这些空间，常须配合政府政策的要求，接受委办业务。因此不论空间的营造、管理与营运，往往自主性不高，在实际运作与民间社会所追求之理想上仍有所距离。

(3) 实际资源的评估。

就闲置空间之财务的可能行、市场的需求、成长的潜力，以及潜藏的支出与障碍、和不可预知的风险等，应做 SWOT 分析。

(4) 管理方法与管理的专业。

在机构重整时，员工的专业素养以及持续的经营管理，再加上能为组织机构内部带来外部的评估团队，就能对未来整体规划提供有效的协助。

(5) 政府提供空间－并协助资金之筹措。

对于资金筹措来源，在案例地区并无足以参考的健全法令，不妨先由行政机构主导开启再利用的契机，日后在再考虑其他措施；否则长期由行政机构承担庞大修缮及经营费用，再加上营运的压力，难以有持续有效地推动闲置空间活化。

第二节　构建闲置公共设施影响活化因素构念

一、影响闲置公共设施活化因素及构面

依据上述之相关评估因子及工程会所提报告之呈现课题，针对"闲置公共设施活化评估架构的影响因素"，归纳整理出相关初步评估因子架构，其主要内容包括了："工程完成进度""再利用潜力""使用情形"等三大构面（见图3-1）。

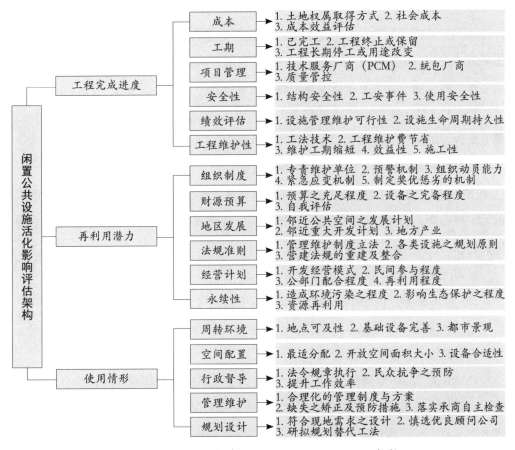

图3-1 依据初步构念建构评估构面及因子层级架构图

（一）工程完成进度构面

1. 成本

（1）土地权属方式：于公共建设过程中，土地取得是最重要的关键之一，公共工程建设所需之土地，不外乎以"公法行为"取得（即由行政机构以土地征收、区段征收、市地重划等方式），或"私法行为"取得（即为一般之买卖、租赁或赠予等方式）。

（2）社会成本：将私人成本外部化，由其他客体承担之成本。

（3）成本效益评估：为了提高公共建设之效益，以生命周期成本分析方法，系由经济面、环境面、社会面三面向来进行公共建设效益之评估，以期能达到客观、公正之目的。

2. 工期

（1）已完工：在于完成一定之工作，故一定工作之完成乃承包商之主要义务。而所谓"完成一定工作"，依其含义分析，"完成"即必须在约定之工作期限内，"一定工作"则包括一定之工作范围及所约定之质量。

（2）工程终止或保留：承包商之实际工作范围若超出契约之工作，即生价格变动之问题；若工作未能于约定之工作期限内完成，即生给付迟延之问题；若完成之工作物未具备约定质量，即生瑕疵担保责任问题。

（3）工程长期停工或用途改变：其半途弃置工程，或不良绩效表现有关之机制。例如：押标金、质押与连带保证、退出障碍、售后保固与服务、工程保留款与信誉等机制。

3. 项目管理

（1）技术服务厂商（PCM）：PCM 须具备丰富之专业能力，对工程生命周期内所衍生之任何课题，均能以丰富之经验及技术有效掌控，PCM 就各阶段服务厂商订定完整权责划分表，并落实执行。

（2）统包厂商：案例地区采购法之定义，统包系指将工程或财务采购中之设计、施工、供应、安装或一定期间之维修等并同一采购契约办理招标。统包（Turnkey）顾名思义系由一工程机构来负责整个工程的设计与施工（Design-Build），依美国建筑师学会（AIA）所述："设计／施工"系由一个机构同时负责设计与施工，并与业主签订负全工程之单一契约，此一机构同时提出设计与施工报价，并在工程进行初期即获得设计与施工合并作业的委托。

（3）品质管控：新建工程及修缮作业有效规划，并对施工质量管控，建立作业制度化，应用于采购发包、监工及验收管理作业。

4. 安全性

（1）结构安全性：公共设施是否可维持本身主体结构安全。

（2）工安事件：执行管理维护时是否常造成人员财产损伤，甚至营运期间是否常造成伤亡。

（3）使用安全性：公共工程使用安全性，涉及工程规划、设计、施工、营运管理等各阶段质量或外在等因素而影响公共设施安全，因此有必要建立重大公共设施安全验证机制，协助各公共设施使用单位及主管机关办理重大公共设施安全评估及鉴定等工作，俾作为后续处理之依据。

5. 绩效评估

（1）设施管理维护可行性：指执行公共设施之管理维护方式是否有很高之可行性。

（2）设施生命周期持久性：指公共工程完成后是否可达到预期之使用年限。

6. 工程维护性

（1）工法技术：主要在了解原规划设计单位"是否引进新技术及新材料"。

（2）工程维护费节省：公共设施工程完工后的维护成本。

（3）维护工期缩短：公共设施维护施工工期。

（4）效益性：公共设施对于周围环境之效益性。

（5）施工性：于公共设施施工期间"更可增加施工之简易性"及管理维护期间各种"人机料之取得性也很高"。

（二）再利用潜力构面

1. 组织制度

（1）专责维护单位：指该单位是否针对管理维护设立专职单位或进行任务编组。

(2) 预警机制：指就该单位是否制定预警系统及紧急应变机制。

(3) 组织动员能力：是指遇到灾害时，是否有紧急组织动员能力及援助。

(4) 紧急应变机制：各单位负责应就管理维护系统之管理、维护、设计等事项，建立完善制度。

(5) 订定奖优惩劣机制：建立厂商评鉴制度。对于优秀的厂商，政府应给予实质的奖励（标价、财务融资优惠等）；对于不良厂商，政府也同样的应予惩处。

2. 财源预算

(1) 预算之充足程度：所需资源主要是由各辖属单位总经费中编列预算或规划设置，其"经常性、紧急性管理维护投入之经费"。

(2) 设备之完备程度：评断管理维护单位"是否有充裕的管制与监控设备"。

(3) 自我评估：在执行管理维护过程中，各单位作自我评估之落实程度为何。

3. 地区发展

(1) 邻近公共空间之发展计划：公共设施计划是县市综合发展计划部门计划之一，而公共设施与公用设备规划配置，在于满足县市地区居民生活需要，提高居住环境质量，促进社会互动及加速经济发展。

(2) 邻近重大开发计划：重大开发计划对城乡发展与区域均衡的影响，计划中以交通作为论点，因为交通运输系地区发展之动脉，透过创造工作机会、引进人口、增加消费，进而带动地区经济发展。（重大开发计划对城乡发展与区域均衡之影响）

(3) 地方产业：由地方内部对新兴极富创意之产业进行找寻、研发与行销网络建置的行动，重新组构地方产业发展，强化地方共同承载全球化经济产业结构变迁的冲击。

4. 法规准则

(1) 管理维护制度立法：为执行管理维护工作所建立之法令依据及规章，其下再区分为"案例地区省直属单位是否有制定统一的法令""是否依案例地区省政府颁布法令订定相关作业规范与作业实施要点"。

(2) 各类设施之规划原则：为增进民众活动之便利及确保良好的生活环境，于都市计划等规划时将实施范围内，划为若干使用区，例如住宅区、商业区、停车场、公园、道路等，其属于公众使用的使用区土地，称之为公共设施用地。

（3）营建法规的重建与整合：工程顾问机构管理条例的制定以及众多施工规范之修正（应依适用范围及方式重新分类及修正），各法案之间并应加以适当整合，以期能发挥提升竞争力的效益，及避免各项法规间造成竞合及徒成某些特定特权阶级的护身符。

5. 经营计划

（1）开发经营模式：第一是其区位所在的环境。第二部分包括财务目标。第三部分包括企业活动：策略、营运技巧、选才及育才及组织流程。

（2）民间参与程度：为提供民间投资诱因，政府除提供各项优惠措施，包括：免纳营利事业所得税、适用投资抵减办法、相关租税优惠及中长期资金优惠贷款等项目外，并保证最低营运量，更有鉴于用地取得、违建拆除等问题所造成之投资障碍，政府将充分发挥公权力以排除非工程技术风险，以提高投资意愿。（依《促参法》第四十六条）。

（3）政府配合程度：以往民间企业希望政府能提供景气信息、科技信息及协助训练它们所需要的各种人才。政府所能控制的是公营事业及公共投资，所能监督的是受奖励与辅导的民间企业。

（4）再利用程度：傅朝卿（2001）"活用"是一种行动，化建筑物之被动成主动，"再生"是一种目的，是建筑物起死回生之期望；"再利用"则是设计策略之执行，使建筑物脱胎换骨。换言之，空间可以若是想要"再生"，必须经由某种"活用"之行动，以"再利用"来达成。本研究系指公共设施再利用程度。

6. 永续性（可持续发展）

（1）造成环境污染之程度：在于有效的管理及使用有限的自然与环境资源，以追求社会经济的永续发展。

（2）影响生态保护之程度：任何经济活动皆不应该（至少在长期下）破坏自然环境；也就是说，经济的成长，不能超越自然环境资源与人造资产所能容许的极限，最直接的解释就是人类不能因为促进经济成长，而对自然环境造成损害之后，再企图以人造资产来替代自然环境资源。

（3）资源再利用：执行管理维护时是否以再生利用之材料处理。

（三）使用情形构面

1. 周围环境

（1）地点可及性：可及性影响空间结构有不同的面向，其中可分为土地利用、都市成长、人口密度等多面向，然而，可及性与交通是有相互作用关系，这些都可以反映在土地利用的价格上，地区上的交通网络决定了当地的可及性。

（2）基础设备完善：基础设备主要是水、电、气、热这些问题，比如排水管线、供水管线，燃气的管线，供热的热力站管线等设施。

（3）都市景观：Edward Relph(1987) 认为都市景观是举目所见都市中人造环境的构造物、街道、空间等实质空间形式，其并以建筑、都市规划、技术创新、社会发展等四面向分析现代都市景观的形塑过程，其中强调地景为日常存在之视觉脉络，且重视都市实质形式的整体性。

2. 空间配置

（1）最适分配：针对区域内之不同发展背景与特性、研拟人口、产业、实质建设、天然资源等在空间上之最适配置，期将有限资源作最有效之利用。

（2）开放空间面积大小：区域性开放空间系统的规划、开发与运作，直接影响到了许多机关的行事计划，包括社区发展、水利管理、森林、高速公路，以及环境保护等单位。

（3）设备合适性：设备合适性主要是某种公共设施设备合理配置，比如出入口大小设置、电梯等。

3. 行政督导

（1）法令规章执行：有关法令规章，必须随时检讨，定期修订，使每一作业皆有准据，层层负责，逐级考核，使执行不致偏差，并且做到组织、法令、执行三大环节密切结合，才能达到处理效率化、管制全面化。

（2）民众抗争之预防：民众抗争事件，各权责机关应主动指导、协调、支持及处理及预防。

（3）提升工作效率：建立工作各项数据库，善用科技、信息设备等以"创新""效率"提升工作质量及加强专业素养及强化专业训练。

4. 管理维护

（1）合理化的管理制度：落实单位管理功能，建立一套定期、客观、常设、有效的监督及参与管理的机制，再以公共、客观、有效的监督组织提供双方都能认同的资料作为裁判之根据，在民主政治常轨之下，民众对于政策管理者在政策过程中的公权力应该抱持信任态度。

（2）缺失之矫正及预防措施：各权责单位负责提报及执行各缺失事项之矫正与预防措施，建立矫正及预防措施之执行方式，以确实消除现存或潜在不符合、缺点或其他不希望情况之原因，防止再发生。

（3）落实承商自主检查：为落实厂商自主品管，依品管要点规定，厂商应依契约、设计图、规范及法令等订定质量计划之自主检查表，并由承包商工地现场工程师据实检查，并由品管人员稽核自主检查表之检查项目、检查结果是否翔实记录。

5. 规划设计

（1）符合现地需求设计：新建工程计划时，建筑师系按现有的地质条件本于专业，依建筑技术规则等相关法规及现地地质钻探数据等进行妥适之结构设计，并与专业技师具名签证以符合安全之需求。

（2）慎选优良顾问公司：慎选具备专业技能之优良管理顾问公司来为全民监督。

（3）研拟规划替代工法：针对生态工法工程技术与材料选用做原则上之论述，并对先期规划、设计、施工及维护管理作业流程作初步之研拟。

二、模糊德尔菲专家问卷调查影响闲置空间活化因素

本研究依据前述有关闲置空间活化影响因素之相关研究，研拟一项依据文献资料搜集、实证案例评估等数据源，选取具专家共识之影响闲置公共设施活化因素架构，为确立有效且客观之评估准则，以专家群体决策方式达成，遂采用模糊德尔菲专家问卷调查法进行。

（一）模糊德尔菲法理论

"模糊德尔菲法"是将模糊理论导入传统德尔菲法中，以改善传统德尔菲法所遭

遇的问题，传统德尔菲法最先是由兰德公司 (RAND Corporation) 的德尔克 (Dalkey) 与其助手所发展的，至今已经被广泛运用在各个领域中。其方式乃以问卷调查的方式来征询对某问题有所钻研的专家，请其单独对于问卷所描述之事项来表示其意见，各专家彼此间并不晓得所回复之意见，统计其分布情形来求出"中位数"以及"中间50%"意见所在，之后再函请各专家参酌此份数据做第二次问卷。

传统德尔菲法虽然已经广泛应用于各个领域，但却有以下几项缺点（Hwang，1987）：

（1）为使专家意见趋于一致达到收敛效果，常需进行多次问卷，不仅耗时、增加成本且反应率 (Response Rate) 也会逐次降低。

（2）计划负责人在汇总专家意见时，可能会有先入为主的观念而将正确的专家意见给过滤掉，及系统性的削弱或是抑制不同的想法。

（3）取中位数及中间50%的数据来作为专家意见的范围，会忽略掉其他半数专家的意见。

为改善上述传统德尔菲法的几项缺失，以下介绍几种模糊德尔菲法：

1. 模糊德尔菲法适用性

Ishikawa 等人在1993将模糊理论的概念引进德尔菲法中，他们首先建立了 Max-Min 和 Fuzzy Integration 两种方法，并借由专家预测"计算机普及化的可能时间"的实证分析，来说明这两种方法的适用性。以下针对此两种方法做一说明：

（1）Max-Min 法。

首先将专家问卷所得的数据加以整理，分别建立累积次数函数 $F_1(X)$ "最可能实现的时间"与 $F_2(X)$ "最不可能实现的时间"。其次在分别计算 $F_1(X)$ 的四分位数 (c_1, d_1) 及中位数 m_1，$F_2(X)$ 及四分位数 (c_2, d_2) 及中位数 m_2。之后连接 (c_1, d_1, m_1) 和 (c_2, d_2, m_2) 可分别得到"最有可能达成时间"得隶属函数与"最不可能达成时间"得隶属函数。此两隶属函数的灰色交错地带交错点 X 即为预测值，（见图 3-2）所示

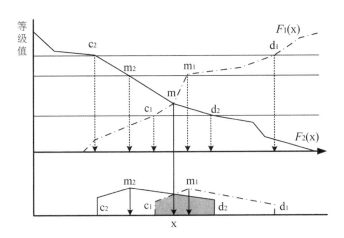

图3-2 Max-Min 预测值图

数据源：Ishikawa et al.，The max-min Delphi method and fuzzy Delphi method via fuzzy integration，Fuzzy Sets and System，vol.55，1993，p.241~253。

（2）Fuzzy Integration 法。

首先询问专家预测"最有可能到达的时间 x_t"及"最不可能到达的时间 x_u"，再经由回收数据的问卷项目，分别去建立"可能达到"和"不可能达到"之隶属函数 $h_t(x)$ 与 $h_u(x)$，并定义两者的合成函数为 $h_i(x)=\min(h_t(x),h_u(x))$。然后经由模糊积分演算后，可以得到每一年的可能到达值，其中最大值者即为所求知预测值，（见图 3-3）所示

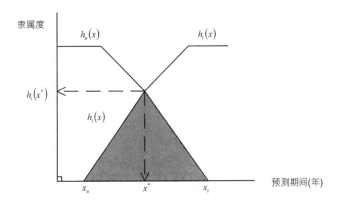

图3-3 评估因子之隶属函数图

数据源：Ishikawa(1993)

2. 本研究采用之模糊德尔菲法

本研究所采用的模糊德尔菲法，主要是参考自陈昭宏 (2001) 的模糊德尔菲法，并且对该方法做部分之修正来快速整合专家们的意见，减少问卷重复调查的次数。所提的算法，实施的四步骤如下所述：

步骤一：所有需要调查的评估项目设计好模糊专家问卷，并组成适当的专家小组，然后请每一位专家各别去对每一个评估项目，给予一个可能的区间数值。此区间数值的"最小值"就表示此专家对该评估项目量化分数的"最保守认知值"；而此区间数的"最大值"就表示此专家对该评估项目量化分数的"最乐观认知值"。

步骤二：对每一项评估项目 i，分别对所有专业所给予的"最保守认知值"与"最乐观认知值"做统计分析，将落于"2 倍标准偏差"以外的极端值剔除掉之后，再分别去求算出未被剔除而剩余的"最保守认知值"中的最小值 C_M^i、几何平均值 C_M^i、最大值 C_U^i，及"最乐观认知值"中的最小值 O_L^i、几何平均值 O_M^i、最大值 O_U^i。

步骤三：分别建立由步骤二所求算出针对每一个评估项目 i 的"最保守认知值"之三角模糊数 $C^i = (C_L^i, C_M^i, C_U^i)$，及"最乐观认知值"之三角模糊数 $O^i = (O_L^i, O_M^i, O_U^i)$。

步骤四：检验专家的意见是否有达成共识，可借由下述的方式来判断：

(1) 若两三角模糊数无重迭现象亦即 ($C_U^i \leq O_L^i$)，则表示说各专家的意见区间值有共识区段，且意见趋于此共识区段范围内，因此我们令此评估项目 i 的"共识重要程度值"G^i 等于 C_M^i 与 O_M^i 的算术平均值。如下式：

$$\frac{G^i = C_M^i + O_M^i}{2} \qquad （公式1）$$

(2) 若两三角模糊数有多重迭现象亦即 ($C_M^i > O_L^i$)，且模糊关系之灰色地带 $Z^i = C_U^i - O_L^i$ 小于专家对该评估项目"乐观认知的几何平均值"与"保守认知的几何平均值"之区间范围 $M^i = O_M^i - C_M^i$，则表示各专家的意见区间值虽无共识区段，但给予极端值意见的两位专家（乐观认知里的最保守及保守认知里的最乐观），并没有与其他专家的意见相差过大而导致意见分歧发散。因此，我们令评估项目 i 的"共识重要程度值"G^i 等于对两三角模糊数之模糊关系做交集 (min) 运算所得的模糊集合，再求出该模糊集合具有最大隶属度值的量化分数。

$$F^i(x_j) = \{\int_x \{\min[C^i(x_j), O^i(x_j)]\} dx\} \qquad （公式2）$$

$$G^i = \{x_j | \max\mu_{Fi}(x_j)\} \qquad （公式3）$$

(3) 两三角模糊数有重叠现象亦即（$C_M^i > O_L^i$），且模糊关系之灰色地带 $Z^i = C_U^i - O_L^i$ 大于专家对该评估项目"乐观认知的几何平均值"与"保守认知的几何平均值"之区间范围 $M^i = O_M^i - C_M^i$，则表示各专家的意见区间值计无共识区段，且给予极端值意见的两位专家（乐观认知里的最保守及保守认知里的最乐观），与其他的专家的意见相差过大导致意见分歧发散。因此，将这些意见未收敛的评估项目目的"乐观认知的几何平均值"与"保守认知的几何平均值"提供给专家参考，并重复步骤一至步骤四，进行下一次的问卷调查，直到所有的评估项目都有达到收敛，求出"共识重要程度值" G^i 为止。

为求取较谨慎之评估因子架构，透过模糊德尔菲法筛选专家共识值较高之评估因子，以选取更完整且有效之评估模式，闲置公共设施之评估方式，不论在个别方案之决策或多项方案之排序，都为一个多准则之决策问题，因此，可利用多准则之评估理论，来达成合理评估之目的。然而多准则评估的方法是多样的，但本研究经过评估过后，认为层级分析法为一能将复杂问题系统化且易于计算使用方法，适用于实务研究，但传统的层级分析法是以解决固定值决策，等级排列不够明确、方案评估或选择过于主观。本研究选择 Buckley 所提出的模糊理论结合层级分析法之模糊层级分析法，以解决传统层级分析法中的模糊性问题，而模糊层级分析法之主要步骤简而为问题描述、建构层级结构、建立对比较矩阵、应用模糊数学求取权重值及一致性检定。

（二）问卷调查对象

本研究未均衡专家之意见共识，以兼具产官学三方面具公共设施开发经验之专家进行，包括：案例地区省政府及地方公务人员、学者教授，及开发厂商、工程顾问业等。其中，第一类为"学术界专家"，其所具备之专家条件为：曾从事建筑领域之再利用、更新或活化等相关研究，并发表过相关文章者；专长为历史建筑保存、古迹活化、都市更新等相关领域。第二类为"产业界专家"，其所具备之专家条件为：实际从事建筑再利用规划、设计等开业建筑师或专业工程师；实际参与建筑物整修或再利用之政府的专业工程师。第三类为"政府专家"，其所具备之专家条件为：曾参与政府之闲置空间活化再利用等专员（见表3-6）。

表3-6 模糊德尔菲问卷调查专家专业背景

专家	专业领域	最高学历	目前担任职务名称	领域
专家 1	土木	博士	教授	学术界
专家 2	土木	博士	教授	学术界
专家 3	工学	博士	副教授	学术界
专家 4	都市计划	博士	教授	学术界
专家 5	地政	博士	助理教授	学术界
专家 6	土木	博士	副教授	学术界
专家 7	土木	博士	助理教授	学术界
专家 8	营建	博士	助理教授	学术界
专家 9	经营管理	硕士	助理教授	学术界
专家 10	土木	硕士	助理教授	学术界
专家 11	都市计划	硕士	助理教授	学术界
专家 12	经营管理	硕士	助理教授	学术界
专家 13	都市计划	硕士	助理教授	学术界
专家 14	土地开发	学士	副总	产业界
专家 15	营建工程	学士	营造厂负责人	产业界
专家 16	建筑	硕士	建设公司土地开发部经理	产业界
专家 17	都市计划	硕士	工程顾问公司都市计划部	产业界
专家 18	财金	硕士	工程顾问公司开发财务	产业界
专家 19	都市设计	硕士	工程顾问公司	产业界
专家 20	都市计划	硕士	课长	政府
专家 21	都市计划	学士	课长	政府
专家 22	建筑	硕士	项目承办	政府
专家 23	建筑	硕士	项目承办	政府
专家 24	营建	硕士	项目承办	政府
专家 25	地政	硕士	项目承办	政府
专家 26	地政	硕士	课长	政府
专家 27	文化建设	硕士	副局长	政府
专家 28	交通	博士	课长	政府

（三）问卷调查流程

由流程图显示，先建构影响闲置公共设施因素，选取适宜之评估因子，再经由专家群体决策方式筛选评估因素，依据模糊数之计算获得重要性共识值，且判断是否达到收敛，若未达收敛将在进行第二次问卷调查，直至重要性共识值达收敛。再依据共识值依序排列，选出具一定程度以上（本研究设定以 7.0）重要性共识值的影响活化因素，便可建构影响闲置公共设施活化因素及架构，即可确立专家群体共识下之"影响闲置公共设施活化因素及架构"，可作为本研究活化策略中评估活化面向之重要依据，其调查执行流程（见图 3-4）所示。

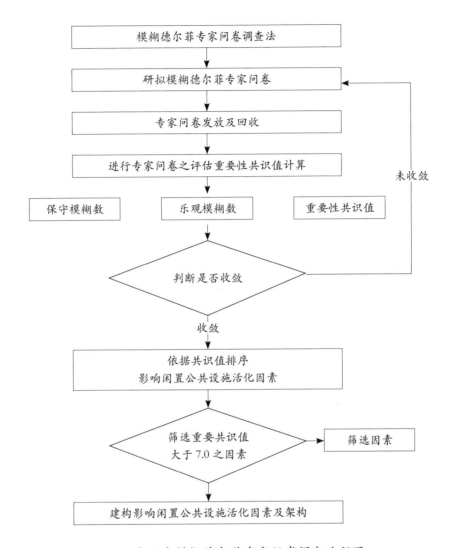

图3-4 本研究模糊德尔菲专家问卷调查流程图

三、影响闲置公共设施活化因素调查结果综述

研究调查为专家取样方面，选取学术及产官专业界专家13名（产官专业界硕士5位及学术博士学位8位）。主修领域土木4位、工学1位、都市计划3位、营建1位、经营管理2位、地政1位。调查方式以亲自转交及邮寄两种方式。采用的模糊德尔菲法，主要是参考自陈昭宏（2001）的模糊德尔菲法，并且对该方法做部分之修正来快速整合专家们的意见，减少问卷重复调查的次数。

（一）专家访谈问卷结果分析

在此阶段本研究以提出的模糊德尔菲法，整理收回第一次 13 位模糊专家问卷
（Fuzzy AHP）的资料，发现在所有的 55 项评估项目当中，得出有 16 项评估项目已
达成共识重要程度值，尚有 39 项评估项目未达成共识（见表 3-7）。

另有专家提供宝贵意见，因此共计有 39 项评估项目作为下一次专家问卷调查
的内容，列出部分专家对此份专家问卷内容及模式建构之整体性建议。由于只剩下
39 项的评估因子需要做第二次专家问卷调查，发现所有的 39 项评估因子，皆已达
成共识重要程度值。

表3-7 模糊德尔菲法二次调查结果筛选分析表

评估层级及题项		第一阶段分析结果（原55项）			第二阶段分析结果（计39项）		
第一层	第二层	共识值	保守平均值	乐观平均值	共识值	保守平均值	乐观平均值
	工程完成进度	未收敛	5.35	7.65	5.50	3.39	7.65
	再利用潜力	未收敛	6.68	9.12	7.00	5.08	9.24
	使用情形	7.98	6.46	9.50	6.78	4.35	9.20
第二层	第三层	共识值	保守平均值	乐观平均值	共识值	保守平均值	乐观平均值
工程完成进度	成本	7.69	6.98	9.26	8.15	4.80	8.73
	工期	未收敛	5.80	7.88	5.58	3.34	7.03
	项目管理	未收敛	6.51	8.72	5.98	4.23	7.64
	安全性	未收敛	7.08	9.45	7.67	5.12	8.41
	绩效评估	未收敛	6.60	8.73	6.05	4.10	8.01
	工程维护性	6.43	5.51	8.70	5.74	3.56	7.93
再利用潜力	组织制度	未收敛	6.02	7.93	6.44	4.53	7.91
	财源预算	未收敛	7.45	9.09	6.21	4.89	8.21
	地区发展	未收敛	6.95	8.90	7.05	5.77	8.45
	经营计划	7.45	6.89	8.91	7.40	5.75	9.05
	法规准则	未收敛	5.93	7.88	6.22	4.45	7.99
	永续性	8.39	6.61	9.56	7.02	5.23	8.81
第三层	评估因子	共识值	保守平均值	乐观平均值	共识值	保守平均值	乐观平均值
成本	土地权属取得方式	未收敛	5.90	6.48	6.34	4.37	7.92
	社会成本	未收敛	7.06	8.42	6.57	4.74	8.41
	成本效益评估（已收敛）	8.46	7.30	9.43	—	—	—
工期	已完工（已收敛）	7.10	5.89	7.24	—	—	—
	工期终止或保留	未收敛	7.20	7.03	5.67	4.51	8.04
	工程长期停工或用途改变	未收敛	5.89	8.53	6.85	5.08	8.17

评估层级及题项		第一阶段分析结果（原55项）			第二阶段分析结果（计39项）		
项目管理	技术服务厂商（PCM）（已收敛）	8.42	6.74	9.67	—	—	—
	统包厂商	未收敛	7.28	9.04	7.21	5.46	8.96
	品质管控	未收敛	6.85	9.20	6.16	4.68	8.21
安全性	结构安全性	未收敛	6.14	6.92	6.69	4.58	8.81
	工安事件	未收敛	6.36	9.16	6.55	4.39	8.72
	使用安全性（已收敛）	9.25	7.53	9.84	—	—	—
绩效评估	设施管理维护可行性	未收敛	7.72	6.88	6.45	3.94	8.95
	设施生命周期持久性（已收敛）	8.49	7.49	9.43	—	—	—
工程维护性	工法技术	未收敛	6.38	8.52	4.57	2.99	6.67
	工程维护费节省	未收敛	6.87	8.01	5.60	3.64	7.56
	维护工期缩短	未收敛	6.58	7.98	5.27	3.28	7.26
	效益性（已收敛）	8.06	7.00	9.26	—	—	—
	施工性	未收敛	6.37	8.94	5.62	4.41	7.56
组织制度	专责维护单位	未收敛	7.81	9.48	6.67	4.51	8.82
	预警机制	未收敛	7.94	8.58	6.47	5.00	7.94
	组织动员能力（已收敛）	6.49	5.96	8.03	—	—	—
	紧急应变机制	未收敛	7.45	8.70	6.23	4.42	8.05
	订定奖优惩劣的机制	未收敛	6.52	8.58	4.36	2.77	6.62
财源预算	预算之充足程度	未收敛	7.93	9.18	8.24	6.83	9.65
	设备之完备程度	未收敛	7.81	8.87	7.46	5.75	9.16
	自我评估	未收敛	6.76	8.83	6.13	4.91	7.74
地区发展	邻近公共空间之发展计划	未收敛	6.44	9.16	7.07	5.09	9.05
	邻近重大开发计划	未收敛	7.53	9.16	7.60	5.84	9.36
	地方产业（已收敛）	8.23	6.79	9.68	—	—	—
法规准则	管理维护制度立法（已收敛）	8.65	7.14	9.38	—	—	—
	各类设施之规划原则	未收敛	8.85	9.17	6.77	5.17	8.38
	营建法规的重建与整合	未收敛	6.95	8.99	6.97	5.19	8.76
经营计划	开发经营模式	未收敛	8.70	9.59	7.62	5.47	9.77
	民间参与程度	未收敛	7.54	9.20	7.38	4.68	9.04
	政府配合程度	未收敛	7.68	9.36	8.04	6.39	9.69
	再利用程度	未收敛	5.60	9.07	6.34	3.77	8.90
永续性	造成环境污染之程度（已收敛）	8.35	6.10	9.59	—	—	—
	影响生态保护之程度（已收敛）	7.33	6.39	9.22	—	—	—
	资源再利用	未收敛	7.80	9.35	7.05	5.27	8.83
周围环境	地点可及性（已收敛）	8.48	7.20	9.67	—	—	—
	基础设备完善性	未收敛	7.42	9.16	7.02	4.77	9.27
	都市景观（已收敛）	8.39	6.83	9.38	—	—	—

评估层级及题项		第一阶段分析结果（原55项）			第二阶段分析结果（计39项）		
空间配置	最适分配（已收敛）	7.84	6.23	9.01	—	—	—
	开放空间面积大小	未收敛	6.98	8.05	6.46	4.64	8.27
	设备合适性	未收敛	4.76	8.64	5.72	3.34	8.10
行政督导	法令规章执行	未收敛	7.65	8.90	6.91	5.21	8.61
	民众抗争之预防	未收敛	6.95	8.75	5.76	5.21	7.56
	提升工作效率	未收敛	6.80	9.08	6.31	5.11	8.62
管理维护	合理化的管理制度与方案	未收敛	7.22	9.57	7.33	4.61	8.64
	缺失之矫正及预防措施（已收敛）	9.26	8.09	9.68	—	—	—
	落实承商自主检查	未收敛	8.19	8.40	6.83	4.84	8.81
规划设计	符合现地需求之设计（已收敛）	9.20	6.76	9.83	—	—	—
	慎选优良顾问公司	未收敛	7.07	8.97	6.93	4.74	9.13
	研拟规划替代工法	未收敛	6.96	8.08	5.71	4.76	8.04

注：灰色底为筛选出来之评估因子

（二）专家问卷结果之评估因子

将所有的55项评估因子之共识程度值，按照数值的高低加以排序。从重要程度值（共识值）来看，共有46项的评估因子其重要程度值在6以上（约占所有的评估因子总数的83.6%），其中前26项评估因子的重要程度值在7以上（约占所有的评估因子总数的47.2%）（见表3-8）。

表3-8 评估因子按共识重要程度值排序表

评估因子	共识值	排名
缺失之矫正及预防措施	9.26	1
使用安全性	9.25	2
符合现地需求之设计	9.2	3
管理维护制度立法	8.65	4
设施生命周期持久性	8.49	5
地点可及性	8.48	6
成本效益评估	8.46	7
技术服务厂商（PCM）	8.42	8
都市景观	8.39	9
造成环境污染之程度	8.35	10
预算之充足程度	8.24	11
地方产业	8.23	12
效益性	8.06	13
政府配合程度	8.04	14
最适分配	7.84	15

评估因子	共识值	排名
开发经营模式	7.62	16
邻近重大开发计划	7.6	17
设备之完备程度	7.46	18
民间参与程度	7.38	19
影响生态保护之程度	7.33	20
合理化的管理制度与方案	7.33	21
统包厂商	7.21	22
已完工	7.1	23
邻近公共空间之发展计划	7.07	24
资源再利用	7.05	25
基础设备完善性	7.02	26

注：（共识值 >7.0，26 项）

(三) 专家问卷访谈意见

针对本研究所访谈之专家，将其中八位之对于闲置公共设施之访谈意见汇整说明如下，其中多位专家对于活化之意见为实务操作之具体意见，可提供本研究拟定各项活化策略之参考。

1. 您认为活化闲置公共设施执行现况的主要问题？

（专家）

(1) 政府法令及经营理念有落差，公务人员没有明确的法令又恐图利厂商之心态。

(2) 闲置公共设施不够明确，定位不明及配套措施不足。

(3) 政府人力及民间参与意愿未能有效掌握。

(4) 民间促进民间参与公共建设规范不够健全。

（专家）

闲置公共设施为一种地方性的资源，更属于地方政治的重要事务，因此，活化闲置公共设施执行之问题，仍在于案例地区省政府、地方民间的政治协商的角力问题。

（专家）

如何创造政府、民众及厂商等多赢局面。

（专家）

公共政策整理规划，案例地区省政府与地方政府之配套措施。

（专家）

再利用的目标、认知不同。

（专家）

(1) BOT 的法制不严谨。

(2) 委托单位的经验不足。

(3) 竞争者众。

（专家）

(1) 完成闲置公共设施不易再规划成不同的目的的使用或变更使用。

(2) 百姓认同度不高，或配合意愿不强。

（专家）

必须订出奖励办法。

2. 您认为闲置公共设施再利用应如何规划？

（专家）

(1) 闲置空间应详加调查，归属权责单位，明定奖励办法。

(2) 分门别类，发展地区特色，导入地区产业的经济活动。

(3) 提供住民参与，重新定位及评估闲置空间的利用价值。

（专家）

应根据闲置空间之性质、区位、规模等现况条件，研拟适当之空间重塑与永续经营之方式，使原有闲置空间的特色得以充分发挥，创造再利用后之多元效益。

（专家）

(1) 避免公共设施闲置机会。

(2) 创造公共设施有效运用之新局面。

（专家）

与地方文化产业及观光资源结合。

（专家）

从安全、高龄人口需求面思考，以应对高龄化的到来。

（专家）

(1) 依原使用的条件。

(2) 考虑地方发展的需要。

（专家）

(1) 是否能先考虑拆除，再保留之可能性。

(2) 规划应分两类，以政策导向或居民导向为决定的方向，再进行规范。

（专家）

政府规范大方向，再 OT 给民间提案。

3. 您认为闲置公共设施再利用的营运策略应为何？

（专家）

(1) 制度的建立，闲置公共设施再利用的推动，完整的制度，包括目标、准则、奖励、环境、产业、文化及经济效益等促进民间参与公共建设规范要有配套。

(2) 人才培育及政府的心态及法令规章应加强。

(3) 要分类订定不同的价值与投资报酬率，鼓励民间参与。

（专家）

可由地方政府直接主导规划，然后运用民间的人力资源来完成。例如公办民营的模式，一方面不用增加政府的人力编制，同时有助于培育社会需要的经营人才。

（专家）

需要依个案特质与条件拟订。

（专家）

结合文化产业及地方特色，配合当地历史文化做有效的推广。

（专家）

(1) 严格的评估条件及有效的监督（公)(2) 制度的改善

（专家）

(1) 应先做分类，再以企业经营手段导入。(2) 应能分营利和非营利的公共设施。

（专家）

民间提案、政府许可、OT 给民间施行。

131

4. 您认为闲置公共设施再利用后的效益如何？

（专家）

宜依据闲置公共设施再利用产业（如文化、观光、农业、民俗等）的评估项目与权重予以评价效益，此项标准尚待建立。

（专家）

闲置公共设施之再利用，不应只是一种新的规划工作对象而已，而是对于一种生活价值观的追求。借由闲置公共设施再利用的规划，可以调节与满足社会生活的新需要，同时也可能成为地域创生新产业的推手。

（专家）

需要依个案评估。

（专家）

增加观光资源，提升地方经济发展。

（专家）

提高设施使用率，减少设施闲置的安全死角问题，降低设施用地取得的困难。

（专家）

(1) 提升效益。

(2) 提升公共效益。

（专家）

应该不大，因为有点类似亏本的公司要重新经营的情形。

（专家）

视执行之现况。

5. 综述访调结果

综合上述各专家意见提出看法后，在各种闲置空间相关的研讨所争议的问题多半围绕在：法令的问题（如：土地权归属、使用权取得、都市计划变更、消防法规等）；再利用规划时缺乏民众与艺文工作者参与的问题；以及众人对闲置空间的认知差距等问题。然而，在讨论这些问题之前，恐需先厘清闲置空间再生的矛盾本质与特性，建立面对这些问题的合宜态度,才能进一步为上述问题找到出路。

本研究为建构一个适合闲置公共设施评估活化的影响因素及架构,在考虑建立的准则之易用性、实用性及使用效率。经问卷调查后分析得知:由本研究建构之影响活化因素得 55 项评估项目,筛选出共识重要程度值在 7.0 以上的评估因子计有 26 项(见图 3-5),以作为"公共设施闲置评估之评估原则"之有效评估使用的因素架构(见 3-9)。借此得知,案例地区公共设施闲置活化影响原因,建议促使活化所应注意事项,以提高公共设施使用率,避免公共设施闲置。

表3-9 闲置公共设施推动活化策略所包含之影响面向及因素

影响面向	活化影响因素	
工程完成进度	• 成本效益评估 • 已完工 • 项目管理之统包厂商能力 • 设施生命周期持久性	• 项目管理技术服务厂商 • 使用安全性 • 工程维护之效益性
再利用潜力	• 组织预算之充足程度 • 邻近公共空间发展计划 • 地方产业支持度 • 开发经营模式 • 政府配合程度 • 影响生态保护之程度	• 设备之完备程度 • 邻近重大开发计划 • 管理维护制度立法 • 民间参与程度 • 造成环境污染之程度 • 资源再利用
使用情形	• 地点可及性 • 兼具都市景观 • 合理管理制度方案 • 符合现地需求之设计	• 基础设备完善性 • 使用上最适分配 • 缺失矫正及预防措施

公共基础设施闲置及公私协力 (PPP) 活化机制实践

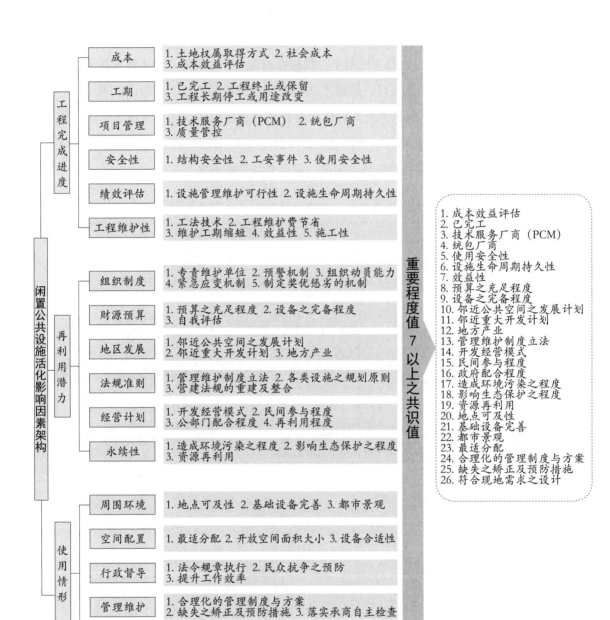

图3-5 闲置公共设施活化影响因素构念图

第三节　闲置公共设施推动活化策略面向之课题

本研究调查针对闲置公共设施所采取之活化策略，以案例地区行政管理机构公共工程事务主管部门列管之 153 件闲置公共设施进行调查，由于列管公共设施以由案例地区行政管理机构要求必须对于所管之设施提出具体活化策略，因此，为瞭解目前各单位对于各项列管公共设施活化策略之思维，进行此项目之调查，主要调查项目包括：

(1) 闲置公共设施推动活化策略面向包含项目之影响程度。

(2) 最有可能改善之"设施使用活化方式"。

(3) 最有可能改善之"营运形态活化方式"。

(4) 若以"委外经营"方式执行"成功推动活化可行性"。

(5) "闲置公共设施"个案推动活化策略上"较缺乏的要素"。

(6) "闲置公共设施"活化策略未来应着重的努力方向。

上述"闲置公共设施推动活化策略面向包含项目之影响程度"项目，是依据本研究第三章经由专家模糊德尔菲问卷所筛选出之排序前 26 项重要影响活化因素，分别属于"工程完成进度面向""再利用潜力面向""使用情形面向"。再以本研究对象案例地区行政管理机构公共工程事务主管部门所列管之公共设施填写其影响程度，以李克特量尺由 1～5 代表影响程度由小至大，经次数分析后所得结果依序如下：

一、工程完成进度面向课题

以"工程完成进度"面向共计 7 项，其所包含成本效益评估、工期完工、项目管理技术服务厂商、项目管理之统包厂商能力、使用安全性、设施生命周期持久性、工程维护之效益性（见表 3 10）。

经调查结果次数分析后，平均数低于"普通"者为工期完工、项目管理之统包厂商能力、使用安全性三项，依据其以活化策略的影响程度说明如下：

1. 重要性为"普通"较多者

项目包括：成本效益评估、已完工、项目管理之统包厂商能力、使用安全性、设施生命周期持久性、工程维护之效益性。

2. 重要性为"大"较多者

项目包括：项目管理技术服务厂商、项目管理之统包厂商能力。

表3-10 推动活化策略"工程完成进度"面向影响程度之次数统计表

	影响程度	次数	百分比	累积百分比（%）	平均数	标准偏差
1. 成本效益评估	未填	4	3.4	3.4	3.08	1.299
	很小	13	10.9	14.3		
	小	16	13.4	27.7		
	普通	38	31.9	59.7		
	大	32	26.9	86.6		
	很大	16	13.4	100.0		
2. 已完工	未填	6	5.0	5.0	2.66	0.323
	很小	20	16.8	21.8		
	小	23	19.3	41.2		
	普通	40	33.6	74.8		
	大	19	16.0	90.8		
	很大	11	9.2	100.0		
3. 项目管理技术服务厂商	未填	5	4.2	4.2	3.06	1.336
	很小	11	9.2	13.4		
	小	25	21.0	34.5		
	普通	23	19.3	53.8		
	大	41	34.5	88.2		
	很大	14	11.8	100.0		
4. 项目管理之统包厂商能力	未填	5	4.2	4.2	3.03	1.340
	很小	11	9.2	13.4		
	小	24	20.2	33.6		
	普通	31	26.1	59.7		
	大	31	26.1	85.7		
	很大	17	14.3	100.0		
5. 使用安全性	未填	4	3.4	3.4	2.95	1.395
	很小	18	15.1	18.5		
	小	20	16.8	35.3		
	普通	35	29.4	64.7		
	大	22	18.5	83.2		
	很大	20	16.8	100.0		

	影响程度	次数	百分比	累积百分比（%）	平均数	标准偏差
6. 设施生命周期持久性	未填	5	4.2	4.2	2.91	1.340
	很小	16	13.4	17.6		
	小	20	16.8	34.5		
	普通	36	30.3	64.7		
	大	28	23.5	88.2		
	很大	14	11.8	100.0		
7. 工程维护之效益性	未填	3	2.5	2.5	3.01	1.285
	很小	16	13.4	16.0		
	小	17	14.3	30.3		
	普通	38	31.9	62.2		
	大	31	26.1	88.2		
	很大	14	11.8	100.0		

二、再利用潜力面向课题

以本项"再利用潜力"面向，其所包含共计 12 项。包括：组织预算之充足程度、设备之完备程度、邻近公共空间发展计划、邻近重大开发计划、地方展业支持度、管理维护制度立法、开发经营模式、民间参与程度、公部门配合程度、造成环境污染之程度、影响生态保护之程度、资源再利用（见表 3-11）。

经调查结果次数分析后，平均数低于"普通"者为管理维护制度立法、造成环境污染之程度、影响生态保护之程度、资源再利用三项，依据其以活化策略的影响程度说明如下：

1. 重要性为"普通"较多者

项目包括：邻近公共空间发展计划、邻近重大开发计划、管理维护制度立法、造成环境污染之程度、影响生态保护之程度、资源再利用。

2. 重要性为"大"较多者

项目包括：组织预算之充足程度、设备之完备程度、邻近公共空间发展计划、地方展业支持度、开发经营模式、民间参与程度、公部门配合程度。

表3-11 推动活化策略"再利用潜力"面向影响程度之次数统计表

	影响程度	次数	百分比	累积百分比 (%)	平均数	标准偏差
1. 组织预算之充足程度	未填	5	4.2	4.2	3.42	1.292
	很小	7	5.9	10.1		
	小	10	8.4	18.5		
	普通	31	26.1	44.5		
	大	43	36.1	80.7		
	很大	23	19.3	100.0		
2. 设备之完备程度	未填	5	4.2	4.2	3.41	1.231
	很小	6	5.0	9.2		
	小	9	7.6	16.8		
	普通	32	26.9	43.7		
	大	49	41.2	84.9		
	很大	18	15.1	100.0		
3. 邻近公共空间发展计划	未填	5	4.2	4.2	3.37	1.275
	很小	7	5.9	10.1		
	小	9	7.6	17.6		
	普通	38	31.9	49.6		
	大	38	31.9	81.5		
	很大	22	18.5	100.0		
4. 邻近重大开发计划	未填	4	3.4	3.4	3.29	1.278
	很小	9	7.6	10.9		
	小	12	10.1	21.0		
	普通	38	31.9	52.9		
	大	35	29.4	82.4		
	很大	21	17.6	100.0		
5. 地方展业支持度	未填	4	3.4	3.4	3.34	1.265
	很小	10	8.4	11.8		
	小	7	5.9	17.6		
	普通	38	31.9	49.6		
	大	40	33.6	83.2		
	很大	20	16.8	100.0		
6. 管理维护制度立法	未填	5	4.2	4.2	2.91	1.186
	很小	12	10.1	14.3		
	小	16	13.4	27.7		
	普通	49	41.2	68.9		
	大	30	25.2	94.1		
	很大	7	5.9	100.0		
7. 开发经营模式	未填	5	4.2	4.2	3.28	1.241
	很小	7	5.9	10.1		
	小	13	10.9	21.0		
	普通	34	28.6	49.6		
	大	45	37.8	87.4		
	很大	15	12.6	100.0		

	影响程度	次数	百分比	累积百分比（%）	平均数	标准偏差
8. 民间参与程度	未填	3	2.5	2.5	3.36	1.320
	很小	10	8.4	10.9		
	小	16	13.4	24.4		
	普通	27	22.7	47.1		
	大	38	31.9	79.0		
	很大	25	21.0	100.0		
9. 政府配合程度	未填	4	3.4	3.4	3.27	1.205
	很小	7	5.9	9.2		
	小	16	13.4	22.7		
	普通	31	26.1	48.7		
	大	48	40.3	89.1		
	很大	13	10.9	100.0		
10. 造成环境污染之程度	未填	6	5.0	5.0	2.31	1.267
	很小	31	26.1	31.1		
	小	28	23.5	54.6		
	普通	35	29.4	84.0		
	大	12	10.1	94.1		
	很大	7	5.9	100.0		
11. 影响生态保护之程度	未填	5	4.2	4.2	2.37	1.205
	很小	32	26.9	31.1		
	小	23	19.3	50.4		
	普通	39	32.8	83.2		
	大	13	10.9	94.1		
	很大	7	5.9	100.0		
12. 资源再利用	未填	5	4.2	4.2	2.64	1.240
	很小	19	16.0	20.2		
	小	26	21.8	42.0		
	普通	40	33.6	75.6		
	大	22	18.5	94.1		
	很大	7	5.9	100.0		

三、使用情形面向课题

以本项"使用情形"面向共计 7 项，其所包含地点可及性、基础设备完善性、兼具都市景观、使用上最适分配、合理管理制度方案、缺失矫正及预防设施、符合现地需求之设计（见表 3-12）。经调查结果次数分析后，平均数低于"普通"者为兼具都市景观一项，依据其以活化策略的影响程度说明如下：

1. 重要性为"普通"较多者

项目包括：兼具都市景观、使用上最适分配、合理管理制度方案、缺失矫正及预防设施。

2. 重要性为"大"较多者

项目包括：地点可及性、基础设备完善性、符合现地需求之设计。

表3-12 推动活化策略"使用情形"面向影响程度次数统计表

	影响程度	次数	百分比	累积百分比（%）	平均数	标准偏差
1. 地点可及性	未填	4	3.4	3.4	2.58	1.356
	很小	7	5.9	9.2		
	小	16	13.4	22.7		
	普通	14	11.8	34.5		
	大	45	37.8	72.3		
	很大	33	27.7	100.0		
2. 基础设备完善性	未填	4	3.4	3.4	3.48	1.234
	很小	5	4.2	7.6		
	小	11	9.2	16.8		
	普通	34	28.6	45.4		
	大	40	33.6	79.0		
	很大	25	21.0	100.0		
3. 兼具都市景观	未填	4	3.4	3.4	2.82	1.249
	很小	14	11.8	15.1		
	小	27	22.7	37.8		
	普通	41	34.5	72.3		
	大	21	17.6	89.9		
	很大	12	10.1	100.0		
4. 使用上最适分配	未填	5	4.2	4.2	3.18	1.162
	很小	6	5.0	9.2		
	小	11	9.2	18.5		
	普通	50	42.0	60.5		
	大	35	29.4	89.9		
	很大	12	10.1	100.0		
5. 合理管理制度方案	未填	5	4.2	4.2	3.21	1.134
	很小	5	4.2	8.4		
	小	11	9.2	17.6		
	普通	47	39.5	57.1		
	大	41	34.5	91.6		
	很大	10	8.4	100.0		
6. 缺失矫正及预防设施	未填	4	3.4	3.4	3.04	1.167
	很小	8	6.7	10.1		
	小	20	16.8	26.9		
	普通	44	37.0	63.9		
	大	33	27.7	91.6		
	很大	10	8.4	100.0		

	影响程度	次数	百分比	累积百分比（%）	平均数	标准偏差
7. 符合现地需求之设计	未填	3	2.5	2.5	3.40	1.210
	很小	6	5.0	7.6		
	小	14	11.8	19.3		
	普通	35	29.4	48.7		
	大	39	32.8	81.5		
	很大	22	18.5	100.0		

四、推动闲置公共设施活化策略相关课题

本研究针对闲置公共设施所汇整出之活化策略，进行分类进行调查，分别摘述如下：

（一）以改善"设施使用活化方式"之策略

问项"请问您认为本'闲置公共设施'个案设施面，认为最有可能改善之'设施使用活化方式'为何？"

最有可能改善之"设施使用活化方式"之次数统计（见表 3-13），结果发现如下：

（1）以强化设施多元功能为最多（占 31.1%），其次为设施规划转型再利用（占 26.9%），此二项占近六成之意见，足见于公共设施规划会建筑企划阶段，便失去焦点。

（2）另提升设施管理技术及制度（占 21.0%），可得知设施之管理专业也为探讨需注意之重点。

表3-13 最有可能改善之"设施使用活化方式"次数统计表

	影响程度	次数	百分比	累积百分比（%）
最有可能改善之"设施使用活化方式"	未填	3	2.5	2.5
	设施规划转型再利用	32	26.9	29.4
	强化设施多元功能	37	31.1	60.5
	提升设施管理技术级制度	25	21.0	81.5
	加速设施工程完工	6	5.0	86.6
	引入活动增加设施利用	11	9.2	95.8

（二）以改变"经营形态活化方式"之策略

（1）问项"请问您以本'闲置公共设施'个案执行面，认为最有可能改善之'营运形态活化方式'为何？"，由两项以"委外经营"方式执行"成功推动活化可行性"

公共基础设施闲置及公私协力 (PPP) 活化机制实践

之次数统计，以"委外经营"方式执行"成功推动活化可行性"之次数统计，查结果发现如下：

改善营运形态活化方式中以公办民营（占 54.6%）为最多，认为公办民营方式，兼具公私部门之特性，能促成最佳经营营运方式（见表 3-14）。

表3-14 最有可能改善之"营运形态活化方式"次数统计表

	影响程度	次数	百分比	累积百分比 (%)
最有可能改善之"营运形态活化方式"	未填	3	2.5	2.5
	公办公营	29	24.4	26.9
	公私合营	8	6.7	33.6
	公办民营	65	54.6	88.2
	其他	14	11.8	100.0

(2) 问项"请问您认为本'闲置公共设施'个案若以'委外经营'方式执行，'成功推动活化可行性'为何？"

而依公办民营中"委外经营"方式，认为可行及非常可行者（占 43.7%），受访者认为可行者近半数。而认为不可行及非常不可行（占 23.5%），得知个案多数认为"委外经营"会是较为合宜之活化策略（见表 3-15）。

表3-15 以"委外经营"方式执行"成功推动活化可行性"次数统计表

	影响程度	次数	百分比	累积百分比 (%)
以"委外经营"方式执行，"成功推动活化可行性"	未填	2	1.7	1.7
	非常可行	13	10.9	12.6
	可行	39	32.8	45.4
	不一定	32	26.9	72.3
	不可行	22	18.5	90.8
	非常不可行	6	5.0	95.8
	其他	5	4.2	100.0

（三）闲置公共设施推动活化策略"较缺乏的要素"

问项"您认为本'闲置公共设施'个案推动活化，在活化策略上'较缺乏的要素'及其影响程度为何？"针对闲置公共设施个案推动活化策略上"较缺乏的要素"之次数统计，调查结果发现如下（见表 3-16）：

(1) 个案认为在目前活化策略中较缺乏的要素，以平均数观察以永续经营之规划理念最缺乏（3.57 最高），其余皆多为缺乏（大于3）；而其中建构工程质量监测

142

制度此项（2.85 最低）较不缺乏，主要原因推测为公共设施之建设，多以营建工程质量为审验的核心项目，然而目前闲置现象之发生，多数为营建工程完成但使用性之需求无法配合，恰与现况相符。

（2）就单项因素观察，多数为普通，而"具备多元的诱因机制"及"结合地方民众支持与参与"为较缺乏因素影响程度为大。

（3）"具备多元的诱因机制"缺乏因素其影响程度为大，主要是因为目前公共建设以公办公营得情形下缺乏经营效率及弹性，无法思虑最有利及提高效率之方案。

（4）"结合地方民众支持与参与"为较缺乏因素影响程度为大，由于民众对于自身环境权益意识抬头，会以长远永续的思维进行地方建设参与，因此若无地方民众支持，将会产生许多窒碍难行的窘境。

表3-16 "闲置公共设施"个案推动活化策略上"较缺乏的要素"次数统计表

	影响程度	次数	百分比	累积百分比（%）	平均数	标准偏差
1. 区域资源运用合作模式思维	未填	2	1.7	1.7	3.01	1.182
	很小	13	10.9	12.6		
	小	19	16.0	28.6		
	普通	45	37.8	66.4		
	大	28	23.5	89.9		
	很大	12	10.1	100.0		
2. 对社会成本与效益的整体考虑	未填	2	1.7	1.7	3.31	1.141
	很小	6	5.0	6.7		
	小	16	13.4	20.2		
	普通	42	35.3	55.5		
	大	35	29.4	84.9		
3. 整合性的资源支持系统	未填	2	1.7	1.7	3.24	1.125
	很小	10	8.4	10.1		
	小	10	8.4	18.5		
	普通	45	37.8	56.3		
	大	40	33.6	89.9		
	很大	12	10.1	100.0		
4. 具备多元的诱因机制	未填	1	.8	.8	3.34	1.131
	很小	11	9.2	10.1		
	小	8	6.7	16.8		
	普通	40	33.6	50.4		
	大	44	37.0	87.4		
	很大	15	12.6	100.0		

	影响程度	次数	百分比	累积百分比 (%)	平均数	标准偏差
5. 建构工程质量监测制度	未填	2	1.7	1.7	2.85	1.140
	很小	12	10.1	11.8		
	小	30	25.2	37.0		
	普通	42	35.3	72.3		
	大	24	20.2	92.4		
	很大	9	7.6	100.0		
6. 结合地方民众支持与参与	未填	1	.8	.8	3.45	1.155
	很小	9	7.6	8.4		
	小	9	7.6	16.0		
	普通	38	31.9	47.9		
	大	40	33.6	81.5		
	很大	22	18.5	100.0		
7. 兼具保存特有在地文化理念	未填	2	1.7	1.7	2.84	1.150
	很小	13	10.9	12.6		
	小	30	25.2	37.8		
	普通	39	32.8	70.6		
	大	27	22.7	93.3		
	很大	8	6.7	100.0		
8. 永续经营之规划理念	未填	2	1.7	1.7	3.57	1.101
	很小	6	5.0	6.7		
	小	6	5.0	11.8		
	普通	34	28.6	40.3		
	大	50	42.0	82.4		
	很大	21	17.6	100.0		

（四）闲置公共设施活化策略未来应着重的努力方向及其重要性

问项"您认为研拟本'闲置公共设施'个案活化策略，未来应着重的努力方向及其重要性为何？"调查结果分析如下（见表3-17）：

（1）以个案推动活化策略上未来应着重的努力方向中，发现以"健全各类公共设施空间功能机能之定位"平均值3.54最高，得知目前列管设施之空间功能及机能，就个案而言仍认为中诸多需要改进。

（2）就个案而言，受访者认为需要努力方向为"大"者，有"强化各类公共设施专业特殊性考虑""健全各类公共设施空间功能机能之定位""建立主办机关及工作团队鼓励措施""汲取世界各地活化案例经验及策略"四项，皆认为需要再多方位努力，进步空间仍颇大。

（3）就个案而言，受访者认为需要努力方向为"普通"者，"建立各类公共设施闲置评估预警机制""落实列管案件追踪管考"二项，而前项"建立各类公共设施闲置评估预警机制"于普通以上者（占84%）达八成以上，足见此项为十分重要与本研究目的相同；另一项"落实列管案件追踪管考"于普通以上者（占79.9%）近八成，为目前案例地区行政管理机构公共工程事务主管部门所在进行，然地方政府单位之建设局等相关单位，亦必须纳入追踪列管项目，以贯彻公共建设之执行，并监督地方市政建设的预算执行效益。

表3-17 推动活化策略上未来应着重的努力方向之次数统计

	影响程度	次数	百分比	累积百分比（%）	平均数	标准偏差
1. "强化各类公共设施专业特殊性考虑"	未填	2	1.7	1.7	3.45	1.103
	很小	4	3.4	5.0		
	小	14	11.8	16.8		
	普通	36	30.3	47.1		
	大	44	37.0	84.0		
	很大	19	16.0	100.0		
2. "建立各类公共设施闲置评估预警机制"	未填	1	.8	.8	3.39	1.027
	很小	3	2.5	3.4		
	小	15	12.6	16.0		
	普通	47	39.5	55.5		
	大	35	29.4	84.9		
	很大	18	15.1	100.0		
3. "健全各类公共设施空间功能机能之定位"	未填	2	1.7	1.7	3.54	0.990
	很小	2	1.7	3.4		
	小	11	9.2	12.6		
	普通	33	27.7	40.3		
	大	57	47.9	88.2		
	很大	14	11.8	100.0		
4. "落实列管案件追踪管考"	未填	2	1.7	1.7	3.13	1.005
	很小	5	4.2	5.9		
	小	17	14.3	20.2		
	普通	56	47.1	67.2		
	大	30	25.2	92.4		
	很大	9	7.6	100.0		
5. "建立主办机关及工作团队鼓励措施"	未填	2	1.7	1.7	3.47	1.040
	很小	4	3.4	5.0		
	小	9	7.6	12.6		
	普通	41	34.5	47.1		
	大	47	39.5	86.6		
	很大	16	13.4	100.0		
6. "汲取世界各地活化案例经验及策略"	未填	1	.8	.8	3.34	1.146
	很小	10	8.4	9.2		
	小	12	10.1	19.3		
	普通	36	30.3	49.6		
	大	44	37.0	86.6		
	很大	16	13.4	100.0		

第四节　闲置公共设施以委外经营方式推动活化策略趋势

以案例地区公共设施低度利用及闲置情形而言，突显出长久以来公部门对于公共建设的处理态度，由相关研究文献与以及未经由整合评估机制，轻忽建立整体性地方公共建设的配套策略所形成，下列二项为主要的课题。

1. 对于公共建设工程规划之事前评估未能周全

于公共预算筹编、审议、执行、决算审计四阶段中的"预算运行时间"（Reed, B. J.& Swaim, J.W., 1996 ），呈现出公共设施闲置及低度利用之情形，即为公共建设在开发及管理，公部门未着重于投资及市场利用效益，应纳入项目计划之精神，于时间、成本及绩效中做出适当之权衡。

2. 对于风险管控以及应变措施的机制不足

形成在公共需求与供给于市场变化时，无法有效因应市场变化而有弹性调整机制。应于运行时间纳入风险管理的思维，不同公共设施在投资兴建时所面临的风险并不相同，如何因应市场供需之变化具备定位的弹性，是在提供公共需求与供给之变化过程中，活化公共设施重要的关键。

本研究针对案例地区闲置公共设施活化之研究结论，以下列三方面加以说明

一、世界各地活化策略经验及委外经营趋势

依据本研究搜集世界各地相关文献与活化案例，探讨世界各地推行空间活化的主要策略且进行相互比对。所得知世界各地政府部门对于活化公共资产之策略，约略归结如下：

（一）世界各地活化策略

世界各地推行之活化策略主要系配套经济为主，其空间发展较多元，并且可由

民间主动发起，政府亦有多项奖励补助措施（萧丽虹、黄瑞茂，2002）。相关策略如下：

（1）建筑空间再规划多样化。

世界各地公部门、私人与专业团体皆可发起从建、整修等作业，在彼此意见整合后，更新的公共空间相当多元化，并且减少建物空间的二次修整规划概率。

（2）结合民众参与建筑特色发展。

基于历史空间的考虑，保存建筑特色，引导当地民众参与并且提高其认同感，对于该建筑空间会有更多情感因素，促进民众使用与保存。

（3）改变设施营运模式。

世界各地多为非营组织与第三部门经营，为追求更高的效益，便可快速使用设施空间。

（4）修正行政程序与资源分配。

公部门应大释利多，以经济诱因及实施减税、财务奖励制度，促进公私部门合作机会并且为当地带来新的生气与活力。

（5）推行空间利用与活动计划（开放民众使用与经营）。

传统产业新思维再利用，可结合地方产业重新推销与包装，充分利用建物空间营造出老酒新酿的历史氛围。

（二）案例地区活化策略

案例地区案例大多系结合艺文等相关策略，多为委托民间专业团体或公部门自行执行较多，因推行年数短而常有不周全之处。目前常见的方向如下：

（1）空间使用再规划。

以不改变建筑主体为原则，重新规划设计建筑空间与用途，以较小成本达成建物空间再使用之目的。

（2）融入地方小区强化居民认同感。

将建筑使用权属划分给在地民间团体与第三部门管理使用，借由建筑空间之维护保存与使用，进而加强当地居民向心力，已达建物活化使用率。

（3）委托民间专业团体经营。

案例地区推动活化策略大多为公办民营与公办公营之方式，究其因大多系政府部门无法挪出多余经费且专业性不足导致，所以冀望能由民间主动推动，公部门则扮演推手角色。

(4) 更新相关法规。

在法令支持上案例地区制度尚未完全，相关法令大多沿袭国外制度，系为专业人才与推行经验不足之因素，所以在更新相关法令上系未来发展重要目标。

(5) 结合艺文推动活化。

案例地区闲置空间再利用大多系以结合艺术文化等相关议题推行的，因为这是短期内可达到一定成效的快捷方式，亦是多数人较能接受之规划推行方针。

（三）"委外经营"的活化策略方向

本研究整理与世界各地活化策略之比较后，具体归纳相关策略方向有几类，实际规划时可配合运用并针对公共设施属性、主客观环境条件、因地制宜综合灵活运用，建立综合性的战略目标及战术手段，达成活化的目的。其中本研究将以委外经营活化策略方向为主轴进行分析，具体策略方向如下（见表3-18）：

(1) 策略一：使用空间性质转换。

(2) 策略二：公私部门合作机制。

(3) 策略三：配套合适资源再规划。

(4) 策略四：其他奖励方式。

(5) 策略五：委外经营。

(6) 策略六：结合艺文进驻。

表3-18 世界各地与中国案例地区公共设施措施及具体活化策略方向综理表

	世界各地	中国案例地区
具体核心措施	(1) 多元化具经济效力 (2) 在地居民或民间团体与公部门合作 (3) 运用在地资源与政府合作推行活化 (4) 多方面的政策奖励诱因 (5) 公办民营及公私合营皆有 (6) 结合外来艺术与经济	(1) 以不改变建物主体为主 (2) 多为委托民间专业团队或公部门推行 (3) 结合在地历史文化特色，少有当地支持 (4) 奖励诱因鲜少 (5) 多为公办民营 (6) 融入当地文化与艺术
具体活化策略方向	• 策略一：使用空间性质转换 • 策略三：配套合适资源再规划 • 策略五：委外经营（本研究聚焦）	• 策略二：公私部门合作机制 • 策略四：其他奖励方式 • 策略六：结合艺文进驻

数据源：本研究整理

二、活化需兼具公共资产效率及设施空间优化双重意义

由本研究调查及文献得知：王惠君（2001）指出针对闲置空间再生与活化研究，活化公有闲置空间之意义有六项公共资产效率特性：

(1) 提高政府财产及资源之利用效能。

(2) 增进政府各部门之协调机制。

(3) 创造公有闲置空间之多元功能再利用。

(4) 推动公共设施之永续经营。

(5) 建立公众参与机制活化公共资产。

(6) 创造新的公共使用空间经验。

另外，对于"闲置空间再利用之经营模式"其中提及四项"设施空间优化特性"：

(1) 公有闲置空间、土地再利用之经营使用期限。

(2) 空间再利用之权属变更方式。

(3) 公有闲置空间再利用整理修缮方式。

(4) 公有闲置空间再利用之经营组织及策略。

三、筛选可行之活化方案关键因素至关重要

若于实施推动公共设施之项目管理中进行并加以检核及督导，将可成为对于推动公共工程活化的评估机制与执行措施，并可对于委外经营方式之活化方案进行评估，以达到推动活化策略公共资产的目标。

本研究由调查专家问卷及模糊德尔菲法分析，由文献收集之 55 项的评估项目，筛选出专家共识重要程度值在 7.0 以上的评估因子计有 26 项，可作为对于"闲置公共设施活化方案可行性评估"影响关键因素参考，即可视为评估效标之基础。

本研究实际调研筛选 26 项评估因子，包括如下：缺失之矫正及预防措施、使用安全性、符合现地需求之设计、管理维护制度立法、设施生命周期持久性、地点可

及性、成本效益评估、技术服务厂商 (PCM)、都市景观、造成环境污染之程度、预算之充足程度、地方产业、效益性、政府配合程度、最适分配、开发经营模式、邻近重大开发计划、设备之完备程度、民间参与程度、影生态保护之程度、合理化的管理制度与方案、统包厂商、已完工、邻近公共空间之发展划、资源再利用、基础设备完善性。

第四章 公共基础设施闲置状况预测罗吉斯回归模型

第一节 形成闲置之影响构面因素及模型解释变量

对于公共设施闲置形成之原因，在前述章节中已有说明，经因素分析后所萃取的架构："公共行政推动"因素、"管理专业质量"因素、"设施规划使用"因素三项，厘清"列管公共设施闲置及低度利用之形成因素"之解释意义。

其中共包括 11 项变量（见表 4-1），分别为"行政机关协调配套措施不足""选举时承诺但未经规划配套""公共建设相关法令的适法性疑虑""空间与土地权属的取得受阻""案例地区发展政策变迁""专责管理人才级单位缺乏""专业经营经验不足""行政机构预算不足无力支持""设施规划认知与市场需求现况差异""社区民众支持与参与程度缺乏""设施功能定位及用途配置规划不当"。

表4-1 因素分析后列管公共设施闲置及低度利用形成因素构面表

变数代号	闲置原因	形成因素构面
a05	行政机关协调配套措施不足	"公共行政推动"因素
a12	选举时承诺但未经规划配套	
a06	公共建设相关法令的适法性疑虑	
a07	空间与土地权属的取得受阻	
a11	案例地区发展政策变迁	
a03	专责管理人才级单位缺乏	"管理专业质量"因素
a02	专业经营经验不足	
a04	行政机构预算不足无力支持	
a09	设施规划认知与市场需求现况差异	"设施规划使用"因素
a08	社区民众支持与参与程度缺乏	
a10	设施功能定位及用途配置规划不当	

各类公共设施本身基本工程设施条件属性亦会影响形成闲置或低度利用，依据收集文献"管辖单位层级（government）"来衡量。

本研究探讨公共设施于工程兴建开始后受到主客观条件影响，是否会形成闲置风险现象的特性，其中依变量 (Y) 为假设公共设施受到主客观条件影响，会形成闲置现象者（包括完全闲置及低度利用）为 1，未闲置现象设为 0，由上表中闲置及低度利用之形成因素 11 项，公共设施工程设施条件属性等数据选取，成为影响公共设施于受到主客观条件影响是否形成闲置现象的变量。各变量选取与预期符号说明如下（见表 4-2）：

一、变量选取与预期符号说明

(1) 管辖单位层级。

管辖单位层级越低对于闲置处理能力愈不足，分为案例地区省政府及直辖市层级 "1"、县市政府 "2"、乡镇公所 "3"，数值愈大会愈易产生闲置现象，变量应为 "＋"。

(2) 专业经营经验不足。

专业经营经验不足情形会发生在经营阶段，会产生已经兴建且于经营发生困难产生闲置现象，故数值愈大愈易产生闲置，变量应为 "＋"。

(3) 专责管理人才及单位缺乏。

专责管理人员及单位缺乏，显示行政体系组织及支持能力不足，故数据愈大则愈易形成闲置，变数应为 "＋"。

(4) 行政机构预算不足无力支持。

预算不足多为经营阶段发生，发生已经兴建但无力经营而产生闲置，故数值愈大愈会产生闲置现象，变量应为 "＋"。

(5) 行政机关协调配套措施不足。

行政机关间沟通协调配合愈不足，产生闲置之情形越易发生，故数值愈大愈会产生闲置现象，变量应为 "＋"。

(6) 公共建设相关法令的适法性疑虑。

法令之适法性有疑虑，将会造成公共设施兴建有违法的干扰，将会产生推动之困难产生闲置现象，故数值愈大愈会产生闲置现象，变量应为 "＋"。

（7）空间与土地权属的取得受阻。

公共设施所需土地取得常会产生许多抗争情事发生，若为不当设置或建设，将增加建设的困难，形成闲置的可能，故若数值越大则愈易形成闲置，变数应为"＋"。

（8）社区民众支持与参与程度缺乏。

社区民众对于该项公共设施支持缺乏时，民众使用率降低，故数值越大则推动阻力愈大，易造成闲置，变数应为"＋"。

（9）设施规划认知与市场需求现况差异。

设施规划认知与市场需求现况落差愈大，将更易产生闲置现象，故数值越大，变量应为"＋"。

（10）设施功能定位及用途配置规划不当。

公共设施功能定位及用途配置规划不当，会造成设施使用上的问题，易形成使用不符需求之现象，形成闲置现象，故数值愈大愈呈现闲置，变数应为"＋"。

（11）案例地区发展政策变迁。

案例地区政策变动会造成公共设施之持续维护经费及政策转向，造成闲置现象，故数值愈大愈会产生闲置，变量应为"＋"。

（12）选举时承诺但未经规划配套。

公共设施建设多会成为选举时突发性市政议题，未经妥适之事前规划评估，因此一旦常成为承诺，在未经规划配套下，将会造成闲置现象，故数值愈大愈会产生闲置现象，变量应为"＋"。

表4-2 变量选取与预期符号及结果说明表

	解释变量	预期符号	预期效果
gov	管辖单位层级	＋	管辖单位层级越低对于闲置处理能力愈不足，分为案例地区省政府及直辖市层级（1）、县市政府（2）、乡镇公所（3），数值愈大愈易产生闲置现象，变量应为"＋"。
a02	专业经营经验不足	＋	专业经营经验不足情形会发生在经营阶段，会产生已经兴建且于经营发生困难产生闲置现象，故数值愈大愈易产生闲置，变量应为"＋"。
a03	专责管理人才及单位缺乏	＋	专责管理人员及单位，显示行政体系组织及支持能力不足，故数据愈大则愈易形成限制，变量应为"＋"。
a04	行政机构预算不足无力支持	＋	预算不足多为经营阶段发生，发生已经兴建但无力经营而产生闲置，故数值愈大愈会产生闲置现象，变量应为"＋"。

	解释变量	预期符号	预期效果
a05	行政机关协调配套措施不足	+	行政机关间沟通协调配合愈不足,产生闲置之情形越易发生,故数值愈大愈会产生闲置现象,变量应为"+"。
a06	公共建设相关法令的适法性疑虑	+	法令之适法性有疑虑,将会造成公共设施兴建有违法的干扰,将会产生推动之困难产生闲置现象,故数值愈大愈会产生闲置现象,变量应为"+"。
a07	空间与土地权属的取得受阻	+	公共设施所需土地取得常会产生许多抗争情事发生,若为不当设置或建设,将增加建设的困难,形成闲置的可能,故若数值越大则愈易形成闲置,变数应为"+"。
a08	社区民众支持与参与程度缺乏	+	社区民众对于该项公共设施支持缺乏时,民众使用率降低,故数值越大则推动阻力愈大,易造成闲置,变数应为"+"。
a09	设施规划认知与市场需求现况差异	+	设施规划认知与市场需求现况落差愈大,将更易产生闲置现象,故数值越大,变量应为"+"。
a10	设施功能定位及用途配置规划不当	+	公共设施功能定位及用途配置规划不当,会造成设施使用上的问题,易形成使用不符需求之现象,形成闲置现象,故数值愈大愈呈现闲置,变数应为"+"。
a11	案例地区发展政策变迁	+	案例地区政策变动会造成公共设施之持续维护经费及政策转向,造成闲置现象,故数值愈大愈会产生闲置,变量应为"+"。
a12	选举时承诺但未经规划配套	+	公共设施建设多会成为选举时突发性市政议题,未经妥适之事前规划评估,因此一旦常成为承诺,在未经规划配套下,将会造成闲置现象,故数值愈大愈会产生闲置现象,变量应为"+"。

二、自变量相关分析

相关系数值采以三级分类 0.8 以上(含)为高度相关,0.4(含)至 0.8 以下为中度相关,若在 0.4 以下为低度相关,而以罗吉斯回归分析之自变量若有高度相关性,将会影响其预测能力,若有高度相关将可以择一选择之方式纳入。

本研究若依据上述之相关系数划分,皆属于中度及低度相关性,包括:管辖单位层级(gov)、专业经营经验不足(a02)、专责管理人才及单位缺乏(a03)、行政机构预算不足无力支持(a04)、行政机关协调配套措施不足(a05)、公共建设相关法令的适法性疑虑(a06)、空间与土地权属的取得受阻(a07)、社区民众支持与参与程度缺乏(a08)、设施规划认知与市场需求现况差异(a09)、设施功能定位及用途配置规划不当(a10)、案例地区发展政策变迁(a11)、选举时承诺但未经规划配套(a12),故可将自变量纳入罗吉斯回归分析中相关性分析(见表 4-3)。

表4-3 自变量相关性分析表

	gov	a02	a03	a04	a05	a06	a07	a08	a09	a10	a11	a12
gov	1.000	-.197	.290	-.417	-.038	-.040	-.020	-.328	-.076	.138	.125	.235
a02		1.000	-.741	.199	-.118	.086	-.083	.232	-.080	-.039	.036	-.204
a03			1.000	-.499	.059	-.132	-.112	-.384	.114	.004	.094	.260
a04				1.000	-.082	.092	.144	.263	-.044	-.104	-.311	-.190
a05					1.000	-.533	.132	-.176	.066	-.121	-.096	-.063
a06						1.000	-.390	.010	.083	-.056	-.005	-.117
a07							1.000	.069	.064	-.137	-.223	-.090
a08								1.000	-.298	-.188	.035	-.261
a09									1.000	-.570	-.189	.041
a10										1.000	.068	-.090
a11											1.000	-.367
a12												1.000

第二节　罗吉斯回归预测模式检定及敏感度分析

本研究进行之罗吉斯回归分析，主要针对影响公共设施是否产生闲置及低度利用情形之形成因素进行分析，本研究采用概似比统计、HL 指标检定值与预测概率来检测整体模式之适合度，在检视个别因素显著性方面、则采用 Waid 卡方统计量进行分析。

一、罗吉斯回归模型理论

罗吉斯回归模型 (Logistic Regression Model) 为处理类别变项的一种应用模型，当对数线性模型中的一个二元变项被当作依变项，并定义为一系列自变项，其中依变项之值不会介于 0 与 1 之间，而只会有 0 与 1 两种状况，而此对数性便适用于罗吉斯回归模型。（王济川、郭志刚，2003）

(1) 预测模型之形态。

事件发生概率为 P(event)，在 k 个自变项时：

$$P(event)=\frac{e^{\beta_0+\sum_{i=1}^{k}\beta_i X_i}}{1+e^{\beta_0+\sum_{i=1}^{k}\beta_i X_i}}=\frac{e^z}{1+e^z} \qquad （公式 4）$$

其中，e 为自然对数，0<P<1，

Z 为可变性程度得分；$Z=\beta_0+\sum_{i=1}^{k}\beta_i X_i=\beta_0+\beta_1 X_1+\cdots\cdots+\beta_k X_k$

β_i 为可变性系数

X_i 为模型变项

(2) 事件不会发生概率为 1-P 及 P'(No Event)。

$$P'(No\ Event)=1-P(Event)=\frac{1}{1+e^z} \qquad （公式 5）$$

(3) 发生比 (Odds of Experiencing an Event)。

Odds 值一定为正值，且无上界。

$$\text{Odds Ratio} = \frac{P}{1-P} = e^{Z} \qquad （公式 6）$$

(4) Logit 值 (Logit Value)。

将两边取对数，经由 Logit 转换，其中 Z 值为 Logit 值。

$$\ln\frac{P}{1-P} = Z = \beta_0 + \beta_1 X_1 + \cdots\cdots + \beta_k X_k \qquad （公式 7）$$

由以上得知，若由观测得知自变项 X_1 至 X_k，以及其可变性与否之测量值，将可判断出依据考虑影响面向的预测概率。(Cramer,J.S.，1991)（张益三、杜建宏、赵志铭，2003）

二、模式系数检定

模式中之系数"行政机关协调配套措施不足"变量，Wald 检定为显著，但不论系数是否显著，对于模式皆是一个有价值的回归。

三、建构预测模式及检定

模型检定结果中概似比统计量 -2Log Likelihood(-2LL) 为 133.467；Cox & Snell R2 为 0.111；表示模式中自变量对于依变量之解释力达 51.1%，HL 指标检定值为 9.770，显示性为 0.282（大于 0.05），未达显著水平，但整体回归模式的适合度良好，表示自变量可以有效预测依变量，在预测概率方面其预测率达到 73.1%（见表 4-4）。

$$\ln\frac{P}{1-P} = Z$$
$$= -1.705 + 0.511\times(gov) + 0.196\times(a02) + 0.245\times(a04) + 0.424\times(a06) + 0.273(a08) + 0.191(a11) - 0436\times(a03) - 0.465(a05) - 0.128(a07) - 0.092\times(a09) - 0.070(a10) - 0.22(a12) \qquad （公式 8）$$

表4-4 罗吉斯回归分析结果表

		β	标准化系数 S.E.	Wald	显著性	Exp(B)
管辖单位层级	gov	0.511	0.392	1.699	0.192	1.667
专业经营经验不足	a02	0.196	0.298	0.431	0.511	1.216
专责管理人才及单位缺乏	a03	-0.436	0.334	1.710	0.191	0.646
行政机构预算不足无力支持	a04	0.245	0.230	1.135	0.287	1.278
行政机关协调配套措施不足	a05	-0.465	0.265	3.085	0.079 *	0.628
公共建设相关法令的适法性疑虑	a06	0.424	0.262	2.622	0.105	1.529
空间与土地权属的取得受阻	a07	-0.128	0.218	0.346	0.556	0.879
社区民众支持与参与程度缺乏	a08	0.273	0.241	1.280	0.258	1.313
设施规划认知与市场需求现况差异	a09	-0.092	0.269	0.117	0.732	0.912
设施功能定位及用途配置规划不当	a10	-0.070	0.263	0.070	0.791	0.933
案例地区发展政策变迁	a11	0.191	0.228	0.704	0.401	1.210
选举时承诺但未经规划配套	a12	-0.220	0.239	0.851	0.356	0.802
常数		-1.705	1.024	2.775	0.096 *	0.182

（1）-2Log Likelihood(-2LL)：133.467
（2）Cox & Snell R2：0.511
（3）HL 指标检定值 9.770　自由度 8　显著度 0.282
（4）预测概率 (%)：73.1%
（5）"*"表示在 90% 的信赖水平下达到显示的效果

四、模式各解释变量系数解释

（1）管辖单位层级。

自变量系数为 0.511，表示此变量有正面影响，同时发现与预期符号"＋"相同，显示公共设施管辖单位层级越低对于闲置处理能力愈不足，分为案例地区直辖市层级、县市政府、乡镇公所，数值由"1～3"其数值愈大会愈易产生闲置现象。由 Exp(B)=1.667 得知，公共设施管辖单位层级愈低会造成闲置现象将增加 1.667 倍。

（2）专业经营经验不足。

自变量系数为 0.196，表示此变量有正面影响，同时发现与预期符号"＋"相同，显示专业经营经验不足情形会发生在经营阶段，会产生已兴建后且于经营过程因经验不足发生困难，进而产生闲置现象，故数值愈大愈易产生闲置。由 Exp(B)=1.216 得知，专业经营经验不足会造成闲置现象将增加 1.216 倍。

（3）专责管理人才及单位缺乏。

自变量系数为 -0.436，表示此变量有负面影响，同时发现与预期符号"＋"不同，显示专责管理人员及单位缺乏，呈现行政体系组织及支持能力很重要，但是若以专业管理人员及单位缺乏是否造成公共设施闲置现象，则应检视于公共设施推动规划时是否有建置，因此变量为负。

(4) 政府预算不足无力支持。

自变量系数为 0.245，表示此变量有正面影响，同时发现与预期符号"＋"相同，显示预算不足多为经营阶段发生，发生已经兴建但无力经营而产生闲置现象，故数值愈大愈会产生闲置现象。由 Exp(B)＝1.278 得知，行政机构预算不足无力支持会造成闲置现象将增加 1.278 倍。

(5) 行政机关协调配套措施不足。

自变量系数为 -0.465，表示此变量有负面影响，同时发现与预期符号"＋"不同，显示行政机关间沟通协调配合愈不足，呈现行政机关协调配套措施很重要，但是若以行政机关协调配套措施是否造成公共设施闲置现象，则应检视于公共设施推动机关是否有建置闲置应变协调机制，因此变量为负。

(6) 公共建设相关法令的适法性疑虑。

自变量系数为 0.424，表示此变量有正面影响，同时发现与预期符号"＋"相同，显示法令之适法性有疑虑，将会造成公共设施兴建有违法的阻隔与牵制，将会产生推动之困难产生闲置现象，故数值愈大愈会产生闲置现象。由 Exp(B)＝1.529 得知，公共建设相关法令的适法性疑虑会造成闲置现象将增加 1.529 倍。

(7) 空间与土地权属的取得受阻。

自变量系数为 -0.128，表示此变量有负面影响，同时发现与预期符号"＋"不同，显示空间与土地权属的取得受到取得方式及设施属性影响，公共设施所需土地取得常会产生许多抗争情事发生，若为不当设置或建设，将增加建设的困难而于兴建前便会终止，因此变量为负。

(8) 社区民众支持与参与程度缺乏。

自变量系数为 0.273，表示此变量有正面影响，同时发现与预期符号"＋"相同，显示社区民众对于该项公共设施支持缺乏时，民众使用率降低，故数值越大则推动使用率愈低，愈易造成闲置现象。由 Exp(B)＝1.313 得知，社区民众支持与参与程度缺乏会造成闲置现象将增加 1.313 倍。

(9) 设施规划认知与市场需求现况差异。

自变量系数为 -0.092，表示此变量有负面影响，同时发现与预期符号"＋"不同，显示设施规划认知与市场需求现况落差愈大，对于使用而言视该公共设施属性之必要而决定，若为必要时仍需使用，而公共设施多为生活使用必要设施，仍会使用不致造成闲置，因此变量为负。

(10) 设施功能定位及用途配置规划不当。

自变量系数为 -0.070，表示此变量有负面影响，同时发现与预期符号"＋"不同，显示公共设施功能定位及用途配置规划不当，会造成设施使用上的问题，对于使用而言视该公共设施属性之必要而决定，若为必要时仍需使用，而公共设施多为生活使用必要设施，仍会使用不致造成闲置，因此变量为负。

(11) 案例地区发展政策变迁。

自变量系数为 0.191，表示此变量有正面影响，同时发现与预期符号"＋"相同，显示案例地区政策变动会造成公共设施之持续维护经费及政策转向，造成闲置现象，故数值愈大愈会产生闲置，变量应为"＋"。由 Exp(B)=1.210 得知，案例地区发展政策变迁会造成闲置现象将增加 1.210 倍。

(12) 选举时承诺但未经规划配套。

自变量系数为 -0.220，表示此变量有负面影响，同时发现与预期符号"＋"不同，显示公共设施建设多会成为选举时突发性市政建设议题，未经妥适之事前规划评估，因此一旦常成为承诺虽未经规划配套下，但仍会推动仍不致造成闲置现象，因此变量为负。

五、模式各解释变量敏感度分析

影响公共设施形成闲置现象原因中，由罗吉斯回归分析结果发现六项会增加闲置现象，此六项影响形成闲置原因每单位增加一层级单位，则便会增加闲置现象发生率，而以敏感度分析影响程度依序说明如下（见表 4-5）：

(1) "管辖单位层级"会增加闲置现象 1.66 倍（最为敏感）。

(2) "公共建设相关法令的适法性疑虑"会增加闲置现象 1.529 倍。

(3)"社区民众支持与参与程度缺乏"会增加闲置现象1.313倍。

(4)"行政机构预算不足无力支持"会增加闲置现象1.278倍。

(5)"专业经营经验不足"会增加闲置现象1.216倍。

(6)"案例地区发展政策变迁"会增加闲置现象1.210倍。

表4-5 影响闲置因素分布于因素构面结果敏感程度分析表

变数代号	影响形成闲置原因	增加倍数	构面
gov	管辖单位层级	1.66*	公共设施属性
a05	行政机关协调配套措施不足		"公共行政推动"因素
a12	选举时承诺但未经规划配套		
a06	公共建设相关法令的适法性疑虑	1.529	
a07	空间与土地权属的取得受阻		
a11	案例地区发展政策变迁	1.210	
a03	专责管理人才级单位缺乏		"管理专业质量"因素
a02	专业经营经验不足	1.216	
a04	行政机构预算不足无力支持	1.278	
a09	设施规划认知与市场需求现况差异		"设施规划使用"因素
a08	社区民众支持与参与程度缺乏	1.313	
a10	设施功能定位及用途配置规划不当		

第三节 预测模式建构结果分析

对于本研究针对案例地区行政管理机构公共工程事务主管部门所曾列管之闲置公共设施，进行"公共设施发生闲置与低度利用发生概率预测模式"之建构，主要期待于公共设施在推动及经营管理期间必须建构一项预警机制，以简化之指针及模式评断进行闲置现象发生的可能。

针对曾有闲置或低度利用现象的公共设施进行问卷调查，对于形成闲置现象的原因进行探讨及建立预测模式，研究发现之结果说明如下：

1. 模式成立预测概率达标

本"公共设施发生闲置与低度利用发生概率预测模式"预测概率达 73.1%（大于70%），推论本模式尚可作为进行公共设施发生闲置与低度利用发生概率预测评估之参考。

2. 行政机构层级与闲置现象相关

以案例地区行政管理机构公共工程事务主管部门所曾列管之闲置公共设施进行分析，得知若公共设施所属管辖单位为乡镇层级 45 件（占 37.8%)、县市层级 57 件（47.9%）、政府及直辖市层级 17 件（占 14.3%），属于地方行政机构层级闲置现象较为严重。

罗吉斯回归分析之相关变量系数检定后，"行政机关协调配套措施不足"（p=0.079）变量，Wald 检定为显著，显示公共设施设施闲置情形，属于地方层级较容易形成闲置现象，反之中央层级以统筹性较佳不易闲置。

由罗吉斯回归分析结果发现，管辖单位层级变量为"+"，显示管辖单位层级愈低愈易产生闲置现象，表示每降低一阶管辖单位层级，闲置现象将会增加 1.667 倍，因此，对于若发生闲置现象时，应变措施必须提高管辖单位层次，此外，亦须进入闲置评估预测评估机制，进行管制排除形成闲置因素。

3. 行政机关协调配套措施不足

影响公共设施是否形成闲置现象的原因，有"行政机关协调配套措施不足"变量达到显著，但是若以行政机关协调配套措施是否造成公共设施闲置现象，则应检视于公共设施推动时是否有建置闲置应变协调机制。因此，由于本研究调查样本之行政机构单位，于行政机关内少有设置推动公共设施发生风险时应变协调设施，因此出现有设置行政机关协调配套措施时，呈现出现闲置现象。

4. 应建构工程效益评估之应变机制

由于公共设施发生闲置现象，在公共设施推动建设之初，多无建置于经营期间发生公共设施效益欠佳状况之应变机制，而公共设施多不以营利为目标，反而是以公共服务及社会福利为目标。因此，要建构工程效益之评估效标不同于私部门以营利为主之工程经济效益为目标，即财务效标之重要性程度将截然不同。

5. 预测模式以财务及公共性面向效标建构

要建构公共设施发生效益不彰或闲置风险时之评估机制，将无法仅以财务效标为关键，而更必须由体制、制度及规划…等公共性面向进行建构效标，本研究以此为研究理论基础，建构"公共设施发生闲置与低度利用发生概率预测模式"，可提供于评估闲置风险时一项重要之参考。

6. 掌握闲置风险建立调节机制

对于公共设施闲置风险之掌握，有助于制定合宜的公共建设推动规划，有效提升公共建设预算使用效益，减少设施推动期间可避免之闲置风险，增进政府之行政效能，亦为加强政府于其他防洪减灾之经费调控，创造更大的公共福祉，未来政府应于各级政府机关建置"公共设施发生闲置与低度利用发生预测机制"，以产官学的综合评估，提升整体公共设施服务质量，增强案例地区环境质量整体竞争力。

7. 警戒闲置原因发生概率

影响公共设施形成闲置现象原因进行敏感度分析，由罗吉斯回归分析结果发现六项会增加闲置现象，此六项每单位增加一层级单位则便会增加闲置现象发生率，以敏感度分析影响程度，应警戒闲置现象发生的效标，影响性依序如下：(1)"管辖单位层级"（1.66 倍）；(2)"公共建设相关法令的适法性疑虑"（1.529 倍）；(3)"社区民众支持与参与程度缺乏"（1.313 倍）；(4)"行政机构预算不足无力支持"（1.278 倍）；(5)"专业经营经验不足"（1.216 倍）；(6)"案例地区发展政策变迁"（1.210 倍）。

第四节　避免公共设施闲置情形设施条件项目综述

为避免公共设施因本身设施条件，而产生本身实体环境上所造成的条件项目限制，而产生设施在利用上的困扰，因此必须了解该项公共设施在设施条件项目上，因注重的设施特性造成闲置现象出现的影响重要程度，依据过去相关研究文献及发展经验，将项目共区分为16项，包括：(1) 活化再利用性质定位评估；(2) 土地权属取得难易程度评估；(3) 安全性评估；(4) 适法性评估；(5) 发展规模评估；(6) 可及性评估；(7) 学术或文史价值评估；(8) 工程经费预算评估；(9) 邻近实质环境特质评估；(10) 经济环境支持评估；(11) 地方行政机构配合程度评估；(12) 地方居民认同感评估；(13) 地方民间组织参与程度评估；(14) 所在区域地方资源支持评估；(15) 所在区域地方产业特色评估；(16) 行政机构与民间组织互谋合作机制评估。

1. 列管公共设施叙述统计分析结果

经调查结果次数分析后，受访者认为平均数较低者为"学术或文史价值评估"(2.78)，显示对于闲置与否的影响重要性较低；平均数较高者"地方行政机构配合程度评估"(3.71)，显示对于闲置与否的影响重要性较高。

其余项目依据其影响闲置现象的重要性说明如下（见表4-6）：

(1) 重要性为"普通"设施条件项目。

重要性为"普通"较多之设施条件项目，包括八项如下：土地权属取得难易程度评估、安全性评估、学术或文史价值评估、工程经费预算评估、经济环境支持评估、所在区域地方资源支持评估、所在区域地方产业特色评估、行政机构与民间组织互谋合作机制评估。

(2) 重要性为"大"设施条件项目。

重要性为"大"较多之设施条件项目，包括八项如下：活化再利用性质定位评估、适法性评估、发展规模评估、可及性评估、邻近实质环境特质评估、地方行政机构配合程度评估、地方居民认同感评估、地方民间组织参与程度评估。

(3) 影响闲置现象重要性较大之设施条件项目。

影响闲置现象重要性较大之设施条件项目，以平均数观察得知最具影响闲置情形重要性，包括：地方行政机构配合程度评估 (3.71)、地方居民认同感评估 (3.61)、邻近实质环境特质评估 (3.57)。

表4-6 避免公共设施闲置情形"设施条件项目"重要性之次数统计

设施条件项目	影响程度	次数	百分比	累积百分比 (%)	平均数	标准差
活化再利用性质定位评估	未填	3	2.5	2.5	3.55	1.039
	很小	1	.8	3.4		
	小	12	10.1	13.4		
	普通	31	26.1	39.5		
	大	56	47.1	86.6		
	很大	16	13.4	100.0		
土地权属取得难易程度评估	未填	4	3.4	3.4	3.02	1.242
	很小	11	9.2	12.6		
	小	20	16.8	29.4		
	普通	41	34.5	63.9		
	大	30	25.2	89.1		
	很大	13	10.9	100.0		
安全性评估	未填	4	3.4	3.4	3.29	1.106
	很小	2	1.7	5.0		
	小	15	12.6	17.6		
	普通	48	40.3	58.0		
	大	35	29.4	87.4		
	很大	15	12.6	100.0		
适法性评估	未填	4	3.4	3.4	3.48	1.088
	很小	2	1.7	5.0		
	小	9	7.6	12.6		
	普通	38	31.9	44.5		
	大	50	42.0	86.6		
	很大	16	13.4	100.0		
发展规模评估	未填	4	3.4	3.4	3.52	1.185
	很小	4	3.4	6.7		
	小	9	7.6	14.3		
	普通	34	28.6	42.9		
	大	45	37.8	80.7		
	很大	23	19.3	100.0		

设施条件项目	影响程度	次数	百分比	累积百分比 (%)	平均数	标准差
可及性评估	未填	5	4.2	4.2	3.45	1.219
	很小	3	2.5	6.7		
	小	12	10.1	16.8		
	普通	35	29.4	46.2		
	大	42	35.3	81.5		
	很大	22	18.5	100.0		
学术或文史价值评估	未填	4	3.4	3.4	2.78	1.114
	很小	11	9.2	12.6		
	小	27	22.7	35.3		
	普通	47	39.5	74.8		
	大	25	21.0	95.8		
	很大	5	4.2	100.0		
工程经费预算评估	未填	4	3.4	3.4	3.29	1.138
	很小	3	2.5	5.9		
	小	14	11.8	17.6		
	普通	48	40.3	58.0		
	大	33	27.7	85.7		
	很大	17	14.3	100.0		
邻近实质环境特质评估	未填	3	2.5	2.5	3.57	1.101
	很小	3	2.5	5.0		
	小	7	5.9	10.9		
	普通	39	32.8	43.7		
	大	44	37.0	80.7		
	很大	23	19.3	100.0		
经济环境支持评估	未填	5	4.2	4.2	3.52	1.227
	很小	3	2.5	6.7		
	小	8	6.7	13.4		
	普通	39	32.8	46.2		
	大	37	31.1	77.3		
	很大	27	22.7	100.0		
地方行政机构配合程度评估	未填	5	4.2	4.2	3.71	1.107
	很小	1	.8	5.0		
	小	4	3.4	8.4		
	普通	27	22.7	31.1		
	大	59	49.6	80.7		
	很大	23	19.3	100.0		
地方居民认同感评估	未填	4	3.4	3.4	3.61	1.144
	很小	4	3.4	6.7		
	小	4	3.4	10.1		
	普通	34	28.6	38.7		
	大	50	42.0	80.7		
	很大	23	19.3	100.0		

设施条件项目	影响程度	次数	百分比	累积百分比 (%)	平均数	标准差
地方民间组织参与程度评估	未填	5	4.2	4.2	3.47	1.206
	很小	4	3.4	7.6		
	小	5	4.2	11.8		
	普通	45	37.8	49.6		
	大	36	30.3	79.8		
	很大	24	20.2	100.0		
所在区域地方资源支持评估	未填	5	4.2	4.2	3.39	1.151
	很小	4	3.4	6.7		
	小	5	4.2	12.6		
	普通	45	37.8	52.1		
	大	36	30.3	84.9		
	很大	24	20.2	100.0		
所在区域地方产业特色评估	未填	5	4.2	4.2	3.28	1.112
	很小	2	1.7	5.9		
	小	11	9.2	15.1		
	普通	52	43.7	58.8		
	大	35	29.4	88.2		
	很大	14	11.8	100.0		
行政机构与民间组织互谋合作机制评估	未填	5	4.2	4.2	3.37	1.220
	很小	5	4.2	8.4		
	小	9	7.6	16.0		
	普通	42	35.3	51.3		
	大	38	31.9	83.2		
	很大	20	16.8	100.0		

2. 由预测模式提出避免公共设施闲置的具体措施

行政机关协调配套措施不足的现象凸显对于闲置公共设施,应从多方面进行建立具体行动措施并形成策略。需从法律法制面、行政机制面、预算财务面、市场需求面进行,具体措施说明如下:

(1) 公共设施被管辖单位的行政机关层级愈基层,则闲置的可能性愈高,因此若已发生闲置应由上级单位进行统筹管理,减少闲置处理能力不足的影响。

(2) 专责管理人才及单位缺乏,应检视于公共设施推动规划时建置专责管理机制。

(3) 政府预算不足无力支持的呈现多为经营阶段发生,发生已经兴建但无力经营而产生闲置现象,应该建立全生命周期的物业资产管理思维。

(4) 公共建设相关法令的适法性疑虑,显示公共设施兴建有违法的阻隔与牵制,会产生推动之经营与整合困难产生闲置现象,在事前整备阶段应以法律可行性为刚性条件，避免政治选举考量影响公共基础建设发展。

（5）社区民众支持与参与程度缺乏，显示社区民众对于该项公共设施使用需求缺乏时，民众使用率降低造成使用率不高的闲置现象，必须以供需市场为基本规划依归，出台政策必须落地做实事。

（6）避免政策变动造成公共设施之持续维护经费及政策转向，形成政策不连贯产生闲置现象。

PPP 项目财务评估篇

第五章　奖励性投资观光游憩设施 PPP 项目开发财务评估

第一节　行政机构与民间组织 PPP 项目开发财务相关奖励法源

近年来以"公私协力"方式推动民间财务启动公共建设之政策，逐渐被认为是克服"市场失灵""政府失灵""资源分配失灵"重要且有效的方法，且在"民营化"驱使及"企业型政府"的观念改变下，吸引民间参与公共基础建设，似乎是现代社会经济发展及实质环境改善的需求下，重要的推动策略之一。公私协力的愿景主要能促使政府解除开发经费拮据的窘境，有效运用民间资金及有效管理的优点；私部门也能有共同参与公共建设的机会，具政府监督降低风险的投资管道，社会大众也因此拥有优质的休闲游憩环境，成为多赢的开发合作方式。使民间财务启动案例地区观光游憩设施于开发于各阶段无论开发质量、经营服务质量与移转后由政府继续经营的质量与效率，都能更趋健全完善。

观光游憩设施是一项公共工程建设，若开发模式具选择性，则开发财务规划应为动态的仿真，而非静止传统的记账式计算总建造成本与收益之平衡而已。因此在规划民间参与其开发财务之目标；首先，就必须同时考虑"财务性"及"规划性"的影响因素，且二类之间必须相互配合，兼顾"规划的合理"与"财务的可行"；其次，就考虑计划推动时需必备之相关条件，才归结出在观光游憩设施开发时所必须考虑的财务项目，其中除"固定假设财务因子"由政府订定外，对于行政机构与民间组织而言，其余因子皆具有不确定性[1]。

---

[1] 不确定性：不确定性问题存在于对未来事物，无论是质或量都不能加以预测，以都市公共工程而言,其施工与规划过程中与社会环境相互作用而产生的状况因素。(叶光毅、黄干忠、李泳龙，2003)

一、世界各地民间参与公共建设奖励性法令

不同政府于推动民间参与公共建设时，基于法制、社会制度、政府与民间之关系与各国国情，公权力角色之扮演及其整体定位及不同，如：美国，政府担任较放任的角色，除较重要的事项有原则性的规定外，其余均委由政府与民间机构订定契约规范之，其他如泰国系采与民间为合伙人的角色，而中国香港行政机构则采与民间机构对立之公权力执行者之角色。

而有效及安全的行政机构与民间组织动奠定在合法性的原则上，参与协力的所有关系人均需透过正当的程序取得合法的地位，并且分配权利责任与义务。由于扮演角色不同因此推动的立法方式，可概区分为原则性立法与项目性立法两种方式：

（1）原则性立法。

指以单一法律概括规定各类公共工程，而个别公共工程之进行及当事人间之权利义务关系则委由契约规范。如泰国、美国华盛顿州有关民间参与交通建设之法规。

（2）项目性立法。

系指以个别公共工程为规范内容，详细规范行政机构与民间之相对关系及该计划执行流程。香港以此方式规范民间投资计划如："过港隧道条例""东区海底隧道条例""西区海底隧道条例"等皆以单行法规指明特定隧道之兴建及营运事项，并以法律直接授权及规范特许公司之兴建、营运特许权。

以奖励民间参与公共建设法令架构之探讨，乃为民间投入公共建设制度建立完备法源依据，行政机构可就法令授权范围据以执行，私部门可在明确法律规定下，做配合性的财务评估，确实掌握投资管道与投资风险，双方均可在权利义务厘清、风险分摊明确下，有效地掌握参与公共建设计划之推动与执行。

（一）案例地区现行奖励民间投资相关法令

案例地区现行有关于奖励民间投资公共建设或奖励民间兴办都市建设事业之相关法令颇多，经整理现行的办法，细则或要点多达 74 种（吴济华，公私协力策略推动都市建设之法制化研究，1998.1），适用范围概可分为九类（见表 5-1）：

表5-1 案例地区现行奖励民间投资公共建设事业之相关法令综理表

	类别	项数
一	土地开发与经济建设	21 项
二	公共建设及公用设备	17 项
三	国民住宅建设	3 项
四	交通建设	13 项
五	社会福利及救助设施	6 项
六	医疗设施	3 项
七	废弃物设施	5 项
八	观光游憩设施	4 项
九	建筑与开放空间奖励	2 项

数据源：吴济华，公私协力策略推动都市建设之法制化研究，1998.1

其中第八类观光游憩设施类，有四项包括发展观光条例、风景特定区管理规则、垦丁地区鼓励民间兴建国际观光旅馆实施要点（为项目性立法，设定地上权及租金由案例地区行政管理机构核定）、案例地区鼓励民间投资兴办风景特定区观光游乐设施要点（无具体奖励措施，多为管理行政上的规范）等四项。

目前案例地区相关的奖励办法相当多而复杂，提出的奖励诱因多限于融资贷款、税捐减免、与公共设施配合等内容，目前以《促参法》为主（前身为《奖参条例》）。

（二）世界各地奖励民间投资相关法令

（1）美国。

《联邦采购契约、补助与合作协商法令》（Federal Procurement Contracts, Grant and Cooperation Agreement Act ;1977），为美国联邦政府推动公私协力的母法。最大特色在于经政府指定的单位有同政府之相同行政裁量权，而引进80年代许多地方经济发展计划；另一特色是不同单位拟定之计划可适用不同之权利义务关系及财务方案，提供地方政府于执行松协力时依地方实际发展需要可制定不同合作形态规范的最大依据。

《都市发展行动专款》（Urban Development Action Grant；UDAG），常用于经

济衰退或发展缓慢地区，以刺激该地区经济发展。

(2) 德国。

《国境地带振兴法》(1986) 第三条：规定对于地方经济发展，可给予企业固定资产成本的 50% 及不动产成本 30% 的免税优惠。

《投资补助法》(1986) 第一条第四款：规定案例地区省政府可补助相当于投资金额的 10%，作为奖励投资之用，以鼓励企业加强投资。第四条：针对研发性之建物或不动产得予补助，最高可得 20 或 50 万马克。

(3) 日本。

《过疏地区活性化特别措施法》(1990)。

《促进民间都市开发之特别措施法》(1987) 其中第二条：得指定民间都市开发促进机构办理，如财团法人机构，且对于实施的资金得给予长期低利融通资金。第五条：政府得以部分无息贷款作为补偿。第八条：促进开发执行机构得委托银行或信托公司发行债券以筹措资金。第十五条：地方公共部门应给予必要之行政协助。

(4) 中国香港。

《东区海底隧道条例》(1986)，其中第四条：给予开发公司建造、工事、经营的 30 年特许权，并可酌予以收取 30 年之通行费。第二十条：政府得负担征收土地及清理地上物的补偿费用，以及政府行政支出的成本费用，以利开发公私进行开发。第五十五条第四款：对于变更通行费之要求仲裁时，得确保开发公司能赚取合理而非过分之报酬。第七十二条：于特许使用期限届满时，政府除对厂房或机器设备得予以支付折旧价值外，无须付给任何费用。

二、案例地区奖励民间参与交通建设条例及其相关子法

推行民间参与公共建设制度可使用的法令架构，应考虑既有的法令系统、法令架构、计划本身性质、政府政策，方可构建符合实际需要之法令内容。

(一)《奖参条例》立法特性

就直接的法令而言，案例地区目前于 1994 年 11 月 13 日完成《奖参条例》之

三读立法《促参法》，就足以显示政府推动民间参与公共建设之决心，就其适用各种交通建设观之，其规范应属于"原则性立法方式"；其中，政府定位似为公权力的执行者，与世界各地政府角色定位多不在公权力执行者有别。

由于《奖参条例》具有特别法的特性（《奖参条例》第二条），故民间参与交通建设的各项法令规范，如有竞合问题产生时，应以《奖参条例》之规定优先适用。因此，未来，如欲实行此一制度，以加速公共建设的推行，就目前而言《奖参条例》势必成为最主要的法令参考依据。

（二）《奖参条例》内容及相关子法

条例内容区分为六章四十九条，分别就奖励范围、适用对象、办理原则、用地取得与开发、融资与税捐优惠、申请与审核、监督与管理等事项加以制定规范：

第一章：总则，奖励范围及适用对象，第一条至第八条。

第二章：用地取得与开发，第九条至第二十四条。

第三章：融资与税捐优惠，第二十五至第三十四条。

第四章：申请与审核，第三十五至第四十五条。

第五章：监督与管理，第四十六至第四十九条。

《奖参条例》其相关子法共计 14 案，目前已完成发布者有 13 案，而"政府机关接管民间机构投资兴建之交通设施办法"发布，已发布如下所列：

（1）民间机构参与交通建设免纳营利事业所得税

（2）民间机构参与交通建设适用投资抵减办法

（3）民间机构参与交通建设进口货物免征及分期缴纳关税办法

（4）民间机构参与交通建设减免地价税房屋税及税标准

（5）民间机构参与交通建设适用公共土地优惠办法

（6）民间机构参与交通建设区段征收取得办法

（7）民间机构参与交通建设毗邻地区禁建办法

（8）民间机构参与交通建设使用土地上空或地下处理及审核办法

（9）政府对民间机构参与交通建设补贴利息或投资部分建设办法

（10）民间机构参与交通建设长期优惠贷款办法

（11）案例地区交通事务主管部门民间投资交通建设案件甄审委员会组织及评审办法

（12）奖励民间参与交通建设条例实施细则

（13）观光主管机关受理民间机构投资兴建营运观光游憩重大设施审核要点

（三）《奖参条例》所规定的对象与范围

《奖参条例》所规定的对象与范围有明确的规定：第四条、第六条明订适用对象为民间机构，指依公司法成立的公司；或其有政府或公营事业机构投资者，其直接、间接投资合计不得高于公司资本总额之 20%

另外第五条：本条例之奖励以下列重大交通建设之兴建、营运为范围：一，铁路。二，公路。三，大众捷运系统。四，航空站。五，港阜及其设施。六，停车场。七，观光游憩重大设施。八，桥梁及隧道。其中于实行细则第三条中观光游憩重大设施适用对象有明确的定义。

（四）《奖参条例》与民间参与开发方式相关性

依《奖参条例》第六条所规定之三种方式参与建设，而与常用民间参与开发方式多相类似，区分分类（见表 5-2）：

表5-2 《奖参条例》之条文内容与常用之民间参与开发方式对应分析表

《奖参条例》规定民间参与交通建设方式	常用之民间参与开发方式
1. 由政府规划之交通建设计划，经政府兴建由民间机构投资兴建及营运其一部或全部者。	BOT 之开发方式
2. 由政府兴建完成之交通建设，经核准由民间机构投资营运一部或全部者。	公办民营方式
3. 由民间机构自行规划之交通建设计划，经政府依法审核，准其投资兴建营运者。	BOT 或 BOO 之开发方式。

数据源：本研究整理

《奖参条例》中之条文内容与BOT制度相关性分析（见表5-3）。

表5-3 《奖参条例》之条文内容与BOT制度相关性分析表

规定项目	条文别	条文规定内容
申请与审核	第三条	主管机关在案例地区行政管理机构为案例地区交通事务主管部门；在省（市）为省（市）政府；在县（市）为县（市）政府
	第三十六至三十九条 第三十五条第一项	相关事项规定
适用对象及奖励范围	第四条	民间机构的定义
	第五条	奖励范围
	第六条	参与方式之限制
用地取得与开发	第九、十、十四条	用地取得方式及主管机关之配合事项
融资与税捐优惠	第二十五条	得就其非自偿部分由政府补贴其所需贷款利息或投资其建设之一部分
	第二十六条	得请金融机关给予长期优惠贷款，利息之差额由主管编列预算补贴之
	第三十二条	因天然灾变而受重大损害时之处理
	第二十八至三十一条 第三十三条	税捐上的优惠
	第三十四条	民间机关之附属事业不适用上述规定
监督与管理	第四十条	营运费率之规定
	第四十一条	权利金缴纳额度之调整
	第四十二条	建设权力之转让、出租或设定负担
	第四十三条	兴建或营运期间之管理
	第四十四条	撤销兴建或营运许可之处理
	第四十五条	许可经营期限届之处理

数据源：推行 BOT 执行办法（草案）之研究，1997 年 6 月

（五）《奖参条例》中观光游憩重大设施相关规定

于《奖参条例施行细则》第三条有适用对象的相关界定，其中，投资金额符合规定的游乐设施、联外道路设施及其他提供游客住宿、餐饮、解说等服务设施，有所规定：

（1）依《奖参条例》中第六条第 1、2 款方式兴建、营运之观光游憩设施，其投资金额为三亿元新台币以上者（不包括土地）

（2）位于案例地区行政管理机构观光主管机关指定偏远地区之观光游憩设施，其投资总额为三亿元新台币以上者（不包括土地）

（3）依《奖参条例》中第六条第 3 款方式兴建、营运非位于案例地区行政管理

机构观光主管机关指定偏远地区之观光游憩设施，其投资总额为六亿元新台币以上者（不包括土地）

而《奖参条例》及其相关子法适用观光游憩重大设施所奖励的相关规定要点整理（见表5-4、表5-5）：

表5-4 《奖参条例》及其相关子法适用观光游憩重大设施一览表

项目 \\ 法源	民间参与重大交通建设（依《奖参条例》第五条第七款）观光游憩重大设施	《奖参条例》相关子法适用于观光游憩地区之要点
民间机构参与交通建设免纳营利事业所得税办法	• 第三条：民间机构参与交通建设免纳营利事业所得税之范围，以经营下列交通建设之所得为限……中之第七款－观光游憩重大设施：劳务所得 • 第四条：其免税年限为四年	• 观光游憩重大设施建设所购置之机器、设备为全新者，始得依本办法申请奖励。依《奖参条例》第六条第二款规定，不定在限 • 免税年限应连续计算，民间机构在免税期间内，按所得税法规定之耐用年数，逐年提列折旧
民间机构参与交通建设适用投资抵减办法	• 第三条、第四条：自行使用之兴建、营运设备或技术及防治污染设备、技术，在同一课税年度内购置总金额达六十万新台币元以上者，得就购置成本按百分比抵减	• 案例地区与世界各地产制之兴建、营运设备分别抵减15%及5% • 兴建、营运技术抵减5% • 案例地区与世界各地产制之防治污染设备分别抵减20%及10% • 防治污染技术抵减5%
民间机构参与交通建设减免地价税房屋税及契税标准	• 第四条第二款：在兴建期间之交通用地，按千分之十税率计征 • 第五条：民间机构参与所奖励之重大交通建设，新建供直接使用之自有房屋，可减征其房屋税。 • 第六条：民间机构参与本条例第五条所奖励之重大交通建设，在兴建或营运期间，取得或设定典权供其直接使用之不动产，减征契税30%，但由主管机关强制收买者，不在此限。	• 供观光游憩重大设施使用之房屋，自该房屋建造完成之日起三年内，减征应纳税额50%
奖励民间参与交通建设使用公有土地租金优惠办法	• 第二条：依本条例第十条第一项、第十一条、第十二条第三项、第十九条第一项规定，订定期限或设定地上权与民间机构使用、开发、兴建、营运之公有土地，于租赁关系存续中或地上权存续期间，依本办法规定计收租金。 • 第三条：公有土地租金之规定	• 兴建期间：按该土地依法应缴纳之地价税或其他费用计收租金 • 营运期间：自开始营运之日起，按国有出租基地租金计收标准六折计收 • 同一宗土地，一部属兴建期间，一部已开始营运者，其租金按两者实际占用土地比例或地上建筑物楼地板面积比例计收

项目 ＼ 法源	民间参与重大交通建设 （依《奖参条例》第五条第七款） 观光游憩重大设施	《奖参条例》相关子法 适用于观光游憩地区之要点
政府对民间机构参与交通建设补贴利息或投资部分建设办法	• 第三条：依本条例规定申请参与交通建设者，应于其申请案件之财务计划内提出自偿能力之计算与分析资料，及载明要求政治给予补贴利息或投资建设之额度及方式 • 第四条：依本条例第二十五条规定民间机构所需贷款利息，其补贴利息之贷款用途以支应民间机构兴建营运交通建设所需中、长期资金为限。 • 第五条：依本条例第二十五条规定补贴民间机构所需贷款利息，应依金融机构利率之一定百分点计算	• 金融机构利率百分点及补贴利息之贷款额度，由甄审委员会于评定补贴利息时决定。 • 甄审委员会依民间机构投资交通建设之申请案件，评定政府预定给予补贴其所需贷款利息或投资建设之额度及方式
民间机构参与交通建设长期优惠贷款办法	• 第三条：本办法所称长期优惠贷款，指贷款期限超过七年者 • 第四条：长期贷款得否适用本办法优惠，须经由主管机关依本条例第三十七条规定办理 • 第五条：主管机关依本办法规定补贴长期优惠贷款利息差额，以民间机构向金融机构贷款利率之一定百分点计算，但补贴利率最高不得超过二个百分点	• 民间机构在财务计划中，说明需要资金融通之事由，及所需长期优惠贷款性质、年限、额度及补贴利息额度，由主管机关评定之

数据源：本研究整理

表5-5 《奖参条例》及相关子法给予观光游憩设施之奖励方式与优惠办法

奖励方式	项目／条件	优惠办法
1. 公有土地租金优惠	兴建期	按地价或其他费用计
	营运期	按国有土地出租基地租金六折
2. 补贴利息或投资部分建设	不具自偿性者	直接投资、长期贷款、利息补贴，额度由主管机关核定
3. 长期优惠贷款	贷款期限	七年以上，经营期限以下或资产设备使用年限以下
	补贴利息	最高不超过 2%
4. 免纳营利事业所得税	营运后有课税所得	相关收入 4 年免税
5. 投资抵减营利事业所得税	兴建营运设备或技术	案例地区产制之设备，抵减15%；世界各地产制之设备，抵减 5%；投资于兴建营运技术，抵减 5%
	防治污染设备或技术	案例地区产制之设备，抵减20%；世界各地产制之设备，抵减 10%；投资于防治污染技术，抵减 5%
	研究发展费用	抵减 15% ～ 20%
	人才培训费用	抵减 15%
6. 免征或分期缴纳关税	进口兴建使用者	案例地区未产制者，免关税； 案例地区已产制者，分 60 个月分期缴纳
	进口经营使用者	分 60 个月分期缴纳
7. 减免地价税、防污税、契税	路线用地	地价税全免
	相关设施用地	兴建期间按千分之十计征地价税
	自有房屋	减征房屋税应纳税额50%
	取得或设定典权之不动产	减征契税30%

数据源：本研究整理

三、案例地区推动联合开发相关奖励性法规

案例地区推动联合开发之引进乃是为配合大众捷运系统新建后，欲对场站地区发展做有效的开发与控制，并求减少土地取得问题的前提下，参考世界各地制度引入实施。

联合开发执行时所面对的法规中，可以大致分为两部分，一部分为政府针对联合开发的需要另行颁发的法令，另一部分为原有土地开发建设的相关规定（如：《土地税法》《平均地权条例》《促进产业升级条例》等）。而其中政府针对联合开发的需要颁发的法令，主要的法规有《大众捷运法》《大众捷运系统土地联合开发办法》。分别说明如下：

（一）大众捷运法

《大众捷运法》于 1988 年 7 月 1 日经案例地区当局领导人令公布，其法令内容（见表 5-6）：

表5-6 《大众捷运法》条文规定

规定项目	条文别	条文规定内容
主管机关	第四条	在案例地区行政管理机构为案例地区交通事务主管部门，在地方为路网所在之省（市）或县（市）政府
建设机关	第十三条	1. 地方主管机关指定或设立 2. 民间投资兴建者，由其指定或设立，但应报请地方主管机关核准
营运机关	第二十五条	地方主管机关设立 案例地区公民或团体投资筹设
	第二十六条	形态为依公司法设立之股份有限公司
投资兴建申请	第十四条	提具相关文件，报请案例地区省政府直属之股份有限供公司
用地取得	第六条	拨用或征收取得
	第七条	（场、站与路线毗邻土地）联合开发取得
工程建设	第十五至二十四条	工程注意事项及相关配合措施
营运	第二十七至三十二条	票价订定、系统维修、运输路线整合与转运
监督管理及处分	第三十三至五十二条	相关事项规定
附则	第五十三至五十四条	相关事项规定

数据源：推行 BOT 执行办法（草案）之研究，1997 年 6 月

（二）大众捷运系统土地联合开发办法

案例地区政治事务主管部门、交通事务主管部门于 1990 年 12 月 15 日由会衔公布《大众捷运法土地联合开发办法》，依前者第 7 条第 7 项内容由案例地区交通事务主管部门会同案例地区政治事务主管部门订定，其规定旨在藉捷运系统场、站与路线之土地及毗邻地区土地之联合开发，以促进地区发展及节省大众捷运系统之建设经费（见表 5-7）。

主要用意在于能以等价值的投资开发换取捷运用地，其能减少土地取得的阻力，其开发营运方式由民间集资兴建取得特许权之经营权模式为兴建－营运的精神，立法乃针对大众捷运之特性奖励，未具其他公共建设之适用性，然仍属奖励性法规，仍有参考价值。

表5-7 大众捷运系统土地联合开发办法条文规定

规定项目	条文别	条文规定内容
立法依据	第一条	依据《大众捷运法》第七条第四项订定
主管机关	第四条	为大众捷运系统地方主管机关
执行机关	第四条	主管机关所属工程建设机构、营运机构
联合开发基金	第五条	设立循环基金（四种来源），以推动联合开发业务，并充实捷运系统之兴建及营运基金
规划	第六至八条	应配合相关都市发展，以周详之统筹规划，提具开发计划报请主管机关核定公告实施
土地取得与开发方式	第九至十三条	协议为原则，协议二次不成者，得依法报请征收或依以市地重划、区段征收方式办理
开发管制项目	第十四至十九条	相关允许及不允许开发项目
申请及审查	第二十至二十六条	申请应附书件内容，审查时间与相关规定
监督管理及处分	第二十七至三十四条	有关营运、兴建维护及违反之处罚规定
奖励	第三十五至三十九条	有关税捐减免、政府配合措施、优惠贷款及楼地板面积奖励等规定
附则	第四十至四十三条	有关联合开发收入用途，联合开发契约营运契约应备表件规定

数据源：推行 BOT 执行办法（草案）之研究，1997 年 6 月

其中第三十五至三十九条中规定，参与联合开发者有税捐上的减免、地方政府优先配合兴修关联性公共设施、申请联合开发所需资金 70% 优惠或长期贷款、增加建筑物楼地板面积与高度奖励及配合联合开发增加设计共构施工等费用利息减免，共计有上述六项奖励。

而经费来源依第五条规定来源主要是设立由政府编列预算、基金利息收入、出售（出租）联合开发不动产经营之部分收入及其他收入。由此可分析，现行法令下，初期经费大多由便列预算而来，后期之经营收入上不可预期，因此，对于联合开发之初期开发财务之帮助效益较不直接。而长久之计仍是应由联合开发业者达到财务上的自给自足，如香港 MTRC 的开发范例。

四、案例地区观光游憩设施 PPP 项目开发具奖励性之相关法规

目前与观光游憩地区开发有相关的法规，相当烦琐，为各法令所属之主管机关亦跨越各政府层级与部门，如多头马车的领导，且不彰之行政效率导致发展观光游憩设施推动时，有相当之困扰；目前具奖励性促使民间投资兴建的相关条文，有前述之《奖参条例》《发展观光条例》《风景特定区管理规则》及《促进产业升级条例》，而就民间投资兴建方面奖励性条文说明如下：

1. 《发展观光条例》第十二条 2 项—风景特定区内之公共设施，得奖励私人投资办理，并收取费用；其奖励办法及收费标准由案例地区交通事务主管部门订定。

2. 《风景特定区管理规则》第三十至三十三条，风景特定区之公共设施、国民旅舍、游乐设施等，报经上级观光主管机关核准，依法办理奖励公民营事业机构、私人或团体投资兴建与经营，该管理观光主管机关得协助办理取得公有土地使用权、协调兴建联络道路、水电及邮电系统、环境卫生及美化工程及相关公共设施与其他协助事项等。

以上二法规所提及之奖励内容，仍以原则性的提及，而实际执行的做法仍需由上级观光主管机关或案例地区交通事务主管部门制定审查规范或弹性条文，帮助个案的推动，显而易见，相当容易造成分歧之意见，形成推动成效难以彰显。

3. 《促进产业升级条例》及《促进产业升级条例施行细则》

由于 YM 大型育乐区开发案曾已纳入《促进产业升级条》中；而条例及施行细则都有相关奖励性的条文规定。其中包括的项目有：

（1）营利事业所得税方面（第六条、第八条之一）

（2）认股优惠方面（第八条）

（3）融资方面（第二十一条）

（4）设备加速折旧方面

（5）其他优惠方面（如第七条、第十条、第十一条、第十三条、第十四条、第十五条、第十六条、第十八条）

其中多项奖励对于民间参与观光游憩设施的开发而言，并无完全针对开发时所产生的相关课题，有明确的规定；如观光游憩设施开发时较为关键性的土地取得的问题、地价税的征收、融资的实质奖励范围、可否发行公司债募资、进口关税…等，皆无规定明确条文；而后案例地区糖业股份有限公司再就申请是用于《奖参条例》中，而究其评估结果认为：《奖参条例》中之相关规定对于开发案之推动较有帮助，且亦较有依循的根据。

因此，对于观光游憩设施的开发能引用的部分，是否对于民间参与开发有实际的帮助，仍是应探究的课题。而其具奖励性内容条文内容及与《奖参条例》奖励性规定的比较，详细说明（见表 5-8）。

表5-8　《促进产业升级条例》与《奖参条例》奖励性条文比较表

	《促进产业升级条例》	《奖参条例》	比较
营利事业所得税	第六条：投资于自动化、防治污染及研究发展等设备或技术的支出金额 5%～20% 限度内抵减当年至以后四年之营利事业所得税（唯以不超过年度营利事业所得税 50% 为限）。 第八条之一：得选择认股优惠或五年免征营利事业所得税。	第二十九条：左列再加投资于兴建、营运设备或技术及其他经案例地区行政管理机构核定之投资支出均可抵减。 第二十八条：自开始营运后有课税所得年度起，最长以五年为限，免纳营利事业所得税（可延迟开始适用，唯延迟期间不得超过三年）。	《奖参条例》之投资抵减适用项目较"促产条例"广泛。
认股优惠 +	《奖参条例》可同时享有五年免营利事业纳所得税与认股优惠，"促进产业升级条例"仅能二者择一。	—	—
进口关税	第八条：得选择上述五年免征营利事业所得税或下述任股优惠原始认股者持有股票时间达二年以上者，得以其取得股票价款 20% 限度内，抵减当年度应纳综合所得税额；当年度不足抵减时得在以后四年度内抵减之（唯不超过年度应纳税额 50% 为限）。	第三十三条：同左。	《奖参条例》可同时享有五年免纳营利所得税与认股优惠，"促产条例"则仅能二者择一。

	《促进产业升级条例》	《奖参条例》	比较
地价税	—	第三十条：进口营建机器、设备、施工用特殊运输工具及零组件等，经证明案例地区尚未制造供应者，免征进口关税；案例地区已制造者提供适当担保，于开始营运之日起，一年后分期缴纳进口关税。	《奖参条例》有进口关税之优惠，"促产条例"则无。
融资	—	第三十一条：使用之不动产应课征之地价税，房屋税及契税，得予适当减免。	《奖参条例》有地价税的减免"促产条例"则无。
公司债	第二十一条：经案例地区行政管理机构项目核准得运用案例地区行政管理机构开发基金。	第二十六条：主管机关得洽请金融机构给予长期优惠贷款（得放宽银行法限制之贷款期限及授信额度），利息差额由案例地区交通事务主管部门编列预算补贴。	《奖参条例》有长期优惠贷款之规定，"促产条例"仅有使用案例地区行政管理机构开发基金规定。
加速折旧	—	第二十七条：经核准营运并办理股票公开发行后，不论期股票是否上市，均得发行公司债。	《奖参条例》规定为上市之公开发行得发行公司债，"促产条例"则无。
	研事发展、调整产业结构及改善经营规模等需要之机器设备，得加速折旧缩短期耐用年数。	—	"促产条例"有加速折旧之规定，《奖参条例》则无。

综合上述之比较说明，可得知促进产业升级条例较适用于工业区或产业性设施开发情形，对于观光游憩设施开发如此复杂的开发种类而言，仍已《奖参条例》之相关规定较为适用，因此在个案是否适用《奖参条例》或适用之范围，都必须加以规范。

由于观光游憩设施的开发与兴建十分复杂，所相关的法令亦相当多（如：开发资金筹措相关于融资方面管制的法规、用地取得土地管理的相关法规、监督营运管理、民间提出申请审核等），再加上必须吸引民间资金加速推动观光游憩设施开发之趋势促使，《奖参条例》及相关子法对于融资优惠、租税优惠等财务上奖励性事务有较明确之说明，因此，就目前开发观光游憩设施相关法令环境而言，未来奖励性法规于推动民间投资开发观光游憩重大设施，将扮演相当重要的角色。

第二节　奖励性民间参与公共建设世界各地案例

奖励民间参与公共建设之相关案例，世界已有许多政府以 BOT 的方式进行运作，约有 900 个公共工程，在世界各地案例部分，由于以政府奖励民间参与投资开发之案例，亦偏属交通建设层面，属游憩区开发者多以 BOO 方式较多，兹就开发规模与本案较为接近者欧洲迪斯尼乐园及日本长期豪斯登堡为研究案例，而就与本研究有相关之项目做依归纳整理。

在案例地区部分以交通建设方面案例较普遍，"高速铁路计划""ZZ 国际机场至 TP 捷运线计划"等皆是以 BOT 的方式进行；而在观光游憩建设方面，有垦丁凯撒大饭店、TP 世界贸易中心国际观光旅馆等，而就引用《奖参条例》之开发案例，则仅有案例地区糖业股份有限公司的"YM 大型育乐区"开发，为引用《奖参条例》办理之开发案，具参考价值，就此开发案例作较详细之说明：

一、世界各地民间参与开发观光游憩相关设施案例

世界各地观光游憩设施开发若具有相当重要的指标性意实，多半采用 BOO 之方式进行开发；而就美国于法国投资兴建的迪斯尼乐园及日本为促进长崎豪斯登堡更新而成为一个日本指标性的新市镇，提出说明（见表5-9）：

表5-9 世界各地民间参与开发观光游憩相关设施案例综合评析表

项目 案例	欧洲迪斯尼乐园	日本长崎豪斯登堡
兴建人	美国华德迪斯尼公司	豪斯登堡株式会社
民间参与开发自备之条件	开发公司须于 1997 年 12 月 31 日完成至少 600 公顷，或于 2007 年 12 月 31 日完成至 1250 公顷之基地细部开发计划的规划设计工作。 付二千万法朗给法国政府迁移现有管线及二千五百万法郎供电力费用。	具规模之企业公司及其他投资团体合组，成立投资的开发公司进行投资兴建。

项目 \ 案例		欧洲迪斯尼乐园	日本长崎豪斯登堡
开发内容		采分区分期方式进行开发，第二期视第一期状况调整 第一期：主题园区、旅馆、露营区及相关设施。已于 1992 年完成，经费 14.9 亿法朗约 74.5 亿新台币。	游乐重点设施 20 处，商店 6 家，饮料设施 53 处，博物馆设施 12 处，度假饭店 4 栋，别墅 25 间
开发规模		1943 公顷	152 公顷
对公部门提出之奖励需求	政府提供行政与法令上之协助	—	—
	土地及资金得于政府优惠措施	法国政府协助取得已预先划分之土地。	—
	政府对区域范围外公共设施之推动	提供由巴黎直达园区之 RER 捷运系统。 提供主要公共设施及营运维修费用。 建设第一期园区之次要道路系统。 新设 A4 高速公路两处交流道。	提供交通设施有国铁 (JR) 豪斯登堡站
私部门提供之配合	计划投资规模中私部门之配合条件	开发公司须负担基地 40 公顷土地建设大众公共设施之土地及基础公共设施建造费用回馈地方。 如期完成规定之基地开发细部之规划设计工作。 文化区中应包括至少一个欧洲或法国文化园区。	吸引观光以偿还开发费用，等待成本回收后本区将不再收入场费，而开发成为新市镇。 土地由开发业者自行取得，总投资额达 1620 亿元日币
	开发计划之预期目标及投资报酬	美国华德迪斯尼公司在法国投资建造，备受世人瞩目，预计可吸引大量人潮。	建造一个日本的代表性的"市镇"，启发日本人对日本自身建筑的独特性。
协议后之开发方式		为 B.O.O 之开发方式。 采取公开募股方式，筹措资金，股份投资商包括开发公司对欧洲盟国、法国民众及欧洲其他会员国募股，持股超过 50%。	以 BOO 之开发方式。 收费方式以一票完到底方式，门票为日币 4140 元。

项目 案例	欧洲迪斯尼乐园	日本长崎豪斯登堡
开发方式决定之关键	对私部门有利: 协助取得土地兴建公共设施及相关工程。 兴建 RER 捷运系统、两处交流道。 提供园区主要公共设施营运维修费用,建设第一园区之次要道路系统。 配合迪斯尼公司广告宣传及促销活动。	对私部门有利: 已有市议会决定该区未来开发为新市镇,降低未来发展之疑虑。 已有一开发审议委员会,制定了长期开发指导原则,开发质量有保障。
	对政府有利: 可提升法国世界级游憩观光资源及国家形象。 增加国民所得,促进经济繁荣。 保证 RER 之年运量至少为 9130000 旅次 / 单程的 75%,开发公司同意补贴 RER 每旅次 4 ~ 7 法朗。 承诺法国政府有最低税金营收,若不足公共建设经费,则由法国政府与欧洲迪斯尼公司平均分摊,总计二亿法朗。	对政府有利。 使原工业使用的豪斯登堡能再度开发,更新、有新的使用生机。

二、世界各地奖励民间参与开发交通建设案例

世界各地将公共建设及服务民营化的积极作为早已蔚为潮流,即可深刻体会到投资金额庞大的基础交通建设,唯有借由政府与民间共同参与的良性合作模式,方可突破政府财力限制,并善加运用民间充沛资源与优势经营效率。遂近年世界各地已完成了一些重大工程案例,其中多项作法与机制足以案例地区作为借镜学习,在制定推动奖励性机制的说明(见表5-10):

表5-10 世界各地奖励民间参与开发交通建设案例综合评析表

项目 案例	英法海峡隧道	中国沙角电厂	马来西亚高速公路	泰国第二高速公路	英国多佛大桥	澳洲悉尼过港隧道	中国香港西区海底隧道
建造成本	120 亿美元	5.3 亿美元	18 亿美元	8.8 亿美元	3.1 亿美元	5.5 亿美元	10 亿美元
特许期间	55 年 (1987—2042)	10 年 (1987—1997)	30 年 (1988—2018)	30 年 (1988—2018)	20 年 (1988—2008)	30 年 (1992—2002)	30 年 (1993—2023)
政府配合措施	支助性贷款 营运自主性没有第二种设施竞争之保证	最低营收 汇兑保证	支助性贷款 最低营收 经营现有设施 汇兑保证 利率保证	经营现有设施	经营现有设施	支助性贷款 最低营收 经营现有设施	最低营收
完工风险控制	固定价格与目标成本合约	固定价格与统包合约	统包合约	统包合约	统包合约	统包合约	固定价格统包合约

案例 项目	英法 海峡隧道	中国 沙角电厂	马来西亚 高速公路	泰国第二 高速公路	英国 多佛大桥	澳洲悉尼 过港隧道	中国香港西区 海底隧道
费率 制定	自由调整	不超过从香港进口电力价格	依物价指数调整	15 年 内 调幅不能超过 $0.8	依零售物价指数调整	调幅 A$0.5	依物价指数调整
税前 报酬率	15%	N.A.	12%～17%	15%	N.A.	6%（通货膨胀率平减后）	12%～18.5%
特许 经营 公司	本国承包商和银行合资所组成	外国投资者	本国和外国承包商合资所组成	本国和外国承包商合资所组成	本国承包商和银行合资所组成	本国和外国承包商合资所组成	本国和外国承包商合资所组成
融资 来源	可案例地区和世界各地取得资金	可从世界各地取得资金	只能从案例地区取得资金	可从案例地区和世界各地取得资金	只能从案例地区取得资金	只能从案例地区取得资金	可从案例地区和世界各地取得资金

三、案例地区奖励民间参与开发观光游憩相关设施案例

案例地区糖业股份有限公司的“YM 大型育乐区”开发案，其计划内容及推动现况说明如下：

1. 计划内容概要

YM 大型育乐区开发计划，系政府国建六年计划暨十二项重大建设计划项目之一，由经济部所属案例地区糖业公司以设定地上权方式提供土地并鼓励民间参与投资开发及经营，以达成政府提升国民生活质量之政策目标。本计划于 1989 年八月完成可行性研究报告，经综合评析 TS 公司 YM、后里、七里三农场之基地条件、周边环境，并配合市场客层分析结果，最后选择 YM 农场作为兴建大型育乐区之基地（见图 5-1、图 5-2）。

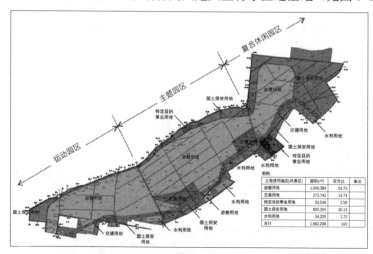

图5-1 YM大型育乐区规划配置图

(1) 基地概况。

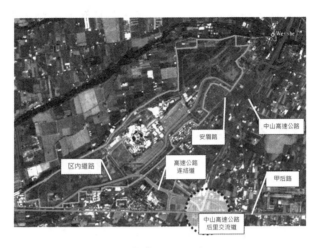

图5-2 YM大型育乐区开发案区位图

数据源：来源于网络

基地位于 TC 县后里乡紧临西边之泰安服务区，计划面积约为 198 公顷，地形为一长条形，呈东北至西南走向，距 TP 市约 110 公里，车行高速公路约需 2.5 小时；距 KS 市约 170 公里，车行高速公路约需 3.5 小时。

(2) 开发方式。

• 采 BOT 鼓励民间参与投资兴建经营方式进行。

• 采公开招商方式办理。

• 由 TS 公司以设定地上权五十年提供土地鼓励民间参与投资经营，地上权存续期间届满时，土地及地上物需无偿归 TS 公司占有及所有。

• 若 TS 公司拟重新出租此基地及其地上物时，原得标公司有优先承租 20 年之权利。

• 五十年期间民间投资人需依契约规定每年给付 TS 公司"地租"及"权利金"。

"地租"以固定成长比率方式计算，土地编定变更为游憩用地后第一年由政府重新规定公告地价税捐总和为其固定金额，而每年固定成长比率为 6%。

"权利金"分为"开发权利金"为一亿五千万元新台币、"经营权利金"为自营业日起逐年按收入总百分比之一定比率计收。

（3）分期分区开发规划

本计划得标人筹设之开发公司－泛亚国际开发股份有限公司经委托美国经济研究公司 ERA(Economic Research Associates) 及加拿大西菲塔斯都市设计及规划公司 (CIVITAS Urban Design and Planning, INC.) 分别就市场潜力、经济效益、基地环境条件等评估完成分期分区开发规划（见表5-11）。

表5-11 YM大型育乐区开发分期分区开发内容一览表

项目 开发期程	规划	内 容	预估投资金额 （新台币：亿元）
第一期	1997-1999 年	主题形式游乐园、欢乐购物中心、天堂梦幻花园不夜城、入园广场、主要停车场	48
第二期	2000-2003 年	度假旅馆、中央公园（度假别墅）、运动公园、水底世界、水上乐园、运河水道等。	12
说明：2003 年以后陆续投资增添不夜城、运动公园等设施内容。			

2. 执行情形概要

（1）办理情形。

1989 年 8 月 4 日计划成立。

1991 年 9 月 29 日完成主要开发计划。

1992 年 3 月 31 日申请用地分区变更。

1992 年 5 月 29 日办理第一次公开招商公告。

1993 年 12 月 30 日第一次招商废标。

1994 年 3 月 15 日办理第二次公开招商公告。

1994 年 5 月 30 日第二次招商废标。

1995 年 1 月 15 日办第三次公开招商公告。

1995 年 12 月 12 日与长亿育乐兴业股份有限公司达成议约。

1995 年 12 月 29 日双方签方订"投资开发合作协议书"，长亿育乐兴业股份有限公司正式成为本案得标人。

1996 年 6 月 27 日与得标人筹设之开发公司－泛亚国际开发股份有限公司签订"开发经营契约"。

（2）作业预定进度（表 5-12）。

表5-12 YM大型育乐区开发作业预定规划进度表

作业项目	时间
1. 申请《奖参条例》适用	1996 年 3 月
2. 拟定"开发事业计划"	1996 年 11 月
3. 环境影响评估作业	1996 年 11 月
4. 请领土地开发许可(测量、钻探)、水土保持工程	1996 年 11 月~1997 年 6 月
5. 基地鉴界	1996 年 11 月~1996 年 12 月
6. 杂项设计、杂照请领	1997 年 2 月~1997 年 3 月
7. 土地使用变更编定作业	1997 年 6 月~1997 年 12 月
8. 联外交通配合,后里交流道及联络道辟建	1996 年 1 月~1999 年 9 月
9. 签订"设定地上权契约"	1998 年 1 月~1998 年 2 月
10. 主题园育乐设施设计、施工	1998 年 1 月~1999 年 6 月
11. 主题园陆续开园营运	1999 年 6 月~2000 年 12 月
12. 第二期陆续兴建营运	2000 年 6 月~

(3) 预算及进度执行情形。

计划系采 BOT 方式由民间投资兴建及经营,故 TS 公司未编列预算,仅先期作业新台币 29,000 千元,由 TS 公司研究费分担,民间投资金额预估为新台币 6,000,000千元,第一期共预估新台币 4,800,000 千元,第二期新台币 1,200,000 千元由泛亚公司分担。

计划期程自 1991 年七月至 2003 年六月,规划暨甄选投资人作业自 1991 年七月至 1996 年六月完成,第一期主题园预定 1999 年六月陆续完成并开园营运,第二期园区预定 2003 年完成。至 1996 年六月底止本计划实际累计进度达 20.6%。

3. 目前推动情形

(1) 依据 1995 年 12 月 13 日案例地区行政管理机构经济建设事务主管部门会议结论。

依《奖励民间参与交通建设条例》之施行细则草案所订标准,YM 开发案应可纳入其适用范围内,惟仍需依《奖参条例》规定,办理申请与审核。有关同时适用《促进产业升级条例》及《奖励民间参与交通建设条例》,因援引《奖励民间参与交通建设条例》之奖励措施较优于《促进产业升级条例》,YM 开发案未来以适用《奖励民间参与交通建设条例》为主。至于《奖励民间参与交通建设条例》中无规定之事项,则适用《促进产业升级条例》之奖励规定。

有关 YM 开发案申请用地变更编定之作业时程，业经案例地区行政管理机构同意变更为风景区，为加速其土地使用变更编定作业，请相关单位依据所建议审查流程，于 23.5 个月内完成审查为原则，作为经建会追踪管考依据，扣除投资开发人提出开发事业计划及杂项工程施工合计约需一年时间外，希在一年内动工。

(2) 依据 1995 年 4 月 25 日经济、交通两部 YM 大型育乐区开发计划项目小组第二次会议结论：后里交流道于 1998 年底前完工。

(3) 依据 1994 年 9 月 21 日案例地区行政管理机构经济建设事务主管部门第 754 次委员会议结论：

增设中山高速公路后里交流道，请高速公路局办理规划设计及建设事宜，请 TC 县政府办理用地征收事宜。后里交流道之联络道路（即甲后路）拓宽工程，案例地区行政机构原计划于 1998 年度办理，为配合育乐区营运之需要，该联络道路至园区服务道路入口之路段请提前至 1996 年度办理，并于 1997 年底前完成。

至于原奉案例地区行政管理机构核定之高速公路泰安休息站至园区专用匝道及二高弁 TC 环线 YM 联络道路由民间投资兴建一节，等待未来实际需要再议。

增设中山高速公路后里交流道用地取得经费约新台币三亿五千万元由本计划之投资人负担，其方式于开发经营契约中订定之。

(4) 目前推动遭遇困难问题。

A. 联外交通配合

YM 大型育乐区拟规划成为案例地区首座世界级的游憩场所，惟联外交通系统的配合与进度将是影响育乐区开发计划的成败关键，因此既有道路系统的及后里交流道与联络道路系统等之新辟极须政府之配合，始得有成。

B. 行政作业配合

其后续工作尚需由泛亚公司依规定申领开发许可及用地编定变更等行政作业，极须请政府相关单位予以协助配合，始能如期进行动工兴建。

YM 大型育乐区预定于 1999 年 6 月底前主题园可陆续开园营运，预估旅次约 300 万人，2003 年全园开放时，预估旅次可达 500 万人 / 年，为期使联外交通能更加顺畅，并能如期开园营运，提出协助事项（见表 5-13）：

表5-13 YM大型育乐区开发提出鉴请公部门协助事项表

项目 建请协助事项	主管单位（申请单位）	协助配合及办理单位	希望完成时间
1. 联外运轮系统	案例地区交通事务主管部门、经济部		
（1）后里交流道	TS 公司、泛亚公司	高公局	1999 年 6 月
（2）交流道用地取得	TS 公司、泛亚公司	TC 县政府	1997 年 8 月
（3）联络道路	TS 公司、泛亚公司	省公路局	1999 年 6 月
（4）联络道路用地取得	TS 公司、泛亚公司	省公路局、TC 县政府	1997 年 8 月
（5）新辟台 13 外环道（预估工程费二亿七千九百万元新台币，未含用地取得）	TS 公司、泛亚公司	省政府	1999 年 6 月
2. 申领开发许可及用地编定变更	—	—	1997 年 12 月
3. 环境影响评估报告书	—	环保署	1997 年 12 月
4. 奖励民间参与投资措施	—	案例地区交通事务主管部门、案例地区财政事务主管部门	1996 年 11 月
5. 资金融资	—	案例地区财政事务主管部门	1997 年 2 月
6. 民间兴建工程	—	—	1999 年 6 月

4. 税捐与融资优惠

YM 大型育乐区投资者所获得的税捐及融资方面的优惠方面，如下：

（1）未来以适用《奖励民间参与交通建设条例》为主。至于《奖励民间参与交通建设条例》中无规定之事项，则适用《促进产业升级条例》之奖励规定。

（2）地价税捐方面优惠：于开发期间按千分之十计征地价税，营运期间仍按一般税率（千分之五十五）计征。

（3）融资方面：于 1994 年 12 月 29 日案例地区行政管理机构同意经济部于投资业者提出完整开发计划后，协助其向银行办理项目低利融资。

（4）地租方面：初期规划以地价税捐来支付地租给 TS 公司，但由于地上设定权 50 年，因此公告地价的调整变量不易掌握，风险过高；因此改以固定金额及固定之成长比例，付与地租，较为投资者所接受，而其中之差距风险，由 TS 公司自行承担。

具民间参与开发观光游憩相关设施的相关个案，引用《奖参条例》者，仅有案例地区糖业股份有限公司的"YM 大型育乐区"开发案，而早期过去亦已有许多个案具有民间参与开发之雏形，其然其所引用之法源及当时开发的环境亦不相同，多半是有政策性的推动，促进开发或发展，如许多法规的制定皆是因此应运而生的，而就当时之开发与观光游憩相关的开发事业，作为案例说明，指出当时给予之促成之相关机制，计划内容说明（见表 5-14）：

表5-14 案例地区奖励民间参与开发观光游憩相关设施案例综合评析表

项目 \ 案例		YM 大型育乐区	TP 世贸中心国际观光旅馆	垦丁凯撒大饭店
得标人		长亿兴业育乐股份有限公司	新加坡阿波罗企业公司	宏国建设
民间参与开发自备之条件		• 符合项目投标资格	• 开发人得按法令规定将自筹资本 144340 万元新台币 • 签约时缴交履约保证金 84 万元新台币，完工后归还	• 符合项目投标资格
开发内容		• 主题育乐区、都会生活区、亚太青少竞技园区	• 七层楼之展览大楼一栋、30 层之国际贸易大楼、25 层之国际观光旅馆一栋	• 三层之旅馆大楼一栋，共分六大区及高尔夫球场、网球场、游泳池、游艇观光区
开发规模		• 198.32 公顷	• 66000 平方公尺（6.6 公顷）	• 10081 平方公尺（1.0081 公顷）
对公部门提出之奖励需求	政府提供行政与法令上之协助	• 案例地区行政管理机构经济建设事务主管部门于 1995 年 12 月 13 日 YM 开发案纳入《奖参条例》范围，其中无规定者适用"促进产业升级条例"之奖励规定。	• 案例地区行政管理机构经济管理机构于 1983 年 9 月 30 日同意于水平相当之国际观光旅馆技术合作。	• 案例地区交通事务主管部门观光局于 1981 年制订垦丁地区鼓励民间投资兴建观光旅馆实施要点。 • 外资或侨资可依"外国人投资条例"或"华侨回国投资条件"，可将投资额及每年所得净利申请汇结。
	土地及资金得于政府优惠措施	• 案例地区行政管理机构同意经济部于民间投资业者提出完整开发计划后，协助向银行办理专业低利融资。 • 开发期间按千分之十计征地价税，营运期间，按一般税率千分之五十计征。	• 营利事业所得税及附加税捐总额，按"奖励投资条例"规定不超过其全年课税所得额 25%。 • 按投资条例规定，选择连续 5 年内免征营业事业所得税。或就固定资产缩短耐用年数提列折旧及选定延迟开始免税期间为 1～4 年。 • 政府协助洽有关银行提供贷款，条件由双方协议之。金额最高可达建造成本之 50%，贷款分摊偿还期为 20 年。 • 开发人自行进口案例地区尚未制造用于该旅馆之材料，设备及其他公共设备等，按"奖励投资条例"第 21 条，分期缴纳进口税捐。	• 提供可建造国际观光旅馆之土地。 • 协助业者取得总投资额 40% 之银行贷款，以央行核定之放款利率计算，前 3 年还利息，后 7 年平均分摊本息。 • 得 5 年内"免征营利事业所得税"或"固定资产缩短耐用年限提列折旧"。 • 营利事业所得税及附加税捐总额不超过全年课税所得额之 25%。
	政府对区域范围外公共设施之推动	• 协助与建与中山高速公路甲后道路口相连之联外道路土地之取得拓宽。	—	—

案例 项目	YM 大型育乐区	TP 世贸中心 国际观光旅馆	垦丁凯撒大饭店
私部门提供之配合 / 计划投资规模中私部门之配合条件	• 投资开发公司支付"地租及权利金"以取得土地使用权及投资建造与经营含有主题园之大型育乐区之权利。 • 地租以固定金额与固定成长比例方式计算。 • 权利金分两部分：开发权利金为一亿五千万元新台币；经营权利金逐年按营业数入总额之一定百分比计收。	• 具有经营或开发国际级观光旅馆之事业单位。 • 投资业者须缴付地租年租金依公有土地应缴纳地价税及其附加税捐为准。 • 若与观光游憩技术合作，每年缴 6.25% 的开发权利金，而停止合作时则缴 8.25%，不可少于 25740 万元新台币。 • 与其合作期间为 10 年营业期，期限可延长每延期一次为 5 年。	• 投资业者支付土地租金及使用权利金。 • 土地资金以土地公告地价年息 3% 计算。 • 使用权利金按年营运总收入之一定百分比缴付。 • 每年营运总收入中抽取 4 ～ 5% 之费用作为维修与改良环境。
开发计划之预期投资报酬	• 案例地区之大规模育乐区，预计吸引大量观光人潮。	• 案例地区当时五星级观光旅馆。	当时位于南案例地区罕见之五星级观光旅馆，可配合特定区公园整体发展。
协议后之开发方式	• 采 BOT 之开发方式。 • 得标公司开发经营期限终了，土地及依据开发事业计划兴建之全部地上物，均除去物权设定及债权，无偿移转 TS 公司。	• 采 BOT 之开发方式。 • 设定地上权为 50 年，期满得延长之，地上权存续期间届满前 2 年申请延长，但合计不得超过 80 年。	• 采 BOT 之开发方式。 • 投资业者开发经营契约不得超过 50 年。期满无偿归还政府所有，地上权设定亦为 50 年。
开发方式决定之关键	• 对私部门有利：营运期限有 50 年保证。 • 以固定比率计算地租的方式，业者之投资风险较低。 • 已获得政府的同意，开发时减税并可向银行办理项目低利融资。	对私部门有利： • 营运期限有 50 年保证。最多可至 80 年。 • 经济部已于 1983 年 7 月签订开发经营契约书与设定地上权契约书。 • 政府协助开发业者向银行贷款。	对私部门有利： • 营运期限有 50 年保证。 • 案例地区交通事务主管部门观光区已有制订相关法令协助开发兴建。 • 以固定比率计算地租的方式，业者之投资风险较低。 • 使用权利金依营运状况调整，符合公平原则。
	对政府有利： • 50 年后取得既有的开发及经营成果与建成之实质环境。 • 50 年期间减少土地空置的损失，获得地租及权利金，促进 YM 农场周遭的繁荣。	对政府有利： • 50 年后，可获得五星级国际观光旅馆。 • 开发者自备款可减少初期开发成本。 • 可吸引世界各地大量观光客。	对政府有利： • 50 年后，可获得五星级国际观光旅馆。 • 促进垦丁特定区公园相关游憩设施质量之提升。

公共基础设施闲置及公私协力 (PPP) 活化机制实践

四、案例地区奖励民间参与开发交通建设案例

案例地区现正大力推动各项重大交通建设，一方面在政府财政短窘及公债发行额度之限制下，感觉筹资工具不足；另一方面民间却在游资充斥及投资机会不足下，感觉投资管道不通畅。因此，制定多项奖励性的法规因又以《奖参条例》较有明确针对交通建设相关之规定，因而多项奖励性民间参与之个案则多以交通建设为多，如案例地区南北高速铁路、ZZ 国际机场至 TP 捷运系统等为近期较重要的个案，就此二项提出奖励性关键之说明（见表 5-15）：

表5-15 案例地区奖励民间参与开发交通建设案例综合评析表

项目 案例	案例地区南北高速铁路	ZZ 国际机场至 TP 捷运系统建设
得标人	• 案例地区高铁联盟 • （富邦、大陆工程、长荣、太平洋）	• 目前正在评估中
民间参与开发自备之条件	• 具有高速铁路技术的投资厂商 • 具有适当之建设经费财务实力，取得优先议价权。 • 实收之资本额至少有 100 亿元新台币，财务状况良好。	• 最低实收资本额至少为 10 亿元新台币
开发内容	• 机电系统、土建工程、轨道工程、车站工程、站区工程、车站联外交通系统	• ZZ 国际机场至 TP 捷运系统路线，站场设施相关设施兴建工程，附属事业及政府核定之相关建设事项。
开发规模	• TP、桃园、HC、TC、CY、TN、KS 七个车站特定区计有 1391 公顷。 • 高铁系统约 340 公里。	• ZZ 国际机场至 TP 机场捷运系统约 35 公里
对政府提出之奖励需求	• 政府提供行政与法令上之协助	• 引用《奖参条例》，给予奖励以合约、议约给予奖励。 • 协助取得融资与税捐优惠，管理与监督地下化土建工程，协调工程相关工作接口。

196

项目 \ 案例	案例地区南北高速铁路	ZZ 国际机场至 TP 捷运系统建设
对政府提出之奖励需求 / ·土地及资金得于政府优惠措施	·土地可依《奖参条例》第 10.11 条由特许公司承租或设定地上权方式取得使用权。	·案例地区交通事务主管部门组成"案例地区交通事务主管部门奖励民间投资 ZZ 国际机场至 TP 捷运系统推动小组"处理相关政策及重大协调协议事项。 ·为进行先期规划工作，有关部门于 1995.7.3 向经建会申请中美基金补助 460 万元新台币。 ·经建会亦成立项目推动小组。 ·协助都市计划变更。·管线协调迁移过程。
·政府对区域范围外公共设施之推动	·可引用《奖参条例》选择站区用地，办理土地开发及经营附属事业。	·协助取得建设计划内之交通用地。 ·协助投资人洽商金融机构之融资优惠。
·计划投资规模中私部门之配合条件	·特许期间内之营运与维修 ·按原有许可条件于期满后，有偿或无偿转给政府及履行兴建合约中规定之事项。	—
私部门提供之配合 / ·开发计划之预期目标或投资报酬	·届 2010 年每日旅行超过 25 公里者，估计达 242 万人次，台铁局预估股权报酬率（税后）达 18.24%	·期满 30 年后，应依《奖参条例》第 45 条规定办理资产移转。 ·依主管机关核定之费率公式计收订定收费标准。
·以 BOT 之方式开发兴建，特许期间包括"特许兴建期"以合约约定施工期限；"特许营运期"为 30 年	·以 BOT 为开发方式。 ·经政府核定营运 30 年，期满后应依奖参条例第四十五条规定办理资产移转。	·配合成为亚太空运中心之捷运系统完成。
开发方式决定之关键	对私部门有利： ·特许营运期为 30 年，为保证获利期。 ·已有《奖参条例》作为办理之依据，具有原则的规范。 ·可获得项目融资及地价税、营利事业所得税的减免。	对私部门有利： ·特许营运期为 30 年，为保证获利期。 ·已有《奖参条例》作为办理之依据，具有原则的规范。
	对政府有利： ·30 年后可获得七大站场及高铁系统。减少交通运输需求及预算财务的压力。	对政府有利： ·可由民间共同参与，获得 ZZ 国际机场对案例地区交通系统之联系捷运系统，又助于成为亚太空运中心。

五、民间参与公共建设特点

由以上各项案例内容及奖励性机制之说明，无论观光游憩设施或交通建设设施，对公政府提出之奖励与要求而言：除了计划本身之外更有许多的行政与法令上的协助、土地与资金得于政府的优惠措施、政府对区域外公共设施的推动；对于私部门提供的配合而言：可分为私部门配合条件、预期目标或投资报酬；协议的开发方式；开发方式决定性的关键等项目，是各开发案的特性，都会直接影响到开发案之财务部份，更会影响到开发案的成功与否。因此，其中的奖励与协助措施直接影响到计划推动之诱因，是否降低投资风险及减少不确定性，进而吸引民间投资，促进计划的推动。而就奖励性的多项因素，综合说明如下。

1. 政府对于行政与法令上的协助

为求政府与民间组织的在参与此一共同开发计划时能有所依归，因此必须从计划方案的执行到其他相关行政业务的配合，皆必须由政府行政部门制定之相关行政程序及法令规章，如引用的法令，适用范围之界定等。而同时亦必须将相关之机制规范完整具奖励性的帮助，降低开发上因不确定性而造成的风险。

2. 土地与资金得于政府上的优惠措施

土地取得之方式与参与开发的方式有相当重要关系，开发的资金筹措与融资之方式与可行的融资方式等，对开发的影响相当大，由以上案例看出一般而言，为使开发案能顺利推行，都会有许多的优惠措施或引用的优惠规定。

另外，土地取得的方式与权属，似乎决定了开发的方式，是设定地上权之方式取得特许经营期的使用权或是取得所有权以 BOO 的方式开发。故而，如何制定适宜的融资办法与土地取得的合法方式将十分重要。而案例地区目前金融环境较为急需加强的部分，就是放宽市场的规模及金融法规之限制（银行法之公共建设贷款由现行 5% 过于严苛无助于推动）。同时能给予奖励性的税捐减免。

3. 政府对于公共建设的推动

对于观光游憩设施的开发而言，联外的交通是相当重要的，而由法国迪斯尼及日本卢斯登堡及案例地区的 YM 大型育乐区的开发案例得知，是决定的关键，亦是民间考虑是否参与开发相当重要的决定因素。

4. 私部门的投资能力与规模

观光游憩设施开发回收期长，风险高，若投资金额过大，则恐民间无力独资承受投资风险，况且案例地区对于此类开发方式经验仍不足，且虽民间游资活络，但仍然有限，因此投资规模大小与承包方式（统包、分包）等，有密切关系。而由参考世界各地的案例，金额在新台币 500 亿元以下者，成功概率为高（香港东区过港隧道 176 亿元新台币、大老山隧道约 75 亿元新台币、曼谷第二高速公路 275 亿元新台币。

5. 开发预期目标与私部门投资预期报酬

在观光游憩设施开发有许多的工程并非皆适合民间业者参与，而尤其在开发规划中，如获利及投资报酬率较低、非市场机制下具获利性的设施，对于公共环境有直接影响的开发设施等，或应考虑民间投资能力，或考虑经营维护之技术性、或对于环境影响过巨等因素，应个别加入整体考虑，考虑私部门投资是否合乎投资的财务效益。与开发的预期目标。

因此，针对计划特性或使用类别与开发环境，视其是否合乎预期投资报酬与开发目标，尔后再评估其开发采何种方式。

第三节　观光游憩设施奖励性开发财务评估分析

一、政府与民间组织对开发财务之考虑方向

民间对于观光游憩设施开发财务的观点与政府之考虑不同，民间部门投资之评估准则常为财务内在报酬率（IRR），政府尚须考虑就业机会均衡发展，提升生活质量等外部效益，其评估准则是基于社会成本效益所衡量的内在报酬率。换言之，民间关注的是财务效益，政府关注的是经济效益。

而在推动的过程中，由于政府与民间组织立场的不同，外在环境给予之责任及本身的运作机制亦不相同。因此，在推动执行时，政府与私部门分别有其不同之考虑。本研究将就财务评估的基本立场、资金来源与支出、考虑内容的项目，分别加以说明；而其中考虑内容的项目必须依推动进行之阶段性加以区分为政策形成阶段、特许公司评选阶段、计划运行时间，详细说明其阶段性政府与民间组织不同之考虑（见表 5-16）。

表5-16　政府与民间组织对开发财务之考虑方向比较综理表

角色 项目	政府方面	民间组织方面
财务评估基本立场	• 评估准则：除财务效益外，尚需考虑外部效益，创造就业机会、具自给自足的观光游憩设施的开发案。 • 以社会全体福利为基本立场。	• 评估准则：财务的内生报酬率，及财务效益。 • 以个人报酬多寡为基本立场。
资金来源及支出	• 资金来源：政府开发风景特定地区多半是由预算筹措，如经常之收入（税收）、世界各地借贷、公债、营运收入等。 • 资金支出：由推动过程中之必要性或公共性事务，需政府出资支持。包括：可行性研究费用、规划费用、支付承包商之建造费用、营运期间所需费用、利息费用、行政补贴费用等。	• 资金来源。 • 股权资金：由特许公司提供 • 债务资金：由世界各地银行、信托投资公司等金融机构取得，或自资本市场由出卖公司债所得。 • 营运时可赚取租金收入。 • 资金支出：支付承包商之兴建金额及营运阶段所需的各项费用以及利息费用。

项目	角色	政府方面	民间组织方面
考虑内容	政策形成阶段	・进行财务分析：了解民间参与投资之可行性及作为研拟奖励策略之参考指标。财务分析是政府以投资者观点预测计划建造成本，营运维持成本等各项成本，以计划之营收及非营运收入。 ・研拟奖励策略：提供土地予投资者参与开发。 ・补贴包括补贴建设资金、营运收入或贷款利息，补贴视财务特性而定。 ・政府应考虑与税捐之优惠。 ・研订财务计划之假设条件：如折现率、评估期、物价上涨率、利率、汇率、税率等。 ・研订协助筹资方式：参与投资、提供贷款保证、联贷。 ・费率之掌握程度：应能足以支持特许公司持续经营，且费率之订定及调整方式必须于政策形成阶段明确订定。	—
	特许公司评选阶段	以审慎评估财务计划为主。主要评估整体财务方案之运作模式及融资方案之确保程度，并对各投资业者提出条件，就整体计划经济效益及相关法令等环境进行协调，沟通以评选最后方案，评选内容如下： ・基本假设条件与规定内容相符。 ・成本估计：兴建与营运成本预估是否合理。 ・收益估计：使用量预测、费率与调整方式。 ・成本收益分析：投资报酬率是否过高或过低。 ・资本来源与运用：融资计划之可行性。 ・敏感性与风险分析：了解相关变量对收入成本之影响程度及各种风险之应对策略。 ・特许公司组成分子过去财务状况。	・先进行财务可行分析，与银行团协商，了解报酬率之多寡和资金筹措之可行性。 ・财务是否具有可行性：应先编制现金流量表，以了解现金流入流出。 ・考虑评估计划的获利大小，一般常用之方法有净现值法，内在报酬率法、折现还本法，若达标准则进行敏度分析。 ・考虑民间是否有筹资能力，若无则中止计划，若可行则配合技术可行性分析，环境可行分析提出计划申请。 ・与银行进行协商：政府为确保资金来源，则要求对业者提出银行团之贷款意愿书，因而需与银行协商。 ・投资者筹资工具有股票、公司债等，其中项目融资为主要方式，而以现金流量为授信基础，传统是以资产负债表为授信基础。
	计划运行时间	・主要是监督特许公司财务状况，及公共事务于招商条件中规范之事项是否遵守执行。 ・在财务监督中，可透过特许合约中要求提送资产负债表，定时稽核会记账，了解营运状况，必要时可提出必要之协助。	需与各分包签约者签订相关合约，明定权利、义务，而反映其逐承担之风险程度与相对报酬而考虑的项目有： ・聘请财务顾问。 ・安排资金组合和财务架构。 ・研拟财务管理策略。

表中私部门在政策形成阶段，为能有所参与与应对，因此该项为空白。而私部门在进行财务评估时有其考虑的流程，如图 5-3：

由上述文献及世界各地公共工程采公私协力方式开发成功经验得知，Savas 对美国地方政府所做的调查结果发现，资本的节省、专业的缺乏、设施的需求、营运的节省、融资的考量与较佳的服务乃是促使政府愿意引进民间力量参与公共建设的重要因素；其中又以"资本的节省"排名第一，其次乃是"专业的缺乏"和"营运的节省"。

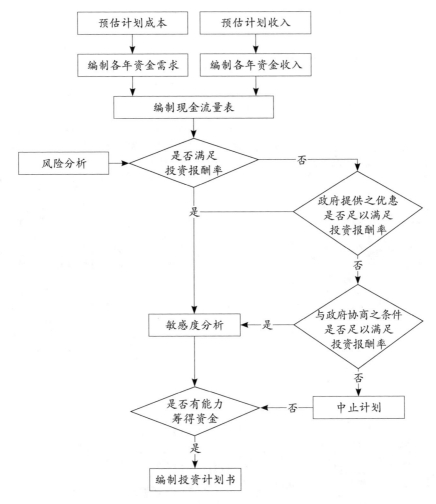

图5-3 民间投资参与公共建设开发财务分析流程图

数据源：民间参与公共建设－ BOT 运作整体架构之探讨，1996

根据 Savas 的分析，民间参与公共建设可以满足下列三项需求：1. 提升公共设施的水平以应对人口成长，满足日渐严格的法令要求，或以吸引投资与开发；2. 使公共建设的兴建成本极小化，以避免其后续对社会大众造成的"费率震撼"（Rate Shock）；3. 由该公共建设特许权取得之付款以作为其他潜在计划所需之资本 (Savas, 2000)（林淑馨，2011）。

基于上述的问题意识，依据文献将民间财务启动公私协力开发之相互影响关系，所包含的关系如图 5-4，影响面向可归纳如下四项。包括：（1）政府与民间组织扮演角色差异性、（2）影响财务因素之不确定性、（3）开发财务计划之可行性、（4）协商评估决策机制之完整性。

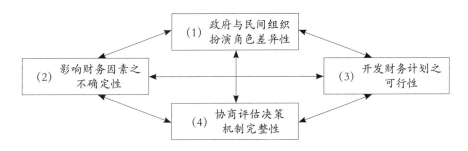

图5-4 民间财务启动公私协力开发相互影响关系图

在推动公私协力的过程中，由于政府与民间组织立场的不同，且外在环境给予各自之责任开发及运作机制亦不相同。换言之，民间关注的是"财务效益"，政府关注的是"经济效益"，而"财务效益"仅为其中之一环。私部门对于观光游憩设施开发财务的观点与政府之考虑不同，投资评估准则常为财务内在报酬率（IRR），必须依赖财务效益评估，并必须能有足够的筹资管道或融资能力，才会投入资金。政府尚须考虑就业机会均衡发展，提升生活质量等外部效益，其评估准则是基于社会成本效益所衡量的内在报酬率，以编列预算之方式实施，视其公共建设需要及分期分区建设计划，逐年编列实施。

二、开发投资财务评估研究方法

研究方法以敏感度分析（risk analysis）为主，再依据工程经济学之损益平衡分析（breakeven analysis）进行财务效益评估。考虑民间在投资项目评估可行性的情况下，可能所会遭受到的项目状况（C.S.Park, 1993）。分别进行说明如下：

1. 敏感度分析

此分析方法可用来估计税后现金流量的每一投入（input）变量发生改变时对净现值之影响。另外可针对某问题点，来决定哪些变量项目对其项目的现金流量之影响力。一般可由输入变项的"敏感度变动率"的变化及"敏感度图"加以呈现。

2. 损益平衡分析

在作投资项目的敏感度分析时，若收入较预期的低或成本较预期的高，其影响的严重性可进行损益平衡分析，以一般现金流量法中作损益平衡分析的过程，求出流入现金流量与流出现金流量之净现值（二者之差）；再者找出使二者相等之相关变量值，称为损益平衡点；而此与求算内部报酬率而使净现值为零之临界值非常类似。

3. 财务可行性评估分析

财务可行性评估要项包括："回收期间""净现值""内在报酬率""自偿率""风险程度""筹资方式"等六项，为开发财务可行性评估指标。

三、开发财务评估因素

观光游憩设施的开发，由于相关的影响因素相当多，而开发之财务规划应为动态的仿真而非静止传统的记账式计算总建造金额，因此开发财务在规划时就必须要以财务性的影响因素及规划性的影响因素同时考虑；其中二者之间必须相互配合，兼顾规划的合理与财务上之可行，而再就考虑计划推动时需必备之相关条件，才归结出在观光游憩设施开发时所必须考虑的财务项目，进而予以评估财务效益，研拟出开发财务上具体可行的方案。

（一）财务评估方面影响因素

政府参与公共设施开发在评选特许公司投标时，要求投资者提出财务计划书，而其中涉及相关条件之假设，需先由政府加以假设，如评估期（兴建、经营年期）、折现率、物价上涨率、利率、汇率、税率等，方可供投资者分析财务计划。本研究将此类影响因子定义为固定假设因子（政府订定）。

另外，开发计划在推行时，有多项财务因子是必须由协商机制而产生的，或是整体规划中具协商空间的因子，而将奖励项目或需协商的因子定义为协商条件因子（由公私双方协商后订定）因此，此二类因子将会直接影响财务评估计划，同时也会影响参与投资与否的结果。

影响财务评估计划，同时也会影响参与投资与否的结果之相关因子，区分为二类

1. 固定假设财务因子（政府订定）

（1）评估期 (Payback Period)

（2）折现率

（3）物价上涨率

（4）利率

（5）汇率

（6）税率

2. 协商条件财务因子（由公私双方协商后订定）

（1）奖励性项目中具协商弹性之财务因子

（2）贷款年期、比例

（3）收入（消费基本金额）

（4）公共建设与公用设备兴建工程负担比例

（5）回馈方式与防污经费分摊比例

在计划运行时间，财务规划是投资者相当重要的工作，以了解投资报酬率之多寡。因此，当估算之报酬率较低时，政府应研拟奖励策略、提供奖励性法令环境创造奖励机制，以吸引民间投资。私部门应就财务性因子分析对财务效益及投资报酬率之影响，加以研究；然而，其中部分因子与实质规划内容有相当直接关系之影响，

因此，除就财务因子外必须对实质规划之影响做进一步了解，以提供决策单位、民间投资业者及金融机构参考（见表 5-17）

表5-17 民间财务启动观光游憩设施开发可行性之影响因素架构表

项目 影响因素	属性	影响因子	订定方式
规划性 影响因素	1. 基地外部实质环境因子 2. 基地内部实质环境因子	开发时程、开发模式、公共设施与公用设备之开发、回馈方式及环境防污经费分摊方式、土地开发前的背景特性、未来开发使用种类及设施项目。	依据开发模式而定。
财务性 影响因素	1. 固定假设财务因子	评估期、折现率、物价上涨率、利率、汇率、税率。	政府订定。
	2. 协商条件财务因子	奖励性项目中具协商弹性之财务因子（如：费率营运收入成长率、特许权年期）、贷款年期及比例及收入（消费基本金额）、公共建设与公用设备兴建工程负担比例、回馈方式与防污经费分摊比例。	由公私双方协商后订定。

数据源：邢志航，1998；蔡政亭、陈慧君，1996

（二）规划方面影响因素

整体实质规划之安排与内容，对于观光游憩设施开发财务有直接影响，由于观光游憩设施之开发特性上，就空间而言为集中大型的开发行为；就时间而言为渐进式的开发；就财务而言以低成本高收益为目标。另就实质规划配置之使用性质不同对于财务奖励之敏感度，亦不相同。综合以上，可知规划方面对财务的影响相当大。以下逐项说明：

1. 开发时程

由于观光游憩设施之开发多半会以分期分区之方式，进行开发时程的安排，因此，会对于经营使用时间长短产生影响，另外分区之配置区位也会因是否具有活动聚集性、使用性质互补性，而产生对获利的影响，因此对于开发之分期分区计划必须与整体的配置设计配合。

2. 公共设施与公用设备之开发

公共性设施之开发者、开发进度、开发权责、开发机制与经费来源等，直接与开发时程与配置区位机能之设计相关；而公用设备之设置权责归属、开发机制及经费来源、维护机制等，亦直接影响日后运作正常，相对影响开发运作之建造成本、营运利润与经营风险，必须于开发规划中事前考虑。

3. 回馈方式及环境防污经费分摊方式

大型观光游憩设施之开发常会造成自然环境影响或破坏，多半会造成环境上的影响与经营事业单位或活动有直接关系，因此，回馈地方及提出环境防污维护计划将会是必须的共同议题，也需由开发规划时就提出相关配合机制，订定回馈或分摊之项目与内容，在评估财务效益时能一并纳入。

4. 开发前的背景特性

由于大多数观光游憩设施之原土地使用状况、权属不同，对于日后开发的推动，都有相当重大之影响，其中较具影响大致可区分为：土地权属现况、土地利用现况，而土地取得之方式对开发方式亦有所影响，而财务规划上的配合也会现有之背景因素而左右。

5. 未来开发使用种类及设施项目

对于观光游憩开发后之未来使用种类、设施项目，对于未来经营与获利有相当直接的影响，如与邻近地区的观光游憩设施之关系、与观光系统之相互关系等，因此也会对吸引游客数即收入，与经营成效有相当直接之影响。

6. 开发方式

观光游憩设施之开发方式不同，所产生的开发效益也不完全相同，若政府自行开发时，就必须考虑预算编列与日后经营管理相关问题，而以政府与民间组织合作的方式时（如 BOT 之开发方式），政府与民间组织双方就必须考虑特许期间、奖励项目、双方之权利义务等因素。而完全由私部门开发时，私部门就将自行考虑相关开发财务上之风险与实际自行开发之合法性问题。

而其中土地取得之方式最为重要，以区段征收或地主参与开发等，将会影响开发计划推动之进行与原地主或使用者之权益，因此必须因地制宜的订出可行且合乎未来发展目标的方式，才能造成财务计划推动的助力（见表 5-18）。

表5-18 民间财务启动观光游憩设施开发之"规划性影响因素"说明表

因素 \ 说明	对于财务可行性之影响
1. 开发时程	由于观光游憩设施之开发多半会以"分期"及"分区"之方式，进行开发时程的安排分期，因此，会对于经营使用时间长短产生影响。另外，"分区"之配置区位也会因是否具有活动聚集性、使用性质互补性，而产生对财务可行性中获利收益方面产生影响。
2. 公共设施与公用设备之开发	公共性设施之开发者、开发进度、开发权责、开发机制与经费来源…等，直接与开发时程与配置区位机能之设计相关。公用设备之设置权责归属、开发机制及经费来源、维护机制等，亦直接影响日后运作之正常。二者影响开发运作之建造成本、营运利润与经营风险，须于开发规划一并考虑。
3. 回馈方式及环境防污经费分摊方式	大型观光游憩设施之开发常会造成自然之环境影响或破坏，多半会造成环境上的影响与经营事业单位或活动有直接关系，因此，"回馈地方"及"提出环境防污维护计划"将会是必须的共同议题，也需由开发规划时就提出相关配合机制，订定回馈或分摊之项目与内容，在评估财务效益时能一并纳入。
4. 土地开发前的背景特性	由于大多数观光游憩设施之原土地使用状况、权属不同，对于日后开发的推动，都有相当重大之影响，其中较具影响大致可区分为：土地权属现况、土地利用现况。因此"土地取得之方式"对开发模式亦有所影响，而财务规划上的配合也会现有之背景因素而左右。
5. 未来开发使用种类、设施项目	对于观光游憩开发后之未来使用种类、设施项目，对于未来经营与获利收益方面有相当直接的影响，如与邻近地区的观光游憩设施之关系、与观光路线系统之相互关系等，也会对集客力与收入等经营成效有直接影响。
6. 开发模式	观光游憩设施之开发模式不同，所产生的开发效益也不完全相同。若政府自行开发时，就必须考虑预算编列与日后经营管理相关问题，而以政府与民间组织合作的方式时（如BOT之开发方式），政府与民间组织双方就必须考虑特许期间、奖励项目、双方之权利义务等因素。若完全由私部门开发时，私部门就将自行考虑相关开发财务上之风险与实际自行开发之合法性问题。

数据源：本研究整理

四、评估效标分析

目前一般财务规划常用的效益评估项目，包括回收期间、净现值、内在投资报酬率，针对观光游憩设施开发若采公、私合作的方式进行；民间资金投资建设开发，因此将增加计划财务规划的复杂性。

政府除考虑自身常用之资金来源外，更必须考虑私部门投入之资金来源等事项，提供之诱因是否适当；私部门也亦需将了解奖励性的诱因是否足够，同时费率与使用量是否足够等，相关之公共设施可否支持计划执行等，因此必须增加数项财务效益评估项目，如：自偿率、风险程度、筹资方式，而以上数项之财务效益评估项目，将有助于财务规划。以下将逐项说明：

（一）回收期间（Payback Period）

回收期间指预期能自投资项目的净现金流量中回收该项目的原始投资额所需的年期，而回收期间法就是算出投资项目所收的回收年期，以评估项目是否被接受的方法，为资本预算程序中最先被发展出来的方法。计算回收期间最简单的方式，系将投资项目的净现金流量加以累积，然后看看何时累积总额到零。由开始累积到那一天算起，一直到累积净额到零止，这一段期间就是该项目的回收期间。

（二）净现值（Net Present Value）

净现值法系折算现金流量技术之一种，其计算程序如下：

（1）找出投资项目的现金流量：项目的原始投资额也包括在内，再用适当的资金成本率（或折现率）将这些现金流量折算成现值。

（2）将所有现金流量的现值加起来后，所得到的总和就是项目投资净现值。

（3）若净现值为正，则接受项目；若净现值为负，则拒绝专案；若决策者有两个互斥项目可供选择，则选择具有较高净现值的项目。投资项目的净现值可用下式算出：

$$\text{NPV}=\sum\nolimits_{t=0}^{n}\frac{CFt}{(1+k)^{t}} \qquad\qquad （公式9）$$

在此 CFt 代表投资项目在第 t 期所产生的现金流量。k 是适用于该项目的折现率或资金成本率，n 则为该项目的规划年限。投资项目的资金成本率（k）为投资计划各种资金成本之加权平均利率，视该项目的风险、经济体系中利率水平，及其他相关因素而定；自有资金投资则以银行之一年定期存款利率为准。

（三）内在报酬（Internal Rate Of Return）

投资项目的内部报酬率系指一个能使该项目的预期现金流入量现值刚好等于其预期现金流出量现值的折现率。可用下列等式来表达上述概念：

投资成本的现值 = 投资收入的现值或

$$NPV = \sum_{t=0}^{n} \frac{CFt}{(1+r)^{t}} = 0 \qquad （公式 10）$$

满足上式之 r 值即为内在报酬率，其他符号所代表的意义与前式相同，运用此评估方法时，通常会先订一个最小可接受报酬率，例如银行之一年期定期存款利率，若内部报酬率高于此标准，则此投资项目可被接受；反之，则舍弃此投资项目，若决策者有两个互斥项目可供选择，则选内部报酬率较高者。

（四）自偿率 (Self Liqu idating Rate, SLR)

根据财政学者 R. A. Musgrave 对自偿性的定义："计划案未来对营收可以支持建设期的投资成本，如同公营企业般可贷款从事投资，另据生产性的投资计划亦兼有营收与扩大税基效果；主要的是这类计划的支出，政府在未来无须因此而增兼税收或额外的税源来偿付。"

然而，此仅止于概念性、原则性的看法，在事务上尚须考虑一些虽然未能达到100% 完全自偿，但建设完成后，营运期间又有净营收产生，且具有部分自偿性之计划。为了求取这偿付建设成本的百分比，而创设了所谓的自偿率 (SLR) 用以分割建设成本中，可由计划自偿的金额，另计划无法自偿的部分，就需政府做实质的资本协助（capital grant）。自偿率之计算概念及公式如图 5-5：

$$SLR = \frac{营运评估期净现金流入之完工年度现值}{建设期建设成本支出之完工年度终值} = \frac{B}{A} \qquad （公式 11）$$

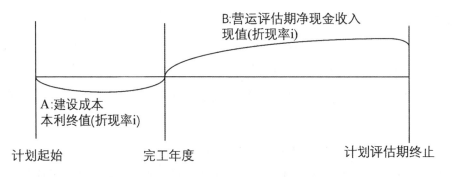

图5-5 计划项目自偿率概念图

（五）风险程度（Risks）

一般而言，凡对于任何计划之预期成本或预期收入产生负面冲击、不良影响、或潜在不利因素，称之为"风险"。风险会随计划性质、应用领域或考虑层面之差异而有不同之衡量指标，就民间参与观光游憩设施开发建设而必须考虑的因素，就计划运行时间中有的风险：

（1）奖励性规范不明确之风险。

（2）规划不当或设计不良风险

（3）都市计划变更时程及土地取得的风险

（4）费率掌握及预估之风险

（5）财务计划假设条件预估之风险

（6）汇兑通膨的风险

（7）现金流量不稳定的风险

（8）筹资方式风险

（9）工程技术风险

（10）施工延迟风险

（11）成本超支风险

（12）游客需求不确定之风险

（13）不可抗力的风险

由以上所列举之相关风险与不确定性，可见民间参与观光游憩设施之开发有相当多事项必须要配合，承担的风险实为不小。

（六）筹资方式（Mode of Funding）

由民间参与观光游憩设施开发，可得知建设资金来源多半来自政府筹资或融资及来自民间资金而来，因此在考虑筹资工具时，也应站在政府及民间立场就各种因素加以评估，一般而言，此类考虑因素包括下列各项：

1. 先考虑财务目标

因财务目标之不同，筹资工具之选择就不同，比如若财务目标是"减轻政府负担"，则财务目标将可能伸向民间，除此之外，其他之财务目标可能为"最小化财务总成本""最大化财务可能性"或"促进资本市场发展"等。

2. 资本规模

投资金额愈高，民间投资组织形成愈为困难，仰赖民间筹资就愈不易。

3. 风险因素

风险之高低不仅影响民间集资之意愿，也影响政府筹（融）资方向，风险愈高愈不易，风险的种类如前所述有相当多。

4. 投资报酬率

投资报酬率愈高愈可行，一般民间投资报酬率约在 10% 至 20%，放在金融机构至少约为 7%。

5. 金融环境

金融环境之情形是直接影响筹资工具选择的要素之一，包括：（1）案例地区金融市场健全制度及成熟度，如：商品多样化程度、次级市场活络情形。（2）国际金融市场可运用程度，如案例地区货币政策主管机关外汇政策。

6. 相关政策法令

奖励投资之大环境是直接影响民间投资之广度与幅度大小，间接影响政府筹（融）资之组合。

7. 投资目标之专业知识

对专业知识的了解程度，如对建造、营运技术之熟悉程度，正足以影响民间投资幅度，掌握专业知识越高，间接将影响政府融资与民间投资的比例。

而就民间筹措资金的方式有案例地区贷款、发行股票、债券、项目融资（Project Financing）、进口信贷、发行海外公司债等，在选择时应不同之财务环境，而各有许多优缺点（见表 5-19）：

表5-19 资金筹措方式优缺点一览表

筹措工具	优点	缺点
案例地区融资贷款	• 借贷文件单纯 • 融资条件可修改	• 需提供担保品
特别股	• 发放股利有弹性 • 改善财务架构 • 债权人不能迫使公司清算	• 股利不可减税
普通股	• 改善财务结构 • 债权人不能迫使公司清算 • 无到期日	• 发行成本高·股利不可减税
分期公司债	• 分期还本	• 利息固定 • 债权人可迫使公司清算
收益债券	• 债息可减税	• 利息固定 • 债权人可迫使公司清算
附属信用公司债	• 增加举债能力 • 利息可减税	• 利息固定 • 债权人可迫使公司清算
项目融资	• 风险分析深入 • 信用风险仅限计划 • 各人风险明确分摊	• 借贷文件复杂 • 联贷风险高 • 融资条件修改难 • 需聘独立财务顾问

　　由以上所述，财务效益评估的项目非常多，而对于观光游憩设施相关之建设开发，私部门应以上述之项目为基本项目，了解外界金融及投资环境进行动态的财务仿真，评量相关的财务效益。政府除此之外必须加强社会整体经济性条件，同时能对私部门参与规划开发时财务条件加强了解，同时提供相关条件（环境维护、公共设施分摊）的规范，若财务效益不足时给予奖励或提供相关之协助，方可决定资金筹措方式，给予相关协议。

表5-20 民间财务启动公私协力开发财务可行性评估指标汇整表

开发财务评估指标	定义说明	计算方式及代表意义
回收期间 (Payback Period)	预期能自投资项目的净现金流量中回收该项目原始投资额所需的年期，以评估项目是否被接受的方法。	• 计算回收期间最简单的方式，系将投资项目的净现金流量加以累积，然后累积总额到零，该期间就是项目的回收期间。
净现值 (Net Present Value, NPV)	• 净现值法系折算现金流量技术之一种，其计算程序如下：找出投资项目的现金流量：项目的原始投资额也包括在内，再用适当的资金成本率（或折现率）将这些现金流量折算成现值。 • 将所有现金流量的现值加起来后，所得到的总和就是项目投资净现值。 • 若净现值为正，则接受项目；若净现值为负，则拒绝专案；若决策者有两个互斥项目可供选择，则选择具有较高净现值的项目。	• 投资项目的净现值可用下式算出： $$NPV=\sum\nolimits_{t=0}^{n}\frac{CFt}{(1+k)^{t}}$$ • 在此 CFt 代表投资项目在第 t 期所产生的现金流量。k 是适用于该项目的折现率或资金成本率，n 则为该项目的规划年限。 • 投资项目的资金成本率 (k) 为投资计划各种资金成本之加权平均利率，视该项目的风险、经济体系中利率水平，及其他相关因素而定；自有资金投资则以银行之一年定期存款利率为准。
内在报酬 (Internal Rate of Return, IRR)	• 投资项目的内部报酬率，系指一个能使该项目的预期"现金流入量现值"，刚好等于其预期"现金流出量现值"的折现率。 • 运用此评估方法时，通常会先订一个最小可接受报酬率，例如银行之一年期定期存款利率，若内部报酬率高于此标准，则此投资项目可被接受；反之，则舍弃此投资项目，若决策者有两个互斥项目可供选择，则选内部报酬率较高者。	• 可用下列等式来表达上述概念： $$NPV=\sum\nolimits_{t=0}^{n}\frac{CFt}{(1+r)^{t}}=0$$ • 满足上式之 r 值即为"内在报酬率"，其他符号所代表的意义与前式相同
自偿率 (Self Liquidating Rate, SLR)	• 根据财政学者 R. A. Musgrave 对自偿性的定义："计划案未来对营收可以支持建设期的投资成本，如同公营企业般可贷款从事投资，另据生产性的投资计划亦兼有营收与扩大税基效果；主要的是这类计划的支出，政府在未来无须因此而增兼税收或额外的税源来偿付。" (R. A. Musgrave & P. B. Musgrave, 1989) • 然而，此仅止于概念性、原则性的看法，在事务上尚须考虑一些虽然未能达到100% 完全自偿，但建设完成后营运期间有净营收产生，且具有部分自偿性之计划。	• 为了求取这偿付建设成本的百分比，而创设了所谓的自偿率 (SLR) 用以分割建设成本中，可由计划自偿的金额，另计划无法自偿的部分，就需政府作实质的资本协助 (capital grant)。自偿率之计算概念及公式如下： $$SLR=\frac{B}{A}\times100$$ B: 营运评估期净现金流入（完工年度现值）A: 建设期建设成本支出（完工年度终值）

开发财务评估指标	定义说明	计算方式及代表意义
风险程度 (Risks)	• 凡对于任何计划之预期成本或预期收入产生负面冲击、不良影响、或潜在不利因素，称之为"风险"。 • "风险"会随计划性质、应用领域或考虑层面之差异而有不同之衡量指标。	• 就观光游憩设施开发建设而必须考虑的因素，就计划运行时间中的风险，包括： • 奖励性规范不明确之风险、规划不当或设计不良风险、都市计划变更时程及土地取得的风险、费率掌握及预估之风险、财务计划假设条件预估之风险、汇兑通膨的风险、现金流量不稳定的风险、筹资方式风险、工程技术风险、施工延迟风险、成本超支风险、游客需求不确定之风险、不可抗力的风险…等。
筹资方式 (Mode of Funding)	• 民间筹措资金的方式有案例地区贷款、发行股票、债券、项目融资、进口信贷、发行海外公司债等，在选择时应考虑不同之财务环境。	• 由民间参与观光游憩设施开发，可得知建设资金来源多半来自政府筹资或融资及来自民间资金而来，因此在考虑筹资工具时，也应站在政府及民间立场就各种因素加以评估，一般而言，此类考虑因素包括下列各项： • 先考虑财务目标：资本规模、风险因素、投资报酬率、金融环境、相关政策法令、投资目标之专业知识。

数据源：R.A.Musgrave &P.B.Musgrave，1989；邢志航，1998；蔡玫亭、陈慧君，1996

第四节　奖励性观光游憩设施 PPP 项目之开发财务实例

由于民间参与开发观光游憩设施于财务方面的考虑相当复杂，而计划本身财务之相关条件十分复杂，而影响观光游憩开发财务因素，大致区分为财务方面的影响因素、规划方面的影响因素两大类，二者对于整体之财务的有重大之影响；然而对于影响之层面与整体推行机制上，所发挥的影响力也不完全相同，就案例地区观光游憩设施 PPP 项目而言，各开发财务规划层面中最受影响因素分述如下。

1. 开发分区

目前招商方式是以开发分区之规模为对象，也是与民间部门参与投资最为相关的层面，因此民间之财务效益评估便会以开发分区作为探讨之规模，进而进行财务试算评估，计算及分析开发效益与风险。而未来将对外招商或由民间开发之分区，政府于招商条件中规定固定假设因子，而民间必须依据其规定，而必须进行财务效益评估、协商条件因子敏感度之检验及有奖励性条件考虑时开发设施项目组合之评选等研究，方能寻求在财务上适宜推动与参与之财务环境条件。

2. 开发分期

由于案例地区观光游憩设施 PPP 项目开发规模相当大，必须以分期方式开发，也因此产生开发顺序与时程上的程序上的问题，因此就必须由政府对内部实质环境上之规划方面影响因素进行研讨，使开发于时程上不致造成混乱，同时能化解各分区开发时之差异与创造整体开发营运上有利之推动环境条件，如此方能创造吸引民间投资之适当环境。

3. 开发整体

大规模观光游憩设施开发对于开发环境依赖相当大，政府对外在环境之掌握程度及未来开发时风险排除能力，直接影响民间参与之意愿，因此实质环境上的规划方面、开发环境上财务方面是相当重要的二项影响因素。

实质环境上规划方面：注重于外在之实质环境冲击问题之改善，如公共性事务处理、对外联系配合事务等；开发环境上财务方面：是着眼于整体性之财务开发环境机制之创造、与招商时息息相关的固定假设因子之订定、具奖励性之条件如何于推动民间参与开发时发挥其奖励功能等。

承上所述，各开发财务规划层面中最受影响因素均不相同，而政府与私部门于各开发层面中所着重之程度，也因扮演角色上的不同而改变，为能明确归结出不同财务规划层面影响因素，由《促参法》（《奖参条例》及相关子法）给予各类开发憩设施使用之奖励优惠综合整理（见表 5-21）：

表5-21 依法给予各类开发憩设施使用之奖励优惠相关性说明表

财务规划层面	与政府相关程度	与私部门相关程度	影响因素	影响因子	内容	说明
开发分区	●	●●●	财务因素	协商条件因子	（1）贷款：金额 （2）费率：营运收入 （3）公共费用：公共建设环境维护费用 （4）特许权年期	目前招商对象以开发分区为适当规模。
开发分期	●●	●●	规划因素	对内部实质环境规划	（1）开发时程 （2）公共设施与公用设备之兴建 （3）开发前的背景特性未来开发使用种类及设施项目 （4）开发方式	目前推动民间参与开发，仍以政府做主导，对于推动之机制而言，私部门较无发挥空间。
开发整体	●●●	●	规划因素	对外实质环境冲击与公共性事务配合规划	（1）回馈方式及环境防污经费分摊方式 （2）与外围公共建设计划配合，吸引人潮 （3）协助融资机制建立	
			财务因素	固定假设因子	（1）折现率 （2）银行贷款利率 （3）税率 （4）地价上涨率	

由以上所列，在开发分区、开发分期、开发整体三项层面，所受到财务上之影响不同，与政府与民间组织之相关程度亦不相同，且得知开发财务若在具有奖励性条件加入时，将会对于财务效益产生更大变化及影响，而以上所订出之影响因素及因子，将可对于开发财务上各层次评估及规划所应注意之重点，有具体之说明。

而本研究将就以案例地区观光游憩设施 PPP 项目目前所规划之内容为基本规划案例，加以逐步进行试算及讨论。

一、奖励性观光游憩设施整体发展开发 PPP 项目研析

本研究案例以案例地区南部县市一级风景特定区之观光游憩设施 PPP 项目开发，目前所作的相关研究，主要以"PT 县政府"委托研究，于 1997 年所作之"案例地区观光游憩设施 PPP 项目整体发展规划设计"为主要之规划设计范畴，其计划目的主要是拟定未来整体发展之指导方针及执行依据。计划年期共计 30 年，其计划主要内容包括有：

1. 基地现况与发展背景

2. 观光游憩需求分析与预测

3. 观光游憩需求分析与预测

4. 相关计划及法令研究

5. 发展课题、对策与构想

6. 相关案例研究

7. 实质发展计划

8. 主要发展地区重要细部配置与设计准则

9. 水质改善计划

10. 水工模型实验

11. 执行计划

另外由"奖励民间参与风景特定区开发审查规定之研拟"，其中主要之研究项目含三部分：

1. 基本分析

就 PT 县政府委托进行之"案例地区观光游憩设施 PPP 项目整体发展规划设计"，以其发展方向、规模、开发成本、开发效益及未来经营方向等，予以综合分析考虑。

2. 奖励民间参与投资开发计划

研拟适合本开发计划之民间投资项目、规模及投资方式，整理出基本分析之相关探讨与投资开发课题。

3. 相关审查作业及契约规范之研拟

确立上项适合民间投资之项目、规模及投资方式后，将据此研拟相关审查作业及契约规范作业。

而就上述之二项研究相关计划有多项内容及研究程度目前仍在商议中，然就目前之实质开发计划在规划之作法以及处理原则，分别加以整理归纳一一说明。

（一）开发设施区位及内容方面

于案例地区观光游憩设施 PPP 项目整体发展规划设计报告中，规划之分区及设施内容，初步依全区资源分布及活动发展适宜性，划分成不同形态及设施内容之五个概念区：特别保护区、自然景观区、游憩区、服务设施区、一般使用区。

而再依土地利用形态、权属、设施兼容性，再将案例地区观光游憩设施 PPP 项目划分为十一个分区：管理服务区、观光旅馆区、游艇码头区、观光养殖区、滨海主题区、自然景观及水上活动区、水岸游憩区、海域活动区、民俗文艺区、生态保护区、一般使用区（见图 5-6、图 5-7）。

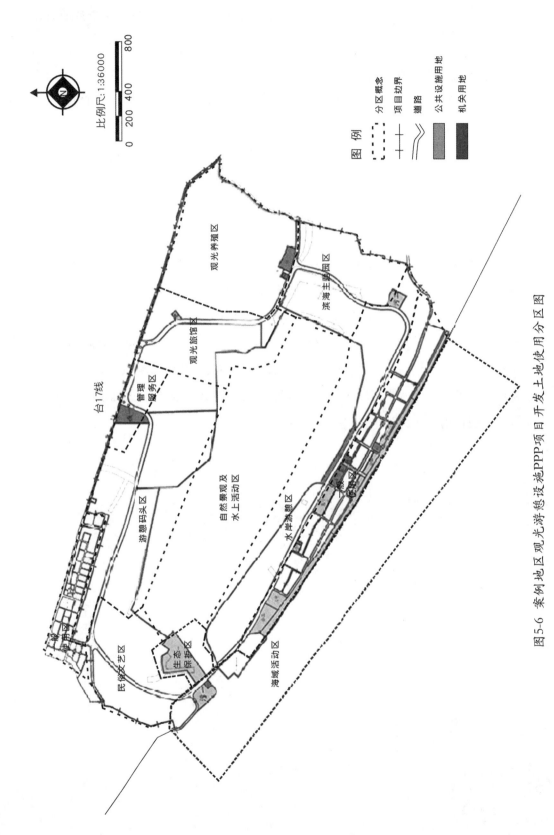

比例尺:1:36000

图5-6 案例地区观光游憩设施PPP项目开发土地使用分区图

图 例

分区概念
项目边界
道路
公共设施用地
机关用地

台17线

管理
服务区

观光养殖区

观光旅馆区

滨海主题园区

游憩码头区

自然景观及
水上活动区

水岸游憩区

一般
使用区

海域活动区

生态
保护区

民俗文艺区

使用区

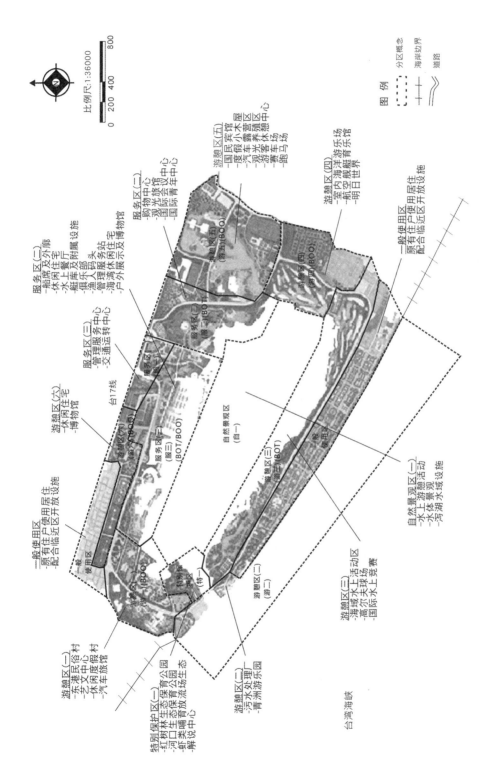

比例尺:1:36000

0 200 400 800

图例
分区概念
海岸边界
道路

游憩区(六)
-休闲住宅
-博物馆

服务区(一)
-休憩及外廓
-休闲住宅
-水上餐厅
-艇库及附属设施
-俱乐部
-组人码头
-管理服务宅
-海滨服务站
-户外展示及博物馆

服务区(二)
-购物中心
-观光旅馆中心
-国际会议中心
-国际赛车中心

游憩区(五)
-国民宾馆
-度假小木屋
-汽车露营区
-观光养殖区
-游客休憩中心
-赛车场
-跑马场

游憩区(四)
-室内海洋游乐场
-航空舰艇馆
-明日世界

一般使用区
原有住户使用居住
配合临近区开放设施

服务区(三)
-管理服务中心
-交通运转中心

服务区(二)

自然景观区
(自一)

游憩区(三)
(游三)(BOT)

一般
使用区

自然景观区(一)
-水上游憩活动
-泻湖水域设施

游憩区(二)
-海域水上活动区
-高尔夫球场
-国际水上竞赛

台湾海峡

游憩区(六)
服务区(三)
(BOT/BOOT)

游憩区(七)
(游七)(BOO)

一般使用区(二)
原育住户使用居住
配合临近区开放设施

游憩区(一)
(游一)(BOO)

特别
保护
区(特)

游憩区(二)
(游二)

游憩区(一)
-苏澳民俗村
-艺文中心
-休闲度假村
-汽车旅馆

特别保护区(一)
-红树林生态保育公园
-河口生态保育公园
-虾类哺育放流场生态
-解说中心

游憩区(二)
-污水处理厂
-青洲游乐园

图5-7 案例地区观光游憩设施PPP项目规划设计概念图

数据源：谢谓君，2004

221

（二）土地使用分区开发方面

实质发展计划中之土地使用计划，将案例地区观光游憩设施 PPP 项目化为十二区，而其各区之主要内容设施、土地权属及取得状况、开发方式及经营管理方式、开发分期等基本处理结果整理（见表 5-22）：

表5-22 各土地使用分区开发规划综理表

土地使用分区	面积公顷	设施内容方面		土地开发方面		建设开发方面		经营部门
		设施主要项目	类别	土地权属	取得方式	分期	方式	
特别保护区（特一）	60.0	红树林生态保育公园	生态环境保育类	公有	拨用	第一期 1996—2001	政府开发	政府
		河口生态保育公园	生态环境保育类					
		虾类哺育放流场生态	生态环境保育类					
		解说中心	文化教育活动类					
自然景观区（自一）	388.4	水上游憩活动	自然环境游憩类	公有	拨用	第一期 1996—2001	政府开发	政府
		水体景观	自然环境游憩类					
		泻湖水域相关设施	自然环境游憩类					
游憩区（游一）	80.0	东港民俗村	文化教育活动类	私有	区段征收	第二期 2002—2007	发展许可制 BOO	私部门
		艺文中心	文化教育活动类					
		休闲度假村	文化教育活动类					
		汽车旅游	住宿旅馆休憩类					
（游二）	280.0	青洲游乐园	游乐设施娱乐类	公有	拨用	第一期 1996—2001	政府开发	政府
		污水处理厂	公共管理服务类					
（游三）	100.0	海域水上活动区	自然环境游憩类	公有	拨用	第二期 2002—2007	BOT 奖励民间投资	私部门
		高尔夫球场	自然环境游憩类					
		国际水上竞赛	自然环境游憩类					
（游四）	100.0	室内海洋游乐场	游乐设施娱乐类	公有私有（多）	区段征收	第三期 2008—2016	发展许可制 BOO	私部门
		航空及舰艇育乐馆	游乐设施娱乐类					
		明日世界	游乐设施娱乐类					
（游五）	120.0	国民宾馆	住宿旅馆休憩类	公有私有（多）	区段征收	第三期 2008—2016	发展许可制 BOO	私部门
		度假小木屋	住宿旅馆休憩类					
		汽车露营区	自然环境游憩类					
		观光养殖区	产业资源特产类					
		游客休憩中心	公共管理服务类					
		赛车场	游乐设施娱乐类					
		跑马场	游乐设施娱乐类					
（游六）	25.0	休闲住宅	住宿旅馆休憩类	私有	区段征收	第三期 2008—2016	私部门开发 BOO	私部门
		博物馆	文化教育活动类					
服务区（服一）	10.0	管理服务中心	公共管理服务类	公有	拨用	第一期 2008—2016	政府开发	政府
		交通运转中心	公共管理服务类					

土地使用分区	面积公顷	设施内容方面		土地开发方面		建设开发方面		经营部门
		设施主要项目	类别	土地权属	取得方式	分期	方式	
（服二）	60.0	购物中心	住宿旅馆休憩类	公有	拨用	第二期 2002—2007	BOT 奖励民间投资	私部门
		观光旅馆	住宿旅馆休憩类					
		国际会议中心	文化教育活动类					
		国际青年中心	文化教育活动类					
（服三）	135.0	船席及外廊	公共管理服务类	公有私有	公有：拨用 私有：—	第二期 2002—2007 第三期 2008—2016	公有：政府开发 BOT 私有：发展许可制 BOO	私部门
		休闲住宅	住宿旅馆休憩类					
		水上餐厅	住宿旅馆休憩类					
		艇库及附属设施	公共管理服务类					
		俱乐部	住宿旅馆休憩类					
		渔人码头	公共管理服务类					
		管理服务站	公共管理服务类					
		海湾休闲住宅	住宿旅馆休憩类					
		户外展示及博物馆	文化教育活动类					
一般使用区	80.0	原有住户使用居住	其他一般使用类	私有	—	—	—	—
		配合邻近区开放设施	其他一般使用类					

数据源：本研究自行整理

由以上所列之内容中，由土地权属作为划分设施分区之依据，仅而定订出各分区之开发内容，也同时决定该区以何种奖励方式进行开发，遂订定出奖励民间投资之项目可分为表 5-23：

表5-23 案例地区观光游憩设施PPP项目规划设施开放奖励民间投资项目表

开发方式	土地权属	设施分区	开发内容
BOT	公有地	服务区（二）	国际观光旅馆、国际会议中心、国际青年中心、购物中心等。
		服务区（三）	游艇港一区
		游憩区（三）	国际水上竞赛场、高尔夫球场、俱乐部
BOO	私有地或公私有地夹杂	服务区（三）	游艇港二区
		游憩区（一）	民俗村、艺文中心、度假中心、汽车旅馆
		游憩区（四）	海洋游乐馆、明日世界主题园、博物馆
		游憩区（五）	国民宾馆、度假小木屋、赛车场、汽车露营区、观光养殖场、跑马场
		游憩区（六）	休闲住宅、博物馆

数据源："案例地区观光游憩设施 PPP 项目整体发展规划设计"，1984

（三）公共设施开发兴建方面

公共设施之开发兴建完全由政府编列预算兴建，所列之项目包括：水质改善工程、全区公共设施（包括：基础公共设施建设、服务设施区建设），若为有民间参与时，民间仅就分区内兴建相关设施，而就政府于三期开发所需投入公共建设经费（新台币），第一期：为 436292.5 万元，第二期：为 307875 万元，第三期：58507 万元，共计为 802674.5 万元，金额相当庞大。

（四）分期分区开发方面

1. 开发年期之规划

分期分区开发计划中将全区分为三个开发期，将之分为：第一期 1996～2001 年（计 5 年）、第二期为 2002～2007 年（计 6 年）、第三期 2008～2016（计 9 年），各阶段分期开发基本是以有关土地取得方式方面为原则，以公有土地优先开发，乃是着眼于公有土地取得较无困难，故优先开发。实质开发计划内容为（见表 5-24）所述。有关各期分区位置及各期开发内容如下：

表5-24 分期分区开发计划表（单位：万元新台币）

项目	第一期		第二期		第三期	
开发年期	1996—2001 年（计 5 年）		2002—2007 年（计 6 年）		2008—2016（计 9 年）	
开发内容	第一阶段水改善计划	51808.5	第一阶段水质改善后续计划	—	第二阶段水质改善计划	—
	全区主要公共建设计划	347084.0	公共设施计划	78225.0	公共设施计划	16290
	服务设施区（一）	18920.0	服务设施区（二）	323000.0	服务设施区（二）观光旅馆第二期	108000
	特别保护区	58998.0	服务设施区（三）	592550.0	游憩区（四）	650000
	自然景观区	—	游憩区（一）	222000.0	游憩区（五）	115000
	游憩区（二）	10582.0	游憩区（三）	76500.0	游憩区（六）	350000
	服务区（三）游艇码头区第一区环境影响评估及细部计划	3000.0	—	—	—	—
	合计	436292.5	合计	1292275	合计	1281507

数据源："案例地区观光游憩设施 PPP 项目整体发展规划设计" 1996.11

2. **各分期开发设施之开发条件**

分期分区开发计划中，各开发相关背景条件及安排皆不相同，然所定结果将会对开发财务计划有相当之影响，而以各分期开发设施之开发条件说明，大致区分为如下：

（1）第一阶段开发期。

主要完全为政府自行开发，土地权属多为公有土地，取得较为容易，因此定为最先开发（如服务一区、游憩二区）；另就资源保育地区（如特别保护区、自然景观区）也先行开发，开发方式均为政府开发，政府主导经营；全区公共设施也于第一期进行大部分之基础工程及水质改善工程，尔后才有民间部门参与。

（2）第二阶段开发期。

民间部门开始参与开发建设，土地权属为公、私有土地掺杂，公有土地为拨用、私有土地为区段征收；而开发方式公有土地以 BOT 为主，私有土地为 BOO 之开发方式，经营方式除服务二区外都是私部门经营。

（3）第三阶段开发期。

民间部门参与开发建设，而本区所开发之设施多是以具观光及游憩价值为主，土地权属为公、私有土地掺杂，公有土地为拨用、私有土地为区段征收；而开发方式公有土地以 BOT 为主，私有土地为私部门开发，经营方式都是私部门经营。

（五）开发财务方面

1. **土地取得之方式与成本**

（1）公有土地取得以拨用为处理原则，观光局编列预算搬迁，预计四年内逐步完成。

（2）私有土地取得以全区区段征收、跨区区段征收、开发许可制或区段征收与开发许可并行，四种方式。而土地取得方式将会是决定开发方式及财务试算之影响因素中，相当重要的因素。

2. **开发工程建设成本**

而就规划内容中所订定之开发项目其开发预算概况可统计（见表 5-25）：

表5-25 分期工程经费概算统计表（单位:万元新台币）

开发主体 \ 期别	第一期	第二期	第三期	小计
政府单位	436292.5	307875	58507	802674.5
民间投资	—	984400	1223000	2207400
合计	436292.5	1292275	1281507	3010074.5

数据源："案例地区观光游憩设施PPP项目整体发展规划设计" 1996.11

（1）政府以编列预算之方式实施，视其公共建设需要及分期分区建设计划，逐年编列实施。

（2）私部门则必须依赖财务效益评估，并必须能有足够的筹资管道或融资能力，才会投入资金。

3. 招商方式及经营权利金

以单一分区为招商单位，公有土地以拨用方式提供（即无土地取得成本），而另由私部门开发商以特许权方式进行经营时，将收取经营权利金，且目前规划中于游三区、服二区、服三区采BOT之开发方式，且需缴交经营权利金。

招商条件内容中财务计划部分，要求应包含投资金额、财务结构、资金来源筹措、贷款偿还计划、预估计划之营收与自偿能力等。

上述乃由相关实质环境之开发方面，归结出与本研究之财务相关内容作一说明，将以此为整体实质规划之基本构想，即以此为前述实质环境的基本规划方案，借以订定为基础之实质规划因子，方可再进一步进行开发财务试算及开发效益评估；本研究将就萃取出部分适当之假设项目进行财务试算与效益评估。

二、分期分区开发财务效益评估与建议

案例地区观光游憩设施PPP项目之开发，依开发计划所订定之基本规划方案，再由政府订定财务上基本之固定假设，确定出共同财务上试算之基本标准后，再以各开发分区单独进行招标开发。

然而其中开发财务效益评估，因本风景特定区适用《奖参条例》而有奖励性条

件加入时，便会产生具有协商的空间，且是由影响之因子组成，同时协商条件因子的制定，对于开发财务效益有重大影响，直接与招商条件息息相关，亦对民间考虑参与投资开发时，在财务效益上有决定性的影响，由于民间对于参与与否多决于财务效益上之考虑，因此对于具协商性的财务因子必须审慎探究。

本研究将以相同之固定假设财务因子，对未来由私部门开发参与的分区进行财务试算，并同时考虑开发财务效益评估与协商条件因子敏感度，可找出该区之开发规划与设施类别组合，较具影响性的协商条件因子，及该因子于何种范围内较为适当；而同时也可求得于奖励性条件加入后之财务效益之变化，并进行财务评估；而奖励性条件将以《奖参条例》及其相关子法中所规定之项目为主，而开发建设成本及相关收费、使用率、出租率、吸引人潮等相关假设性资料，皆以既有之合理数据为基础，进行试算评估，因此演练之成果将重于推演程序与财务考虑层面上之缜密性。

以下将针对财务试算之基本试算假设及条件定义，试图就依此条件与定义为基础：

1. 选定试算分区

由上述之综合结论中，将选取与本研究相关之分区进行财务试算，为私部门开发兴建且以私有地为主之分区，开发方式为BOO。计有游一区、游四区、游五区、游六区共四区；而私人开发以公有地为主采 BOT 之开发方式为服二区；其中服三区之开发方式土地处理取得方式不明确，且又分二期开发，不确定因素颇高，而为纳入本财务试算之范围。

2. 订定固定假设因子

将先订定共同固定假设财务因子，以利试算各分区之开发财务评估效益；而敏感度分析之综合结果，将可助于政府主导时制定适宜之固定假设因子（见表 5-26）。

表5-26 各分区财务评估之共同固定假设财务因子表

固定假设因子	假设标准	依据来源
1. 折现率	10%	依据目前进行相关开发案例之财务性假设，参考订定。
2 银行贷款利率	10%	
3 所得税率	25%	
4. 地价税上涨率	12%	
5. 契税	5%	依据契税条例第三条之典权契税规定之税率标准。

3. 财务试算基础假设

（1）折旧金额等于重置成本。

（2）特许年期为开发期结束后计，本研究以既有之假设 25 年为基础。

（3）存货成本以营业成本之固定比率假设。

（4）借贷计划以私部门能持续营运为基本精神。

（5）实质规划方案中基本假设，已足以含有该项设施开发之特性。

4. 开发财务适用之奖励性条件

开发财务试算加入与未加入奖励优惠条件，分别加以评估财务效益，若开发适用《奖参条例》之补助优惠条件时，表中所列为协商条件财务因子中依法所给予之奖励，其补助之范围将依《奖参条例》完全给予。而二者之间的差异比较（见表5-27）：

表5-27 财务试算依《奖参条例》有无给予奖励条件之比较表

奖励情形 税别		无奖励条件			有奖励条件			法源
		内容	数值	时期	内容	数值	时期	
现金流出	地价税	兴建期以千分之45计征	45‰	兴建期	第四条第二款：兴建期间以千分之10计征	10‰	兴建期	奖励民间参与交通建设减免地价税房屋税及契税标准
	房屋税	按房屋现值之3%～5%计征（假设4%）	4%	建成后	第五条第四款：兴建完成日起三年内减征应纳税额50%	2%	建成后三年内	
	契税	典权取得：契约所载金额之5%	5%	交易时	第六条：直接使用之不动产减征契税30%	1.5%	交易时	
融资支出	利率	一般贷款利率	10%	还款期	第八条：可由政府补贴利率最多2%	8%	还款期	奖励民间参与交通建设长期优惠贷款办法
税赋	所得税	缴交税基之营利事业所得税（假设25%）	25%	营运期	第四条第七款：观光游憩重大设施可免税四年。	25%	营运后四年起	奖励民间参与交通建设免纳营利事业所得税

而各分区之财务试算研究，将就下列之项目进行说明及探讨，同时期望能对既有之奖励与财务条件探讨，并提出较具体之建议，就各分区之财务条件依以下项目一一探讨：

228

1. 财务条件基本假设说明

2. 开发设施使用项目与《奖参条例》奖励之相关性

3. 开发财务效益评估结果

4. 财务因子敏感度分析

（1）固定假设财务因子

（2）协商条件财务因子

5. 财务评估结果与建议

政府与民间组织协商时之财务因素，期望能借由此动态财务试算之探讨，增加彼此于政府与民间组织合作开发财务上之共识，共同了解该开发设施财务特性之关键重点，顺利制定出政府与民间组织同时接受之招商条件，达到双方协商之目的与期望。

（一）游一区

1. 财务条件基本假设

依据目前已制定之相关研究之实质规划中之方案与相关环境之处理方式制定基本之财务条件，本研究依此以动态方式进行财务试算，而既有合理之基本条件整理（见表5-28）：

表5-28 游一区财务预测基本条件表（单位：万元新台币）

项目 开发设施	游一区			
	东港民俗村	艺文中心	休闲度假村	汽车旅馆
开发规模	面积6.7公顷 展示场、活动广场、餐厅、贩卖部	面积2.2公顷 艺文馆、广场、户外景观步道	水上型度假小屋76间，旅馆式套房125间	138间房间
建设成本	150000	15000	45000	12000
土地取得成本	392000			
开发方式	BOO			
特许年期	25年（2008—2031年）			
分期分区开发计划	第二期（2002—2007年）			
资金来源	（建设成本50%+营建期利息费用）来自股本，另建设成本50%向金融机构借款，利率：年利率10%，还款计划：宽限期五年、以年为一期，共分20年。			

项目	开发设施	游一区				
		东港民俗村	艺文中心	休闲度假村		汽车旅馆
吸引人潮预估	营运年期	全区吸引人潮（千人/天）	—	小屋 76 间出租率	套房 125 间出租率	房间 138 间出租率
	2006	1000	—	60%	60%	70%
	2007	1100	—	63%	63%	70%
	2008	1200	—	67%	67%	70%
	2009	1700	—	72%	72%	70%
	2010	2200	—	75%	75%	70%
	2011	2200	—	75%	75%	70%
	2012	2200	—	75%	75%	70%
	2013	2200	—	75%	75%	70%
	2014	2200	—	75%	75%	70%
	2015	2200	—	75%	75%	70%
	2016~	2200	—	75%	75%	70%
	~2037	2200	—	75%	75%	70%
营业收入 费率：年增加 4%		门票：600 元/人 区内消费：450 元/人	—	费率：2000 元	费率：2000 元	费率：2000 元
营业支出	营业费用	占营业收入 43% 计				
	营业成本	占营业收入 17%				
	存货成本	营业成本之 3%				
	现金余额	销售收入之 0.2%				
	利息费用	与重置成本相同				
	折旧费用	年折旧率按建设成本 4% 估算				
	开办摊销	3500 万元，自营业第一年起分五年平均分摊				
	土地租赁、取得费用	土地取得费用为公告现值加 40%，为 80 公顷共 392000 万元				
	土地公告地价	每平方公尺 780 元；公告现值每平方公尺 3500 元				
	地价税	兴建期间为公告地价之 4.5%，营业后为 5.5%，每三年调涨 12%。				
	营利事业所得税	各年度营利事业所得税以 25% 计算，依《奖参条例》规定营利第 1~4 年免税。				
	重置成本	假设自营运第 3～10 年，11～15 年、16 年起，每年需资金重置支出，分别为 2500 万元、5000 万元、10000 万元。				
	全区共同维护管理费用	每年营业收入 3% 计。				

2. 开发设施使用项目与《奖参条例》奖励之相关性

针对本区所开发设施使用分类可区分为住宅旅馆休憩类及文化教育活动类，而其特性与《奖参条例》及其相关子法所给予之奖励优惠相关性（见表 5-29）：

表5-29 依法给予奖励优惠与(游一区)各开发设施相关性分析表

《奖参条例》优惠		开发设施使用分类	住宿旅馆休憩类	文化教育活动类
奖励项目	项目／条件	优惠办法	汽车旅馆	东港民俗村艺文中心休闲度假村
1. 公有土地租金优惠	兴建期	按地价或其他费用计	●	●
	营运期	按国有土地出租基地租金六折	●	●
2. 补贴利息或投资部分建设	不具自偿性者	直接投资、长期贷款、利息补贴，额度由主管机关核定	—	●
3. 长期优惠贷款	贷款期限	七年以上，经营期限以下或资产设备使用年限以下	●	●
	补贴利息	最高不超过 2%	●	●
4. 免纳营利事业所得税	营运后有课税所得	相关收入 4 年免税	●	—
5. 投资抵减营利事业所得税	兴建营运设备或技术	案例地区产制之设备，抵减 15%世界各地产制之设备，抵减 5%投资于兴建营运技术，抵减 5%	●	●
	防治污染设备或技术	案例地区产制之设备，抵减 20%世界各地产制之设备，抵减 10%投资于防治污染技术，抵减 5%	●	—
	研究发展费用	抵减 15% ～ 20%	—	●
	人才培训费用	抵减 15%	—	●
6. 免征或分期缴纳关税	进口兴建使用者	案例地区未产制者，免关税案例地区已产制者，分 60 个月分期缴纳	●	●
	进口经营使用者	分 60 个月分期缴纳	●	●
7. 减免地价税、房屋税、契税	路线用地	地价税全免	●	●
	相关设施用地	兴建期间按千分之十计征地价税	●	●
	自有房屋	建造完成日起三年内减征房屋税应纳税额 50%	—	●
	取得或设定典权之不动产	完成三年内减征契税 30%	●	●

● 表示《奖参条例》对于开发使用之优惠有相当之影响

3. 开发财务效益评估结果

分别由回收期、净现值、内在报酬率及自偿率四项评估，而风险程度及筹资方式需由政府协助程度与私部门依自身状况进行评量，并就所呈现之结果说明财务评估之说明（见表 5-30）。

表5-30 游一区奖励优惠条件之财务效益评估结果表（单位: 元新台币）

财务试算条件 项目		无《奖参条例》之优惠条件	有《奖参条例》之优惠条件
总投资金额		949778	865660
借贷金额		463160	441860
民间参与投资金额		486618	423800
评估项目	回收期	特许期超过 100 年	特许期超过 100 年
	净现值 NPV（25 年）	166468	213751
	内在报酬率 IRR	7.52%	9.16%
	自偿率 SLR	41.01%	57.51%
财务评估说明		•内在报酬率7.52低于折现率10%，低于一般投资报酬 15%～20%。 •回收年期超过试算 100 年，回收当初投资金额相当困难，经营年期已不足影响。 •计划自偿率不足，仍需其他奖励性条件加入。	•内在报酬率9.16低于折现率10%，低于一般投资报酬 15%～20%。 •回收年期超过试算 100 年，回收当初投资金额相当困难，经营年期已不足影响。 •计划自偿率不足，仍需其他奖励性条件加入。
财务评估结果		•有或无《奖参条例》奖励，皆无法吸引民间业者投资。 •自偿率不足，净现值低于投资金额，将形成向银行借贷筹资困难。	

4. 财务因子敏感度分析

由于在《奖参条例》中具有奖励性之条件加入后，仍不足以满足民间投资之基本财务效益需求，因此政府或私部门于招商或协商时，都必须调整所订定之相关招商条件，而其中多项对开发财务有影响之固定假设因子，必须事前先由政府研究且应于招商条件明订；而需经过协商或评比之协商条件因子，若由私部门试算后仍无法达到期望之财务效益时，将会成为修改或协商招商条件中重要项目，所参考依据就必须对各项具影响之协商条件因子进行敏感度分析，而其调整仍以合理之范围，进而判别出何项因子最具影响，于协商时能更进一步探讨商议。

（1）固定假设财务因子。

对于开发财务有相关之因子，就憩设施开发特性中归结下列具影响性之固定假设财务因子，调整幅度以增减 20% 为范围（见表 5-31、图 5-8）。

表5-31 游一区固定假设财务因子变动敏感度分析表（单位：万元新台币）

变动幅度 财务影响因子		-20%	-10%	0%	10%	20%
固定假设因子	折现率 折现率	8%	9%	10%	11%	12%
	回收年（经营期）	2047 年（40 年）	2084 年（77 年）	（超过 100 年）	（超过 100 年）	（超过 100 年）
	NPV（万元）	302827	256338	213751	180533	153318
	IRR	9.36%	9.39%	9.16%	9.03%	8.93%
	SLR	83.27%	70.87%	57.51%	48.12%	40.47%
	银行贷款利率 利率	6.4%	7.2%	8%	8.8%	9.6%
	回收年（经营期）	（超过 100 年）	（超过 100 年）	（超过 100 年）	（超过 100 年）	（超过 100 年）
	NPV（万元）	242851	228324	213751	198217	181469
	IRR	9.99%	9.57%	9.16%	8.71%	8.25%
	SLR	68.13%	62.77%	57.51%	52.52%	46.98%
	征收所得税 税率	20%	22.5%	25%	27.5%	30%
	回收年（经营期）	（超过 100 年）	（超过 100 年）	（超过 100 年）	（超过 100 年）	（超过 100 年）
	NPV（万元）	232711	222836	213751	203788	196213
	IRR	9.14%	9.13%	9.16%	9.15%	9.25%
	SLR	62.64%	60.04%	57.51%	54.89%	52.53%
	地价税上涨率 上涨率	9.6%	10.8%	12%	13.2%	14.4%
	回收年（经营期）	（超过 100 年）	（超过 100 年）	（超过 100 年）	（超过 100 年）	（超过 100 年）
	NPV（万元）	228936	220968	213751	205563	197975
	IRR	9.55%	9.34%	9.16%	8.92%	8.69%
	SLR	61.80%	59.61%	57.51%	55.31%	53.18%

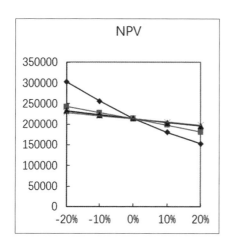

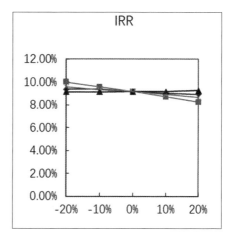

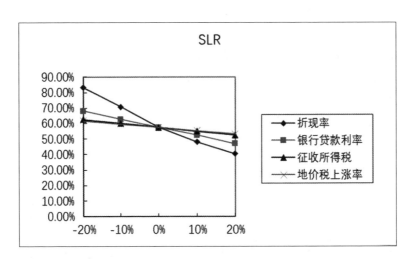

图5-8 游一区固定假设财务因子敏感度分析图

经敏感度分析后可得知，固定假设财务因子中以折现率及银行贷款利率二项，对于 NPV、IRR、SLR 都有相当大影响，于招商条件需事前仔细推估，明订调整机制，方可提供给私部门较合理之保障，同时政府与民间组织才有财务上协商之共同基础。

（2）协商条件财务因子。

就私部门参与开发时，于《奖参条例》中所规定仍具有调整空间之财务项目及开发财务特性之财务因子，将会是私部门参与与否相当重要的关键之一；而具体之规划成果为开发方案基础，固定假设财务因子为财务上之基础，因此，归结具影响性之协商条件财务因子（见表 5-32、图 5-9），其调整幅度以增减 20% 为范围。

表5-32 游一区协商条件财务因子变动敏感度分析表（单位:万元新台币）

财务影响因子		变动幅度	-20%	-10%	0%	10%	20%
协商条件因子	贷款金额比例	比例	40%	45%	50%	55%	60%
		回收年（经营期）	—（超过100年）	—（超过100年）	—（超过100年）	—（超过100年）	—（超过100年）
		NPV（万元）	258367	236325	213751	188916	167903
		IRR	11.82%	10.41%	9.16%	7.93%	6.8%
		SLR	61.37%	59.57%	57.51%	54.86%	51.82%
	费率营运收入 成长率	成长率	3.2%	3.6%	4%	4.4%	4.8%
		回收年（经营期）	—（超过100年）	—（超过100年）	—（超过100年）	—（超过100年）	—（超过100年）
		NPV（万元）	173807	193023	213751	234772	257834
		IRR	7.91%	8.54%	9.16%	9.7%	10.26%
		SLR	46.42%	51.76%	57.51%	63.54%	70.06%
	维护费用占营业收入比率 公共建设环境	比率	2.4%	2.7%	3%	3.3%	3.6%
		回收年（经营期）	—（超过100年）	—（超过100年）	—（超过100年）	—（超过100年）	—（超过100年）
		NPV（万元）	221710	217441	213751	209232	204931
		IRR	9.35%	9.24%	9.16%	9.03%	8.92%
		SLR	59.83%	58.64%	57.51%	56.3%	55.12%
	特许权年期	年期	20 年	—	25 年	—	30 年
		回收年（经营期）	—（超过100年）	—（超过100年）	—（超过100年）	—（超过100年）	—（超过100年）
		NPV（万元）	179539	—	213751	—	240193
		IRR	7.83%	—	9.16%	—	9.87%
		SLR	47.84%	—	57.51%	—	65.05%

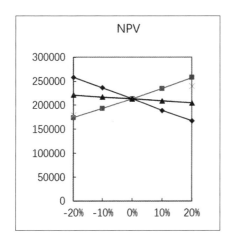

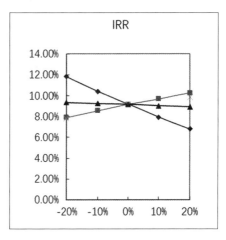

235

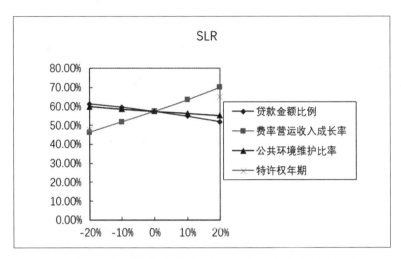

图5-9 游一区协商条件财务因子敏感度分析图

经敏感度分析后可得知，协商条件财务因子中以贷款金额比例、费率营运收入成长率及特许权年期三项，对于 NPV、IRR、SLR 都有相当大影响，尤其费率营运收入成长率对自偿率之提高有较大之影响，有鉴于此应于政府与民间组织间必须于特许期间有调整该项之机制，政府可视之为来营运时牵制之筹码，私部门也可因此降低融资之困难度，而有财务上协商之弹性，有助于避免招商制度之僵化规定，增加可调整之空间，使推动公私合作更加顺利。

5. 游一区财务评估结果与建议

由于游一区之开发设施使用为住宿旅馆休憩类及文化教育活动类之组合，而其开发采 BOO 之开发方式，于财务试算及敏感度分析后得到下列之结论：

（1）《奖参条例》中具有奖励性之条件加入后，仍不足以满足民间投资之基本财务效益需求，IRR（9.16%）不足 15%，且回收年期超过 100 年以上，已丧失投资开发价值。

（2）就试算中自偿率过低（57.21%），无法获利之情况，未来私部门融资或向银行借贷时将十分困难。

（3）就风险而言，因采 BOO 之开发方式，土地取得方式将直接增加推动之困难度。另外，较具影响为费率掌握及预估之风险、游客需求不确定。

（4）对政府与民间组织而言，若依目前之相关财务条件与规划方案，私部门愿意投资之机会很低，预期财务效益无法满足，推动本区单独招商似乎不可行。

（二）游四区

1. 财务条件基本假设

依据目前已制定之相关研究之实质规划方案，与相关环境之处理基本条件为基础，本研究以动态方式进行财务试算模拟，而将相关合理之既有数据归结（见表5-33）：

表5-33 游四区财务预测基本条件因子（单位：万元新台币）

开发设施 项目	游四区		
	室内海洋游乐馆	航空及舰艇育乐馆	明日世界
开发规模	以海洋为主题的室内育乐馆	以航空及舰艇为主之育乐馆	机械游憩相关设施
建设成本	320000	150000	180000
土地取得成本	336000		
开发方式	BOO		
特许年期	25 年（2017—2038 年）		
分期分区开发计划	第三期（2007—2016 年）		
资金来源	（建设成本 50%+ 营建期利息费用）来自股本，另建设成本 50% 向金融机构借款，利率：年利率 10%，还款计划：宽限期五年、以半年为一期，共分 10 年计 20 期。		
吸引人潮预估	营运年期	预估游客人数（人）	
	2013	2000	
	2014	2300	
	2015	2700	
	2016	3000	
	2017	3000	
	2018	3000	
	2019	3000	
	2020	3000	
	2021	3000	
	2022	3000	
	2023	3200	
	2024	3400	
	2025—2037	3500	

项目 \ 开发设施		游四区		
		室内海洋游乐馆	航空及舰艇育乐馆	明日世界
营业支出	营业收入 每年调涨 4%	以一票玩到底，门票：1300 元 / 人、区内消费：900 元 / 人。		
	营业费用	占营业收入 45% 计		
	营业成本	占营业收入 25%		
	存货成本	营业成本之 3%		
	现金余额	销售收入之 0.2%		
	利息费用	按年利率 10% 计算		
	折旧费用	与重置成本相同		
	开办摊销	10000 万元，自营业第一年起分五年平均分摊		
	土地租赁、 取得费用	土地取得费用为公告现值加 40%，为 100 公顷共 336000 万元		
	土地公告地价	每平方公尺 210 元；公告现值每平方公尺 2400 元		
	地价税	兴建期间为公告地价之 45%；营业后提高为 5.5%，每三年调涨 12%		
	营利事业所得税	各年度营利事业所得税以 25% 计算，依《奖参条例》规定营利第 1~4 年免税。		
	重置成本	假设自营运第 3～10 年，11～15 年、16 年起，每年需资金重置支出，分别为 4100 万元、8200 万元、16400 万元。		
	全区共同维护 管理费用	每年营业收入 3% 计。		

2. 开发设施使用项目与《奖参条例》奖励之相关性

本区之开发设施使用依前述之分类，全区皆为游乐设施娱乐类，而其活动特性与《奖参条例》及其相关子法所给予之奖励优惠相关性（见表 5-34）：

表5-34 依法给予奖励优惠与(游四区)各开发设施相关性分析表

《奖参条例》优惠		开发设施使用分类	游乐设施娱乐类
奖励项目	项目 / 条件	优惠办法	室内海洋游乐场、航空及舰艇育乐馆、明日世界
1. 公有土地 租金优惠	兴建期	按地价或其他费用计	●
	营运期	按国有土地出租基地租金六折	●
2. 补贴利息或 投资部分建设	不具自偿性者	直接投资、长期贷款、利息补贴，额度由主管机关核定	—
3. 长期优惠贷款	贷款期限	七年以上，经营期限以下或资产设备使用年限以下	●
	补贴利息	最高不超过 2%	●
4. 免纳营利 事业所得税	营运后有课税所得	相关收入 4 年免税	●

《奖参条例》优惠		开发设施使用分类	游乐设施娱乐类
5. 投资抵减营利事业所得税	兴建营运设备或技术	案例地区产制之设备，抵减 15% 世界各地产制之设备，抵减 5% 投资于兴建营运技术，抵减 5%	●
	防治污染设备或技术	案例地区产制之设备，抵减 20% 世界各地产制之设备，抵减 10% 投资于防治污染技术，抵减 5%	—
	研究发展费用	抵减 15%～20%	—
	人才培训费用	抵减 15%	—
6. 免征或分期缴纳关税	进口兴建使用者	案例地区未产制者，免关税 案例地区已产制者，分 60 个月分期缴纳	●
	进口经营使用者	分 60 个月分期缴纳	●
7. 减免地价税、房屋税、契税	路线用地	地价税全免	●
	相关设施用地	兴建期间按千分之十计征地价税	●
	自有房屋	减征房屋税应纳税额 50%	
	取得或设定典权之不动产	完成三年内减征契税 30%	●

● 表示《奖参条例》对于开发使用之优惠有相当之影响

3. 开发财务效益评估结果

分别由回收期、净现值、内在报酬率及自偿率四项评估，而风险程度及筹资方式需由政府协助程度与私部门依自身状况进行评量，并就所呈现之结果说明财务评估之说明（见表5-35）。

表5-35 游四区奖励优惠条件之财务效益评估结果表（单位:万元新台币）

项目	财务试算条件	无《奖参条例》之优惠条件	有《奖参条例》之优惠条件
	总投资金额	1249265	1189872
	借贷金额	613930	586700
	民间参与投资金额	635335	603172
评估项目	回收期	2039 年（23 年）	2033 年（17 年）
	净现值 NPV（25 年）	627942	715660
	内在报酬率 IRR	14.42%	15.34%
	自偿率 SLR	105.97%	129.93%
财务评估说明		• 内在报酬率 14.4%，低于一般投资报酬 15%～20%。 • 回收年期 23 年，特许年期 25 年尚可。 • 计划自偿率略低，仍需其他奖励性条件加入。	• 内在报酬率 15.3%，合于一般投资报酬 15%～20% 仍略低。 • 回收年期 17 年，可回收当初投资金额，经营年期 25 年适当。 • 计划自偿率适当，但仍需其他奖励性条件加入。
财务评估结果		• 有《奖参条例》奖励，将创造更加之民间业者投资。 • 有《奖参条例》奖励时自偿率适当，净现值高于投资金额，将有助向银行借贷筹资。	

4. 财务因子敏感度分析

由于在《奖参条例》中具有奖励性之条件加入后，仍需对各项具影响之协商条件因子进行敏感度分析，试图调整至合理之范围，进而判别出何项因子最具影响，于协商时能更进一步探讨商议。

（1）固定假设财务因子。

对于开发财务有相关之因子，就设施开发特性中归结下列具影响性之固定假设财务因子，调整幅度以增减 20% 为范围（见表 5-36、图 5-10）。

表5-36 游四区固定假设财务因子变动敏感度分析（单位：万元新台币）

财务影响因子	变动幅度		-20%	-10%	0%	10%	20%
固定假设因子	折现率	折现率	8%	9%	10%	11%	12%
		回收年（经营期）	2028 年（12 年）	2030 年（14 年）	2033 年（17 年）	2039 年（23 年）	2044 年（28 年）
		NPV（万元）	1018431	851543	715660	604036	511999
		IRR	15.59%	15.46%	15.34%	15.20%	15.07%
		SLR	191.42%	157.34%	129.93%	107.93%	90.08%
	银行贷款利率	利率	6.4%	7.2%	8%	8.8%	9.6%
		回收年（经营期）	2031 年（15 年）	2032 年（16 年）	2033 年（17 年）	2034 年（18 年）	2034 年（19 年）
		NPV（万元）	743971	729950	715660	700373	684943
		IRR	15.88%	15.60%	15.34%	15.04%	14.76%
		SLR	140.96%	135.43%	129.93%	124.64%	119.37%
	征收所得税	税率	20%	22.5%	25%	27.5%	30%
		回收年（经营期）	2032 年（16 年）	2032 年（16 年）	2033 年（17 年）	2034 年（18 年）	2035 年（19 年）
		NPV（万元）	766318	740989	715660	690331	665002
		IRR	15.34%	15.34%	15.34%	15.34%	15.34%
		SLR	139.15%	134.53%	129.93%	125.33%	120.73%
	地价税上涨率	上涨率	9.6%	10.8%	12%	13.2%	14.4%
		回收年（经营期）	2033 年（17 年）	2033 年（17 年）	2033 年（17 年）	2033 年（17 年）	2033 年（17 年）
		NPV（万元）	720509	718084	715660	713235	710811
		IRR	15.39%	15.36%	15.34%	15.31%	15.29%
		SLR	130.81%	130.37%	129.93%	129.49%	129.05%

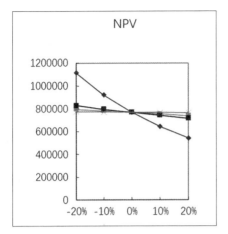
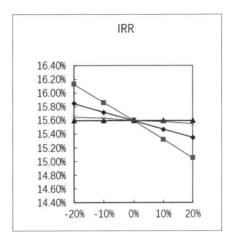
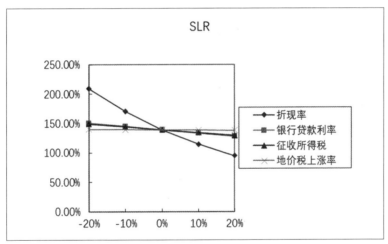

图5-10 游四区固定假设财务因子敏感度分析图

经敏感度分析得知，固定假设财务因子中以折现率及银行贷款利率二项，对于 NPV、IRR、SLR 都有相当大影响，应于招商条件需事前仔细推估，明订调整机制，方可提供给私部门较合理之保障，同时政府与民间组织才有财务上协商之共同基础。

（2）协商条件财务因子。

就私部门参与游四区开发时，于《奖参条例》中所规定仍具有调整空间之财务项目及开发财务特性之财务因子，将会是私部门参与与否相当重要的关键之一；而具体之规划成果为开发方案基础，固定假设财务因子为财务上之基础，因此，归结具影响性之协商条件财务因子（见表5-37、图5-11），其调整幅度以增减20%为范围。

表5-37 游四区协商条件财务因子变动敏感度分析（单位：万元新台币）

财务影响因子 变动幅度			−20%	−10%	0%	10%	20%
协商条件因子	贷款金额比例	比例	40%	45%	50%	55%	60%
		回收年（经营期）	2036 年（20 年）	2035 年（19 年）	2033 年（17 年）	2032 年（16 年）	2031 年（15 年）
		NPV（万元）	775936	746420	715660	683885	651296
		IRR	17.95%	16.57%	15.34%	15.20%	15.07%
		SLR	123.44%	126.38%	129.93%	134.33%	139.66%
	费率营运收入 成长率	成长率	3.2%	3.6%	4%	4.4%	4.8%
		回收年（经营期）	2036 年（20 年）	2035 年（19 年）	2033 年（17 年）	2032 年（16 年）	2031 年（15 年）
		NPV（万元）	638728	676070	715660	757558	801854
		IRR	14.60%	14.97%	15.34%	15.69%	16.04%
		SLR	114.963%	122.25%	129.93%	138.14%	146.87%
	维护费用占营业 公共建设环境 收入比率	比率	2.4%	2.7%	3%	3.3%	3.6%
		回收年（经营期）	2032 年（16 年）	2033 年（17 年）	2033 年（17 年）	2034 年（18 年）	2034 年（18 年）
		NPV（万元）	740639	—	715660	702875	690638
		IRR	15.6%	—	15.34%	15.19%	15.06%
		SLR	134.86%	—	129.93%	127.30%	125.08%
	特许权年期	年期	20 年	—	25 年	—	30 年
		回收年（经营期）	2033 年（17 年）	—	2033 年（17 年）	—	2033 年（17 年）
		NPV（万元）	677145	—	715660	—	835152
		IRR	15.11%	—	15.34%	—	15.81%
		SLR	122.64%	—	129.93%	—	152.50%

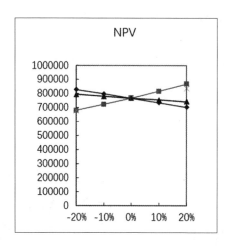

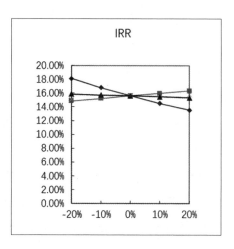

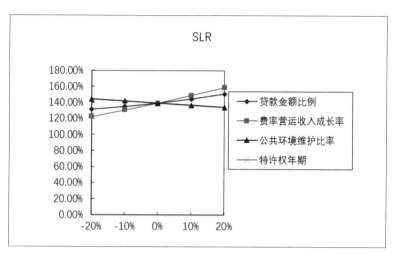

图5-11 游四区协商条件财务因子敏感度分析图

经敏感度分析后可得知，协商条件财务因子中以贷款金额比例、费率营运收入成长率二项，对于 NPV、SLR 都有较大之影响，尤其费率营运收入成长率对净现值及自偿率之提高有较大之影响，有鉴于此应于政府与民间组织间必须于特许期间有调整该项之机制。

5. 游四区财务评估结果与建议

由于游四区之开发设施使用纯为游乐设施娱乐类一种，而其开发采 BOO 之开发方式，于财务试算及敏感度分析后得到下列之结论：

（1）《奖参条例》中具有奖励性之条件加入，满足民间投资之基本财务效益需求，IRR（15.34%）不足 15%，且回收年期 17 年，已具民间投资开发价值。

（2）就试算中自偿率（129.93%），预期获利潜力尚可，有助于未来私部门融资或向银行借贷。

（3）就风险而言，因采 BOO 之开发方式，土地取得方式将直接增加推动之困难度。费率掌握及预估之风险、游客需求不确定性及活动设施内容吸引力将有决定性影响。

（4）对政府与民间组织而言，若依目前之相关财务条件与规划方案，私部门有愿意投资之意愿机会，预期财务效益仍有调整之必要，对于吸引旅客之相关活动设施仍应有配套计划。

（三）游五区

1. 财务条件基本假设

依据目前已制定之相关研究之实质规划方案，与相关环境之处理基本条件为基础，本研究以动态方式进行财务试算模拟，而将相关合理之既有数据归结（见表5-38）：

表5-38 游五区财务预测基本条件因子（单位：万元新台币）

项目 \ 开发设施	游五区						
	国民宾馆	汽车露营区	度假小木屋	游客休憩中心	观光养殖场	跑马场	赛车场
开发规模	100间客房规模	容纳200部露营车场地	150间客房规模	游客休憩设施	水产养殖观光游憩活动区	—	—
建设成本	20000	8000	35000	10000	120000	—	—
土地取得成本	254800						
开发方式	BOO						
特许年期	25年（2007-2031年）						
分期分区开发计划	第二期（2002-2007年）						
资金来源	（建设成本50%+营建期利息费用）来自股本，另建设成本50%向金融机构借款,利率年利率10%，还款计划：宽限期三年、以半年为一期，共分10年计20期。						
住房率、出租率 · 年期		住房率	出租率	住房率	—	出租率	游客数	—	—
· 2014		60%	70%	60%	—	70%	205600人	—	—
· 2015		63%	70%	63%	—	80%	231300人	—	—
· 2016		67%	70%	67%	—	90%	257000人	—	—
· 2017		72%	70%	72%	—	90%	257000人	—	—
· 2018		75%	70%	75%	—	90%	257000人	—	—
营业收入 费率每年调涨4%	住宿：2000 餐饮：1000 其他：320 共计：每晚3320元/间	14万元/天（210天）	0.3万元/天（365天）	—	12.3万元/天（365天）	—	—

项目\开发设施		游五区						
		国民宾馆	汽车露营区	度假小木屋	游客休憩中心	观光养殖场	跑马场	赛车场
营业支出	营业费用	占营业收入 48% 计						
	营业成本	占营业收入 15%						
	存货成本	营业成本之 3%						
	现金余额	销售收入之 0.2%						
	利息费用	按年利率 10% 计算						
	折旧费用	年折旧率按建设成本 4% 估算						
	开办摊销	20000 万元,自营业第一年起分五年平均分摊						
	土地租赁、取得费用	土地取得费用为公告现值加 40%,为 85 公顷共 254800 万元						
	土地公告地价	每平方公尺 780 元;公告现值每平方公尺 3500 元						
	地价税	兴建期间为公告地之 1%;营业后提高为 5.5%,每三年调涨 12%						
	营利事业所得税	各年度营利事业所得税以 25% 计算,依《奖参条例》规定营利第 1 ~ 4 年免税。						
	重置成本	假设自营运第 3 ~ 10 年、11 ~ 15 年、16 年起,每年需资金重置支出,分别为 470 万元、940 万元、1880 万元。						
	全区共同维护管理费用	每年营业收入 3% 计。						

2. 开发设施使用项目与《奖参条例》奖励之相关性

本区之开发设施使用分类可区分为住宿旅馆休憩类、公共管理服务类、游乐设施娱乐类、自然环境游憩类、产业资源特产类等五大类组合,设施相当多样且复杂,该区内之开发设施之特性与《奖参条例》及其相关子法所给予之奖励优惠条件(见表 5-39):

表5-39 依法给予奖励优惠与游五区各开发设施相关性分析表

《奖参条例》优惠		开发设施使用分类	住宿旅馆休憩类	公共管理服务类	游乐设施娱乐类	自然环境游憩类	产业资源特产类
奖励项目	项目 / 条件	优惠办法	国民宾馆、度假小木屋	游客休憩区	赛车场、跑马场	汽车露营区	观光养殖场
1. 公有土地租金优惠	兴建期	按地价或其他费用计	●	●	●	●	●
	营运期	按国有土地出租基地租金六折	●	●	●	●	●
2. 补贴利息或投资部分建设	不具自偿性者	直接投资、长期贷款、利息补贴,额度由主管机关核定	—	●	●	●	●
3. 长期优惠贷款	贷款期限	七年以上,经营期限以下或资产设备使用年限以下	●	●	●	●	●
	补贴利息	最高不超过 2%	●	●	●	●	●
4. 免纳营利事业所得税	营运后有课税所得	相关收入 4 年免税	●	—	●	—	●

《奖参条例》优惠	开发设施使用分类		住宿旅馆休憩类	公共管理服务类	游乐设施娱乐类	自然环境游憩类	产业资源特产类
5. 投资抵减营利事业所得税	兴建营运设备或技术	案例地区产制之设备，抵减15% 世界各地产制之设备，抵减5% 投资于兴建营运技术，抵减5%	●	●	●	—	—
	防治污染设备或技术	案例地区产制之设备，抵减20% 世界各地产制之设备，抵减10% 投资于防治污染技术，抵减5%	●	—	—	●	—
	研究发展费用	抵减15%～20%	—	—	—	—	—
	人才培训费用	抵减15%	—	—	—	—	—
6. 免征或分期缴纳关税	进口兴建使用者	案例地区未产制者，免关税 案例地区已产制者，分60个月分期缴纳	●	●	●	—	—
	进口经营使用者	分60个月分期缴纳	●	●	●		
7. 减免地价税、房屋税、契税	路线用地	地价税全免	●	●	●	●	●
	相关设施用地	兴建期间按千分之十计征地价税	●	●	●	●	●
	自有房屋	减征房屋税应纳税额50%	—	—	—	—	
	取得或设定典权之不动产	完成三年内减征契税30%	●	●	●	—1	●

●表示《奖参条例》对于开发使用之优惠有相当之影响

3. 开发财务效益评估结果

分别由回收期、净现值、内在报酬率及自偿率四项评估，而风险程度及筹资方式需由政府协助程度与私部门依自身状况进行评量，并就所呈现之结果说明财务评估之说明（见表5-40）。

表5-40 游五区奖励优惠条件之财务效益评估结果表（单位:万元新台币）

项目 \ 财务试算条件		无《奖参条例》之优惠条件	有《奖参条例》之优惠条件
总投资金额		428796	425901
借贷金额		207160	207160
民间参与投资金额		221636	218741
评估项目	回收期	—	—
	净现值 NPV(25 年)	-271413	-220405
	内在报酬率 IRR	—	—
	自偿率 SLR	-122.46%	-100.76%
财务评估说明		无法回收，计划无自偿性	无法回收，计划仍无自偿性
财务评估结果		有《奖参条例》奖励仍无法吸引民间业者投资。民间业者无法向银行借贷筹资。	

4. 财务因子敏感度与评估结果

在《奖参条例》中具有奖励性之条件加入后，对各项具影响之协商条件因子进行敏感度分析，调整至最大之奖励极限仍无法吸引私部门参与投资，因此该区之最大课题以非财务影响因素能予以解决，必须就整区之规划因素重新考虑调整，寻求转机。

（四）游六区

1. 财务条件基本假设

依据目前已制定之相关研究之实质规划方案，与相关环境之处理基本条件为基础，本研究以动态方式进行财务试算模拟，而将相关合理之既有数据归结（见表5-41）：

表5-41 游六区财务预测基本条件因子（单位：万元新台币）

项目 \ 开发设施	游六区	
	休闲住宅	博物馆
开发规模	兴建七层楼休闲住宅七栋与阶梯式花园别饰物六栋	二栋主题博物馆
建设成本	300000	50000
土地取得成本	122500	
开发方式	BOO	
特许年期	25 年（2007—2031 年）	
分期分区开发计划	第三期（2008—2016 年）	
资金来源	（建设成本 50%+ 营建期利息费用）来自股本，另建设成本 50% 向金融机构借款，利率：年利率 10%，还款计划：宽限期五年、以半年为一期，共分 10 年计 20 期。	

开发设施 项目		游六区	
		休闲住宅	博物馆
吸引人潮预估	年期	–	预估游客人数（千人）
	2017	–	500
	2018	–	550
	2019	–	600
	2010	–	850
	2011—2037	–	1100
	营业收入 每年调涨 4%	每坪 10.6 万元，共 22 公顷	门票 400 元 / 人，其他收入：200 元 / 人
营业支出	营业费用	占营业收入 50% 计，另休闲住宅销售费用以营业收入之 10%	
	营业成本	占营业收入 15%	
	存货成本	营业成本之 3%	
	现金余额	销售收入之 0.2%	
	利息费用	按年利率 10% 计算	
	折旧费用	年折旧率按建设成本 10% 估算	
	开办摊销	2500 万元，自营业第一年起分五年平均分摊	
	土地租赁、取得费用	土地取得费用为公告现值加 40%，为 25 公顷共 122500 万元	
	土地公告地价	每平方公尺 780 元；公告现值每平方公尺 3500 元	
	地价税	兴建期间为公告地价之 1%；营业后提高为 5.5%，每三年调涨 12%	
	营利事业所得税	各年度营利事业所得税以 25% 计算，依《奖参条例》规定营利第 1～4 年免税。	
	重置成本	假设自营运第 3～10 年，11～15 年、16 年起，每年需资金重置支出，分别为 900 万元、1800 万元、3600 万元。	
	全区共同维护管理费用	每年营业收入 3% 计。	

2. 开发设施使用项目与《奖参条例》奖励之相关性

本区之开发设施使用分类可区分为住宿旅馆休憩类、文化教育活动类二类组合，该区内之开发设施之特性与《奖参条例》及其相关子法所给予之奖励优惠条件（见表 5-42）：

表5-42 依法给予奖励优惠与游六区各开发设施相关性分析表

《奖参条例》优惠		开发设施使用分类	住宿旅馆 休憩类	文化教育 活动类
奖励项目	项目 / 条件	优惠办法	休闲住宅	博物馆
1. 公有土地租金优惠	兴建期	按地价或其他费用计	●	●
	营运期	按国有土地出租基地租金六折	●	●
2. 补贴利息或投资部分建设	不具自偿性者	直接投资、长期贷款、利息补贴，额度由主管机关核定	—	●
3. 长期优惠贷款	贷款期限	七年以上，经营期限以下或资产设备使用年限以下	●	●
	补贴利息	最高不超过 2%	●	●
4. 免纳营利事业所得税	营运后有课税所得	相关收入 4 年免税	●	—

《奖参条例》优惠		开发设施使用分类	住宿旅馆休憩类	文化教育活动类
5. 投资抵减营利事业所得税	兴建营运设备或技术	案例地区制之设备，抵减 15% 世界各地产制之设备，抵减 5% 投资于兴建营运技术，抵减 5%	●	●
	防治污染设备或技术	案例地区产制之设备，抵减 20% 世界各地产制之设备，抵减 10% 投资于防治污染技术，抵减 5%	●	—
	研究发展费用	抵减 15% ~ 20%		●
	人才培训费用	抵减 15%		●
6. 免征或分期缴纳关税	进口兴建使用者	案例地区未产制者，免关税 案例地区已产制者，分 60 个月分期缴纳	●	●
	进口经营使用者	分 60 个月分期缴纳	●	●
7. 减免地价税、房屋税、契税	路线用地	地价税全免	●	●
	相关设施用地	兴建期间按千分之十计征地价税	●	●
	自有房屋	减征房屋税应纳税额 50%		
	取得或设定典权之不动产	完成三年内减征契税 30%	●	●

表示《奖参条例》对于开发使用之优惠有相当之影响

3. 开发财务效益评估结果

分别由回收期、净现值、内在报酬率及自偿率四项评估，而风险程度及筹资方式需由政府协助程度与私部门依自身状况进行评量，并就所呈现之结果说明财务评估之说明（见表 5-43）。

表5-43 游六区财务效益评估结果（单位:万元新台币）

项目 / 财务试算条件		无《奖参条例》之优惠条件	有《奖参条例》之优惠条件
	总投资金额	614050	581936
	借贷金额	311100	303436
	民间参与投资金额	302950	387852
评估项目	回收期	2027 年（11 年）	2025 年（9 年）
	净现值 NPV（25 年）	525636	589594
	内在报酬率 IRR	18.65%	19.27%
	自偿率 SLR	159.03%	194.31%
财务评估说明		• 内在报酬率 18.65%，合于一般投资报酬 15% ~ 20%。 • 回收年期 11 年，特许年期 25 年可获利之时期。 • 计划自偿率已有获利空间已无须其他奖励性条件加入。	• 内在报酬率 19.27%，合于一般投资报酬 15% ~ 20%。 • 回收年期 9 年，可回收当初投资金额。 • 计划自偿率颇高，无须其他奖励性条件加入。
财务评估结果		• 有《奖参条例》奖励，将创造更加之民间业者投资。 • 有《奖参条例》奖励时自偿率颇高，净现值高于投资金额，将有助向银行借贷筹资，是否奖励过当仍需探讨。	

4. 财务因子敏感度分析

由于在《奖参条例》中具有奖励性之条件加入后，仍需对各项具影响之协商条件因子进行敏感度分析，试图调整至合理之范围，进而判别出何项因子最具影响，于协商时能更进一步探讨商议。

（1）固定假设财务因子。

对于开发财务有相关之因子，就设施开发特性中归结下列具影响性之固定假设财务因子，调整幅度以增减 20% 为范围（见表 5-44、图 5-12）。

表5-44 游六区固定假设财务因子变动敏感度分析（单位：万元新台币）

变动幅度 财务影响因子		-20%	-10%	0%	10%	20%
固定假设因子	折现率					
		折现率	8%	9%	10%	11%	12%
		回收年（经营期）	2023 年（7 年）	2024 年（8 年）	2025 年（9 年）	2026 年（10 年）	2028 年（12 年）
		NPV（万元）	834333	699608	589694	498749	423790
		IRR	19.60%	19.42%	19.27%	19.07%	18.90%
		SLR	287.60%	236.07%	194.31%	161.60%	134.72%
	银行贷款利率	利率	6.4%	7.2%	8%	8.8%	9.6%
		回收年（经营期）	2024 年（8 年）	2024 年（8 年）	2025 年（9 年）	2025 年（9 年）	2025 年（9 年）
		NPV（万元）	596874	593575	589694	585414	581322
		IRR	19.56%	19.41%	19.27%	19.08%	18.91%
		SLR	207.60%	200.98%	194.31%	188.71%	182.57%
	征收所得税	税率	20%	22.5%	25%	27.5%	30%
		回收年（经营期）	2024 年（8 年）	2024 年（8 年）	2025 年（9 年）	2025 年（9 年）	2025 年（9 年）
		NPV（万元）	618996	604295	589694	574892	560191
		IRR	19.27%	19.27%	19.27%	19.27%	19.27%
		SLR	204.00%	199.15%	194.31%	189.46%	184.62%
	地价税上涨率	上涨率	9.6%	10.8%	12%	13.2%	14.4%
		回收年（经营期）	2024 年（8 年）	2025 年（9 年）	2025 年（9 年）	2025 年（9 年）	2025 年（9 年）
		NPV（万元）	592003	590705	589694	588073	586735
		IRR	19.27%	19.26%	19.27%	19.23%	19.21%
		SLR	195.71%	195.28%	194.31%	194.38%	193.86%

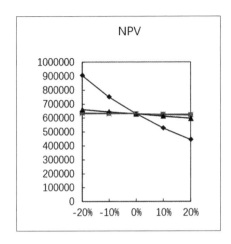
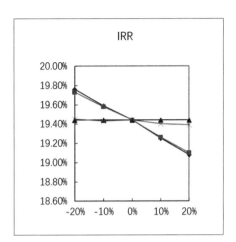
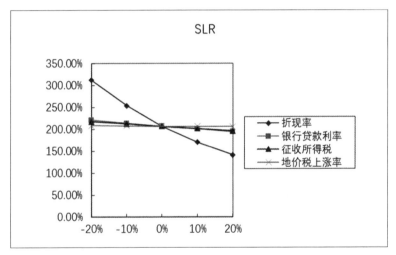

图5-12 游六区固定假设财务因子敏感度分析图

经敏感度分析得知，固定假设财务因子中以折现率及银行贷款利率二项，对于IRR 都有相当大影响，自偿率已折现率变动最大，应于招商条件需事前仔细推估，明订调整机制，方可提供给私部门较合理之保障，同时政府与民间组织才有财务上协商之共同基础。

（2）协商条件财务因子。

就私部门参与游四区开发时，于《奖参条例》中所规定仍具有调整空间之财务项目及开发财务特性之财务因子，将会是私部门参与与否相当重要的关键之一；而具体之规划成果为开发方案基础，固定假设财务因子为财务上之基础，因此，归结具影响性之协商条件财务因子（见表5-45、图5-13），其调整幅度以增减20%为范围。

表5-45 游六区协商条件财务因子变动敏感度分析（单位：万元新台币）

财务影响因子		变动幅度	−20%	−10%	0%	10%	20%
协商条件因子	贷款金额比例	比例	40%	45%	50%	55%	60%
		回收年（经营期）	2027年（11年）	2025年（9年）	2025年（9年）	2024年（8年）	2023年（7年）
		NPV（万元）	603785	596772	589694	582001	574381
		IRR	21.37%	20.25%	19.27%	18.32%	17.47%
		SLR	177.42%	185.34%	194.31%	206.47%	221.19%
	费率营运收入 成长率	成长率	3.2%	3.6%	4%	4.4%	4.8%
		回收年（经营期）	2025年（9年）	2025年（9年）	2025年（9年）	2024年（8年）	2024年（8年）
		NPV（万元）	544960	566635	589694	613218	638145
		IRR	18.73%	18.99%	19.27%	19.49%	19.74%
		SLR	178.97%	186.74%	194.31%	203.37%	212.34%
	维护费用占营业 公共建设环境 收入比率	比率	2.4%	2.7%	3%	3.3%	3.6%
		回收年（经营期）	2024年（8年）	2024年（8年）	2025年（9年）	2025年（9年）	2025年（9年）
		NPV（万元）	608714	599068	589694	579772	570097
		IRR	19.52%	19.38%	19.27%	19.11%	18.97%
		SLR	201.84%	198.31%	194.31%	191.31%	187.86%
	特许权年期	年期	20年	—	25年	—	30年
		回收年（经营期）	2025年（9年）	—	2025年（9年）	—	2025年（9年）
		NPV（万元）	559943	—	589694	—	679689
		IRR	19.09%	—	19.27%	—	19.55%
		SLR	184.74%	—	194.31%	—	225.42%

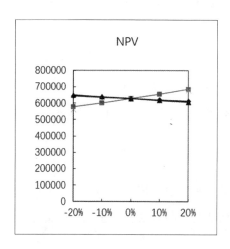

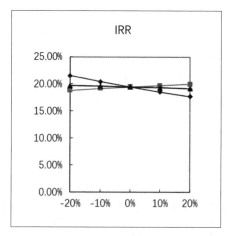

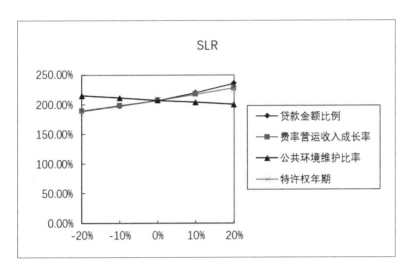

图5-13 游六区协商条件财务因子敏感度分析图

经敏感度分析后可得知，协商条件财务因子中以贷款金额比例、费率营运收入成长率二项，对于 NPV、SLR 都有较大之影响，尤其费率营运收入成长率对净现值及自偿率之提高有较大之影响，有鉴于此应于政府与民间组织间必须于特许期间有调整该项之机制。

5. 游六区财务评估结果与建议

由于游四区之开发设施使用为住宿旅游休憩类及文化教育活动类二类结合，而其开发采 BOO 之开发方式，于财务试算及敏感度分析后得到下列之结论：

（1）《奖参条例》中具有奖励性之条件加入与否对于 IRR，奖励前（18.64%）与奖励后（19.27%）都具有对私部门投资者之吸引力，且回收年期于特许期开始后7年，已具民间投资开发价值。

（2）就试算中自偿率（194.31%），预期获利潜力高，助于未来私部门融资或向银行借贷。

（3）就风险而言，因采 BOO 之开发方式，土地取得方式将直接增加推动之困难度。费率掌握及预估之风险、游客需求不确定性及活动设施内容吸引力将有决定性影响。游六区之获利情况内之博物馆及休闲住宅吸引之人潮，必须借由其他分区之活动配合才有达到之可能，因此，必须加强与其他区活动整合之规划因素。

（4）对政府与民间组织而言，若依目前之相关财务条件与规划方案，私部门极有投资之意愿，预期财务效益可获利相当高。

（5）财务效益之评估结果，已具私部门投资开发者之财务效益之需求，于招商条件中，应必须谨慎避免过度奖励，或可借由公共环境维护或财务融资协助降低，或与其他发展分区做联合性开发并联合招商，其策略之运用将带动其他发展条件欠佳之分区，能顺利推动。

（五）服二区

1. 财务条件基本假设

依据目前已制定之相关研究之实质规划方案，与相关环境之处理基本条件为基础，本研究以动态方式进行财务试算模拟，而将相关合理之既有数据归结（见表5-46）：

表5-46 服二区财务预测基本条件因子表（单位:万元新台币）

开发设施 项目	服二区					
	观光旅馆		购物中心	国际会议中心	国际青年中心	
开发规模	二栋观光旅馆 每栋 200 间		购物育乐服务 设施 10 公顷	会议场所	200 间客房	
建设成本（万元）	108000 108000		150000	45000	20000	
开发方式	BOT					
特许年期	25 年（2008—2031 年）					
分期分区 开发计划	第二期（2002—2007 年）					
资金来源	（建设成本 50%+ 营建期利息费用）来自股本，另建设成本 50% 向金融机构借款，利率：年利率 10%，还款计划：宽限期五年、以半年为一期，共分 20 年计 40 期。					
住房、出租率	2007 年	200（间）	60%	70%	60%	200（间）	60%
	2008 年	200	63%	80%	60%	200	60%
	2009 年	200	67%	90%	63%	200	63%
	2010 年	200	72%	90%	67%	200	67%
	2011 年	200	75%	90%	67%	200	67%
	2012 年	400	60%	90%	72%	200	72%
	2013 年	400	63%	90%	75%	200	75%
	2014 年	400	67%	90%	75%	200	75%
	2015 年	400	72%	90%	75%	200	75%
	2016 年～	400	75%	90%	75%	200	75%
	～ 2031 年	400	75%	90%	75%	200	75%

开发设施\n项目	服二区			
	观光旅馆	购物中心	国际会议中心	国际青年中心
营业收入\n每年调涨 4%	住宿：4000 元 / 晚\n餐饮：2000 元\n其他：640 元\n共计：6640 元 / 晚	租金：658000/ 天	租金：322400/ 天\n餐饮：998632\n器材租金：928960	租金：3000/ 间\n餐饮：1290 间\n其他：645/ 间
营业支出	营业费用	占营业收入 60%	占营业收入 36%	占营业收入 60%	占营业收入 48%
	餐饮成本	占营业收入 35%			
	其他成本	占营业收入 3%			
	存货成本	占营业收入 3%			
	现金余额	占销售收入 0.2%			
	利息费用	按年利率 10% 计算			
	折旧费用	年折旧率按建设成本 4% 估算，期满后无偿交给政府			
	开办摊销	5000 万元，自营业第一年起分五年平均分摊			
	土地租赁费用	公告地价之 3% 为 1764 万元，以后每年调涨 4%			
	土地公告地价	每平方公尺 980 元，共 60 公顷（600000 平分公尺）。			
	经营权利金	营业届满一年后缴交\n年营业收入低于 40 亿元者，按营业收入之 1% 计收。\n年营业收入低于 100 亿元者，按营业收入之 1.5% 计收。\n年营业收入高于 100 亿元者，按营业收入之 1.75% 计收。			
	营利事业\n所得税	各年度营利事业所得税以 25% 计算，依《奖参条例》规定营利第 1~4 年免税。			
	重置成本	假设自营运第 3 ～ 10 年，11 ～ 15 年、16 年起，每年需资金重置支出，分别为 2100 万元、4200 万元、8400 万元。			
	全区共同维护\n管理费用	每年营业收入 3% 计。			

2. 开发设施使用项目与《奖参条例》奖励之相关性

本区之开发设施使用分类可区分为住宿旅馆休憩类、文化教育活动类组合，该区内之开发设施之特性与《奖参条例》及其相关子法所给予之奖励优惠条件（见表 5-47）：

表5-47 依法给予奖励优惠与服二区各开发设施相关性分析表

《奖参条例》优惠		开发设施使用分类	住宿旅馆\n休憩类		文化教育\n活动类	
奖励项目	项目 / 条件	优惠办法	观光\n旅馆	购物\n中心	国际会议\n中心	国际青年\n中心
1. 公有土地\n租金优惠	兴建期	按地价或其他费用计	●		●	
	营运期	按国有土地出租基地租金六折	●		●	
2. 补贴利息或\n投资部分建设	不具自偿性者	直接投资、长期贷款、利息补贴，额度由主管机关核定	—		●	

《奖参条例》优惠		开发设施使用分类	住宿旅馆休憩类	文化教育活动类
3. 长期优惠贷款	贷款期限	七年以上，经营期限以下或资产设备使用年限以下	●	●
	补贴利息	最高不超过 2%	●	●
4. 免纳营利事业所得税	营运后有课税所得	相关收入 4 年免税	●	—
5. 投资抵减营利事业所得税	兴建营运设备或技术	案例地区产制之设备，抵减 15%世界各地产制之设备，抵减 5% 投资于兴建营运技术，抵减 5%	●	●
	防治污染设备或技术	案例地区产制之设备，抵减 20%世界各地产制之设备，抵减 10% 投资于防治污染技术，抵减 5%	●	—
	研究发展费用	抵减 15% ～ 20%	—	●
	人才培训费用	抵减 15%	—	●
6. 免征或分期缴纳关税	进口兴建使用者	案例地区未产制者，免关税案例地区已产制者，分 60 个月分期缴纳	●	●
	进口经营使用者	分 60 个月分期缴纳	●	●
7. 减免地价税、房屋税、契税	路线用地	兴建间用地	●	
	相关设施用地	兴建期间按千分之十计征地价税	●	●
	自有房屋	完成三年内减征房屋税应纳税额 50%	—	—
	取得或设定典权之不动产	减征契税 30%	●	●

表示《奖参条例》对于开发使用之优惠有相当之影响

3. 开发财务效益评估结果

分别由回收期、净现值、内在报酬率及自偿率四项评估，而风险程度及筹资方式需由政府协助程度与私部门依自身状况进行评量，并就所呈现之结果说明财务评估之说明（见表5-48）。

表5-48 服二区财务效益评估结果（单位：万元新台币）

项目 财务试算条件	无《奖参条例》之优惠条件	有《奖参条例》之优惠条件
总投资金额	234870	220460
借贷金额	117670	110410
民间参与投资金额	117200	110050
评估项目 回收期	—	—
净现值 NPV（25 年）	−5453	−432
内在报酬率 IRR	—	—
自偿率 SLR	−1.73%	−0.15%
财务评估说明	无法回收，计划无自偿性	无法回收，计划仍无自偿性
财务评估结果	有《奖参条例》奖励仍无法吸引民间业者投资。民间业者无法向银行借贷筹资。	

4. 财务因子敏感度与评估结果

服二区为 BOT 开发方式，在《奖参条例》中具有奖励性之条件加入后，对各项具影响之协商条件因子进行敏感度分析，调整至最大之奖励极限仍无法吸引私部门参与投资，因此该区之最大课题已非财务影响因素能予以解决，必须就整区之规划因素重新考虑调整。

三、奖励性民间参与观光游憩设施开发财务评估

经由以上财务试算及评估、敏感度分析结果，可归结出未来民间愿意参加开发之意愿与财务上之可能性，可看出政府对于此一公私合作之模式，于运作上所需之财务控制与财务机制之考虑仍有欠缺与不足；而由上述之财务分析结果整理（见表 5-49）：

表5-49 分区奖励性财务条件对民间参与开发吸引程度表

开发分区	开发方式	财务评估结果	就财务层面考虑是否能吸引民间参与开发
游一区	BOO	*有或无《奖参条例》奖励，皆无法吸引民间业者投资。 *自偿率不足，净现值低于投资金额，将形成向银行借贷筹资困难。	无吸引力
游四区	BOO	*有《奖参条例》奖励，将创造更加之民间业者投资。 *有《奖参条例》奖励时自偿率适当，净现值高于投资金额，将有助向银行借贷筹资。	具吸引力
游五区	BOO	*有《奖参条例》奖励仍无法吸引民间业者投资。 *民间业者无法向银行借贷筹资。	无吸引力
游六区	BOO	*有《奖参条例》奖励，将创造更加之民间业者投资。 *有《奖参条例》奖励时自偿率颇高，净现值高于投资金额，将有助向银行借贷筹资，是否奖励过当仍需探讨。	具吸引力
服二区	BOT	*有《奖参条例》奖励仍无法吸引民间业者投资。 *民间业者无法向银行借贷筹资。	无吸引力

上述之财务分析结果显示，整体之财务规划结果于推动时无法获得民间业者的支持，形成推动公私合作时一项关键性的阻力；而在其中五项分区集中在开发分期之第二、三期。若依据现有之时程开发，而在多项公共公共设施与设备及环境改善工程完成后再进行开发，而民间却仍未有意愿参与，（政府于第一期投入436292.5万元新台币），是否形成相当严重浪费财政资源之后果。

案例地区观光游憩设施 PPP 项目整体之财务计划与分期开发时程应再行考虑，且将实质环境规划与分区开发设施内容组合一并考虑，而同时需制定政府与民间组织协商之机制，并将开发财务效益决策程序、协商机制，方可规划一兼顾规划影响因素与财务影响因素的计划方案。

四、奖励性民间参与观光游憩设施不同开发方案评估之决策程序

观光游憩设施开发方式目前开发方式，就公私合作开发方面依据《奖参条例》中第六条及"奖参条例施行细则"第三条规定，可采用 BOT 与 BOO 之公私合作方式及民间自行进行开发，而就实质环境开发方面，观光游憩设施之开发特性而言多半分为整体开发（招商方式为统包）及分期分区开发（招商方式为分包）二大类。

无论采用何种方式开发若引用《奖参条例》之奖励性法令，政府与民间组织必

定有必需依循之合作规则；政府必须就经济效益及社会公平性进行考虑，探讨所给予之奖励与协助程度之分寸，私部门亦必须就财务效益与预期报酬是否能支持营运或未来整体之获利期望，相关风险之降低。然而，政府与民间组织势必须依据依合作规则进行，若政府规划主导，即为招商条件。若为私部门规划申请开发且引用《奖参条例》时，即为申请条件。

而政府与民间组织必须要有协商机制与协商空间，而决策程序与开发影响因素（规划因素、财务因素）于协商时程不同，所要协商之关键因子亦不相同；而现就各项开发合作方式逐一说明：

（一）分包方式之开发方案决策程序

若以分包方式招商就必须考虑财务整体开发、分期开发、分区开发层面，而公部须先对规划方案之规划因素与财务因素整体考虑，再依财务不同层面与经济效益进行研拟招商条件，此时私部门将依据招商条件中之各项影响因子进行开发财务试算与评估效益，再依序针对协商条件因子、固定假设因子、规划因素，寻求财务最大报酬。若招商条件经调整后合乎社会经济效益，将可依此签订特许合约，给予特许权（见图 5-14）。

公共基础设施闲置及公私协力 (PPP) 活化机制实践

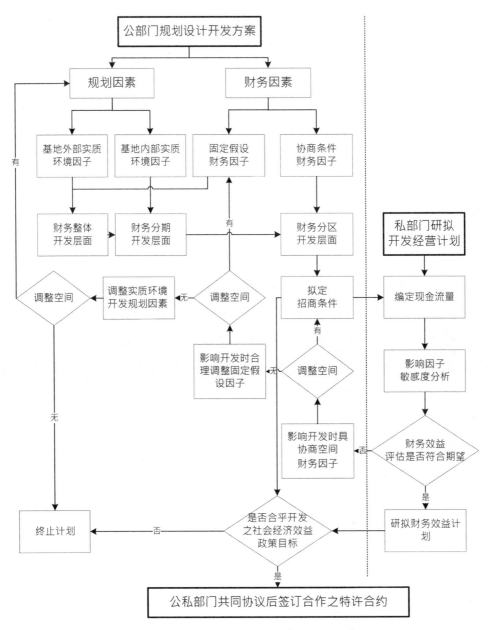

图5-14 公私协力开发观光游憩设施采"分包方式"决策程序图

（二）统包方式之开发方案决策程序

以统包方式招商，公部须先对规划方案之规划因素与整体财务因素考虑，再依财务不同层面与经济效益进行研拟招商条件，此时私部门将依据招商条件中之各项

260

影响因子进行开发财务试算与评估效益，再依序针对协商条件因子、固定假设因子、规划因素，寻求财务最大报酬。若招商条件经调整后合乎社会经济效益，将可依此签订特许合约，给予特许权（见图 5-15）。

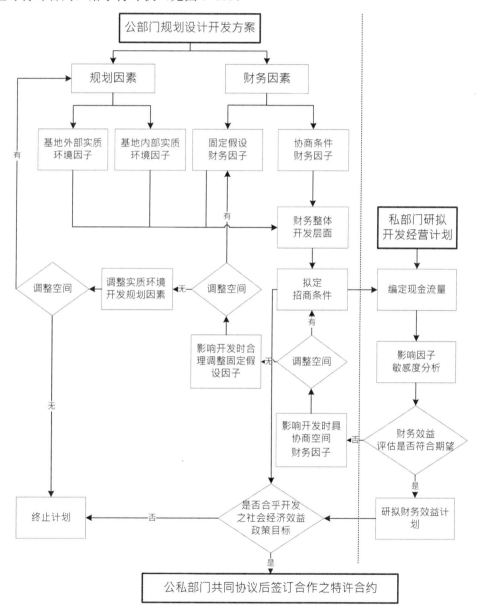

图5-15 公私协力开发观光游憩设施采"统包方式"决策程序图

261

（三）自行规划方式之开发方案决策程序

若以自行规划方式招商就必须由私部门自行规划设计开发方案，提出申请政府能给予之奖励条件，而私部门依财务整体开发层面进行评估。而必须自行针对规划方案之协商条件因子、固定假设因子、规划因素研拟试算，以寻求财务最大报酬。政府此时将依据申请条件中之各项奖励性条件进行开发财务试算与评估效益及是否合乎社会公平性及开发经济效益，若合乎社会经济效益，将可依此签订特许合约，给予特许权。

经由具协商弹性之财务决策程序之建立，将有助于私部门于未来与政府合作或自行开发能有所依循，增进政府与民间组织合作之协商效率，也更明确掌握政府与民间组织彼此互动时所应扮演之角色，让推动民间参与之阻力降低，同时亦减少私部门投资开发之风险与不确定性，增加融资者之信心。总之，政府与民间组织明确掌握自身所拥有之筹码与财务上协商空间与协商机制，必将会加强民间参与投资开发之信心（见图 5-16）。

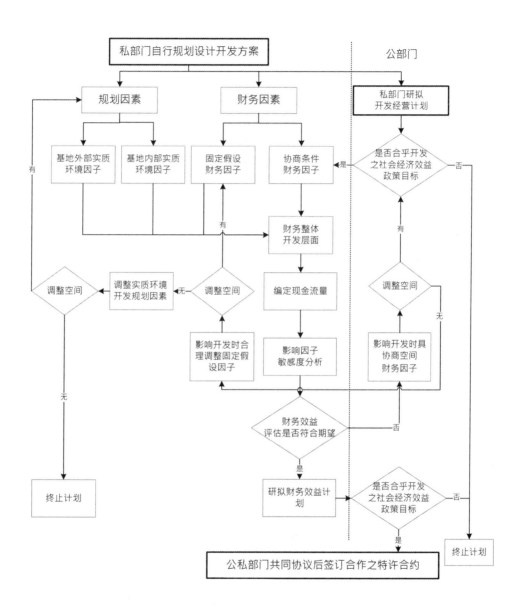

图5-16 私部门开发观光游憩设施采"自行规划方式"决策程序图

第五节　社会资本参与奖励性观光游憩设施 PPP 项目特点

《促参法》为目前观光游憩设施开发时最主要奖励性法规，然而就在实际开发时所产生之诸多课题相当多，而其中对于公私合作开发时，无论采何种开发方式，都必须要将财务性之相关问题加以慎重考虑，但就前所述，本研究将财务影响因素划分为规划因子及财务因子二部分，并以案例地区观光游憩设施 PPP 项目为开发个案，进行开发财务效益评估试算，及规划影响因素进行探讨。

而目前案例地区民间认为该项投资财务特性为投资金额大、财务投资报酬率低、回收期长、风险高、营运初期亏损以及费率调整需经政府许可等不乐观的看法。政府在推动计划时，必须就向奖励政策进行考虑，才能营造政府与民间组织具有共识之投资环境，促使推动开发计划能顺利。

然而同时政府亦必须针对社会公平性，进行评估财务开发获得之效益，详细评估给予之奖励性条件是否适宜，因而综合目前案例地区公私合作开发之机制现况与案例地区观光游憩设施 PPP 项目相关资料及规划设计内容，提出相关之特点与说明。区分四类：

一、奖励法源与机制方面特点

特点一：就奖励性法规立法方式而言，《奖参条例》为原则性立法，难以对特定观光游憩设施开发有"因地制宜"之直接规范成效。

说明：就目前奖励性法律之立法方式，可大致区分为"原则性立法"及"项目性立法"，前者依靠政府的"特许合约"作为融资的保障，后者则以"法律强制"给予项目融资之法定地位，因此，后者之相对保障较为明确，民间投资风险较低，成功案例多半为后者（如：香港）。

对策：运用所直属机关或当地地方政府制定具有当地适用性的奖励条件，并与整体规划配合，将会降低民间投资之风险，并可同时会使政府所属机关能进一步依法有据，避免造成行政执行时之不必困扰，杜绝"图利他人"之疑虑。

特点二:《奖参条例》对于不同之民间参与开发方式未有明确之规定。对不同奖励对象，未有奖励上之差异。

说明: 不同之民间参与方式所有权之归属不同，且其参与过程与内在投资报酬及获利情形亦不相同，但却给予相同之奖励条件，似乎未能有效给予适当之需要。

对策:《奖参条例》对于奖励之对象及范围依第五条中规定，有铁路、公路、大众捷运系统、航空站、港埠及其设施、停车场、观光游憩重大设施、桥梁及隧道各项，而各项之设施之开发及经营特性仍有相当之差异性，就财务方面中营运收入而言，差异相当大，但所相关之法规并无应对而有奖励项目与程度上之差异不同。

特点三:《奖参条例》对于观光游憩重大设施开发规模大小，在奖励程度上并无不同。

说明: 奖励观光游憩设施开发对于开发规模之认定，就土地面积之规模亦应加以规范，若给予过多或过少的奖励皆不适宜，甚或会造成推对上之困扰。

对策: 由于《奖参条例》对于大型的观光游憩设施开发有相当多的奖励，对于许多观光开发建设及经营都有所帮助，然就奖励的对象而言，经整理后可归结（见表 5-50）:

表5-50 《奖参条例》中观光游憩设施适用对象条件汇整表（单位: 新台币）

项目 对象	开发区位	开发方式	开发金额
对象一	—	《奖参条例》中第六条第 1.2 款方式（BOT 及公办民营）	金额为三亿元（不含土地）
对象二	位于案例地区行政管理机构主管机关指定偏远地区之观光游憩设施。	—	金额为三亿元（不含土地）
对象三	非位于案例地区行政管理机构主管机关指定偏远地区之观光游憩设施。	《奖参条例》中第六条第 3 款方式（BOO）	金额为六亿元（不含土地）

地方政府或开发事业主管机关应具给予奖励调节之角色，订定个案单行之规范。另规定中开发金额是否包含融资资金，并未详述。

特点四：《奖参条例》所规定奖励项目多以交通建设为较适用，对于观光游憩设施开发，应订定直接之奖励规范与财务性的约束机制。

说明：奖励民间参与交通建设条例之奖励范围扩大及其他公共建设类型，包括观光游憩设施之开发，其虽有子法（观光主管机关受理民间机构投资兴建营运观光游憩重大设施审核要点），但对于大面积土地开发、自然环境影响较巨的观光游憩设施开发，并未有明确反映其开发特性。

对策：政府必须就各类公共建设之开发特性，进行进一步的研究，于奖励性法规订定的同时亦需提出回馈与改善防治的财务约束机制。

二、实质环境规划方面特点

特点一：整体规划报告中所列对于分期分区开发之规划，应加入全方位的考虑。

说明：分期分区开发计划应对财务条件及开发、营运、移转期间之收支状况、土地取得难易与顺序、公共设施兴建的整体配合订定之。

对策：分期分区开发计划应与各项计划共同考虑，同时必须针对会对财务影响之规划因子，加以评估，寻找出不同基地不同之开发背景条件及开发设施特性，如何安排开发顺序，及相关公共建设之兴建，方可周全拟定分期及分区之方案。

特点二：公共设施之兴建、营运、管理于实质规划中并未明定出政府与民间组织之权利与义务，日后开发时会造成配合之困难。

说明：各分区开发设施对内及对外之公共设施，及公共工程之施工，与各项分区使用性质有直接之关系，应加以规范。如水质改善设施、污水下水道工程、交通工程、管理设施等。

对策：各开发分区应配合民间参与开发方式之不同，在招商条件中应有所差异，如负担公共建设之比率及设施兴建之先后顺序以及相互间的配合事项等，皆于实质环境规划设计时就必须有区分。

特点三：民间参与各分区之开发方式仅以土地取得方式及土地权属、开发设施获利性质为决定原则，较不周全。

说明：各分区设施之使用属性不同，因此所需的投资条件应有所差异。

对策：民间参与开发之方式应就适用特性、土地取得方式、未来经营能力、财务自偿性、投资金额规模等财务评估，一并考虑。

特点四：开发范围内之土地取得及相关查估补偿方式尚未确定。

说明：奖励民间投资之相关获利或其他相关配合事项，所需要的时间与经费来源相当可观，因此必须即早厘清。

对策：明确制定土地征收方式，主管之政府应加强土地取得可能之方案研究，并于开发时订出具体的办法与规范，方能确定投资风险。

特点五：土地使用分区管制之使用分区与使用强度，应一并在分期分区开发计划考虑。

说明：土地使用分区管制对各阶段都有十分重要的影响，应以财务可行性为考虑重点，才能促使分期分区开发计划推行顺利。

对策：分区内之开发设施对该区之财务有直接之影响，必须加以评估其区位条件、开发内容及环境背景特性、法规所给予开发设施之奖励性，才确定是否为适当之开发分区与设施，并且将分期分区计划纳入开发方案中，评估其开发效益，堪称可行之分期分区开发方案。

特点六：观光游憩设施开发造成之环境冲击，必须于协商议定合作契约时，提出明确的改善方案及需借由经费改善冲击确切的范围。并能依此规范私部门参与投资时必须负担之财务责任。

说明：政府必须就开发计划之先期所作的环境影响评估或相关研究，且须要借由财务方式改善的要点进行考虑，提出在协商时所必需的协商条件，作为日后合作推行的依据。

对策：政府应就大型土地开发所带来的环境影响冲击，如山坡地之水土保持工程，都必须要订出日后开发的改善方案或资金补偿的议题，方具有监督此开发行为之责。如进口防污设备购置可抵减营利事业所得税百分之二十，未规定该设备防污的可用年期是否为其经营年期，便可于给予优惠奖励时列为但书，便可对环境冲击改善把关。

三、推动民间参与方面特点

特点一：《奖参条例》对于不同使用属性的开发在财务上之诱因强度，必须仔细评估是否造成适当之诱因。

说明：《奖参条例》为一通则性立法，其适用的程度仍必须进一步的规范，订定之规范并应同时评估政府与民间组织双方均能达成共识的方案，对民间参与是否真的造成诱因。

对策：应同时对政府与民间组织在开发不同设施时，双方之权利与义务应有明确的划分，而在开发之诱因中，在协商条件财务因子中若为《奖参条例》规定之项目则依法规范，然多项其他财务因子无硬性规定，而必须"因地制宜"的订出适当之弹性空间。同时政府与民间组织皆必须针对该协商条件财务因子进行财务效益评估，避免政府不自觉图利他人，私部门负担不必要之财务风险，政府更应于招商条件或签约时列入。

特点二：奖励民间参与开发以 BOT 之方式推动，应符合整体计划本身具有自给自足之基本精神。

说明：推动民间参与的奖励性条件，主要目的在于给予参与开发者有足够的帮助，而区内及区外的公共工程必须在自给自足的方式下完成。

对策：对于奖励条件的调节，可由规划与协商同时配合，形成自给自足之机制，运用回馈方式与回馈比例及公共建设参与程度，进行公共设施与工程之开发。

特点三：观光游憩开发规模相当大，对于承包方式是统包或分包，应就整体规划使用内容及民间参与能力加以考虑。

说明：《奖参条例》规定借由特许权之取得与特许合约制定之方式统包给特许公司，然就观光游憩设施兴建与营运技术而言，实为不易；而特许公司若在分包给其他公司，将失去奖励之用意，易形成推动机制上的缺失。

对策：就整体规划使用内容及民间参与能力，同时考虑统包及分包并存之可行性。

特点四：民间参与投资观光游憩设施开发、兴建与营运的风险与报酬未能厘清，

政府与民间组织共识达成不易。

说明：开发时之风险与报酬，由于政府与民间组织认知上的差距及各处立场不同，因此造成协议时未能针对风险与报酬做一客观的评估，造成双方共识不易达成，且于相关法令中，并未明确提及议定标准，使得协议过程倍感困难。

对策：政府需针对民间投资部门所提出的财务计划及附带文件说明，并依据相关案例及时价作一审慎客观的预估。并且必须考虑所参与开发设施投资的特性进行分析，研议用何种合作开发方式、此种开发方式所给予的奖励条件是否适当，方能真正考虑投资风险与报酬，如此由能使民间业者具有意愿，彼此达成共识。

四、整体开发财务方面特点

特点一：财务规划应为动态的整体财务考虑，应就分期开发作动态仿真，而非传统静止式的试算。

说明：（见表 5-51）

表5-51 案例地区观光游憩设施PPP项目整体开发财务规划

分期　　　阶段　年期	兴建、经营			经营	经营、移转		
	1996—2001	2002—2007	2008—2016	2016—	—2026	—2032	—2041
第一期各分区设施	兴建期	特许期（25 年）			移转	—	—
第二期各分区设施	—	兴建期	特许期（25 年）			移转	—
第三期各分区设施	—	—	兴建期	特许期（25 年）			移转

对策：财务试算应就时间阶段统合计算整体财务情形。

特点二：分期分区开发计划对推动民间参与开发的意愿有直接的影响。

说明：特许年期届时时移转交给政府，因此，第三期开发为最后阶段，经营获利期亦为最后，商机丧失，且就整体财务而言，不宜将获利高之设施为最后开发，不合经营营运之道。

对策：分期分区开发计划之开发顺序应与开发设施种类、内容及营运之财务需要相配合。

特点三：目前财务评估中有部分项目未有将财务因素之各项因子纳入协商调整范围中，致使财务之整体规划将无法形成吸引民间参与之诱因时，不知应调整或协商何项因子。

说明：目前财务规划中仍有部分重要因子未纳入试算考虑中，形成不确定性提高，风险增加：如融资优惠比例年期、政府提供之必要协助内容（贷款利率）、《奖参条例》所给予之相关优惠内容具协商弹性之财务因子、营运周入费率之调整行情、吸引旅客之推估成长情形等。

对策：应同时考虑整体开发与财务规划之相互影响关系，相互配合制定开发程序及机制的规范。政府与民间组织必须针对谢商条件财务因子与固定假设因子进行基本考虑，相关之固定假设因子应反映出该开发财务环境之特性，才能减少民间参与之疑虑，降低不确定因素造成之风险。

特点四：财务估算部分分区之内在报酬率已然过低，将无法吸引民间参与，奖励条件及整体规划未能配合，将造成未来推动重大阻力。

说明：财务规划中游憩区（五）及服务区（二），无法有合理的报酬获利，就现在之奖励条件与开发环境，将使民间参与难以推动。

对策：就奖励之财务条件、开发设施分区、分期划分开发顺序及实质开发环境条件相互配合调整，以提高财务获利条件及开发程序及推动机制上之合理性。

特点五：于特许年期终止后，开发设施之移转或所有权移转之相关规范较少，且届时之设施残存价值或需善后维护环境之经费来源，应加以纳入规范。

说明：对于特许年期终止后移转的相关规范较少，于日后设施收回为政府所有的资产，整建或环境维护的经费及是否有残存之价值应事前先行规范。

对策：移转之财务相关应事宜应纳入奖励之条件之中。其开发方式不同就将会影响到最后获利性之不同，因此必须在详细规定明确：

1. 所有权归私人所有时，在经营年期结束后必须加入重新衡量该项设施之残余值，以课征适当之税负。在终止后该设施之经营方面成为另一形态之经营方式，仍应订定期间内之规范，若回归适用一般性法规时亦应明定，以免造成移转后的混乱。

2. 所有权归政府所有时（BOT），将成为公营事业，于收回前应制定机制先行研究收回与继续由民间经营之整体效益评估。

3. 所有权为私有时（BOO），政府必须明确未来管理机制与办法、适用法规及缴纳税负等，方不致造成私部门于特许年期终止后无所适从。

特点六：对于政府对于开发计划中，于日后经营期间所预期或非人所预期的财务风险责任，需事前与政府达成认知共识与处理原则。

说明：政府对于开发计划所作的研究，或预期经营期间可能会影响最终之报酬率的可能因素必须加以考虑。

对策：私部门于制作财务计划时，必须先将可能产生的变因列为协商条件因子，提出可能产生之影响及建议方案，与政府能事前协商，方可降低经营风险。

综合上述，《奖参条例》及其相关子法之适用，必须再加以周严规范，若因地制宜之需要时，可再订定相关规范，同时从法治面、机制面、规划面、财务面订定，阐明相互影响关系，共同研拟出适当之开发推动方案及相关机制。

就个案而言，目前案例地区观光游憩设施 PPP 项目之开发相关规划中，仍有许多应加以注意及规范之项目，尤其对于推动民间参与时，民间多半注重于财务效益；因此，奖励条件是否具有诱因是相当重要。而奖励之诱因多少又与开发之相关实质环境与推动之机制息息相关，因此，且无论是兴建、营运、移转各阶段的相关财务及技术性的配合，皆试具有相当直接的影响程度。

因此，推动民间参与开发应对于整体考虑的角度更加周严，方能提升案例地区目前缺乏推动奖励民间参与兴建观光游憩的经验，成为未来一重要的示范性个案。

本研究将民间财务启动观光游憩设施开发之影响因素，区分为"财务性影响因素"及"规划性影响因素"；而各因素分别对财务计划之可行性产生不同的影响特性。基于公、私部门在财务考虑的合作关系下，依循《促参法》建构不同开发模式上，所采用"整体发包""部分发包""自行开发"方式之公私部门协商机制流程，建立具协商弹性之财务协商机制流程。综观未来"公私协力"朝向"公私部门知己知彼，兼顾彼此目标，善用彼此优势"趋势发展。

本研究成果有助于私部门于未来与政府合作或自行开发能有所依循，增进政府与民间组织合作之协商效率，也更明确掌握政府与民间组织彼此互动时所应扮演之角色，让推动民间参与之阻力降低，同时亦减少私部门投资开发之风险与不确定性，增加融资者之信心。政府与民间组织明确掌握自身所拥有之筹码与财务上协商空间与协商机制，必将会加强民间参与投资开发之信心。

以案例地区交通事务主管部门观光局统计发现，休闲观光资源开发与经营方面，公营风景区已不能满足民众需要，必须借助民间资金及经营活力，民间财务启动投入观光游憩产业的开发与经营。而就观光游憩设施公私协力开发之财务可行性规划方面及财务协商机制之建议如下：

（1）政府对于开发财务认知与评估能力要多于私部门，促使计划能顺利推动。

（2）财务可行性之关键性"协商条件财务因子"依各规划项目特性不同而有差异，必须成为政府与民间组织协商之重要财务议题之一，将关键之协商诱因条件纳入项目风险管理与协商机制。如此才能促成"民间参与观光游憩设施开发项目投资"之实现，达到政府于公共建设政策上吸引民间资源参与的目标。

（3）对于民间参与观光游憩设施之开发方面，必须同时以政府与民间组织不同的角度，规划完善之推行财务的计划，并与实质环境规划与开发作交互式的配合，方可增加开发之可行性。

（4）私部门业者与政府管理者双方在协商机制作决策时，对共同应注意的财务评估要项以及相关规范或但书加以考虑。

第六章 闲置公共设施活化项目财务可行性评估结构方程

第一节 闲置公共设施的分布与类型

公私协力机制以公部门与私部门为主，大致上分为公办公营、公办民营（委外经营）、民办公营、民办民营等 4 个主要模式，其各有千秋，亦不在本研究范围内，本研究主要以委外经营模式作为活化闲置公共设施之研究架构，另透过在童诣雯、杜功仁（2010）所建构公办民营模式流程概况图中亦显示出，在每个阶段中，政府都扮演着一个非常重要的决策者，故闲置的肇因绝对是政府与民间组织均须负责的。为了拟订各类闲置公共设施的活化方向，案例地区行政管理机构公共工程事务主管部门将活化标准分类为 10 大类 15 小类，期能找出良方解决目前闲置之问题，公共设施规范乃隶属在公共建设之下，本章借着由文献中找其明确定义及规范，以建构适合的可行性评估结构方程模式。

以公私协力模式、公共设施、闲置空间、活化及再利用及 SEM 结构方程式为文献探讨主要方向，公共设施目前主要以公私协力机制建置而成，但部分公共设施在完工不久产生闲置与低度利用之窘境，而后续产生的问题即是物业管理问题，如何有效以物业管理思维解决公共设施闲置之议题，是未来须考虑的重点。

一、闲置公共设施的分布区位

列管案件中各县市之闲置公设分布区域百分比如，以 TC 市占 10.6% 为第一；第二为 KS 市占 10.2%；第三为 PT 县占 8.7%。

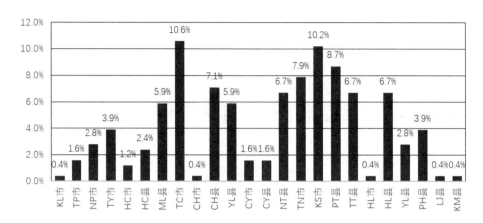

图6-1 研究样本各县市分布统计图

案例地区大致区分为北、中、南、东、东北部及外岛等 6 个区域。研究样本中各区域均占有比例，其显示后续研究结果具有客观性，而非单一区域之问题，区域分布中、南部在闲置百分比上占了较高的比例，也显示中、南部在公共设施的营运上有较大的问题。

二、闲置公共设施的类型

闲置公共设施的机能类型分为十类，本研究样本共有 254 件，其类型分别为交通设施类有 101 个；工商园区类有 7 个；文教设施类有 30 个；体育场馆类有 18 个；社福设施类有 21 个；展览场馆类有 12 个；办公厅舍类有 22 个；市场类有 30 个；工程设施类有 13 个；其他类则无，在交通建设、市场及文教设施等 3 类即占了 63%，虽有可能刚好此次研究样本恰巧如此，但由此可发现此三类型之公共设施形成闲置的概率远比其他七类来的高。

第二节 公共基础设施影响 PPP 项目绩效因果关系验证

闲置公共基础设施的存在，即代表着公共资源及人民纳税的浪费，本章将采用问卷调查方法，检视案例地区列管闲置公设案件，依闲置因素、经营主体、闲置评估等层面加予剖析，将问卷调查结果以探索式因素分析及验证式因素分析后，建构出闲置公共设施委外经营项目财务可行性评估之结构方程模式。

一、影响公私协力 PPP 项目绩效指标

邢志航（2015）依据公私协力相关理论、架构、世界各地相关研究，将各类指标汇整并订定六大构面，构面内容包括"项目财务""项目规划""协商机制""政策与制度""经济环境""市场环境"，相关绩效评量指标共 37 项（见图 6-2）。

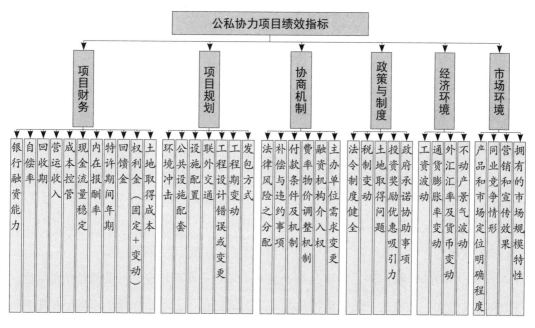

图6-2 公私协力项目绩效指标

数据源：邢志航，2015

（1）"项目财务构面"：内容包括银行融资能力、自偿率、回收期、营运收入、成本控管、现金流量稳定、内在报酬率、特许期间年期、回馈金、权利金（固定＋变动）、土地取得成本共 11 项衡量指标，上述指标内容主要以财务衡量为主，因政府与私部门在承揽与执行公共建设之期程，需要有完善的财务控管，因建设必须维持基本的资金周转，须拥有基本的投资报酬率与稳定的现金流量，才能维持建设的稳定，因此以上述 11 项指标为调查指标。

（2）"项目规划构面"：内容包括环境冲击、公共设施配套、设施配置、联外交通、工程设计错误或变更、工程期变动、发包方式共 7 项衡量指标，因政府与民间组织再承揽公共建设时须考虑相关配套措施，及工程设计法规限制与成本、风险、时程评估，因此以上述 7 项指标为调查指标。

（3）"协商机制构面"：内容包括法律风险之分配、补偿与违约事项、付款条件及机制、费率物价调整机制、融资机构介入权、主办单位需求变更共 6 项衡量指标，上述指标内容针对相关法律问题、内外部环境付款与物价相关议题，因公共建设金额庞大工期长，再付款机制与融资的财务运作必须审慎评估与严格控管，整体工程建设期间，牵涉诸多相关类似法律问题，因此必须符合法规现况来执行公共建设，因此以上述 6 项指标为调查指标。

（4）"政策与制度构面"：内容包括法令制度健全、税制变动、土地取得问题、投资奖励优惠吸引力、政府承诺协助事项共 5 项衡量指针，上述指标涵盖整体法令与税制问题，以及政府承诺的政策与订定的投资奖励条件，此类指标在公共建设初期皆须纳入评估项目与范围，并进行整体完善的可行性评估，因此以上述 5 项指标为调查指标。

（5）"经济环境构面"：内容包括工资波动、通货膨胀率变动、外汇汇率及货币变动、不动产景气波动共 4 项衡量指标，上述指标属于外部经济环境的影响因素，在公共建设期间因工资与汇率会影响整体开发的成本，倘若是营运期间整体景气与汇率的变动亦会影响整体营运收入，因此以上述 4 项指标为调查指标。

（6）"市场环境构面"：内容包括产品和市场定位明确程度、同业竞争情形、营销和宣传效果、拥有的市场规模特性共 4 项衡量指标，上述指标属于市场环境影响因素，在建设与营运期间，必须有明确的定位才不影响营运方向，亦能与竞争者做区隔，并产生差异性与明确性的定位，必须掌握市场的整体动态，与相当水平的营销策略支持，因此以上述 4 项指标为调查指标。

二、影响闲置公共设施活化之重要因素构面

本研究之问卷内容主要是参考世界各地之相关文献，并配合闲置公共设施之特性，针对影响闲置公共设施活化之重要因素加以设计。问卷分为项目财务（11 个问项）、项目规划（7 个问项）、协商机制（6 个问项）、政策与制度（5 个问项）、经济环境（4 个问项）与市场环境（4 个问项）等六个构面，各变量的操作型定义（见表 6-1）。

本研究将采用李克特五点尺度来测量；而闲置公共设施管理承办人（以下简称公设承办人）之基本数据则采用类别尺度测量，另外为有效剔除无效问卷，在设计问卷过程，亦有加入反向问题以及重复题向，以检验无效之填答。

表6-1 潜在变量的操作型定义

潜在变数	操作型定义
项目财务	受访者对于项目财务中所面临的问题
项目规划	受访者在规划阶段所面临的困难
协商机制	管理过程中，公私双方需求无法被满足所产生之问题
政策与制度	受访者执行活化过程中，碍于政治及法规限制而无法解决的问题
经济环境	在管理过中，因经济动荡所造成的影响
市场环境	在管理过中，因市场需求改变而导致原本之定位错误

三、因果关系研究假设

本研究探讨闲置公共设施 PPP 项目委外经营可行性评估指标的经济环境、项目规划、市场环境、政治与法令、政府政策与项目财务的因果模式，综合整理文献数据，找出各构面关系指向后，假设项目财务为整理可行性评估之核心，并以 SEM 模式，验证闲置公共设施委外经营项目财务可行性评估模式，并透过统计分析来验证假设是否成立。本研究的第一个假设为模型期望共变异数矩阵与样本共变异数矩阵没有差异：$S=\Sigma(\theta)$，S 为样本共变异数矩阵，$\Sigma(\theta)$ 为模型期望共变异数矩阵研究假设与研究概念模型（见图 6-3），假设如下：

H1：期望共变异数矩阵与样本共变异数矩阵全等。

H2：闲置公设委外经营可行性评估之"经济环境"对于"项目财务"有显著影响。

H3：闲置公设委外经营可行性评估之"项目规划"对于"项目财务"有显著影响。

H4：闲置公设委外经营可行性评估之"市场环境"对于"项目财务"有显著影响。

H5：闲置公设委外经营可行性评估之"政府政策"对于"项目财务"有显著影响。

H6：闲置公设委外经营可行性评估之"政治与法令"对于"项目财务"有显著影响。

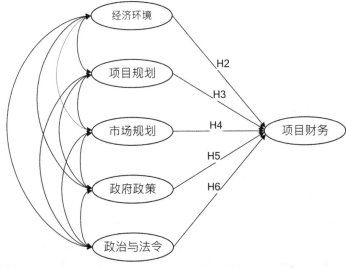

图6-3 因果关系研究构念模型

四、公共设施管理绩效不佳利用形成因素

针对世界各地相关的研究与公共工程事务主管部门所提列的个案中，以文献回顾及归纳法找寻关键性形成闲置因子，并借由分类讨论加以说明，内容分为四类予以汇整管理不善、缺乏经费、行政程序尚未完成、环境变迁、政治因素五项，分述如下。

1. 管理不善

此一现象主要发生在完工前，建设后及法令层面所遭遇问题，显示各阶层之分工管理出现问题，并导致未来公共设施产生闲置状态，分类说明如下：

（1）工程管理不良。

公共工程事务主管部门列管的个案中，尚有四个工程个案因工程规划与管理不良导致该公共建设至今尚未完工或改制后无人管辖，例如 :TN 市海安路地下街之工程计划。

（2）经营管理不善。

案例地区公共建设之经营模式常以公办公营为主（萧佳虹，2006），导致许多原住民文物馆及旅客服务中心的经营管理缺乏专业团队及市场竞争力，违背了政府推行计划的本意，最后成为当地的蚊子馆。

（3）缺乏奖励与管理机制。

目前案例地区的奖励条例来自"文化资产保存法"及"促进民间参与公共建设法"（黄剑虹，2007），但是上述的两类法则，大多数系参考世界各地相关法令与奖励措施修正得来，并且案例地区推行活化政策的时间短，因时适地尚须磨合，难免有不周全之处。

2. 缺乏经费

经费筹措与管理常是维持公共建设营运的最主要工作，如果成本效益不相符及长期斥资后 将自然而然地建设便会衰败老旧、终至闲置。其叙述如下。

（1）设施硬件老旧。

目前使用机能式微，荒废无使用的老旧建筑设施与空间，缺乏政府监督及管理导致该公共设施使用概率贫乏等闲置状况发生（黄干忠、叶光毅、施荣铮，2002）。

（2）政府预算不足无力支持。

目前闲置公共设施大部分系由政府补助经费维持经营（朱淑慧，2004），原本由上级规划的设施在完工后，由下级地方政府经营管理经常会发生地方经费不足以维持该公设正常营运之状况。

（3）整体经济环境不支持。

面临其他较具有经济效益的方案及建设时，往往都会放弃了该公共设施原本设立之意涵及历史意义，违背永续经营之原则（吴国硕，2004）。

3. 行政程序尚未完成

（1）行政机关协调配套。

上下级管理单位对于该设施的经营管理信息不对等，导致政 策迟滞不进、相关措施无法正常运作与实施，导致该公设无法正常使用。

（2）公共设施相关法令的适法性。

相关法令的不完善，导致闲置空间再利用在适法性上遇到瓶颈而无法正常推动（文化建设事务主管部门，2006）。

（3）空间与土地权属的取得问题。

公共设施之相关产权取得不易或相关权属不明等行政问题，导致设施无法正常使用（萧佳虹，2006）。

4. 环境变迁

吴纲立、赖丽巧（2003）提及长期的社经演变与蜕变过程，许多对应当时特定环境的使用方法与需求空间皆会随着都市机能的扩张与性质变更或是民众使用习惯上的改变，而在都市空间中呈现一种窳陋闲置的状况（李宜君，2004 ）。叙述如下：

（1）社区民众支持与参与程度不足。

公共设施空间之使用首要关键在于人，因此地方居民能否参与（杨敏芝，2002），认同融入当地生活正确使用该公共设施，系为地方性公共设施主要努力之目标。

（2）设施规划认知与市场需求现况差异。

该公共建设只是阶段性任务、不具未来发展之潜力，对于整体市场需求及未来规划并未能作出详细发展计划及永续性，导致若干年后闲置窳陋（方乃中，2005）。

（3）设施功能定位及用途配置规划不当、缺乏在地性。

该公共设施一开始之设计与评 估方向错误不明，导致建设完工后与实际需求不符，当然未达活络使用该公共设施之目标（赖丽巧，2003）。

5. 政治因素

政治问题常是阻碍案例地区建设发展的要因，当然公共建设此环节亦是如此，如何令公共建设摆脱政治议题，只加入专业性是未来改进的目标。分类叙述如下。

（1）案例地区发展政策变迁：朱淑慧（2004）论及公共建设之设计规划而至建设，经常朝令夕改未能一致性地执行计划案，一再修改建物内容导致浪费公款，最后建设亦未能如期发挥功效。

（2）竞选时承诺但未经规划配套：政治人物为骗取选票及对当地选民开未经熟虑的竞选支票，当选后虽然兑现但未经规划配套，在时间的考验下公共设施逐渐走向闲置荒废。

第三节　闲置公共设施 PPP 项目关联性验证分析

一、闲置公共设施 PPP 项目委外经营可行性

本研究主要以案例地区行政管理机构公共工程事务主管部门所列管闲置公共设施之公设承办人为研究对象，在有限的人力、时间及资金限制下，并考虑公设承办人受访意愿，本研究采不公布之具名问卷，本研究采用邮寄、传真及问卷方式样方式，对其进行调查，问卷初稿发展完成后，先透过专家访谈后，删除辨别度较差的问项并修正问卷中部分问项之措辞，以提高问卷质量。然后再正式发放问卷，因公设承办人平日业务繁重，在拨空填答问卷上，实属不易，共计发放 254份问卷，问卷回收 190 份，问卷回收率为 71%。剔除无效之问卷 26 份，共得有效问卷 164 份。

本研究以文献参考建立初步之闲置公共设施活化可行性评估模型（见图 6-4），利用问卷调查方法，经由闲置公共设施管理承办人在管理过程所获得的经验或室碍问题来做资料收集分析，并将获得之问卷结果，采用之研究方法为：描述性统计、信度分析与因素分析等方法。此外，本研究并以结构方程模式来验证所提出之研究架构的合理性，以及变项间的因果关系。

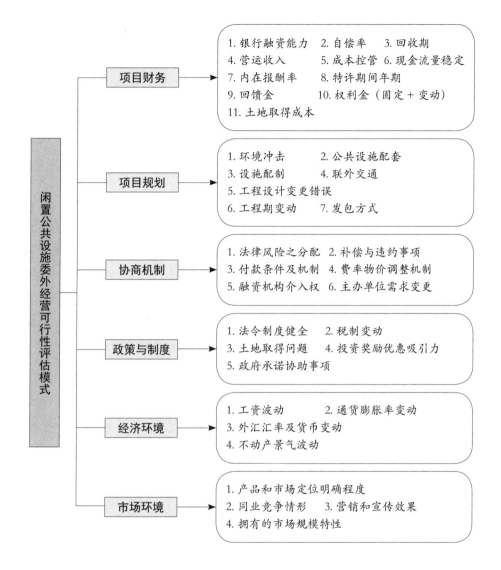

图6-4 闲置公共设施活化可行性评估模式

数据源：邢志航，2015，本研究修改

大部分探讨闲置公共设施之研究均在验证由理论推演出之因果模式关系架构，而结构方程模型最大的功用即在于探讨多变项或单变项之间的因果关系。在结构方程模型的基本理论中，其认为潜在变项是无法直接测量的，必须借由显性变项来间接推测得知。

结构方程模型共有两套理论模式，其中第一套模式为测量模式 (Measurement Model) 是用来界定潜在变项与显性变项之间的线性关系（亦即：第一套模式系在于界定"如何从显性变项来间接推测潜在变项"）。而第二套模式为结构方程模式，则是用来界定潜在自变项与潜在依变项之间的线性关系（亦即：第二套模式系在于界定"如何从潜在自变项来推测潜在依变项"），故研究者施测所得之实际观察数据必须借由第一套模式的直线关系作为切入点，才能被用来进行整个结构方程模型分析（董士伟，2005）。

二、叙述性统计分析

（一）闲置公共设施机能类型统计

本研究经过问卷调查统计出回收问卷中，交通设施所占百分比 42.1% 为最高、次高者为文教设施 12.2%、次次高者为市场 11%，三者总合百分比已超过 60%，其显示解决这三类之闲置公共设施应为目前政府首要。

（二）闲置公共设施位置分布图

回收问卷统计结果，研究样本分布在北、中、南、东部所占比率依序为 20%、24%、26% 及 24% 差距甚小，代表研究样本所得结果具有一定程度的通用性，而并非单一地区比率过高，即会影响研究结果判断。

本研究以描述性统计了解其基本资料分布情形，依本研究问卷之次序分别叙述如下，并汇整（见表 6-2）所示。

表6-2 样本特性描述统计摘要表

项目	分类标准	样本数	百分比（%）	累计百分比（%）
性别	男	113	68.9%	68.9%
	女	51	31.1%	100%
年龄	30 岁以下	16	9.8%	9.8%
	31-40 岁	67	40.9%	50.7%
	41-50 岁	52	31.7%	82.4%
	51 岁以上	29	17.7%	100%
教育程度	高中（含以下）	11	6.7%	6.7%
	大专	97	59.1%	65.8%
	硕士	54	32.9%	98.7%
	博士	2	1.2%	100%

项目	分类标准	样本数	百分比（%）	累计百分比（%）
管理单位层级	直辖市政府	7	4.3%	4.3%
	县市政府	75	45.7%	50%
	乡镇市政府	57	34.8%	84.8%
	其他	25	15.2%	100%
样本地区	北部	33	20%	20%
	中部	40	24%	44%
	南部	42	26%	70%
	东部	40	24%	94%
	外岛	9	5%	100%

本研究之样本在性别部分之分布，男性在有效样本数中占 68.9%，而女性占 31.1%，显示受访者中以男性居多。在年龄之部分以 31 ～ 40 岁最高，占有效样本的 40.9%；41 ～ 50 岁次之，占有效样本的 31.7%；而 51 岁以上再次之，占有效样本的 17.7%；30 岁以下所占比例最低，占有效样本的 9.8%，显示受访者年龄以 31-40 岁者居多，其显示在 31 ～ 40 岁及 41 ～ 50 岁这 2 个年龄区段，在上级单位指派职务时，可能会以这 2 个年龄区段作为人选考虑之主要条件。在教育程度之部分以大专最高，占有效样本的 59.1%；硕士次之，占有效样本的 32.9%；博士比例最低，占有效样本的 1.2%，显示受访者之教育程度以大专院为主。管理单层级之部分以县市政府最高，占有效样本的 45.7 %；乡镇市政府次之，占有效样本的 34.8%；直辖市致府为最低，占有效样本的 4.3%，显示县市政府为主要办理闲置空间活化的主要地方层级。在样本地区分布之部分以南部为最高，占有效样本的 26%；中部及东部均为次之，占有效样本的 24%；北部为再次之，占有效样本的 20%，外岛之比例为最低，占有效样本的 30.5%，显示南部在闲置公共设施方面有较大之问题。

三、探索式因素分析

（一）项目分析——独立 t 检验（Student's t test））

项目分析的主要目的为删除不具鉴别力的题目，其主要透过独立 t 检验来检验，在正式检视独立 t 检验数值之前，本研究将问卷调查资料区分已活化及未活化 2 组。首先，我们必须检定已活化与未活化 2 组回答所得到之变异数是否相等。若是变异数检定之显著性小于 0.05，表示要从"不假设变异数相等"来解读其数据（见表 6-3）。

为了解已活化与未活化之闲置公共设施指标内容之差异性是否存在，经由 F 检定结果显示，仅有回收期 (F=3.947、显著性 0.049<0.05) 与营运收入 (F=9.236、显著性 0.003<0.05) 两项因素当变异数相等假设不成立，此两项因素回收期 (T=-1.611、显著性 0.109>0.05)、营运收入 (T=-2.645、显著性 0.009<0.05)，由此可知，结果表示活化与否对营运收入达显著差异；而对回收期未有显著差异。

　　检定结果显示其余因素显著性皆高于 0.05，因此全数假设变异数相等设变异数相等，接着以独立样本 t 检验分析，各因素平均数检定后接受假设之显著因素如下：

　　（1）法律风险（显著性 0.001<0.05），未活化平均数高于已活化，且两者皆达到显著，显示在未活化之闲置公共设施对委外经营者有较大的法律风险。

　　（2）补偿与违约事项（显著性 0.035<0.05），未活化平均数高于已活化，且两者皆达到显著，显示未活化之闲置公共设施在补偿与违约事项之影响大于已活化者。

表6-3 活化与未活化计量变量之独立样本t检验结果分析表

形成因素	假设	活化案数	未活化案数	变异数相等的 Levene 测试		平均值相等的 t 检定		
		N=92	N=71	F	显著性	t	df	显著性（双尾）
法令制度健全	采用相等变异数	3.83	4.04	.009	.926	-1.500	161	.136
	不采用相等变异数	—	—			-1.512	155.047	.132
税制变动	采用相等变异数	3.42	3.52	.027	.870	-.647	161	.518
	不采用相等变异数	—	—			-.649	152.103	.517
土地取得	采用相等变异数	3.35	3.56	.040	.841	-1.378	161	.170
	不采用相等变异数	—	—			-1.385	153.745	.168
投资奖励优惠	采用相等变异数	3.55	3.84	3.752	.054	-1.842	161	.067
	不采用相等变异数	—	—			-1.878	159.090	.062
政府承诺协助事项	采用相等变异数	3.76	3.83	1.346	.248	-.505	161	.614
	不采用相等变异数	—	—			-.512	157.315	.609
工资	采用相等变异数	3.13	3.36	.408	.524	-1.564	161	.120
	不采用相等变异数	—	—			-1.563	150.482	.120
通货膨胀率	采用相等变异数	3.14	3.19	.004	.947	-.357	161	.722
	不采用相等变异数	—	—			-.358	151.746	.721
外汇汇率及货币	采用相等变异数	2.91	2.96	.008	.929	-.317	161	.752
	不采用相等变异数	—	—			-.314	145.467	.754
不动产景气	采用相等变异数	3.33	3.35	.075	.784	-.134	161	.893
	不采用相等变异数	—	—			-.135	153.555	.893
产品和市场定位	采用相等变异数	3.50	3.66	.022	.884	-1.081	161	.281
	不采用相等变异数	—	—			-1.085	152.806	.280
同业竞争	采用相等变异数	3.15	3.27	.015	.904	-.761	161	.448
	不采用相等变异数	—	—			-.764	152.894	.446

形成因素	假设	活化案数 N=92	未活化案数 N=71	变异数相等的 Levene 测试		平均值相等的 t 检定		
				F	显著性	t	df	显著性 （双尾）
营销和宣传	采用相等变异数	3.66	3.75	.054	.816	-.588	161	.558
	不采用相等变异数	—	—	—	—	-.589	151.664	.557
市场规模特性	采用相等变异数	3.50	3.58	.423	.516	-.567	161	.572
	不采用相等变异数	—	—	—	—	-.573	155.738	.568
环境冲击	采用相等变异数	3.43	3.65	.890	.347	-1.566	161	.119
	不采用相等变异数	—	—	—	—	-1.595	158.849	.113
公共设施配套	采用相等变异数	3.74	3.78	.086	.770	-.359	161	.720
	不采用相等变异数	—	—	—	—	-.361	154.583	.718
设施配置	采用相等变异数	3.76	3.83	.006	.937	-.498	161	.619
	不采用相等变异数	—	—	—	—	-.496	148.355	.620
联外交通	采用相等变异数	3.94	3.99	.214	.645	-.297	161	.767
	不采用相等变异数	—	—	—	—	-.299	154.337	.766
工程设计错误 或变更	采用相等变异数	3.62	3.65	.599	.440	-.189	161	.850
	不采用相等变异数	—	—	—	—	-.190	152.917	.850
工程期变动	采用相等变异数	3.21	3.29	.000	.997	-.511	161	.610
	不采用相等变异数	—	—	—	—	-.513	152.148	.609
发包方式	采用相等变异数	3.15	3.29	1.868	.174	-.925	161	.357
	不采用相等变异数	—	—	—	—	-.953	160.938	.342
银行融资能力	采用相等变异数	3.21	3.36	.367	.545	-1.041	161	.299
	不采用相等变异数	—	—	—	—	-1.068	160.340	.287
自偿率	采用相等变异数	3.40	3.55	.152	.697	-.918	161	.360
	不采用相等变异数	—	—	—	—	-.929	156.767	.354
回收期	采用相等变异数	3.44	3.69	3.947	.049	-1.569	161	.119
	不采用相等变异数	—	—	—	—	-1.611	160.537	.109
营运收入	采用相等变异数	3.56	3.98	9.236	.003	-2.577	161	.011
	不采用相等变异数	—	—	—	—	-2.645	160.488	.009*
成本管控	采用相等变异数	3.70	3.80	1.901	.170	-.616	161	.539
	不采用相等变异数	—	—	—	—	-.630	159.802	.530
现金流量稳定	采用相等变异数	3.37	3.33	.639	.425	.212	161	.833
	不采用相等变异数	—	—	—	—	.215	157.427	.830
内在报酬率	采用相等变异数	3.45	3.33	.153	.696	.706	161	.481
	不采用相等变异数	—	—	—	—	.710	153.290	.479
特许期间年期	采用相等变异数	3.36	3.39	.052	.820	-.209	161	.834
	不采用相等变异数	—	—	—	—	-.211	154.605	.833
回馈金	采用相等变异数	3.29	3.46	.335	.564	-1.156	161	.250
	不采用相等变异数	—	—	—	—	-1.154	149.895	.250
权利金 （固定+变动）	采用相等变异数	3.42	3.45	.299	.585	-.176	161	.861
	不采用相等变异数	—	—	—	—	-.177	155.729	.860
土地取得成本	采用相等变异数	3.31	3.36	.196	.658	-.278	161	.781
	不采用相等变异数	—	—	—	—	-.282	156.794	.779
法律风险	采用相等变异数	3.18	3.66	.046	.831	-3.324	161	.001**
	不采用相等变异数	—	—	—	—	-3.387	158.861	.001

形成因素	假设	活化案数 N=92	未活化案数 N=71	变异数相等的 Levene 测试		平均值相等的 t 检定		
				F	显著性	t	df	显著性（双尾）
补偿与违约事项	采用相等变异数	3.29	3.60	.199	.656	-2.124	161	.035*
	不采用相等变异数	—	—	—	—	-2.144	155.441	.034
付款条件及机制	采用相等变异数	3.27	3.53	.210	.648	-1.798	161	.074
	不采用相等变异数	—	—	—	—	-1.842	160.100	.067
费率物价调整机制	采用相等变异数	3.20	3.21	.335	.563	-.084	161	.933
	不采用相等变异数	—	—	—	—	-.083	147.759	.934
融资机构介入权	采用相等变异数	3.08	3.13	1.748	.188	-.324	161	.746
	不采用相等变异数	—	—	—	—	-.333	160.567	.740
主办单位需求变更	采用相等变异数	3.30	3.53	.002	.968	-1.649	161	.101
	不采用相等变异数	—	—	—	—	-1.673	157.341	.096

注一：F 检定：P>.05 接收假设，P<.05 不接受假设

注二：t 检验：*P<.05，**P<.01，***P<0.001

（二）因素分析（建构效度）

在进行因素分析之前，利用 KMO 及 Bartlett's 球型检定来判断资料是否适合进 行因素分析。KMO 是 Kaiser-Meyer-Olkin 的取样适当性衡量量数，当 KMO 值越 大，表示变数间的共同因素越多，越适合进行因素分析。根据 Kaiser 的观点，若 KMO > 0.8 表示很好（meritorious），KMO > 0.7 表示中等（middling），KMO > 0.6 表示普通（mediocre），若 KMO < 0.5 则表示不能接受（unacceptable）。此外，Bartlett's 球型检定则是用来判断资料是否是多变量常态分配，也可用来检定是否适合进行因素分析。

由表 6-4 可看出模式的 KMO 取样适当性量数系数大于 0.7，而 Bartlett's 检定统计量的 p 值均小于显著水平 1%，表示该资料之抽样为适当且适合进行因素分析。

表6-4 KMO及Bartlett's球型检定

Kaiser-Meyer-Olkin 测量取样适当性。		.912
Bartlett 的球形检定	大约 卡方	4988.658
	df	666
	显著性	.000

数据源：本研究整理

经采项目分析与探索性因素分析处理后，在表6-5显示因在7个变异数累积解释量为73%，达0.7以上，虽有较好的累积解释量，但第7个变异数之问项仅有一因素，构面无法成立，故本研究删减去第七个变异数，在1到6的变异数累积解释量为亦达标准0.7以上。

表6-5 变异数累积解释量

编号	起始特征值			撷取平方和载入		
	总计	变异的 %	累加 %	总计	变异的 %	累加 %
1	17.761	48.004	48.004	17.761	48.004	48.004
2	2.483	6.710	54.714	2.483	6.710	54.714
3	1.743	4.711	59.425	1.743	4.711	59.425
4	1.514	4.091	63.515	1.514	4.091	63.515
5	1.463	3.954	67.470	1.463	3.954	67.470
6	1.160	3.136	70.606	1.160	3.136	70.606
7	1.012	2.735	73.341	1.012	2.735	73.341
8	.908	2.454	75.795	—		
9	.818	2.210	78.005	—		
10	.779	2.107	80.112	—		
撷取方法：主体组件分析。						

"闲置公共设施委外经营可行性评估模式"透过探索性因素分析后共萃取了六个因素构面（见表6-6），因素一构面组成问项有d21、d22、d23、d24、d25、d26、d27、d28、d29、d30、d31、d33、d34、d36 等14个项目，因素二构面组成问项有d03、d06、d07、d08、d09、d19 等6个项目，因素三构面组成问项有d14、d15、d16、d17、d18 等5个项目，因素四构面组成问项有d10、d11、d12、d13 等4个项目，因素五构面组成问项有d1、d20、d32 等3个项目，因素六构面组成问项有d02、d04、d05 等3个项目。

表6-6 旋转组件矩阵表

问项	编码	组件					
		因素一	因素二	因素三	因素四	因素五	因素六
回收期	d23	.849	—	—	—	—	—
自偿率	d22	.761	—	—	—	—	—
权利金（固定＋变动）	d30	.761	—	—	—	—	—
回馈金	d29	.732	—	—	—	—	—
营运收入	d24	.729	—	—	—	—	—
特许期间年期	d28	.676	—	—	—	—	—
银行融资能力	d21	.670	—	—	—	—	—

问项	编码	组件					
		因素一	因素二	因素三	因素四	因素五	因素六
付款条件及机制	d34	.661	—	—	—	—	—
内在报酬率	d27	.633	—	—	—	—	—
成本管控	d25	.629	—	—	—	—	—
现金流量稳定	d26	.623	—	—	—	—	—
土地取得成本	d31	.617	—	—	—	—	—
融资机构介入权	d36	.611	—	—	—	—	—
补偿与违约事项	d33	.597	—	—	—	—	—
外汇汇率及货币	d08	—	.801	—	—	—	—
通货膨胀率	d07	—	.774	—	—	—	—
工资	d06	—	.722	—	—	—	—
不动产景气	d09	—	.579	—	—	—	—
工程期变动	d19	—	.562	—	—	—	—
土地取得	d03	—	.558	—	—	—	—
公共设施配套	d15	—	—	.686	—	—	—
工程设计错误或变更	d18	—	—	.665	—	—	—
联外交通	d17	—	—	.622	—	—	—
设施配置	d16	—	—	.603	—	—	—
环境冲击	d14	—	—	.564	—	—	—
市场规模特性	d13	—	—	—	.778	—	—
产品和市场定位	d10	—	—	—	.749	—	—
营销和宣传	d12	—	—	—	.650	—	—
同业竞争	d11	—	—	—	.606	—	—
法律风险	d32	—	—	—	—	.586	—
法令制度健全	d01	—	—	—	—	.580	—
发包方式	d20	—	—	—	—	.532	—
政府承诺协助事项	d05	—	—	—	—	—	.759
投资奖励优惠	d04	—	—	—	—	—	.710
税制变动	d02	—	—	—	—	—	.561

通过独立 t 检验，检验各构面、问项高低分之区别效度后，经过第一阶段探索性因素分析结果，将各问项重新筛选、分组后，重新分为新的 6 个构面，问项也由原本的 37 个问项删减为 35 个问项，构面依序为"项目财务"-14 问项、"经济环境"-6问项、"项目规划"-5 问项、"市场环境"-4 问项，"政治与法令"-3 问项、"政府政策"-3问项等共计 6 构面 35 问项（见图 6-5）。

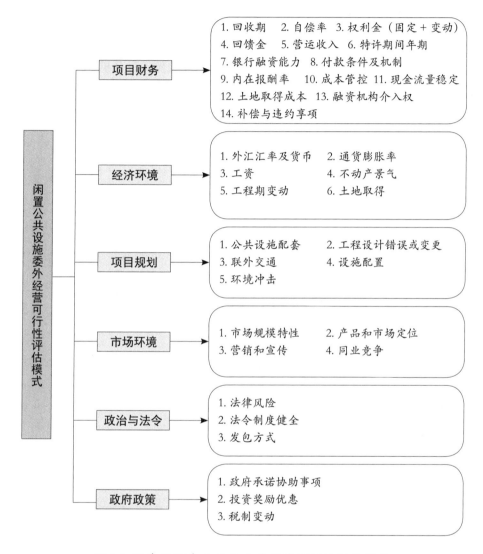

图6-5 探索性因素分析后委外经营可行性评估模式

（三）信度检验

信度检验其主要目的为检视一份测验的题目内容是否真正测到想要测量的行为特质，检验题项是否具有鉴别能力。信度检验即是透过项目分析：

（1）先阅读 alpha 值，最好大于 0.7，不要小于 0.5。

（2）每一项目与总分之积差相关（Corrected Item-Total Correlation）未达

显著水平则考虑修改或删除。

（3）若项目删除后可使 Conbach's alpha 值增加或不变则考虑修改或删除。其除了对全部问项做项目分析外，亦分别对各构面的问项做项目分析。

项目分析：（运用 SPSS 的尺度／信度分析）

（1）每一项目与总分之积差相关应达显著水平，且相关应该要大。

（2）依 Nunnaly(1978) 建议 Conbach's alpha 值应该大于 0.7 以上。

本研究采用内部一致性信度检验闲置公共设施活化可行性评估模式（Cronbach's α）来检验其信度。结果整体信度为 0.968（见表 6-7），

因素一至因素六各构面信度检验（见表 6-9、表 6-11、表 6-13、表 6-15、表 6-17、表 6-19）；各分量表之信度依序为 0.957、0.877、0.863、0.838、0.788、0.838（见表 6-8、表 6-10、表 6-12、表 6-14、表 6-16、表 6-18），其值均大于 0.7 以上，表示题项均具有鉴别能力。

表6-7 整体信度检验表

可靠性统计资料	
Cronbach 的 Alpha	项目个数
.968	35

表6-8 项目财务(因素一)构面信度检验表

项目财务 可靠性统计资料	
Cronbach 的 Alpha	项目个数
.957	14

表6-9 项目财务(因素一)统计数据表

项目总计统计数据				
	尺度平均数（如果项目已删除）	尺度变异数（如果项目已删除）	更正后项目总数相关	Cronbach 的 Alpha（如果项目已删除）
银行融资能力	44.49	113.166	.754	.955
自偿率	44.31	111.481	.773	.954
回收期	44.23	110.216	.820	.953
营运收入	44.05	110.684	.764	.954
成本管控	44.04	112.443	.752	.955
现金流量稳定	44.43	111.449	.780	.954
内在报酬率	44.39	111.416	.777	.954
特许期间年期	44.41	110.191	.807	.953
回馈金	44.41	112.936	.747	.955

项目总计统计数据			
	尺度平均数 (如果项目已删除)	尺度变异数 (如果项目已删除)	更正后 项目总数相关	Cronbach 的 Alpha (如果项目已删除)
权利金（固定＋变动）	44.35	110.647	.745	.955
土地取得成本	44.44	112.850	.651	.957
补偿与违约事项	44.36	112.100	.791	.954
付款条件及机制	44.40	111.443	.830	.953
融资机构介入权	44.68	112.770	.770	.954

表6-10 经济环境(因素二)构面信度检验表

经境环境 可靠性统计资料	
Cronbach 的 Alpha	项目个数
.877	6

表6-11 经济环境(因素二)统计数据

项目总计统计数据			
	尺度平均数 (如果项目已删除)	尺度变异数 (如果项目已删除)	更正后 项目总数相关	Cronbach 的 Alpha (如果项目已删除)
土地取得	15.85	16.372	.442	.896
工资	16.09	14.314	.800	.836
通货膨胀率	16.15	14.105	.845	.829
外汇汇率及货币	16.38	14.611	.793	.839
不动产景气	15.97	14.799	.645	.863
工程期变动	16.06	15.332	.616	.867

表6-12 项目规划(因素三)构面信度检验表

项目财务 可靠性统计资料	
Cronbach 的 Alpha	项目个数
.863	5

表6-13 项目规划(因素三)统计数据表

项目总计统计数据			
	尺度平均数 (如果项目已删除)	尺度变异数 (如果项目已删除)	更正后 项目总数相关	Cronbach 的 Alpha (如果项目已删除)
环境冲击	15.12	9.415	.576	.860
公共设施配套	14.89	8.879	.800	.809
设施配置	14.86	8.621	.780	.810
联外交通	14.69	8.678	.725	.823
工程设计错误或变更	15.01	8.833	.573	.867

表6-14 市场环境(因素四)构面信度检验表

市场环境 可靠性统计资料	
Cronbach 的 Alpha	项目个数
.838	4

表6-15 市场环境(因素四)统计数据表

项目总计统计数据				
	尺度平均数 (如果项目已删除)	尺度变异数 (如果项目已删除)	更正后 项目总数相关	Cronbach 的 Alpha (如果项目已删除)
产品和市场定位	10.43	5.730	.771	.751
同业竞争	10.79	6.336	.544	.852
营销和宣传	10.30	6.057	.654	.802
市场规模特性	10.46	5.850	.727	.770

表6-16 政治与法令(因素五)构面信度检验表

政治与法令 可靠性统计资料	
Cronbach 的 Alpha	项目个数
.788	3

表6-17 政治与法令(因素五)统计数据表

项目总计统计数据				
	尺度平均数 (如果项目已删除)	尺度变异数 (如果项目已删除)	更正后 项目总数相关	Cronbach 的 Alpha (如果项目已删除)
法令制度健全	6.57	2.756	.671	.669
法律风险	7.11	2.556	.664	.673
发包方式	7.28	2.922	.556	.789

表6-18 政府政策(因素六)构面信度检验表

政府政策 可靠性统计资料	
Cronbach 的 Alpha	项目个数
.838	3

表6-19 政府政策(因素六)统计数据表

项目总计统计数据				
	尺度平均数 (如果项目已删除)	尺度变异数 (如果项目已删除)	更正后 项目总数相关	Cronbach 的 Alpha (如果项目已删除)
政府承诺协助事项	7.12	3.574	.660	.815
投资奖励优惠	7.23	2.889	.782	.691
税制变动	7.45	3.211	.669	.807

四、结构方程模式检验分析

AMOS 为目前易于使用的结构方程模型（SEM）软件，使用 AMOS 可以在直观的路径图中指定，估计，评估和呈现假设之模型，以显示变量之间的假设关系，其严谨性亦大于探索式分析，故所产出之分析资料也较有说服力。

经由信度、效度分析，将原测量模型不完善之处加以修正为良好模型后，即可进行结构方程模型的分析。分析前必须先选定估计方法，而 SEM 估计方法受到变项分配性质影响很大，因此欲先检视模型中所有观察变项的态势与峰度分配情况，作为选择估计方法的依据。

在结构方程模式建立过程（见图 6-6）中，除了要有理论架构支持之外，亦需通过测量模式及结构模式之检验，其包含信、效度、适配度及整体模式解释力（路径分析）等检验条件，此结构方程模式才会成立，并且才有意义。

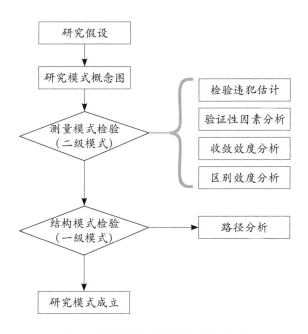

图6-6 结构方程模式检验流程图

以探索性因素分析结果所得到的闲置公共设施活化可行性评估分析结果为数据，进行验证性因素分析处理，验证性分析过程主要是在检验测量模式（二阶模式，图 6-7）的信、效度及适配度。经修正后测量模式（见图 6-8）。

CN（Hoelter's critical N）：指基于统计检定的考虑下，模式所需要最低的样本数，如此才能获得可被接受的适配程度。

Anderson & Gerbing(1988)、Rigdon, E. (2005) 提到使用 SEM 应用分析，其样本大小至少超过 150 个，本研究之样本数为 164 个以符合其基本要求，故适合使用 AMOS 软件验证本研究之假设。

验证适配度之步骤有（1）基本适配饰指标检验、（2）整体模式适配度指针检验、（3）模式内在结构适配度指针检验等三步骤，即可检视出该模型之适配度。

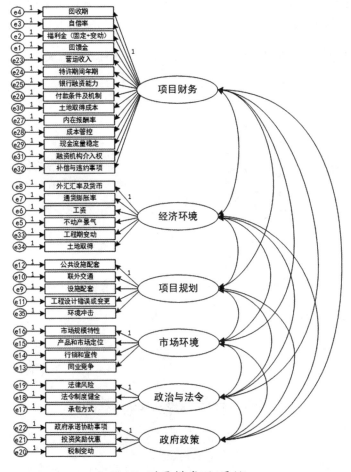

图6-7 测量模式图(原始)

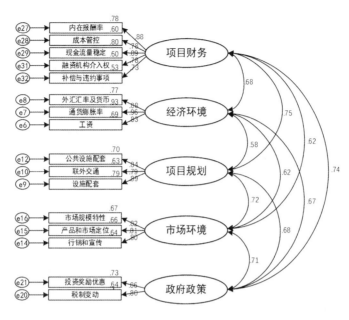

图6-8 测量模式图(修正后)

本研究中采用各指标的理想建议值，系根据以下学者的建议：(Bollen 1989；Hair et al.1998)认为 X2/ d.f. 值小于 5 即可接受。Gefen et al.(2000) 及 Hair et al.(1998) 的建议，若 GFI，NFI，IFI，CFI 指标大于 0.90, AGFI 指标大于 0.8，被认为提供可接受的模型适合度。

此外，Hu & Benteler(1999) 主张 CFI 和 RMSEA 两个指标都须报告在论文中，其中 RMSEA 指标，当研究者想去估计统计检定力时特别适合，Bagozzi&Yi(1988) 提出 RMSEA 指标的理想值小于 0.05 是可接受的，其他学者 Browne & Cudek(1992) 和 Jarvenpaa et al.(2000) 皆指出 RMSEA 之理想值小于 0.08 即可接受，RMSEA 则是近年来受到重视的指标，主要是比较假设模型与完美模型的差距程度，差距越大表示模型越不理想，指针小于或等于 0.05 为"良好的适配"，0.05 到 0.08 为"不错的适配"，0.08 到 0.1 为"中度的适配"，大于 0.1 为"不良的适配"，根据学者 Bentler&Yuan(1999) 指出 RMSEA 在小样本时会有高估的现象，使契合模型会被视为不理想模型（黄芳铭,2004）。显示本研究适配度指标均依循学者建议的理想数值（见表 6-20）。

表6-20 理想适配度标准汇整表

适配度指标	标准	学者
X2	-	-
df	-	-
X2/df	<5	Bollen（1989）、Hair et al.(1998)
GFI	>0.9	Gefen et al.（2000）、Hair et al.（1998）
AGFI	>0.8	Gefen et al.（2000）、Hair et al.（1998）
SRMR	<0.1	Bentler（1999）
CFI	>0.9	Bagozzi&Yi(1988)
RMSEA	<0.05（良好适配） 0.05～0.08（不错适配） 0.08～0.1（中等适配） >0.1（不良适配）	Jarvenpaa et al.(2000)
NFI	>0.9	Bentler & Bonett(1980)
NNFI	>0.9	Bentler & Bonett(1980)
IFI	>0.9	Bentler & Bonett(1980)
CN	>150	Anderson & Gerbing(1988)、Rigdon, E.（2005）

（一）结构方程模式（SEM）

结构方程模式（Structural Equation Modeling, SEM）这些年逐渐在社会科学、行为科学逐渐受到重视（Raykov & Marcoulides，2006）。SEM 相对传统统计提供更深入严谨的解释因此 Fornell（1985）称 SEM 为第二代统计技术。Hoyle and Panter（1995）指 出 SEM 为分析结构共变异数的技术整合。SEM 由 Jöreskog 于 1970 年提出应用于检视与测量变量之间的因果关系与分析变量之间共变异数结构的第二代统计方式，并大量运用于管理、休闲、体育等学术领域（张家铭、黄芳铭、陈玉树，2006）。SEM 发展出一套综合性技术，解决许多统计技术无法处理的问题（如 Robustness、Non-Normal Distribution、Lack of Power 等问题），这套第二代统计技术可能会广泛被大家使用并成为统计学上的新革新。结构 方程模式在管理学等相关领域有越来越多的应用论文。这些学术发展的趋势，说明结构方程模式的重要地位（邱皓政，2003）。

结构方程模式是一门相当受到重视的统计技术，在国际间学术圈重视程度相当高，以及案例地区学术界迈向国际化趋势，可透过 SEM 可挑战国际期刊（邱皓政，2003）。体育领域运用 SEM 正处于刚起步阶段，案例地区体育领域一流期刊运用 SEM 逐渐成长，因此要投稿登上案例地区一流体育领域期刊运用 SEM 已成为主流趋势之一（徐茂洲、潘丰泉、郑桂玫，2011）。近年来，案例地区 SEM 应用于体育论文也有大幅成长趋势。

现今众多研究人员应用 SEM 来建立模型，探讨变量间的潜在意义，以借此建立估计与检定假设关 系，并搜集资料加以验证。SEM 可以评量理论假设模式与数据的适配程度，利用 SEM 估计潜在变量之间的关系优势是传统统计技术所不及的。SEM 可以 发展与检定模型并比较理论所产生的对立模型与资 料适配程度，并增加研究的信效度。由于体育领域言多数属于潜在变量间的研究，因此采用结构方程 模式是相当适合的（张伟豪，2011）。

张家铭等（2006）在 1999—2003 年在结构方程模式在体育与休闲领域之期刊论文研究分析中共有 30 篇，SEM 应用在体育领域并不多。且 SEM 论文统计软件工具、样本数、量表尺度、应用类别十分 分歧，而体育领域文献对 SEM 分析评述的只有张家铭等（2006）在案例地区体育运动管理学报与徐茂洲等（2011）运动休闲管理学报当中两篇论文。 因此本研究希望接续张家铭等的研究，继续归纳整 理 2004 年到 2010 年之间，案例地区学者运用结构方程模式在体育领域的情况并分析 SEM 论文的成长趋势，以供体育领域学者参考。

（二）基本适配度指标检验

由表 6-21 可知，闲置公共设施委外经营可行性评估模式中的误差变异数在 .033～.321 之间；并无负的误差变异数存在；且均达显著水平。

表6-21 变异数分析表

Variances: (Group number 1 - Default model)				
	Estimate	S.E.	C.R.	P	Label
经济环境	0.321	0.033	9.609	***	par_22
项目规划	0.234	0.027	8.811	***	par_23
市场环境	0.303	0.036	8.312	***	par_24
政府政策	0.4	0.047	8.588	***	par_25
e33	0.122	0.016	7.669	***	par_26
e6	0.142	0.013	10.638	***	par_27
e7	0.033	0.009	3.731	***	par_28
e8	0.098	0.01	9.431	***	par_29
e9	0.08	0.011	7.171	***	par_30
e10	0.156	0.015	10.135	***	par_31
e12	0.099	0.011	9.154	***	par_32
e14	0.166	0.018	9.154	***	par_33

e15	0.154	0.017	8.973	***	par_34
e16	0.151	0.017	8.77	***	par_35
e20	0.19	0.023	8.399	***	par_36
e21	0.147	0.023	6.445	***	par_37
e27	0.115	0.013	9.104	***	par_38
e28	0.191	0.017	11.021	***	par_39
e29	0.104	0.012	8.713	***	par_40
e31	0.176	0.016	11.01	***	par_41
e32	0.214	0.019	11.373	***	par_42

由表 6-22 可知，闲置公共设施委外经营可行性评估模式中的标准化系数 0.730 ～ 0.943 之间；并未超过 0.95 门槛。显示本研究模式符合基本适配标准。

表6-22 标准化回归系数表

Standardized Regression Weight：(Group number–Default model)			
			Estimate
d06_1	<---	经济环境	.829
d07_1	<---	经济环境	.943
d08_1	<---	经济环境	.875
d16_1	<---	项目规划	.891
d17_1	<---	项目规划	.794
d15_1	<---	项目规划	.838
d12_1	<---	市场环境	.802
d10_1	<---	市场环境	.810
d13_1	<---	市场环境	.817
d02_1	<---	政府政策	.802
d04_1	<---	政府政策	.855
d27_1	<---	项目财务	.881
d25_1	<---	项目财务	.775
d26_1	<---	项目财务	.892
d36_1	<---	项目财务	.777
d33_1	<---	项目财务	.730

（三）整体模式适配度指针检验

Hair et al. (1998) 等学者建议，要了解整体模式的适配度，则应该包含三个主要的评量指标：(1) 绝对适配度 (Measures of absolute fit)、(2) 增量适配度 (Incremental fit measures) 及 (3) 精简适配度 (Parsimonious fit measures)。

本研究透过整体模式适配度的衡量来验证，以探索性因素分析所编制之量表的适配度。

结果模式中第一次删除 D03、D14、D11、D18、D19、D20、D31 等 7 个因素负荷量未达 0.5 之问项，为求严谨，张伟豪（2013）提到标准化因子负荷量 >0.6 才为标准，故再调整后第二次删除 D29、D21、D30、D09、D01、D05 等 6 个因素负荷量未达 0.6 之问项，另依据张伟豪（2013）每个构面需有至少 3 个问项，除非其构面的问项具有一定代表性或信度。

而第二次筛选结果后，共有二个构面不足 3 个问项，一为政治与法令构面，其在第二次筛选问项后仅剩一法令制度健全问项为，因考虑此单一问项无法完全独立代表政治与法令一构面，且检视其信度值偏低，故无法成立为一构面亦一并删除，二为政府政策构面其问项仅剩税制变动及投资奖励优惠等 2 个问项，学者 Bollen（1989）提到模型中潜在因素至少应为两个及 Bagozzi & Yi（1988）认为最佳的 SMC 值为 0.5 以上，因此若不足 0.5 者考虑删除，返回检视该构面其信度值达 0.8 以上及 SMC 值分别为 0.738、0.638 均达 0.5 以上，故选择保留政府政策构面，然而其适配度依然不佳，故进一步检视修正模式指针（Modification Indices，MI）。

在第三次检验并回顾文献资料中，筛选出项目财务构面之营运收入、特许期间年期、付款条件机制、自偿率、回收率等 5 个皆属于较少数之个案问项，其原因如下，康照宗、冯正民、罗文圣（2007）说明自偿率或净现值法常被用来评估 BOT 计划财务效益分析之用。但是，这些指标仅止于说明计划是否具备投资可行性，无法有效诠释政府或融资者对计划财务能力之贡献，亦无法解释政府、融资者与民间公司在计划中之财务分配问题，而营运收入、回收率亦与自偿率为正比之关系，故一并剔除上述 3 个问项；BOT 计划之特许年期是财务中重要的参数，而且是补贴机制项目之一（陈孟慧、冯正民、康照宗，2005)，其主要目的为政府考虑报酬率与营运风险下，所用来弥补营运不当造成的影响，本研究认为不够严谨，无法当为评估委外经营可行性之关键因子，亦须删除；付款条件机制主要考虑的是私部门财力是否雄厚，是否能配合政府之付款条件机制而订定，其主要目的是舒缓政府在财务上之压力，本研究认为此条件在私部门决定参与闲置公共设施委外经营当下，在了解契约规范后，已先行自我评估是否可行，政府仅是再次确认，而非必要因子，故删除，以上问项并非通则性，无法标准化用于所有样本，考虑其适用性，也因上述问项为少数个案导致受访者在填达时，因本身经历不足等因素，回答亦有失真之可能，考虑上述因素，则将 D22、D23、D24、D28、D34 等 5 个问项删除，再重新检验模式之适配度，然而本模式的适配度即可达良好之适配度，说明以上推论，经验证后为可行，其模式修正流程（见图 6-9）。

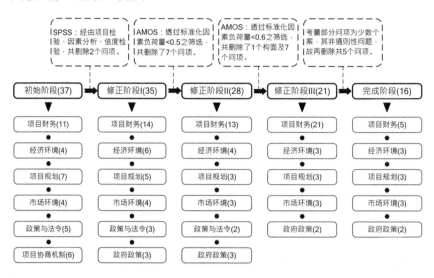

图6-9 模式修正流程图

本研究在修正过后，测量模式修正为图 6-9 所示，整体模式之绝对适配度、增量适配度及精简适配度均达良好程度，其各项适配度检验如下表 6-23、表 6-24 及表 6-25 所示。

1. 绝对适配度测量

绝对适配度方面，首先，卡方值反映了本研究假设模型与观察资料差异程度，$x2$ 为 419.568，自由度为 99，P=0.0（<0.05）达到了显著水平，表示模型契合度不佳，不过由于卡方值很容易受到样本与变项分配性质的影响，因此，不能过度倚赖卡方值来判断，必须辅以其他指标来进行评鉴。

GFI 即类似于回归分析中的可解释变异量 (R2)，AGFI 则类似于回归分析中的调整后可解释变异量 (Adjusted R2)，两者都是标准化的数值，越接近 1 表示契合度越高，Gefen et al. (2000) 及 Hair et al. (1998) 的建议，若 GFI, NFI, IFI, CFI 指标大于 0.90, AGFI 指标大于 0.8，被认为提供可接受的模型适合度。由表 6-23 可知，模式中各种绝对适配度值均符合标准。此结果显示模式的绝对适配度大致有一定程度的模式。

表6-23 绝对适配度测量表

指标	名称	标准	数值
X2	差性适配	越小越好	419.568
X2/df	调整卡方值	<5	4.24
GFI	适配度指标	>0.9	0.901
AGFI	调整后适配度指标	>0.8	0.804
RMR	残差平方平均平方根	<0.8	0.025
RMSEA	标准化均方根残差	0.08~0.1	0.10

2. 增量适配度测量

相对适配指标中，CFI、IFI、NFI、NNFI 通常都会介于 0 到 1 之间，数值越大表示与虚无模型（即假定测量变项之间没有任何共变情况的模型，是为最不理想的状况）相比的改善程度越多，契合度越佳，其中最重要的为 IFI 指数与 CFI 指数，IFI 可以处理 NNFI 波动的问题以及 NFI 受样本数影响的问题，CFI 可用于小样本的分析，本研究 IFI 值为 0.917，CFI 值为 0.917，大于学者建议的接受值 0.9，表示模型具有一定代表性。由表 6-24 可知，模式中各种增量适配度值均符合标准，此结果显示模式的增量适配度大致有一定程度的模式。

表6-24 增量适配度测量表

指标	名称	标准	数值
NNFI(TLI)	非规范适配指标	>0.9	0.901
NFI	标准化适配度指标	>0.9	0.904
CFI	比较适配指标	>0.9	0.917
IFI	增值适配指标	>0.9	0.917
RFI	相对适配指标	>0.9	0.902

3. 精简适配度测量

为避免相对适配指标可能会造成增加估计参数以降低卡方值，追求完美适配的状况，仍须以简效适配指标来判断。PGFI 则是用以反应假设模型的简效程度（degree of parsimony），越接近 1 则表示模型越简单。学者 Mulaik et al.(1989) 指出一个良好的模型，PGFI 指数在 0.5 以上都是可能的（邱皓政，2006）。本研究 PGFI 值为 0.624，显示模型具有不错的简效程度。由表 6-25 可知，模式的精简适配度方面，精简适配度值均符合标准，显示模式大致简约。

表6-25 精简适配度测量表

指标	名称	标准	数值
PNFI	精简正规化适配指标	>0.5	0.738
PGFI	精简适配度指标	>0.5	0.624
PCFI	精简比较适配度指标	>0.5	0.756
CN	关键样本数	>150	164

（四）模型内在结构适配度指针检验

模型内在适配度评鉴可分为两部分进行，一为测量模式的评鉴，二为结构模型的评鉴。一个好的测量模型，基本上必须满足两大要素：

(1) 研究模式中的各观察变项都能够正确衡量出各潜在变项；(2) 同一个观察变项不能对于不同的潜在变项产生显著的负荷量（郭学道，2004）。因此本研究分别以因素负荷量、观察变项之个别信度、潜在变项的组合信度 (CR, Composite Reliability) 以及平均变异数抽取量 (AVE, average variance extracted) 来衡量测量模型的信度与效度。

观察变项的因素负荷量必须达到显著水平，且大于 0.45（Bentler&Wu,1993；Jöreskog & Sörbom, 1989；黄芳铭，2004）。观察变项个别信度的部分，以多元相关平方 (SMC, Squared Multiple Correlation) 来衡量个别测量题目的信度。SMC 反应了个别测量变项受到潜在变项影响的程度，SMC 越高，则表示信度越高。SMC 必须大于 0.2（Bentler&Wu,1993；Jöreskog & Sörbom, 1989；黄芳铭，2004）。另外，潜在变项的组成信度部分，则是评估潜在变项中各测量变项的内部一致性，计算的公式为：（标准化因素负荷量的总和）2/（标准化因素负荷量的总和）2/+ 测量误差的总和，根据 Hair et al.(1998) 的建议，组成信度应在 0.7 以上为佳。潜在变项的平均变异数抽取量则是个别构面中，所有观察变项的变异数被潜在变项解释的程度，Hair et al.(1998) 建议 AVE 值应该要大于 0.5 为佳，计算的公式为：（标准化因素负荷量^2）的总和 /（标准化因素负荷量^2）的总和 /+ 测量误差的总和。

表6-26 闲置公共设施活化可行性模式内在结构适配度评估表

构面	测量变数	标准化因素负荷量	SMC	构面信度CR	收敛效度 AVE
标准		>0.5~0.7	>0.2	>0.7	>0.5
项目财务	d33	0.732	0.536	0.907	0.662
	d36	0.773	0.598		
	d26	0.891	0.794		
	d25	0.773	0.598		
	d27	0.885	0.783		
经济环境	d08	0.876	0.767	0.920	0.793
	d07	0.961	0.924		
	d06	0.830	0.689		
项目规划	d15	0.834	0.696	0.880	0.710
	d17	0.792	0.627		
	d16	0.898	0.806		
市场环境	d13	0.813	0.661	0.851	0.655
	d10	0.811	0.658		
	d12	0.804	0.646		
政府政策	d04	0.859	0.738	0.815	0.688
	d02	0.799	0.638		

由表 6-26 可知，闲置公共设施活化可行性评估量表各题项的因素负荷量介于 .732～.961 之间 Hair et al.(1998) 建议观察变量对其潜在变量的因素负荷量 (factor loading) 应在 0.5 以上，显示闲置公共设施委外经营可行性评估模式具有良好的信度与效度。

闲置公共设施委外经营可行性评估之结构方程模式五个构面的组合信度中均超过 0.6 以上，显示结构方程模式五个构面具有良好的组合信度，然而闲置公共设施委外经营可行性评估之结构方程模式五个构面的平均变异抽取量 (AVE) 均超过 0.5 以上，显示结构方程模式五个构面均具有良好的收敛效度，在修正过后，其适配度均达良好之模式。

本研究样本数据所建构之闲置公共设施委外经营项目财务可行性评估模式，可用来解释实际的观察数据。研究模式中自变量对依变量期直接效果：经济环境对项目财务、项目规划对项目财务、市场环境对项目财务、政府政策对项目财务等 4 个直接效果，除市场环境对项目财务外，其余均达到显著水平，因此假设 2、3、5 成立；假设 4 则不成立。自变项对依变项的直接效果中，闲置公共设施委外经营之项目财务受到项目规划的影响最大。结构方程模式，每个内生变量被其他变异数解释力 R2 ，每个 R2 越大越好，一般大于 0.3 表示解释力佳（陈顺宇，2007）。图 6-10 显示模式中项目财务对整体模式的变异解释力（R2）为 .69，每个内生变量被其他变异数解释力 R2，除市场环境外，其余均大于 0.3 显示本模式具有良好解释力。

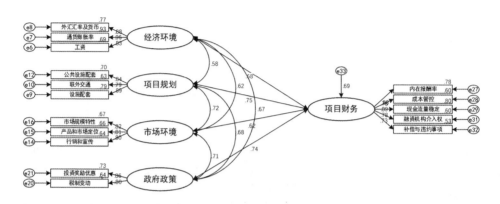

图6-10 闲置公共设施委外经营项目财务可行性评估模式

表6-27 研究假设之实证结果验证表

假设	路径关系	路径值	假设成立
2	经济环境→项目财务	.26*	是
3	项目规划→项目财务	.45*	是
4	市场环境→项目财务	−.09	否
5	政府政策→项目财务	.32*	是
P*<.05			

五、闲置公共设施关联性验证结果

（一）探索性因素分析编制结果

经采项目分析与探索性因素分析处理后，结果"闲置公共设施委外经营可行性评估之结构方程模式"共萃取了等六个因素构面。整体信度为 .968（见表6-7），各分量表之信度依序为 0.957、0.877、0.863、0.838、0.788、0.838（见表 6-8、表 6-10、表 6-12、表 6-14、表 6-16、表 6-18），其值均大于 0.7 以上；其累积解释变异量 70.606%，显见本结构方程模式具有良好的信度与效度。

（二）验证性因素分析处理结果

以探索性因素分析所编制而成的闲置公共设施活化可行性评估指针为数据，进行验证性因素分析处理，结果发现：

（1）模式基本适配指针检验：本研究闲置公共设施委外经营可行性评估之结构方程模式符合基本适配标准。

（2）整体模式适配度指针：闲置公共设施委外经营可行性评估之结构方程模式的绝对适配度大致具有一定程度的模式；在各种增量适配度值均符合标准；而在精简适配度方面，精简适配度值均符合标准显示闲置公共设施委外经营可行性评估之结构方程模式大致简约。

（3）模式内在结构适配度评估：闲置公共设施委外经营可行性评估之结构方程模式各题项的因素负荷量介于 .732 ～ .961 之间，显示结构方程模式具有良好的信度与效度；闲置公共设施委外经营可行性评估之结构方程模式五个构面的组合信度中均过 0.6 以上，显示结构方程模式五个构面具有良好的组合信度；然而委外经营可行性评估之结构方程模式五个构面的平均变异抽取量（AVE）均超过 0.5 以上，显示结构方程模式五个构面均具有良好的收敛效度。

（4）结构方程模式最后验证之步骤为检验结构模式之解释力，项目财务对整体模式的变异解释力及其余内生变量被其他变异数解释力均大于 0.3，代表本模式具有良好解释力。

（三）建议

本研究以探索性因素分析编制而成的闲置公共设施活化可行性评估虽均具有相当高的信度与效度。然而经由验证性因素分析处理之后，发现模式具有不错的收敛效度，然而部分题项与潜在变项的组合信度些许不佳，经过修正及问项筛选后，始能得到适配度良好之模式。由于验证性因素分析比较严格，建议分析问卷宜采用验证性因素分析，避免不必要之构面及问项而多花费了重复筛选修正之时间。

此模式在通过探索性分析及信度之检验后，再经由验证性因素分析之筛选及修正并通过信度及适配度指标之检验后，最后在得到良好适配度后，再进行整体模式解释力的检验，最终可得一闲置公共设施委外经营项目财务可行性评估之结构方程，并验证假设 2、3、5 成立；假设 4 不成立。

第四节　闲置公共设施 PPP 项目活化财务可行性评估结构方程

在闲置公共设施的管理上，不仅仅是地方资源的耗费，更有可能是治安的死角，许多因经营管理不当或其他因素而导致闲置的公共设施，往往都是因为在规划阶段，未能谨慎的考核及审慎的进行可行性之评估，然而导致公共资源的浪费与纳税人的不满，本研究透过相关文献探讨与调查资料分析，得到闲置公共设施委外经营可行性之主要方向及关键指标，并筛选出政府对于承办闲置公共设施委外经营的看法，找出闲置公共设施委外经营可行性之重要评估指标。

研究成果运用结构方程模式之建立，针对问卷调查回收，依据调查数据中，影响闲置公共设施委外经营可行性之原因，进而建立闲置公共设施委外经营项目财务可行性评估之结构方程模式。

一、影响显著因素独立样本 t 检验分析

检定结果显示其余因素显著性皆高于 0.05，因此全数假设变异数相等设变异数相等，接着以独立样本 t 检验分析，各因素平均数检定后接受假设之显著因素如下：

（1）法律风险（显著性 0.001<0.05），未活化平均数高于已活化，且两者皆达到显著，显示在未活化之闲置公共设施对委外经营者有较大的法律风险。

（2）补偿与违约事项（显著性 0.035<0.05），未活化平均数高于已活化，且两者皆达到显著，显示未活化之闲置公共设施在补偿与违约事项之影响大于已活化者。

经由独立 t 检验之结果发现，在法律风险及补偿与违规事项中，未活化平均数均高于已活化平均数，其显示在未活化之情况下，受访者在评估委外经营可行性时，在法律风险及补偿与违规事项层面会考虑较多并确认更多的相关项目。

二、闲置公共设施委外经营可行性评估指标构面

经由文献所归纳出的六大面向：（1）项目财务；（2）项目规划；（3）项目协商机制；（4）政策与制度；（5）经济环境；（6）市场环境，透过调查结果分析，由原先六大面向借由探索性因素分析及之筛选与修正指标之重要性，重新整理出五大因素。

整体而言，因素构面之信度、适配度及路径值均在标准以上，由此可知筛选出之指标具有一定可靠性，原始变量也由原来的 37 项也透过探索性因素分析及验证性因素分析缩减成 16 项，研究结果如图 6-11。

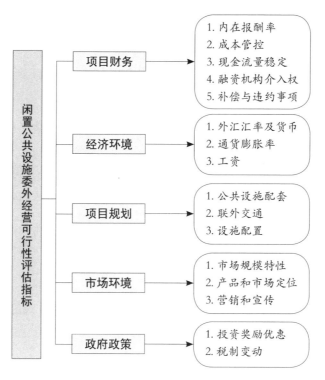

图6-11 闲置公共设施委外经营可行性评估指标构面图

三、闲置公共设施活化可行性评估结构方程

本研究透过案例地区行政管理机构公共工程事务主管部门列管闲置公共设施案件实施问卷调查，将政府闲置公共设施管理承办人员对闲置公共设施以委外经营机制之可行性评估指标，给予专业认知的判断、办理活化经验及窒碍难行问题反映，依据政府办理闲置公共设施委外经营之经验，透过探索性因素分析、验证性因素分析筛选及反复的信、效度的检验后，借由结构方程模式检验步骤，检验测量模式适配度及结构模式路径关系，并依循文献理论找出五大因素之相对关系，将各类构面指标筛选及修正，研究过程因素指标从原先的 37 项指标筛选为 16 项指标，本研究成果得到项目财务为闲置公共设施委外经营可行性评估之核心架构，项目财务之成败乃影响整体闲置公共设施未外经营之成败，并由研究结果建构出闲置公共设施委外经营项目财务可行性评估之结构方程模式如图 6-12。

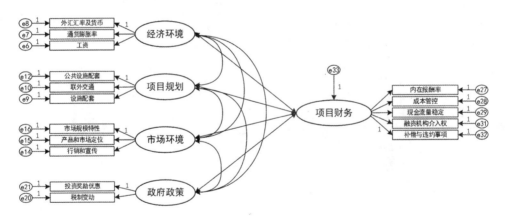

图6-12 闲置公共设施活化项目财务可行性评估之结构方程模式图（最后修正）

最后结果显示经过验证性因素分析较严谨之筛选，政府闲置公共设施管理人员对闲置公共设施委外经营的可行性评估，考虑主要项目财务相关之内在报酬率、成本管控、现金流量稳定、融资机构介入权与补偿与违约事项等问题为首，其次以经济环境相关外汇汇率及货币、通货膨胀率与工资等问题，接着以项目规划相关公共设施配套、联外交通与设施配置及市场环境相关市场规模特性、产品和市场定位与

营销和宣传等问题为考虑，最后则以政府政策相关投资奖励优或与税制变动等问题为考虑。分析成果显示出政府看待闲置公共设施活化可行性评估所考虑的因素从项目财务、经济环境、项目规划、市场环境及政府政策构面，是政府看待闲置公共设施委外经营的可行性评估指针，透过最后整体模式解释力之检验证明 H2、H3、H5 假设成立，H4 假设不成立：

H2：闲置公设委外经营可行性评估之"经济环境"对于"项目财务"有显著影响。

H3：闲置公设委外经营可行性评估之"项目规划"对于"项目财务"有显著影响。

H5：闲置公设委外经营可行性评估之"政府政策"对于"项目财务"有显著影响。

H4：闲置公设委外经营可行性评估之"市场环境"对于"项目财务"无显著影响。

研究结果显示项目财务为闲置公共设施委外经营可行性评估之关键核心，项目财务受各面向的发展以及牵制，而项目财务也为一个项目成功与否之重点。而本研究主要目的为透过一个简易的闲置公共设施委外经营项目财务可行性评估之结构方程模式，借由此可行性评估指标判断闲置公共设施委外经营项目财务之可行性。

PPP 项目绩效评估与策略篇

第七章 公共基础设施 PPP 项目活化可行性评估机制

第一节 委外经营活化方案可行性评估项目调查分析

针对目前案例地区行政机关所列管闲置个案之调查分析，呈现认为公办民营为兼具政府与民间组织之特性，能促成最佳经营营运方式，且就公办民营中"委外经营"方式，认为可行及非常可行者（占 43.7%），而认为不可行及非常不可行（占 23.5%），得知个案多数认为"委外经营"会是较为合宜之活化策略。

以闲置公共设施以委外经营推动活化方案可行性，依据文献与世界各地相关研究建立效标，再以评估效标之重要性进行调查，结果依"政策与法令制度"可行性、"经济环境"可行性、"市场环境"可行性、"项目规划"可行性、"项目财务"可行性、"项目协商机制"可行性等六类进行分析，将调查结果经次数分析后，其结果分项说明如下：

一、政策与法令制度可行性评估面向

闲置公共设施以委外经营推动活化之"政策与法令制度"可行性重要程度，以法令制度健全、税制变动、土地取得问题、投资奖励优惠吸引力、政府承诺协助事项五项进行评估，计五项进行评估（见表 7-1）。

表7-1 以委外经营推动活化之"政策与法令制度"可行性重要程度统计表

项目	影响程度	次数	百分比	累积百分比 (%)	平均数	标准差
法令制度健全	未填	5	4.2	4.2	3.66	1.153
	很小	2	1.7	5.9		
	小	6	5.0	10.9		
	普通	26	21.8	32.8		
	大	57	47.9	80.7		
	很大	23	19.3	100.0		
税制变动	未填	4	3.4	3.4	3.27	1.162
	很小	5	4.2	7.6		
	小	14	11.8	19.3		
	普通	43	36.1	55.5		
	大	38	31.9	87.4		
	很大	15	12.6	100.0		
土地取得问题	未填	4	3.4	3.4	3.20	1.132
	很小	6	5.0	8.4		
	小	11	9.2	17.6		
	普通	52	43.7	61.3		
	大	33	27.7	89.1		
	很大	13	10.9	100.0		
投资奖励优惠吸引力	未填	3	2.5	2.5	3.55	1.155
	很小	4	3.4	5.9		
	小	10	8.4	14.3		
	普通	33	27.7	42.0		
	大	45	37.8	79.8		
	很大	24	20.2	100.0		
政府承诺协助事项	未填	4	3.4	2.5	3.67	1.05
	很小	4	3.4	5.0		
	小	21	17.6	8.4		
	普通	54	45.4	34.5		
	大	28	23.5	82.4		
	很大	8	6.7	100.0		

二、经济环境可行性评估面向

闲置公共设施以委外经营推动活化之"经济环境"可行性重要程度，以工资波动、通货膨胀率波动、外汇汇率及货币变动、不动产景气波动，计四项进行评估（见表 7-2）。

表7-2 以委外经营推动活化之"经济环境"可行性重要程度表

项目	影响程度	次数	百分比	累积百分比（%）	平均数	标准差
工资波动	未填	4	3.4	3.4	3.03	0.097
	很小	4	3.4	6.7		
	小	21	17.6	24.4		
	普通	54	45.4	69.7		
	大	28	23.5	93.3		
	很大	8	6.7	100.0		
通货膨胀率波动	未填	5	4.2	4.2	3.00	1.081
	很小	6	5.0	9.2		
	小	14	11.8	21.0		
	普通	60	50.4	71.4		
	大	27	22.7	94.1		
	很大	7	5.9	100.0		
外汇汇率及货币变动	未填	5	4.2	4.2	2.77	1.004
	很小	6	5.0	9.2		
	小	23	19.3	28.6		
	普通	67	56.3	84.9		
	大	13	10.9	95.8		
	很大	5	4.2	100.0		
不动产景气波动	未填	5	4.2	4.2	3.22	1.180
	很小	7	5.9	10.1		
	小	9	7.6	17.6		
	普通	46	38.7	56.3		
	大	40	33.6	89.9		
	很大	12	10.1	100.0		

三、市场环境可行性评估面向

闲置公共设施以委外经营推动活化之"市场环境"可行性重要程度，以产品和市场定位明确程度、同业竞争情形、营销与宣传效果、拥有的市场规模特性，计四项进行评估（见表7-3）。

表7-3 以委外经营推动活化之"市场环境"可行性重要程度表

项目	影响程度	次数	百分比	累积百分比 (%)	平均数	标准差
产品和市场定位明确程度	未填	6	5.0	5.0	3.34	1.166
	很小	3	2.5	7.6		
	小	8	6.7	14.3		
	普通	44	37.0	51.3		
	大	44	37.0	88.2		
	很大	14	11.8	100.0		
同业竞争情形	未填	8	6.7	6.7	2.96	1.272
	很小	8	6.7	13.4		
	小	18	15.1	28.6		
	普通	40	33.6	62.2		
	大	37	31.1	93.3		
	很大	8	6.7	100.0		
营销与宣传效果	未填	8	6.7	6.7	3.46	1.287
	很小	2	1.7	8.4		
	小	7	5.9	14.3		
	普通	34	28.6	42.9		
	大	46	38.7	81.5		
	很大	22	18.5	100.0		
拥有的市场规模特性	未填	7	5.9	5.9	3.33	1.229
	很小	1	.8	6.7		
	小	11	9.2	16.0		
	普通	47	39.5	55.5		
	大	33	27.7	83.2		
	很大	20	16.8	100.0		

四、项目规划可行性评估面向

闲置公共设施以委外经营推动活化之"项目规划"可行性重要程度，以环境冲击、公共设施配套、设施配置、联外交通、工程设计错误与变更、工程期变动、发包方式，计七项进行评估（见表7-4）。

表7-4 以委外经营推动活化之"项目规划"可行性重要程度表

项目	影响程度	次数	百分比	累积百分比（%）	平均数	标准差
环境冲击	未填	7	5.9	5.9	3.19	1.159
	很小	4	3.4	9.2		
	小	7	5.9	15.1		
	普通	51	42.9	58.0		
	大	41	34.5	92.4		
	很大	9	7.6	100.0		
公共设施配套	未填	7	5.9	5.9	3.43	1.132
	很小	2	1.7	7.6		
	小	3	2.5	10.1		
	普通	38	31.9	42.0		
	大	59	49.6	91.6		
	很大	10	8.4	100.0		
设施配置	未填	6	5.0	5.0	3.53	1.185
	很小	2	1.7	6.7		
	小	7	5.9	12.6		
	普通	31	26.1	38.7		
	大	54	45.4	84.0		
	很大	19	16.0	100.0		
联外交通	未填	6	5.0	5.0	3.70	1.252
	很小	3	2.5	7.6		
	小	2	1.7	9.2		
	普通	32	26.9	36.1		
	大	43	36.1	72.3		
	很大	33	27.7	100.0		
工程设计错误与变更	未填	7	5.9	5.9		
	很小	5	4.2	10.1		
	小	11	9.2	19.3		
	普通	42	35.3	54.6		
	大	32	26.9	81.5		
	很大	22	18.5	100.0		

项目	影响程度	次数	百分比	累积百分比 (%)	平均数	标准差
工程期变动	未填	8	6.7	6.7	2.87	1.197
	很小	7	5.9	12.6		
	小	16	13.4	26.1		
	普通	57	47.9	73.9		
	大	23	19.3	93.3		
	很大	8	6.7	100.0		
发包方式	未填	7	5.9	5.9	2.88	1.180
	很小	9	7.6	13.4		
	小	13	10.9	24.4		
	普通	60	50.4	74.8		
	大	22	18.5	93.3		
	很大	8	6.7	100.0		

五、项目财务可行性评估面向

闲置公共设施以委外经营推动活化之"项目财务"可行性重要程度，以银行融资能力、自偿率、回收期、营运收入、成本管理、现金流量稳定、内在报酬率、特许期间年期、回馈金、权利金（固定＋变动）、土地取得成本，计十一项进行评估（见表 7-5）。

表7-5 以委外经营推动活化之"项目财务"可行性重要程度表

项目	影响程度	次数	百分比	累积百分比 (%)	平均数	标准差
银行融资能力	未填	8	6.7	6.78	2.97	1.202
	很小	4	3.4	10.3		
	小	15	12.6	22.9		
	普通	58	48.7	71.6		
	大	23	19.2	90.8		
	很大	11	9.2	100.0		
自偿率	未填	9	7.6	7.6	3.11	1.301
	很小	3	2.5	10.1		
	小	14	11.8	21.8		
	普通	50	42.0	63.9		
	大	26	21.8	85.7		
	很大	17	14.3	100.0		
回收期	未填	7	5.9	5.9	3.29	1.290
	很小	5	4.2	10.1		
	小	12	10.1	20.2		
	普通	35	29.4	49.6		
	大	43	36.1	85.7		
	很大	17	14.3	100.0		

项目	影响程度	次数	百分比	累积百分比（%）	平均数	标准差
营运收入	未填	7	5.9	5.9	3.41	1.374
	很小	5	4.2	10.1		
	小	13	10.9	21.0		
	普通	28	23.5	44.5		
	大	39	32.8	77.3		
	很大	27	22.7	100.0		
成本管理	未填	7	5.9	5.9		
	很小	4	3.4	9.2		
	小	7	5.9	15.1		
	普通	39	32.8	47.9		
	大	41	34.5	82.4		
	很大	21	17.6	100.0		
现金流量稳定	未填	7	5.9	5.9	3.06	1.223
	很小	7	5.9	11.8		
	小	9	7.6	19.3		
	普通	58	48.7	68.1		
	大	25	21.0	89.1		
	很大	13	10.9	100.0		
内在报酬率	未填	7	5.9	5.9	3.11	1.247
	很小	7	5.9	11.8		
	小	11	9.2	21.0		
	普通	47	39.5	60.5		
	大	35	29.4	89.9		
	很大	12	10.1	100.0		
特许期间年期	未填	7	5.9	5.9	3.09	1.255
	很小	8	6.7	12.6		
	小	9	7.6	20.2		
	普通	51	42.9	63.0		
	大	31	26.1	89.1		
	很大	13	10.9	100.0		
回馈金	未填	7	5.9	5.9	3.08	1.225
	很小	6	5.0	10.9		
	小	12	10.1	21.0		
	普通	51	42.9	63.9		
	大	31	26.1	89.9		
	很大	12	10.1	100.0		
权利金（固定+变动）	未填	8	6.7	6.7	3.17	1.367
	很小	7	5.9	12.6		
	小	11	9.2	21.8		
	普通	46	38.7	60.5		
	大	25	21.0	81.5		
	很大	22	18.5	100.0		
土地取得成本	未填	8	6.7	6.7	3.07	1.382
	很小	10	8.4	15.1		
	小	11	9.2	24.4		
	普通	47	39.5	63.9		
	大	23	19.3	83.2		
	很大	20	16.8	100.0		

六、项目协商机制可行性评估面向

闲置公共设施以委外经营推动活化之"项目协商机制"可行性重要程度，以法律风险分配、补偿与违约事件、付款条件及机制、费率物价调整机制、融资机构介入权、主办单位需求变更，计六项进行评估（见表7-6）。

表7-6 以委外经营推动活化之"项目协商机制"可行性重要程度表

项目	影响程度	次数	百分比	累积百分比（%）	平均数	标准差
法律风险分配	未填	8	6.7	6.7	3.00	1.228
	很小	8	6.7	13.4		
	小	7	5.9	19.3		
	普通	59	49.6	68.9		
	大	27	22.7	91.6		
	很大	10	8.4	100.0		
补偿与违约事件	未填	7	5.9	5.9	3.09	1.172
	很小	7	5.9	11.8		
	小	4	3.4	15.1		
	普通	60	50.4	65.5		
	大	32	26.9	92.4		
	很大	9	7.6	100.0		
付款条件及机制	未填	7	5.9	5.9	3.08	1.187
	很小	8	6.7	12.6		
	小	4	3.4	16.0		
	普通	59	49.6	65.5		
	大	32	26.9	92.4		
	很大	9	7.6	100.0		
费率物价调整机制	未填	7	5.9	5.9	2.97	1.127
	很小	7	5.9	11.8		
	小	7	5.9	17.6		
	普通	67	56.3	73.9		
	大	24	20.2	94.1		
	很大	7	5.9	100.0		
融资机构介入权	未填	8	6.7	6.7	2.87	1.197
	很小	10	8.4	15.1		
	小	7	5.9	21.0		
	普通	66	55.5	76.5		
	大	20	16.8	93.3		
	很大	8	6.7	100.0		
主办单位需求变更	未填	7	6.7	5.9	3.11	1.148
	很小	6	8.4	10.9		
	小	4	5.9	14.3		
	普通	60	55.5	64.7		
	大	34	16.8	93.3		
	很大	8	6.7	100.0		

七、可行性评估效标之重要性分析

(一)"政策与法令制度"可行性

经调查结果次数分析后,平均数均高于"普通"者,依据其以委外经营推动活化方案可行性的重要性说明如下:

1. 重要性为"普通"较多者

项目包括:法令制度健全、税制变动、土地取得问题、政府承诺协助事项。

2. 重要性为"大"较多者

项目包括:投资奖励优惠吸引力。

(二)"经济环境"可行性

经调查结果次数分析后,平均数均高于"普通"者,仅依据外汇汇率及货币变动低于"普通",其余以委外经营推动活化方案可行性的重要性说明如下:

1. 重要性为"普通"较多者

项目包括:工资波动、通货膨胀率波动、外汇汇率及货币变动、不动产景气波动。

2. 重要性为"大"较多者:无

(三)"市场环境"可行性

经调查结果次数分析后,平均数均高于"普通"者,依据其以委外经营推动活化方案可行性的重要性说明如下:

1. 重要性为"普通"较多者

项目包括:产品和市场定位明确程度、同业竞争情形、拥有的市场规模特性。

2. 重要性为"大"较多者

项目包括:产品和市场定位明确程度、营销与宣传效果。

(四)"项目规划"可行性

经调查结果次数分析后,平均数均高于"普通"者,依据其以委外经营推动活化方案可行性的重要性说明如下：

1. 重要性为"普通"较多者

项目包括：环境冲击、工程设计错误与变更、工程期变动、发包方式。

2. 重要性为"大"较多者

项目包括：公共设施配套、设施配置、联外交通。

（五）"项目财务"可行性

经调查结果次数分析后，平均数均高于"普通"者，依据其以委外经营推动活化方案可行性的重要性说明如下：

1. 重要性为"普通"较多者

项目包括：银行融资能力、自偿率、现金流量稳定、内在报酬率、特许期间年期、回馈金、权利金（固定＋变动）、土地取得成本。

2. 重要性为"大"较多者

项目包括：回收期、营运收入、成本管理。

（六）"项目协商机制"可行性

经调查结果次数分析后，平均数均高于"普通"者，依据其以委外经营推动活化方案可行性的重要性说明如下：

1. 重要性为"普通"较多者

项目包括：土地取得成本、法律风险分配、补偿与违约事件、付款条件及机制、费率物价调整机制、融资机构介入权、主办单位需求变更。

2. 重要性为"大"较多者：项目无。

第二节　以委外经营活化方案可行性评估效标及架构

本研究欲建立公共设施在出现闲置现象警讯后，便须进入活化策略之分析，若经分析后可采取之活化策略，依据案例地区行政管理机构之"活化闲置公共设施推动方案"所成立之跨部会项目小组负责推动活化工作，建议有三类方向："强化设施功能""转型再利用""委外经营"。由此三类活化策略属性得知，说明如下：

1. "强化设施功能"可定义为"设施空间强化"之活化策略，乃以公共设施之空间机能为改善主轴，借由设施功能强化及硬设备改善增强，以吸引使用率提升，创造以利用提升形成活化。

2. "转型再利用"可定义为"空间利用转化"之活化策略，乃以公共设施在建筑企划进行重新思考，运用公共设施重新与外部条件配套相连接，将空间属性重新定义转变，引入其他使用进驻，借以吸引再利用之可能。

3. "委外经营"可定义为"经营模式变革"之活化策略，乃以公有资产以私部门经营方式注入新形态经营，使公共设施同时兼具政府之协助及私部门的活力与创新经营的革新成效，创造三赢契机。

针对"委外经营"之推动，具体将理论与实务结合及验证，基本活化方案不外乎就是权属变更方式、整理修缮方式、经营组织策略革新，并以经营使用特许年期加以管制。

近年来以"委外经营"方式推动民间参与公共建设之政策，先进国家学者多有认为是克服"市场失灵""政府失灵""资源分配失灵"重要且有效的方法，且在"民营化"驱使及"企业型政府"的观念改变下，吸引民间参与公共基础建设，似乎是现代社会经济发展及实质环境改善的需求下，重要的推动策略之一。

本研究以"委外经营"方式为范畴，针对"委外经营"之活化方式进行因素分析探讨可行性评估效标之架构构面及简化可行性评估项目。

一、委外经营可行性"评估效标"构面信度与效度

1. 问卷题项信度分析

本研究各构面之Cronbach α系数 (0.981) 达0.8以上，Item to total correlations 皆大于0.5，显示题项具有相当良好之内部一致性，因此本研究问卷之信度值应可被接受。

2. 问卷题项效度分析

本研究的问卷题目是经由文献探讨整理及本研究研拟出来，并在进行前测之后修正，因此本问卷具有一定的内容效度。

二、委外经营可行性"评估效标"因素分析

因素分析之主要目的在于将变量进行缩减，亦即利用因素分析将多个可观察的变量缩减成少数几个无法观察的潜在共同因素（陈顺宇，2000）。

原始资料经过KMO及Bartlett's检验后发现，此处的KMO值为0.935，Bartlett's球形检验值为5364.638，自由度为666，显著水平0.000为0.001以下，结果显示为代表"适合进行因素分析"（见表7-7）。

研究过程以探索性 (exploratory) 因素分析，探讨"列管公共设施委外经营可行性评估效标"之因素，本研究以主成分分析法进行因素分析（见图7-1），并以Varimax法进行因素转轴（见图7-2）。

表7-7 KMO与Bartlett检验表

项目		数据
Kaiser-Meyer-Olkin 取样适切性量数		0.935
Bartlett 球形检定	近似卡方分配	5364.638
	自由度	666
	显著性	0.000

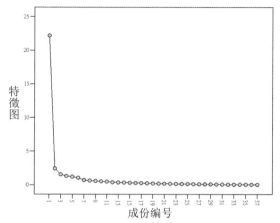

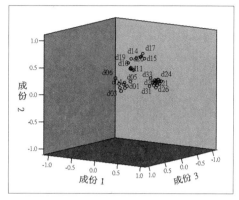

图7-1 因素陡坡图   图7-2 转轴后空间中成分图

三、委外经营可行性评估效标之分析说明

本研究探讨列管公共设施委外经营可行性评估效标,由文献及本研究汇整之构面为六项,依据相关研究及公共工程事务主管部门之检讨成因,归纳包括"政策与法令制度"可行性、"经济环境"可行性、"市场环境"可行性、"项目规划"可行性、"项目财务"可行性、"项目协商机制"可行性等六类。

经由因素分析结果得知,本研究共收集共 119 件案例地区行政管理机构公共工程事务主管部门所列管之公共设施,共有 37 个原始变量,为归纳及了解列管公共设施闲置及低度利用之形成因素的构面,进行因素分析表结果(见表 7-8)。

表7-8 列管公共设施委外经营可行性评估效标分析结果表

形成因素 编码名称		抽取因素			共同性
		因素一 特许条件商议	因素二 外部条件配套	因素三 经济环境牵动	—
d23	回收期	.823	—	—	.842
d36	融资机构介入权	.806	—	—	.821
d27	内在报酬率	.805	—	—	.817
d28	特许期间年期	.795	—	—	.818
d34	付款条件及机制	.795	—	—	.861
d26	现金流量稳定	.794	—	—	.833
d30	权利金（固定＋变动）	.786	—	—	.767
d25	成本控管	.777	—	—	.809
d24	营运收入	.776	—	—	.773
d22	自偿率	.775	—	—	.709
d33	补偿与违约事项	.772	—	—	.833
d29	回馈金	.767	—	—	.760
d21	银行融资能力	.747	—	—	.731
d35	费率物价调整机制	.740	—	—	.776
d32	法律风险之分配	.717	—	—	.758
d31	土地取得成本	.708	—	—	.634
d37	主办单位需求变更	.689	—	—	.752
d17	联外交通	—	.783	—	.792
d16	设施配套	—	.744	—	.775
d14	环境冲击	—	.726	—	712
d15	公共设施配套	—	.712	—	.802
d20	发包方式	—	.709	—	.741
d18	工程设计错误或变更	—	.702	—	.666
d19	工程期变动	—	.636	—	.659
d13	拥有的市场规模特性	—	.544	—	.518
d11	同业竞争情形	—	.522	—	.486
d10	产品和市场定位明确程度	—	.519	—	.503
d12	营销和宣传效果	—	.515	—	.592
d08	外汇汇率及货币波动	—	—	.761	.746
d07	通货膨胀率变动	—	—	.746	.778
d20	税制变动	—	—	.743	.675
d06	工资波动	—	—	.710	.677
d04	投资奖励优惠吸引力	—	—	.681	.632
d01	法令制度健全	—	—	.619	.566
d05	政府承诺协助事项	—	—	.616	.556
d03	土地取得问题	—	—	.600	.403
d09	不动产景气波动	—	—	.579	.601
特征值		12.210	6.990	6.982	—
解释变异量 (%)		33.001	18.893	18.870	—
累积解释变异量 (%)		59.979	66.554	70.765	—
信度值（原信度 0.981）		0.981	0.944	0.922	—

注：（1）成分矩阵萃取方法：主成分分析。
　　（2）本研究所采用之因素负荷量为 0.25 为基准，"空格"为因素负荷量＜ 0.515。
　　（3）＊表因素负荷量 ≥ 0.5

四、委外经营可行性评估效标及构面

（一）可行性评估效标构面分析

为了解从文献与本研究所拟定构面，是否经问卷回收后仍维持一致，除依据上述之设定外，并设定特征值大于 1 的因素才萃取，结果（见表 7-8）。原构面为"政策与法令制度"可行性、"经济环境"可行性、"市场环境"可行性、"项目规划"可行性、"项目财务"可行性、"项目协商机制"可行性等六类；由表中得知，共可抽取三项特征值大于 1 之因素，发现其与本研究之基本设定不同，经观察其差异显著性归纳为三项因素，针对这些因素之特性分别重新命名如下：

（1）因素一：命名为"特许条件商议"因素，主要为委外经营之活化策略中，必须要加以掌握的特许及协商条件。包括：（d23）回收期、（d36）融资机构介入权、（d27）内在报酬率、（d28）特许期间年期、（d34）付款条件及机制、（d26）现金流量稳定、（d30）权利金（固定＋变动）、（d25）成本控管、（d24）营运收入、（d22）自偿率、（d33）补偿与违约事项、（d29）回馈金、（d21）银行融资能力、（d35）费率物价调整机制、（d32）法律风险之分配、（d31）土地取得成本、（d37）主办单位需求变更。特征值为 12.210，解释变异量达 59.979% 为最高。

（2）因素二：命名为"外部条件配套"因素，（d17）联外交通、（d16）设施配套、（d14）环境冲击、（d15）公共设施配套、（d20）发包方式、（d18）工程设计错误或变更、（d19）工程期变动、（d13）拥有的市场规模特性、（d11）同业竞争情形、（d10）产品和市场定位明确程度、（d12）营销和宣传效果，共计 11 项，皆属于"公共设施委外经营时外部环境配套之条件"特点。特征值为 6.990，解释变异量为 18.893%。

（3）因素三：命名为"经济环境牵动"因素，包括：（d08）外汇汇率及货币波动、（d07）通货膨胀率变动、（d20）税制变动、（d06）工资波动、（d04）投资奖励优惠吸引力、（d01）法令制度健全、（d05）政府承诺协助事项、（d03）土地取得问题、（d09）不动产景气波动，共 8 题，为"受整体经济环境牵动"的特点。特征值为 6.982，解释变异量为 18.870%。

整体而言，萃取之构面与原本假设构面有显著之不同，其中"特许条件因素"因素，包括：综合多项原假设"项目规划"及"项目财务""项目协商机制"可行性评估效标，其解释变易量亦最高，为最主要可行性评估效标之构面；"外部条件配套"因素，将"市场环境"及部分"项目规划"效标组成为一构面，为需要外部环境条件所配合构面；"经济环境牵动"因素为公共设施受到"政策与法令制度"与"经济环境"牵动，可行性评估的效标，归纳为一个可行性评估效标构面；上述三项累积变异量达 70.765% 显示具代表性。

（二）一致性分析

为验证本研究所萃取之因素其包括变量之一致性，将以信度分析加以验证。一份量表的信度可以整份合并计算信度，也可先采用因素分析将题目分组或是主观分组成几个构面，然后再对各构面计算信度。

本研究之原 37 问项形成因素之信度值为 (0.981)，经因素分析后三项因素构面之信度值，因素一"特许条件因素"构面之信度值 (0.981) 等于整体之信度值，因素二"外部条件配套"构面信度值 (0.944)、因素三"经济环境牵动"构面信度值 (0.922)。整体而言，因素构面之信度接近整体构面并具一致性，因素构面信度均达 .0.9 以上，故信度足以达可接受。

本研究上述之三项因素构面已于原本之假设构面不同，且将因素负荷量均大于 0.5，共计 37 项。各构面因之信度值均高于 0.922 具代表意义。因此，本研究经因素分析后所萃取的架构："特许条件商议"因素、"外部条件配套"因素、"经济环境牵动"因素三项，更厘清"公共设施以委外经营可行性评估"之解释意义，遂即建构出可行性评估效标及架构（见表 7-9）。

表7-9 公共设施以委外经营可行性评估效标及构面表

编码	可行性评估效标	可行性评估构面
d23	回收期	"特许条件商议"因素
d36	融资机构介入权	
d27	内在报酬率	
d28	特许期间年期	
d34	付款条件及机制	
d26	现金流量稳定	
d30	权利金（固定＋变动）	
d25	成本控管	
d24	营运收入	
d22	自偿率	
d33	补偿与违约事项	
d29	回馈金	
d21	银行融资能力	
d35	费率物价调整机制	
d32	法律风险之分配	
d31	土地取得成本	
d37	主办单位需求变更	
d17	联外交通	"外部条件配套"因素
d16	设施配套	
d14	环境冲击	
d15	公共设施配套	
d20	发包方式	
d18	工程设计错误或变更	
d19	工程期变动	
d13	拥有的市场规模特性	
d11	同业竞争情形	
d10	产品和市场定位明确程度	
d12	营销和宣传效果	
d08	外汇汇率及货币波动	"经济环境牵动"因素
d07	通货膨胀率变动	
d20	税制变动	
d06	工资波动	
d04	投资奖励优惠吸引力	
d01	法令制度健全	
d05	政府承诺协助事项	
d03	土地取得问题	
d09	不动产景气波动	

五、委外经营协商机制中财务及规划影响因素

由世界各地公共工程采委购外经营方式开发经验及文献发现，委外经营成功与否的关键性因素于财务问题（黄世杰，2003），其中所包含的相互影响关系如图 7 3，影响面向可归纳如下四项，包括："政府与民间组织扮演角色差异性""影响财务因素之不确定性""开发财务计划之可行性""协商评估决策机制之完整性"四项间相互影响。

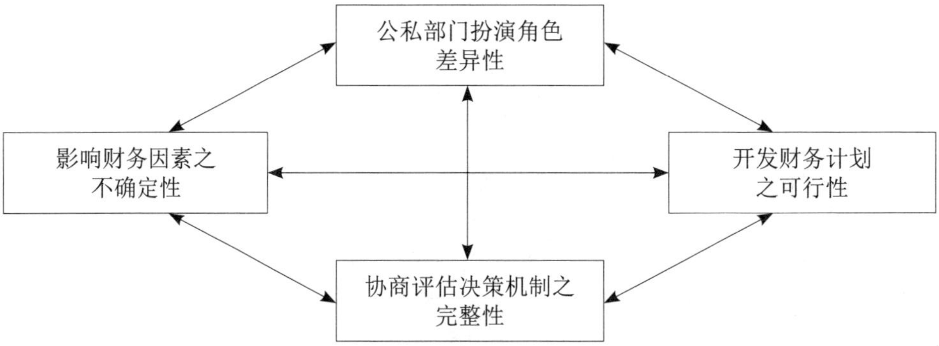

图7-3 "协商评估决策机制之完整性"面向之相互影响关系图

上述四项"协商评估决策机制之完整性"受到"政府与民间组织扮演角色差异性""影响财务因素之不确定性""开发财务计划之可行性"三项影响，除"政府与民间组织扮演角色差异性"此项，皆由政府受到法令或政策之规范与指导，可得知另两项皆与财务相关，包括"影响财务因素之不确定性""开发财务计划之可行性"与本研究之"经济环境牵动"因素（不确定性）与"特许条件商议"因素（可行性）之属性相近。

1. 财务影响因素

政府采购以委外经营策略进行公共设施开发时，在对于评选特许公司时，应要求投资者提出财务计划书，而其中涉及相关条件之假设，需先由政府加以设定，方可供投资者分析财务计划之基础。本研究将此类影响因子定义为"固定假设财务因子"（政府订定）。

另外，开发计划在推行时，有多项财务因子是必须由协商机制而产生的，或是整体规划中具协商空间的因子，而将奖励项目或需协商的因子定义为"协商条件财务因子"（由公私双方协商后订定）。因此，此二类因子将会直接影响开发财务计划，同时也会影响民间参与投资与否的决策。

2. 规划影响因素

由表 7-10 所订定之规划性因素，其分别对于开发财务之可行性有不同的影响特性，现分别说明（见表 7-11）。其中，"土地开发前的背景特性"的土地取得方式最为重要，若采用公私合伙之民间参与开发机制，取得方式对开发计划推动进行与原地主或使用者权益有密切的相关性。

总体而言，在规划项目拟定时，"规划性影响因素"须以"因地制宜"的观念制定，才能合乎未来发展目标的方式且增加财务计划之可行性。

表7-10 公共设施开发可行性之影响因素架构表

分类	因子属性	影响因子项目	委外经营可行性评估效标	订定方式
财务性影响因素	1. 固定假设财务因子	财务试算之基本假设： 1. 外汇汇率及货币波动、通货膨胀率变动 2. 税制变动、工资波动、投资奖励优惠吸引力、法令制度健全、政府承诺协助事项、土地取得问题	"经济环境牵动"因素	政府订定
	2. 协商条件财务因子	具协商弹性之财务因子： 包括：回收期、融资机构介入权、内在报酬率、特许期间年期、付款条件及机制、现金流量稳定、权利金（固定＋变动）、成本控管、营运收入、自偿率、补偿与违约事项、回馈金、银行融资能力、费率物价调整机制、法律风险之分配、土地取得成本、主办单位需求变更	"特许条件商议"因素。	由公私双方协商后订定
规划性影响因素	1. 内部环境规划因子	与基地内部实质环境开发相关： 开发时程、开发模式、公共设施与公用设备之开发、回馈方式及环境防污经费分摊方式、土地开发前的背景特性、未来开发使用种类及设施项目	—	整体实质规划之安排与内容，多由政府拟定
	2. 外部环境规划因子	与基地外部整体环境相关： 联外交通、设施配套、环境冲击、公共设施配套、发包方式、工程设计错误或变更、工程期变动、拥有的市场规模特性、同业竞争情形、产品和市场定位明确程度、营销和宣传效果	"外部条件配套"因素	依据开发模式而定

表7-11 公共设施开发"内部实质环境因子"对可行性影响分析表

影响因子项目	对于可行性之影响分析
开发时程	由于公共设施之开发多半会以"分期"及"分区"之方式，进行开发时程的安排分期，因此，会对于经营使用时间长短产生影响。 另外，"分区"之配置区位也会因是否具有活动聚集性、使用性质互补性，而产生对财务可行性中获利收益方面产生影响。
公共设施与 公用设备之开发	公共性设施之开发者、开发进度、开发权责、开发机制与经费来源…等，直接与开发时程与配置区位机能之设计相关。 公共设施与公用设备之开发　　　　公共性设施之开发者、开发进度、开发权责、开发机制与经费来源…等，直接与开发时程与配置区位机能之设计相关。 公用设备之设置权责归属、开发机制及经费来源、维护机制等，亦直接影响日后运作之正常。 二者影响开发运作之建造成本、营运利润与经营风险，须于开发规划一并考虑。
回馈方式及 环境防污经费分摊方式	公共设施之开发常会造成自然之环境影响或破坏，多半会造成环境上的影响与经营事业单位或活动有直接关系，因此，"回馈地方"及"提出环境防污维护计划"将会是必须的共同议题，也需由开发规划时就提出相关配合机制，订定回馈或分摊之项目与内容，在评估财务效益时能一并纳入。
土地开发前的 背景特性	由于公共设施之原土地使用状况、权属不同，对于日后开发的推动，都有相当重大之影响，其中较具影响大致可区分为：土地权属现况、土地利用现况。因此"土地取得之方式"对开发模式亦有所影响，而财务规划上的配合也会现有之背景因素而左右。
未来开发 使用种类、设施项目	对于公共设施开发后之未来使用种类、设施项目，对于未来经营与获利收益方面有相当直接的影响，如与邻近地区的公共设施之关系等，也会对使用率等经营成效有直接影响。
开发模式	公共设施设之之开发模式不同，所产生的开发效益也不完全相同。若政府自行开发时，就必须考虑预算编列与日后经营管理相关问题，而以公私部门合作的方式时（如BOT之开发方式），政府与民间组织双方就必须考虑特许期间、奖励项目、双方之权利义务等因素。若完全由私部门开发时，私部门就将自行考虑相关开发财务上之风险与实际自行开发之合法性问题。

　数据源：邢志航，1998

第三节　建构委外经营各阶段之可行性评估机制

基于公共设施以委外经营方式进行活化，主要是由政府与私部门间达互助合作之协力关系进行，不仅双方必须达成共识，更必须建构一套进行协力机制。

本研究综合前述章节的研究内容，配合可行性评估效标评选结果，将建构"闲置公共设施以委外经营方式推动活化之可行性评估机制流程"（见图7-4），其中将流程分为四大阶段逐步进行，分别为"预测阶段""评估阶段""协商阶段""完成阶段"，期待能将闲置公共设施活化之可行性评估以明确之步骤流程加以定义，阐述如下：

一、预测阶段可行性评估

公共设施是否形成闲置现象，其所受到的影响因素十分复杂，而为了达事前防范的目标，必须建构一项预测机制，本研究于第六章已完成建构"公共设施发生闲置与低利用机率预测模式"，必须平时于公共设施所隶属管辖机关加以定期追踪检测，已发现若产生闲置现象提高时，将必须加以提出预警之反应措施（如：向上级机关呈报、执行活化计划）。

若未能改善闲置情形之发展，将必须进入采用活化策略进行，本阶段主要流程说明如下：

1. 依据政府对于公共设施之主要资产效益及政策发展，检视公共设施之是否合乎开发建设之社会经济效益政策目标。

2. 并以目前发生闲置现象之列管个案经验，所建构之"公共设施发生闲置与低利用机率预测模式"加以检视预测形成闲置现象之概率。

3. 经预测分析后发现需进行活化时，就必须进入可行性评估阶段。

二、评估阶段可行性评估

本阶段首先确认活化策略，本文中所提案例地区行政管理机构提及之活化方式有三，"强化设施功能""转型再利用""委外经营"等方式，其中以经营主体革新方式进行活化，便以"委外经营"之活化策略进行可行性评估分析。本阶段主要流程说明如下：

1. 以委外经营所拟定之活化策略，必须经过检视活化方案的可行性评估，本研究共汇集"政策与法令制度"可行性、"经济环境"可行性、"市场环境"可行性、"项目规划"可行性、"项目财务"可行性、"项目协商机制"可行性等六类。

2. 然而基于前项以因素分析方式，将 37 项可行性评估效标，归纳简缩成为三项潜在的共同因素，即"特许条件商议"因素、"外部条件配套"因素、"经济环境牵动"因素。

3. 以三类之因素中分类出两类因素，分别为"规划环境因素"及"财务影响因素"，此二类可涵盖公共设施类别中，具营利型公共设施及非营利型公共设施二类。

4. 借此二项因素可汇集"整体开发财务层面"之内容，进而拟定"招商条件"进行招商，此招商条件并成为政府与私部门进行协力关系之基础。

三、协商阶段可行性评估

本阶段主要由政府与私部门依据招商条件，建构一个协商流程机制，政府依据可行性评估后，进一步拟定委外经营开发方式，以目前开发方式，就"公私合作开发"方式方面，依据《促参法》中第八条规定，归纳可以"公私协力方式"及"民间自行进行开发"。其中"公私协力方式"就实质环境开发策略方面，可分为三种方式：

（1）公私协力方式：可分为"整体开发"（招商模式称为"整体发包"）及"分期分区开发"（招商模式称为"部分发包"）二种。

（2）"民间自行进行开发"之招商模式则称为"统包"一种。

因此，本研究将"公私合作开发"的不同招商模式，区分为"整体发包""部分发包""统包"三种方式。

但无论采用何种方式开发,若引用《促参法》之奖励性法令,政府与民间组织双方皆必定有必需依循之"合作规则"进行协商;政府必须就经济效益及社会公平性进行考虑,探讨所给予之奖励与协助程度之分寸,民间组织亦必须就财务效益与预期报酬是否能支持营运或未来整体之获利期望,相关风险之降低。

然而,政府与民间组织协商势必遵守"合作规则"进行,若由政府规划主导,即为"招商条件";相对地,若由私部门规划申请开发且引用《促参法》时,即为"申请条件"。二类条件内容必须具备弹性,即政府与民间组织必须要有协商机制与协商空间,而决策程序与开发影响因素(规划影响因素、财务影响因素),在招商模式不同时所要协商的影响财务因子不同,因而开发财务协商机制也不相同。

就以委外经营方式进行协商阶段,本阶段主要流程说明如下:

1. 政府依据整体开发财务层面之结果,进而拟定招商计划,其中私部门最为关注的关键即招商条件中财务计划部分,因此,欲参与经营之私部门便会进行财务可行性分析,编订现金流量及进行财务影响因素敏感度分析及评估。

2. 私部门会将财务评估之效益是否达到预期报酬,若符合期待将会进入研拟财务效益计划;若无法达成财务预期,则便会进入协商"影响开发时具协商空间财务因子"调整。

(1)若"有调整空间"时,则经协商同意调整后,政府再进入修正研拟招商条件,私部门也配合再进行一次财务评估可行性分析。

(2)"影响开发时具协商空间财务因子"若"无调整空间"时,则再进行下一步调整协调机制。

3. 若进入"影响开发时合理调整固定假设财务因子"(见表7 10)进行调整协商:

(1)若协调后"有调整空间",则进入调整财务影响因素重新调整"整体开发财务层面",再调整"招商条件"。

(2)"影响开发时合理调整固定假设财务因子"若"无调整空间"时,则再进行下一步调整协调机制。

4. 进入"调整环境规划因素"进行调整协商,由于环境规划因子之属性具相关密切之关联性,常需要一并整体考虑,遂为同时调整修正。

（1）若协调后"有调整空间"，则进入调整规划环境因素中，重新调整"内部环境规划因子"及"外部环境规划因子"，尔后，再与"财务影响因素"配合，建构调整后之"整体开发财务层面"，接着再调整"招商条件"。

（2）"调整环境规划因素"若"无调整空间"时，则再进行下一步调整协调机制。

5. "调整环境规划因素"若"无调整空间"时，表示所有委外经营协商机制中财务及规划影响因素皆为无法调整，并视政府与私部门之财务与规划落差过大，无法达成共识，表示"影响财务因素之不确定性"与"开发财务计划之可行性"无法支持，即"协商评估决策机制之完整性"无法完成，便会进入"终止计划"。

6. 若因主客观环境或国政策需要，"政府与民间组织扮演角色差异性"产生变化，需要重新启动活化方案时，则必须重拟活化策略，重新回到可行性评估阶段，再进一步拟定活化策略。

7. 私部门也必须在各协商阶段的调整过程中，建构应对经协商调整后之招商计划，进行调整后的"编订现金流量"，并针对协商后的"财务影响因素"及"规划环境因素"中，直接影响经营计划中的财务试算并进行敏感度分析。

8. 私部门探讨所编定之财务计划及敏感度分析结果，分析是否合乎私部门本身经营事业的财务期待效益及报酬率。

（1）若"不合乎"时，则进入"调整开发时具协商财务因子"，重复前项步骤（2）之流程。

（2）若"合乎"时，则研拟委外经营之"财务计划书"

四、完成阶段可行性评估

1. 依据上述协商阶段中，针对"财务影响因素"（固定假设财务因子、协商条件财务因子）协商调整，或是"规划环境因子"（内部环境规划因子、外部环境规划因子）二项，逐步调整机制过程中，若政府与私部门在各调整空间过程中达成共识，且合乎私部门财务效益评估，便可进入"是否合乎开发之社会经济效益政策目标"。

（1）若为"不合乎"则就进入"终止计划"。

（2）若为"合乎"即可以完成"政府与民间组织共同协议后签订合约之特许合

约"，达到建构"委外经营活化公共设施利用可行方案"之目标

2. 若符合私部门经营之期待报酬率，交由政府分析"是否合乎开发之社会经济效益及政策目标"，在政府与民间组织皆符合双方的期待下，便完成公共设施以委外经营方式推动活化的完成阶段的目标。

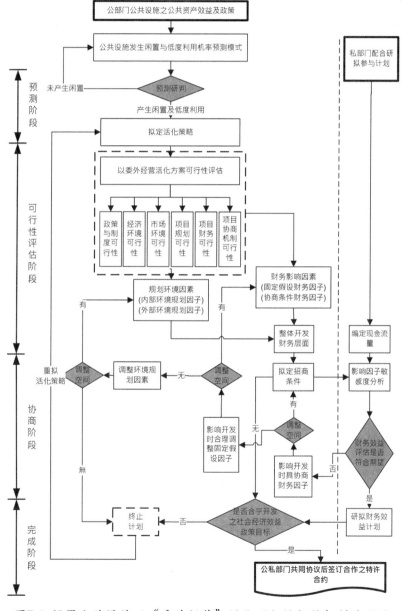

图7-4 闲置公共设施以"委外经营"活化可行性评估机制流程图

五、闲置公共设施活化策略方案替选决策流程

近年来以"委外经营"方式推动民间参与公共建设之政策，先进国家学者多有认为是克服"市场失灵""政府失灵""资源分配失灵"重要且有效的方法，且在"民营化"驱使及"企业型政府"的观念改变下，吸引民间参与公共基础建设，似乎是现代社会经济发展及实质环境改善的需求下，重要的推动策略之一。

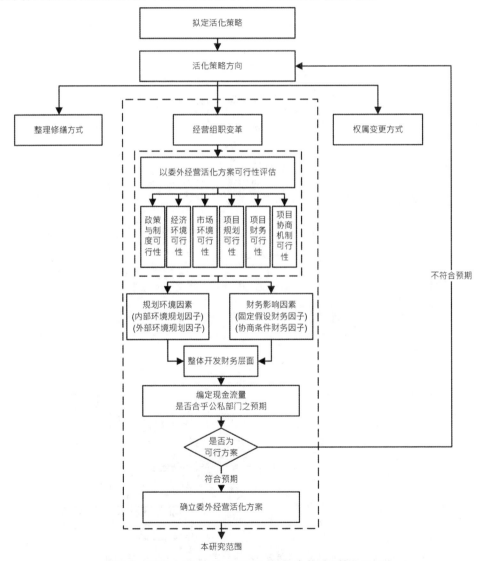

图7-5 闲置公共设施以活化策略替选决策流程图

依据案例地区行政管理机构之"活化闲置公共设施推动方案"所成立之跨部会项目小组负责推动活化工作，建议有三类方向："强化设施功能""转型再利用""委外经营"。由此三类活化策略属性得知，说明如下。

（1）"强化设施功能"可定义为"设施空间强化"之活化策略，乃以公共设施之空间机能为改善主轴，借由设施功能强化及硬设备改善增强，以吸引使用率提升，创造以利用提升形成活化。

（2）"转型再利用"可定义为"空间利用转化"之活化策略，乃以公共设施在建筑企划进行重新思考，运用公共设施重新与外部条件配套相连接，将空间属性重新定义转变，引入其他使用进驻，借以吸引再利用之可能。

（3）"委外经营"可定义为"经营模式变革"之活化策略，乃以公有资产以私部门经营方式注入新形态经营，使公共设施同时兼具政府之协助及私部门的活力与创新经营的革新成效，创造三赢契机。

将针对"委外经营"之推动，具体将理论与实务结合及验证，基本活化方案不外乎就是"权属变更方式""整理修缮方式""经营组织革新"，并以经营使用特许年期加以管制，本研究以"经营组织变革新"为研究范围，如图 7-5 所示闲置公共设施以活化策略替选决策流程以委外经营作为推演的主轴。

六、政府委外经营推动活化方案之执行步骤

以将政府所建设投资之公共设施视为"项目"（Project）进行管理，就公共设施的项目生命周期特性，大略可分为"规划评估""兴建施工""执行经营""移转更新"等阶段，而各阶段所需考虑之"项目的目标权衡"（Trade-Offs）与"项目的风险掌控"皆不相同，政府应纳入"项目管理"（Project Management）与"风险管理"（Risk Management）的管理理念进行公共设施管理之认知，其含义说明如下：

（1）"项目管理"（Project Management）：项目是一个复杂的、非例行性的、被时间、预算、资源与绩效等规格限制住的一次努力，且这些限制规格皆须以满足需求为前提。

（2）"风险管理"（Risk Management）：凡对于任何计划之预期成本或预期收入

产生负面冲击、不良影响、或潜在不利因素，称之为"风险"。"风险"会随计划性质、应用领域或考虑层面之差异而有不同之衡量指标。

委外经营启动的是民间与政府合作且竞争的关系，是资源的共享也是执行绩效的竞赛，期望达成社会总体资源的最佳配置与使用关系（李宗勋，2004）。就以世界各国之经验借镜，美国学者 Savas，E. S.（2000）提出通常政府会在下列条件下，开始进行委外经营，即"以委外经营进行的时机"：

（1）领导者有自己的理念、开始行动与提供激励诱因。

（2）内部的拥护者准备引导民营化方案。

（3）单位正处于严重财务危机，或需要重新思考目前财务状况。

（4）借由委外经营达成明显的成本节省，或者其他可获取的利润，但是在服务质量与责任上却没有相对减少。

（5）委外经营在政治上是可预见的，但必须考虑受影响官员与受益者权益。

（6）突发事件使得改变现有状况是无法避免的。

美国学者 Savas,E. S.（2000）又进一步提出，"公共服务委外经营竞争"过程步骤的论点，将更能在推动公共建设活化利用上有所帮助，说明如下：

（1）考虑委外经营理念。

（2）选择委外经营的服务范畴。

（3）主导可行性研究。

（4）营造竞争环境。

（5）利益或资格的要求条件。

（6）员工移转计划。

（7）准备投标说明书。

（8）经营公共关系。

（9）从事"管理上竞争"。

（10）主导公平投标程序。

（11）评估投标结果与赋予契约经营权。

（12）监督、评估与强化契约绩效。

上述主要的过程与步骤，仍有许多部分需进一步探讨与研究，对于公共设施的属性也必须有所区别，而就整体委外经营流程中将政府所需要执行之步骤一并整合，主要说明描述（见表 7-12）。

表7-12 公共设施以"委外经营"方式推动阶段执行步骤表

推动阶段	执行步骤
预测阶段	（1）考虑委外经营理念　　（2）选择委外经营的服务范畴
可行性评估阶段	（3）主导可行性研究　　　（4）营造竞争环境 （5）利益或资格的要求条件　（6）员工移转计划 （7）准备投标说明书
协商阶段	（8）经营公共关系　　　　（9）从事"管理上竞争" （10）主导公平投标程序
完成阶段	（11）评估投标结果与赋予契约经营权 （12）监督、评估与强化契约绩效

第四节　委外经营策略下活化方案执行之具体措施行动

本节将委外经营可行性推动活化策略时，所需要采用的活化执行具体措施提出说明，分为闲置公共设施预测闲置现象之"检视周期"、运用评估效标评估活化可行之"方案内容"、以委外经营方式活化可行性评估机制之"查核点"（管制点）三项，分别说明如下：

一、建立闲置公共设施预测闲置现象"检视周期"

公共设施产生闲置情形，可能发生于任何开发阶段或建筑生命周期中，如企划阶段、设计时间、兴建阶段、营运阶段。详细由推动执行工作而言，公共设施之建设执行过程中从土地取得、建筑企划、建筑计划、工程规划、建筑设计、工程发包、工料采购、营建施工、工程验收、工程接管、使用维护…等，每项都有可能因失控而造成闲置现象。

而就各阶段须采用活化执行措施之周期，就整体而言必须在各项推动执行工作"起始"与"结束"要进行下一项工作前进行检视，以本研究"建构之闲置公共设施闲置现象发生概率模式"进行欲预测性检视。

二、拟定具体运用评估效标评估活化可行"方案内容"

依据案例地区行政管理机构之"活化闲置公共设施推动方案"所成立之跨部会项目小组负责推动活化工作，建议有三类方向："强化设施功能""转型再利用""委外经营"。

方案执行措施之时机及个案属性必须加以区别，选择适当的可行性评估效标进行可行性评估，评估之结果必须归结出"规划环境因素"及"财务条件因素"，所包含的各类因子，再确切评比出可行方案内容进行决策。

三、以委外经营方式活化可行性评估机制"查核点"（管制点）

本研究流程图所建构之查核点（或称管制点）共计有六项，对于公共设施以委外经营方式进行活化策略可行性评估进行执行成果之掌控，以利实际推动之执行。以下将此六项进行说明：

（1）对于公共设施发生闲置与低度利用概率预测模式之结果进行查核，分析是否产生闲置及低度利用情形。

（2）私部门对于政府所拟定之招商条件，分析是否符合财务效益之投资期望。

（3）在协商阶段中对于招商条件中"协商财务因子"，可参照本研究之"特许条件商议"因素，分析是否具有调整空间。

（4）在协商阶段中对于招商条件中"固定假设因子"，可参照本研究之"经济环境牵动"因素，分析是否具有调整空间。

（5）在协商阶段中对于招商条件中"实质环境开发规划"因素，可参照本研究之"外部条件配套"因素，分析是否具有调整空间。

（6）于完成阶段中，同时对于政府所拟"招商条件"与私部门试算研拟"财务效益计划"检视，分析是否合乎开发之社会经济效益政策目标。

第八章 公共基础设施 PPP 项目绩效评估 平衡计分战略地图

第一节　公共建设 PPP 项目绩效评估

一、公共建设 PPP 项目绩效评估构面

近年诸多推动公共建设 PPP 项目常引起社会争议，其中部分显示对此类项目有许多认知差异，进而产生管理、财务、法令与政策…等争议，主因是由于公私协力机制推行项目绩效评估时所需考虑诸多影响指标未有共识。现今全球各发展中经济体遭受全球经济不景气的影响，导致政府财政困难，在推动大型公共建设上必须借助私部门资金及管理技术来顺利推动建设，民间参与公共建设也期望能有法令与政策的全力支持。公共设施公私协力项目的组成可视为一种特殊组织形式之项目，在企业组织形态中如同跨部门的沟通协调与互相合作绩效评估之认知。

Tingting、Suzanne(2014) 指出政府以发掘透过公共建设开发而带来的社会公众效益，开发公共建设需要成本以及复杂的行政程序与计划书规划，公私协力为政府投入创新服务模式的一种项目管理能力。

公共建设以公私协力机制推动后绩效评量，较常以财务绩效来看待公共建设完成后的整体效益，但仅以财务绩效评估成效实属不妥，因各类型公共建设有其建设之目的与效益，不能仅以财务绩效为整体考虑，须以较公正客观之观点评量政府与私部门对各类公共建设之效益。（何暖轩、张伶如，2014）。公部门着重公共性以经济效益为主，私部门着重以开发财务效益。

依据 Tingting(2014) 以大型活动场馆的公共建设为研究，探讨公私协力合作

的经验、风险、策略的建议，归纳研究成果，促成大型公共活动场馆公私协力的关键成功指标，包括：健全商业开发模式、精简财务规划、稳健招标、有效的公私协力伙伴关系、落实风险分配。

二、公共设施 PPP 项目绩效评估构面

本研究依据上述文献拟定为绩效评估构面，政府与民间组织协力在承揽与执行公共建设期程，必须有完善的财务控管，必须维持基本的资金周转，拥有基本的投资报酬率与稳定的现金流量，才能维持合作的稳定，承揽公共建设时须考虑相关配套措施，及工程设计法规限制与成本、风险、时程评估，相关法律问题、内外部环境、物价、付款机制与融资财务运作须审慎评估与严格控管。

此类项目牵涉诸多相关类似法律问题，必须符合法规现况与税制问题，政府须承诺政策与订定投资奖励条件，建设期间因工资与汇率会影响整体开发的成本，倘若是营运期间整体景气与汇率的变动，亦会影响整体营运收入，在建设与营运期间须有明确的定位与相当水平的营销策略，定位清楚而不影响营运方向，亦能与竞争者做区隔产生彼此差异性，借此掌握市场脉动。

归纳上述相关研究及理论，研拟影响公共建设 PPP 项目绩效形成之构面 (Construct)，归结为六面向（见图8 1），包括：(1) 项目财务 (Project Finance)；(2) 项目规划 (Project Planning)；(3) 协商机制 (Consultation Mechanism)；(4) 政策与制度 (Policies and Systems)；(5) 经济环境 (Economic Environment)；(6) 市场环境 (Market Environment)。

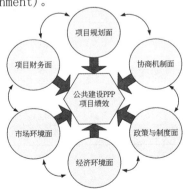

图8-1 公共建设PPP项目绩效影响构面图

数据源：本研究整理

公共基础设施闲置及公私协力 (PPP) 活化机制实践

三、公共设施 PPP 项目绩效评估影响指标架构

谢凤珠 (2010) 平衡计分卡指标的制定与选择必须参考下列准则考虑：信息性、可靠性、有效性、适切性、实用性、比较性。"计算参照基准"是依据文献及访谈结果汇整拟定出可量度之指标基准参考，而各项目公共设施有其差异性，若于实务应用时仍须修正。问卷调查构面所包括之指标定义与计算参照基准，由相关文献及研究收集归纳（见表 8-1—表 8-6）。

表8-1 项目财务构面绩效评估定义及计计算参照基准表

构面	影响指标	计算参照基准	参考文献
项目财务	银行融资能力	项目财务计划之净现值 (NPV)	王治平 (2001)；何暖轩、张伶如 (2014)；许培基、汤丽芬、叶健次 (2014)；郭碧云、陈锦村 (2012)
	自偿率	项目财务计算之税前自偿率 (SLR)	王治平 (2001)；案例地区财政事务主管部门 (2014)；康照宗、冯正民、黄思绮 (2005)
	回收期	项目财务回收年期	王治平 (2001)；康照宗、冯正民、黄思绮 (2004b)
	营运收入	营运书收入金额	王治平 (2001)；王庆堂 (2007)；何暖轩、张伶如 (2014)
	成本管控	成本于项目总额所占比例	何暖轩、张伶如 (2014)；林立发 (1996)；康照宗、冯正民、黄思绮 (2004b)；康照宗、冯正民、黄思绮 (2004a)
	现金流量稳定	每期之净现金金额变动率	王治平 (2001)；刘芬美、萧晴惠、陈博亮、陈秉轩 (2004)
	内在报酬率	在净现值为 0 的投资报酬率	王治平 (2001)；黄敬仁、杜纯志 (2012)；杨馥如、王伟权、张晓桢、李念慈 (2004)
	特许期间年期	大于财务计划中 NPV=0 之年期数	康照宗、冯正民、黄思绮 (2004b)；陈明吉、苏培魁、罗容恒 (2004)
	回馈金	于计划初期先投入资金	王怡文、萧新煌 (2004)；陈王琨、林文印、林忠铨 (2011)
	权利金	可支应所有经营成本后之固定支出金额	王治平 (2001)；康照宗、冯正民、黄思绮 (2004a)；康照宗、黄思绮 (2009)
	土地取得成本	土地取得成本之单价金额	蔡吉源 (2001)；简龙凤、赖宗裕 (2007)

数据源：本研究整理

348

表8-2 项目规划构面绩效评估指标定义文献汇整表

构面	绩效指标	计算参照基准	参考文献
项目规划	环境冲击	改善周遭环境冲击遭违规举发次数	林建元（1993）； Haase, D. and Nuissl, H. (2007)； Hasse, J. E., and Lathrop, R. G. (2003)； Lambin, E. F., Turner, B. L., Geist, H. J., Agbola, S. B., Angelsen, A., Bruce, J. W., Coomes, O. T., Dirzo, R., Fischer, G., Folke, C., George, P. S., Homewood, K., Imbernon, J., Leemans, R., Li, X., Moran, E. F., Mortimore, M., Ramakrishnan, P. S., Richards, J. F., Skanes, H., Steffen, W., Stone, G. D., Svedin, U., Veldkamp, T. A., Vogel, C., Jianchu, Xu. (2001)、Pauleit, S., Ennos, R., and Golding, Y. (2005)； Weng, Q. (2001)；Whitford, V., Handley, J. F., and Ennos, A. R. (2001)
	公共设施配套	公共设施用地与全区设施用地比例	郭基贤、杨贵三（2007）；郭翠玉、谢慧娟（2014）
	设施配置	变动设施加固定设施数量后扣除障碍物数量与全区面积之比例	冯正民、林桢家（2000）；蔡耀隆、廖朝轩、陈瑞铃（2009）
	联外交通	项目中交通道路饱和度（V/C）	何暖轩（2013）；陈君杰、李思戟、洪清贵（2013）；杨子葆（1991）
	工程设计错误或变更	于项目前期规划期间之变更设计及工程次数减少率	王子安（2006）；王琨淇、何孟丞、王维志（2016）；林家祺（2013）；案例地区财政事务主管部门（2014）
	工程期变动	减少项目施工工期变更次数	社团法人案例地区当局营建管理协会（2006）；范良锈（2011）
	发包可行性	减少标案招标限制性条件数	曾惠斌、邓文广、陈淑君（2008）；郑瑞昌、赖炜曾、张俊郎、周昭宇（2007）

数据源：本研究整理

表8-3 协商机制构面绩效评估指标定义文献汇整表

构面	绩效指标	计算参照基准	参考文献
协商机制	法律风险之分配	改善议约合约修改次数	吴衔桑、李建中、吴文彦、李振荣 (2010)；苏南 (2013)
	补偿与违约事项	改善合约修正补偿与违约事项次数	叶张基 (2008)；潘依茹 (2011)
	付款条件及机制	项目财务计划利息与市场银行放款利息之差距值	周瑞生、詹颖雯、李孝安、林怡芯、张鼎焕、杨正裕、邱继弘、陈怡君 (2013)；范雪梅 (2013)；郑绍材、郑森鸿 (2006)
	费率物价调整机制	项目财务计划评估通货膨胀率机制中调整次数	李秉正、张其禄、李慧琳 (2010)；黄玺凤、陈慧君 (1997)
	融资机构介入权	容许可融资金额占总项目之比例	王子安 (2006)；施光训、林静怡、高永昌 (2013)；案例地区财政事务主管部门 (2014)；许培基、汤丽芬、叶健次 (2014)；陈博亮、刘芬美、王金隆 (2013)
	主办单位需求变更	改善项目需求次数	吴秀光、吴宗宪 (2008)；陈煌铭 (1999)

数据源：本研究整理

表8-4 政策与制度构面绩效评估指标定义文献汇整表

构面	绩效指标	计算参照基准	参考文献
政策与制度	法令制度健全	法令弹性所增加之收入金额	庄柏毅、黄英哲 (2005)；简龙凤、赖宗裕 (2007)
	税制变动	缴税金额	汪瑞芝 (2006)；徐仁辉 (2000)；曾巨威 (2008)；赖宗裕、苏伟强 (2013)；谢文盛、欧俊男 (2003)
	土地取得问题	预留土地开发面积与项目全区面积之比例	林子钦、许明芳 (2003)；洪鸿智 (2000)；唐郁婷 (2008)；徐肇章、庄志慧、廖宗诚、陈妍妍、何楝国、郑春发 (2001)；苏南、陈昆成 (2012)
	投资奖励优惠吸引力	行政法令放宽所加之投资金额与项目计划投入金额之比例	王健全、陈厚铭 (2000)；案例地区财政事务主管部门 (2014)；颜怡音、李芎莹 (2013)
	政府承诺协助事项	行政协助下所增加之收入与专技总计划收入之比例	社团法人案例地区当局营建管理协会 (2006)；陈建宁 (2014)；陈博亮、刘芬美、王金隆 (2013)；曾冠球、黄伟诚 (2011)；颜怡音、李芎莹 (2013)

数据源：本研究整理

表8-5 经济环境构面绩效评估指标定义文献汇整表

构面	绩效指标	计算参照基准	参考文献
经济环境	工资波动	政府公告工资加薪比率	吴亲恩 (2007)；傅柏翔、王惠玲 (2010)
	通货膨胀率变动	通货膨胀率	王治平 (2001)；李建强 (2006)
	外汇汇率及货币变动	汇率变动比例	林左裕 (2010)；陈美玲、王凯立、吴家豪 (2004)
	不动产景气波动	项目邻近范围实价登录交易数量	李春长、游淑满、张维伦 (2012)；陈奉瑶、章倩仪 (2011)

数据源：本研究整理

表8-6 市场环境构面绩效评估指标定义文献汇整表

构面	绩效指标	计算参照基准	参考文献
市场环境	产品和市场定位明确程度	现金营业收入金额	方劭元、梁仁旭、陈奉瑶 (2013)；史经文 (2015)；Philip Kotler、Kevin Lane Keller(2008)；游淑满、康静华 (2008)
	同业竞争情形	市占率	Philip Kotler、Kevin Lane Keller(2008)；陈龙飞 (2010)
	营销和宣传效果	营销效果品牌辨识率	Philip Kotler、Kevin Lane Keller(2008)；洪贞玲 (2011)；黄任闵、王泳鑫 (2012)
	拥有的市场规模特性	造访来客数	Philip Kotler、Kevin Lane Keller(2008)；杜功仁 (2002)

数据源：本研究整理

归纳上述文献研究拟定公共设施 PPP 项目绩效影响指标架构，依据前述绩效评估构念再拟定六项构面及 37 项影响指标，包括："项目财务"（11 项）、"项目规划"（7 项）、"协商机制"（6 项）、"政策与制度"（5 项）、"经济环境（4 项）""市场环境"（4 项），如图 8-2。

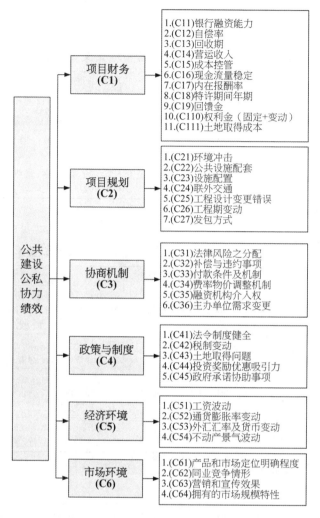

图8-2 公私协力机制公共建设绩效评估影响指标构念图

数据源：本研究整理

公共建设 PPP 项目绩效评估构面及指标架构，依据调查结果分析，原先的 37 项指标缩减为 30 项指标并分成八大主成分，累积解释变异量达到 81.8%，调查指标具有相当良好的内部一致性具信度。

八大主成分通过检验皆具可信度，命名为："开发策略评估""外部经济条件""财务规划""工程稽核机制""精准营销策略""财务控管能力""合约管理""奖励诱因"。本研究此八大主成分 30 项指标，成为公共建设 PPP 项目绩效评估指标架构。

第二节　建构公私协力项目绩效指标

一、案例地区 GTA 奖公共建设 PPP 项目

（一）调查案件的筛选

依据文献回顾与政府公开信息，在调查范围的选定上以 GTA 奖得奖单位为研究议题，因 GTA 奖从 92 年起实施至今，已累积超过 10 多年的公私协力的成功经验，足见公私协力仍有许多正面与值得探讨的议题，因第 12 届 GTA 奖于今年 6 月举行征件，7 月公布入围名单，10 月得奖名单出炉，但碍于时间的限制，本研究仅以第 1 届至第 11 届为调查范围。

GTA 奖得奖案例中，政府机关从第 1 届至第 11 届累积件数共 77 件，政府机关团队在重复得奖单位的筛选上共计 37 件 14 间机构，从缺 7 件，因此调查范围修正为 47 件，民间机构从第 1 届至第 11 届累积件数共 94 件，由于调查范围有重复申请之单位，民间经营团队在重复得奖单位的筛选上共 41 件 12 间厂商，从缺 2 件，因此调查范围修正为 63 件。（见表 8-7）。

表8-7　本研究调查范围及对象获奖统计表

受访对象	案件数	重复得奖单位	重复得奖次数	从缺案件	筛选后调查案件
政府机关团队	77	案例地区交通事务主管部门民用航空局	4	7	47
		案例地区大学	3		
		案例地区政治事务主管部门营建署新生地开发局	2		
		案例地区行政管理机构农业事务主管部门林务局	3		
		NP 市 政府	2		
		TY 县 政府环境保护局	3		
		TN 县政府	2		
		国防医学院三军总医院	3		
		TP 市政府捷运工程局	2		
		案例地区行政管理机构退除役官兵辅导事务主管部门	4		
		KS 市政府工务局	2		

受访对象	案件数	重复得奖单位	重复得奖次数	从缺案件	筛选后调查案件
民间经营团队	94	KL 市环境保护局	2	2	63
		CY 市政府	3		
		KS 市政府公务人力发展中心	2		
		社团法人中国青年救国团	2		
		统茂大饭店股份有限公司	2		
		大成长城企业股份有限公司	2		
		达和环保服务股份有限公司	8		
		海景世界企业股份有限公司	3		
		统一超商股份有限公司	6		
		南仁湖育乐股份有限公司	3		
		财团法人 CY 基督教医院	2		
		新东阳股份有限公司	5		
		升恒昌股份有限公司	3		
		正中日体育事业股份有限公司	2		
		信鼎技术服务股份有限公司	3		

数据源：本研究整理

（二）GTA 奖得奖案件类型

案例地区 GTA 奖调查案件之类型与设施类别，透过公开信息的整理，将案件类型与设施类别分析（见表8-8）：

表8-8 案例地区GTA奖案件公私协力类型分类及统计表

得奖案件类别	案件公私协力类型	案件数量	百分比（%）
政府机关团队	BOO	4	5%
	BOT	18	23%
	BOT/ROT	2	3%
	OT	28	36%
	OT/BOT	1	1%
	ROT	10	13%
	无分类	14	18%
	总计	77	100%
民间经营团队	BOO	1	1%
	BOT	8	9%
	OT	55	59%
	ROT	22	23%
	其他	1	1%
	经主管机关核定方式	1	1%
	无分类	6	6%
	总计	94	100%

数据源：本研究整理

由表 8-8 结果内容得知，在民间经营团队上 GTA 奖累积至今的案件类型主要以 OT、ROT 为最大宗得奖案件，在 OT 得奖案件中可以显示出民间经营团队将政府目前现有的公共建设，此类公共建设为政府投资兴建完成，委托民间经营团队营运，民间经营团队透过管理能力、财务能力在合约期间内将营运绩效发挥，在 ROT 得奖案件中可以显示出政府将旧建筑物委由民间机构或由民间机构向政府租赁，予以扩建、整建后并营运，合约期满营运权将移转回给政府。政府机关团队的 GTA 奖得奖案件主要以 BOT、OT 为主，分析结果显示政府机关长远计划方针的正确性，因能推动 BOT 的建设并获得良好的成果，在 OT 案件中显示，政府机关团队的整体管理能力与财务能力及技术能力提升，因此能承接相关案件并提升管理绩效。

由上述说明得知，政府与民间组织于管理能力的运作上已大幅提升能力，双方经营团队的能力皆可承接政府大方向政策的公共建设，以兴利社会大众，由此可知，公、私双方于公司协力机制中已累积相当成功的经验，亦是本研究以 GTA 奖得奖单位为调查对象的原因。

（三）政府机关团队 GTA 奖得奖类别

在政府机关团队 GTA 奖得奖案件类别中，以文教设施与交通建设数量为最多，其次为观光游憩重大设施与环境污染防治设施，由此结果得知政府长远公共政策以文教设施与交通建设为主轴，期望透过文化与教育的熏陶，搭配交通建设来提升案例地区整体竞争力，接着以观光游憩重大设施与环境污染防治设施建设为主，政府期望透过发展观光产业并有效降低环境污染与提升能源使用的效率，足见政府建设之远见，其余案例包括社会福利与卫生医疗设施皆有投入公共建设，唯一无投入建设包括公园绿地与新市镇开发，在公园绿地的建设上碍于土地使用的规划与考虑，尚无大规模的公园绿地建设，在新市镇开发案例上亦没有相关的案例，显示出案例地区都市在整体开发上已具备完整的规划，在整体城乡之间的发展并未产生建设上的落差，因此暂无须要新市镇开发的建设。透过得奖类别的分析，政府机关团队的管理绩效在上述公共建设中表现良好，亦能了解政府机关团队于公共建设中擅长的领域（见表 8-9）。

表8-9 GTA奖设施类别分类统计表(政府机关团队获奖)

得奖案件单位	类别	公共建设名称	案件设施类别	案件数量	百分比 (%)
政府机关团队	第一类	交通建设及共同管道	交通建设 / 共同管道	4	5.2%
			交通建设	11	14.3%
	第二类	环境污染防治设施	环境污染防治设施	8	10.4%
	第三类	污水下水道、自来水及水利设施	污水下水道、自来水及水利设施	2	2.6%
			污水下水道	2	2.6%
	第四类	卫生医疗设施	卫生医疗设施	5	6.5%
	第五类	社会及劳工福利设施	社会福利设施 / 劳工福利设施	3	3.9%
			社会福利设施	4	5.2%
	第六类	文教设施	文教设施	13	16.9%
	第七类	观光游憩重大设施	观光游憩重大设施	9	11.7%
	第八类	电业设施及公用气体燃料设施	电业设施及公用气体燃料设施	1	1.3%
	第九类	运动设施	运动设施	1	1.3%
	第十类	公园绿地设施	公园绿地设施	0	0.0%
	第十一类	重大工业、商业及科技设施	重大工业设施	1	1.3%
			重大工业、商业、科技设施	1	1.3%
			重大商业设施	1	1.3%
	第十二类	新市镇开发	新市镇开发	0	0.0%
	第十三类	农业设施	农业设施	4	5.2%
	无分类			7	9.1%
	总计			77	100%

数据源：本研究整理

(四) 民间经营团队 GTA 奖得奖类别

在案例地区民间经营团队 GTA 奖得奖案件类别中，以交通建设与环境污染防治设施案件数量为最多，其次为文教设施与卫生医疗设施及农业设施，由此结果得知政府长远公共政策以交通建设为主轴，期望透过大型交通建设促进案例地区整体经济发展并创造就业机会而提升案例地区整体竞争力，接着以环境议题之建设为主，由于近年来环保与能源使用的意识抬头，政府在环境污染防治设施的建设亦与全球意识同步，足见政府建设之远见，接着以文教设施建设之案件为主，显示出政府亦重视文教产业的培育，最后在农业设施的建设上亦投入诸多建设案例，其余案例包括社会福利与运动设施与公园绿地皆有投入公共建设，唯一无投入建设包括电业设施与新市镇开发，从电业设施观点可知此类设施亦受到环境议题的影响而在开发上将做更细部的规划，在新市镇开发案例上亦没有相关的案例，显示出案例地区都市在整体开发上已具备完整的规划，在整体城乡之间的发展并未产生建设上的落差，因此暂无须要新市镇开发的建设。

透过得奖类别的分析，民间经营团队的管理绩效在上述公共建设中表现良好，亦能了解民间经营团队于公共建设中擅长的领域，在后续公共建设推动上，可以了解哪些公共建设类别适合由民间经营团队负责，借由私部门的力量，提升公共建设整体绩效（见表 8-10）。

表8-10 GTA奖设施类别分类统计表(民间经营团队获奖)

得奖案件单位	类别	公共建设名称	案件设施类别	案件数量	百分比 (%)
民间经营团队	第一类	交通建设及共同管道	交通建设／共同管道	4	4.3%
			交通建设	19	20.2%
	第二类	环境污染防治设施	环境污染防治设施	16	17.0%
	第三类	污水下水道、自来水及水利设施	污水下水道、自来水及水利设施	1	1.1%
	第四类	卫生医疗设施	卫生医疗设施	8	8.5%
	第五类	社会及劳工福利设施	社会福利设施／劳工福利设施	5	5.3%
			社会福利设施	5	5.3%
			劳工福利设施	1	1.1%
	第六类	文教设施	文教设施	13	13.8%
	第七类	观光游憩重大设施	观光游憩重大设施	3	3.2%
	第八类	电业设施及公用气体燃料设施	电业设施及公用气体燃料设施	0	0.0%
	第九类	运动设施	运动设施	5	5.3%
	第十类	公园绿地设施	公园绿地设施	2	2.1%
			公园绿地设施／农业设施	1	1.1%
	第十一类	重大工业、商业及科技设施	重大科技设施	1	1.1%
			重大商业设施	1	1.1%
	第十二类	新市镇开发	新市镇开发	0	0.0%
	第十三类	农业设施	农业设施	7	7.4%
无分类				2	2.1%
总计				94	100%

数据源：本研究整理

二、调查方法筛选与执行

(一) 调查数据因素分析

林震岩 (2010) 多变量分析的数据缩减方法有主成分分析 (Principal components analysis, PCA) 与因素分析 (Factor Analysis)，本研究以因素分析为研究方法，因素分析是种相依分析技术，它包含许多减少维度（即因素的个数）以简化数据的技巧，主要目的在于以较少的维度来表现原先的数据结构，而又能保存原数据结构所提供的大部分信息。换言之，因素分析法是希望能够降低变量的数目，并于一群具有相关性的数据中，转换为新的彼此独立不相关的新因素。数个变量中，有一些变量在未深入分析时，看起来极为类似，可能的原因是这些变量之间的相关系数较其他变量为高，故可利用因素分析找出这些真正相关的变量。

因素分析除简化数据外，还可探讨变量间的基本结构，在进行多变量分析时，经常会碰到许多变数，且变量之间存在着很强的相关情形，当自变量间有高度相关时，会出现共线性的问题，但透过因素分析可以找到较少的几个因素，代表原有数据的基本结构，因素分析就可以作为探讨基础变量的维度，这种类型的应用称为探索性因素分析；因素分析大部分应用皆属于这种类型。在因素分析中，有两个重要的指标：一为共同性，二为特征值。共同性大小可以判断这个原始变量与共同因素之关系程度；而各变量的独特因素大小就是 1 减掉该变量共同性的值，特征值是每个变量在某一共同因素之因素负荷量的平方总和。在因素分析的共同因素萃取中，特征值最大的共同因素最先被萃取，其次是次大者，最后萃取得共同因素的特征值最小，通常会接近 0。

因素分析的目的之一，即在因素结构的简单化，希望以最少的共同因素，能对总变异量做最大的解释，因而萃取的因素愈少愈好，但萃取因素的累积解释变异量愈大愈好。因素分析重视的是如何解释变量之间的"共变异数"问题，故因素分析的功能在于解释原始变量间之关系，而主成分是找出原始变量间的线性组合，它的功能在简化原有的变量。主成分分析是将少数几个变量予以线性组合，使经由线性组合而得的主成分之变异数为最大，并使观测值在这些成分上显示出最大的个别差异来。主成分分析的目的是从原始的变量集中萃取较少的变数（主成分 Principal Components），使其线性组合能尽量解释原始变量中的信息，通常是以较少的主成分来取代原始变数；而因素分析的目的是用来解释一组变量的相关或共变量，故因素分析是主成分分析的扩展，它能提供更多不同的新变量，可让研究者对原始数据结构有更多的了解与解释。

因素分析的变量必须是数字变量，类别数据不适合作因子分析，且因素分析假设数据中每对变量，应该都具双变量常态分配，而且观察值应该互不相关，KMO 是 Kaiser-Meyer-Olkin 的取样适当性衡量量数，当 KMO 值愈大时，表示变量间的共同因素愈多，愈适合进行因素分析。从 Bartlett's 球形检定可用来判断数据是否多变量常态分配，也可用来检定相关系数矩阵是否适合进行因素分析。

（二）样本检验分析

t 检验（t test）与 F 检验（F-test）都是对数据进行研究分析时，使用频率非常高的方法，二者都是在研究一种差异关系，本研究用于检验总体方差未知条件下，单样本的均值是否与已知的总体均值相等。

t 检验又称学生 t 检验（Student t-test）是统计推断中的一种检验方法，用于统计量服从正态分布。t 检验是一种适合小样本的统计分析方法，通过比较不同数据的均值，研究两组数据是否存在差异。分为（1）单样本均值检验（One-sample t-test）（2）两独立样本均值检验（Independent two-sample t-test）（3）配对样本均值检验（Dependent t-test for paired samples）（4）回归系数的显著性检验（t-test for regression coefficient significance）。方差分析（F 检验）用于两个及两个以上样本均数差别的显著性检验，是通过分析研究不同来源的变异对总变异的贡献大小，从而确定可控因素对研究结果影响力的大小。

（三）问卷调查执行计划

GTA 奖行政机构团队得奖案例分布，以 TP 市件数为最多，比例 26%，其次为 NP 市 与 KS 市各占 9.1%，最后以 TY 县 、TC 市、TN 市各占 7.8%，可从数据得知，政府公共工程的建设分布比例除 TP 市之外，各直辖市仍维持一定的建设标准，足见各县市政府的承办单位仍可透过参与公共建设的承办，提升公共建设整体的执行率，增强政府单位的形象，并以政府的执行角度，提升整体公共建设之发展，所累积的经验将可留存并提升在地化服务的经验，其中 HC 市、ML 县、CH 县、YL 县、CY 县、TT 县并未有 GTA 奖得奖的案例，透过此数据显示可得知，上述县市政府并未有大型公共建设的案例、抑或是公共建设之规模不及 GTA 奖筛选条件，另外从缺案件占 9.1%，显示仍有些许案件未达评选符合的标准，亦有相当大的进步空间（见图 8-3）。

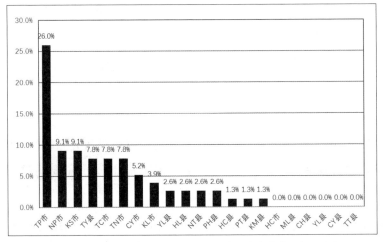

图8-3 GTA奖得奖案例分布统计表（政府机关团队）

数据源：本研究整理

GTA 奖民间经营团队得奖案例分布，以 TP 市件数为最多，比例高达 46.8%，其次为 NP 市 10.6%、TC 市 6.4%、TN 市 5.3%、KS 市 5.3%，可得知政府在推行公共建设仍以北部地区发展为主要核心发展策略，中部地区与南部地区亦有案例分布，透过民间经营团队的经营，可以提升整体公私协力参与公共建设的执行率，亦能提升民间经营团队的管理能力，累积执行经验以利地方后续公共建设之发展，其中 KL、HL、NT 地区并未有得奖案例的分布，透过此数据显示可得知，上述县市政府并未有大型公共建设的案例、抑或是公共建设之规模不及 GTA 奖筛选条件，另外案件占 2.1%，显示仍有些许案件未达评选符合的标准，亦有进步空间（见图 8-4）。

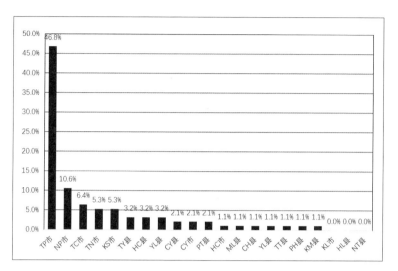

图8-4 GTA奖得奖案例分布统计表（民间经营团队）

数据源：本研究整理

本研究调查计划的执行，透过政府公开资料的搜集，将各年度 GTA 奖得奖案例的相关调查资料建置，并依据各年度的排序执行本研究问卷调查，问卷调查方式以纸本问卷的寄送及纸本问卷的传真，另一方式则将问卷内容编辑成网络问卷调查的形式，透过与承办人员的联系，执行问卷调查，并在联系过程表明本研究调查之主旨，恳请承办单位配合调查并提供专业性知识的经验分享。

其中调查范围分成政府机关团队、民间经营团队，在样本抽样中，因样本数并非大宗样本，诸多调查案例有承办经验的年限限制与不同类型之公共建设，但因本研究调查主旨为探讨公、私双方于公私协力机制中的相关经验与认知看法，因此期望调查案例能超过5成回收之情形，或是某类公共建设之承办案例调查样本数回复较多，并能于后续研究分析提供政府与民间组织双方于某类公共建设承办时之关键因素的看法与认知。

三、影响公私协力项目绩效指标类别

本研究透过前人研究之文献回顾，以公私协力相关理论、架构、世界各地相关研究，将各类指标汇整并订定六大构面，构面内容包括"项目财务""项目规划""协

商机制""政策与制度""经济环境""市场环境",相关绩效评量指标共 37 项(见图 8-5),本章将针对各类指标做说明。

(一)项目财务构面

内容包括银行融资能力、自偿率、回收期、营运收入、成本控管、现金流量稳定、内在报酬率、特许期间年期、回馈金、权利金(固定 + 变动)、土地取得成本共 11 项衡量指标,上述指标内容主要以财务衡量为主,因政府与私部门在承揽与执行公共建设之期程,需要有完善的财务控管,因建设必须维持基本的资金周转,须拥有基本的投资报酬率与稳定的现金流量,才能维持建设的稳定,因此以上述 11 项指标为调查指标(见表 8-11)。

(二)项目规划构面

内容包括环境冲击、公共设施配套、设施配置、联外交通、工程设计错误或变更、工程期变动、发包方式共 7 项衡量指标,因政府与民间组织再承揽公共建设时须考虑相关配套措施,及工程设计法规限制与成本、风险、时程评估,因此以上述 7 项指标为调查指标(见表 8-12)。

(三)协商机制构面

内容包括法律风险之分配、补偿与违约事项、付款条件及机制、费率物价调整机制、融资机构介入权、主办单位需求变更共 6 项衡量指标,上述指标内容针对相关法律问题、内外部环境付款与物价相关议题,因公共建设金额庞大工期长,再付款机制与融资的财务运作必须审慎评估与严格控管,整体工程建设期间,牵涉诸多相关类似法律问题,因此必须符合法规现况来执行公共建设,因此以上述 6 项指标为调查指标(见表 8-13)。

(四)政策与制度构面

内容包括法令制度健全、税制变动、土地取得问题、投资奖励优惠吸引力、政府承诺协助事项共 5 项衡量指针,上述指标涵盖整体法令与税制问题,以及政府承诺的政策与订定的投资奖励条件，此类指标在公共建设初期皆须纳入评估项目与范围，并进行整体完善的可行性评估，因此以上述 5 项指标为调查指标（见表 8-14）。

（五）经济环境构面

内容包括工资波动、通货膨胀率变动、外汇汇率及货币变动、不动产景气波动共 4 项衡量指标，上述指标属于外部经济环境的影响因素，在公共建设期间因工资与汇率会影响整体开发的成本，倘若是营运期间整体景气与汇率的变动亦会影响整体营运收入，因此以上述 4 项指标为调查指标（见表 8-15）。

（六）市场环境构面

内容包括产品和市场定位明确程度、同业竞争情形、营销和宣传效果、拥有的市场规模特性共 4 项衡量指标，上述指标属于市场环境影响因素，在建设与营运期间，必须有明确的定位才不影响营运方向，亦能与竞争者做区隔，并产生差异性，明确定的定位与掌握市场的整体动态，必须有相当水平的营销策略支持，因此以上述 4 项指标为调查指标（见表 8-16）。

公共基础设施闲置及公私协力 (PPP) 活化机制实践

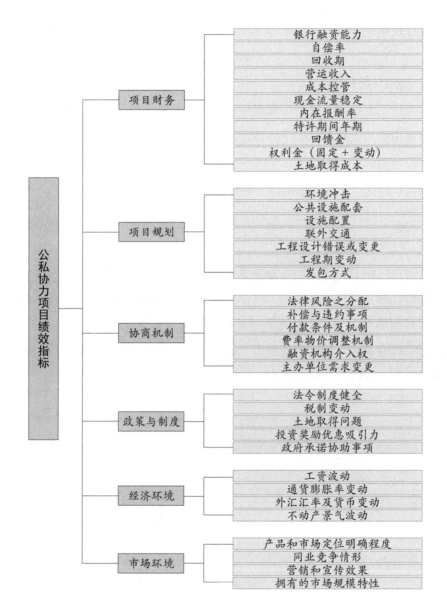

图8-5 公私协力项目绩效评估构念图

数据源：本研究绘制

364

表8-11 公私协力绩效"项目财务构面"评估指标文献汇整表

绩效构面	编号	指标名称	指标评估说明	文献出处
项目财务	（1）	银行融资能力	BOT 项目以项目融资为其基础，若投资者无法说服银行办理融资，则此项目将无法进行，这也是办理项目融资之基本精神——"借不到钱就不做（Bankable or Terminate）"。	郭素贞、高守智（2000）
			划融资可行性在评估计划是否具有偿债能力，亦即评估计划的营净现金流入是否足以偿还负债的本金或利息；此亦为金融机构评估融资与否的参考依据之一。	咨群企业管理顾问股份有限公司（2001）
	（2）	自偿率	计划案的营收可以支持建设期的投资成本。营运评估年期内建设计划与附属事业各年现金净流入现值总额与工程兴建年期内所有工程建设经费各年现金流出现值总额之比值。SLR 大于等于 1 表示计划之营运期收入除可支付兴建营运其成本外，尚有盈余，故计划在财务上有完全的自偿能力。SLR 小于 0 时，表示计划不具财务自偿能力。SLR 介于等于 0 到介于等于 1 之间，表示计划营运期之总收入可支应营运成本，但无法完全支应兴建成本，故只有部分财务自偿能力。政府订定自偿率公式的初衷在于厘清政府独资兴建营运之公共建设资金来源及公债由计划偿还的比率。	康照宗、冯正民、黄思绮（2004）
			权利金在谈判时必须与自偿率一并考虑在内，惟目前自偿率指标之使用仅限于订定政府与民间双方投资比例。	康照宗、冯正民、黄思绮（2005）
	（3）	回收期	回收年限在分析能自计划之净现金流入量中，回收总成本所需的时间，亦即计划净现金流量开始为正所需的年数，其目的在评估资金投入的回收速度，并借以判断投资计划的优劣；回收年限愈短，表示计划可行性愈高。	咨群企业管理顾问股份有限公司（2001）
	（4）	营运收入	计划兴建完成、开始营运之后的收入，例如票价收入，依票价及营运量的估计之。	咨群企业管理顾问股份有限公司（2001）
			计划未来营运收入不如预期，将导致计划财务效益受到冲击，甚至影响融资计划还本付息能力。	陈福全（2005）

公共基础设施闲置及公私协力 (PPP) 活化机制实践

绩效构面	编号	指标名称	指标评估说明	文献出处
项目财务	（5）	成本管控	工程成本超支是极重要之风险，因此在多国 BOT 案例中多采取"统包"方式或固定价格方式计价，目的即在减少工程超支之风险，然而在既有案例中，因工程超支影响营运者，并非无有，著名之英法海峡隧道工程之工程款项，初期预估工程款即与实际支出无法一致，造成经营上之重大负担，其理由，乃在工程合约本身即具有极大之可变因素，工程成本不易控制，虽采取统包或固定价格合约，但仍需保留适度弹性，否则没有承包商愿意承做。在案例地区，即便由政府推动公共建设，而有严格之审计法规监管之下，对控制工程预算亦属困难，经常有大幅超支情事发生，交由民间办理公共工程，此项问题是否能获得改善，仍待观察。	林发立 (1996)
	（6）	现金流量稳定	现金流量 (Cash Flow) 为一投资计划在其投资年限中，为从事营运活动、投资活动及财务活动而产生的现金流入与流出，其内容为实质的现金及约当现金，从民间部门角度来看，现金流量的概念为损益表的税后净利 (Net Income, NI)，加回非现金之支出、减去非现金收入。例如折旧费用、资产成本每年的摊销等，均没有实质的现金流出，故应加回；而投资资产账面价值的增加亦非实质的现金流入，故应扣除。	咨群企业管理顾问股份有限公司 (2001)
	（7）	内在报酬率	内在报酬率的定义为，未来现金流入的现值等于期初资金投入时的折现率，亦即使计划之净现值等于 0 的折现率，其为评估整体投资计划报酬率的指标，相当于一可行计划的最低收益率底线；借由比较计划的内部报酬率与资金成本，可以了解计划的投资效益。	咨群企业管理顾问股份有限公司 (2001)
	（8）	特许期间年期	公私协力精神是政府部门透过民间组织的资金与经营效率来完成公共建设，得标之特许公司取得优先议约权后，特许公司与政府之间的权利义务是以民事契约（《促参法》第十二条）加以明确规范，订定契约过程需长时间的协调谈判，若政府与特许公司难以取得协商之平衡点，则协商期可能长达数年之久，但此冗长过程常为政府与特区公司所忽略。	陈明吉、苏培魁、罗容恒 (2004)
	（9）	回馈金	回馈的法理概念源自基于公平正义原则，环境影响者对于环境被影响者之权利遭受限制或损害行为予以弥补，以符合集体正义。	王怡文、萧新煌 (2004)
			补偿与回馈还是有其精神与内涵上的不同。回馈的概念乃是主体与客体的福利共享或报酬给予；补偿则是以客体可能承受的潜在风险及财产权的限制等予以福利补助的形式补偿或弥补其损失。回馈的客体与补偿的客体最大的差别在于，补偿的客体有承担负面风险的可能。	洪浚祥 (2008)

绩效构面	编号	指标名称	指标评估说明	文献出处
项目财务	（10）	权利金（固定＋变动）	计划权利金是特许公司向政府取得公众资源之所有权必须相对负担之准租。	康照宗、冯正民、黄思绮（2004）
			BOT 财务计划的目的在于风险分摊，权利金即属风险分摊工具之一，也是民间公司营收与政府财务支出回收之间的平衡机制。目前 BOT 计划案例，权利金地订定与收取采务实性做法，及双方契约订定以协商方式来决定权利金收取额度，此种做法系将 BOT 计划权利金收取与自偿率之间各自独立运作。	康照宗、冯正民、黄思绮（2005）
	（11）	土地取得成本	在区段征收开发规模富有弹性下，对于民间机构欲借由扩大开发规模而取得较大净收益，以增加隐藏保留收益或降低必要努力的程度，是可达到预期效果。	简龙凤、赖宗裕（2006）

数据源：本研究整理

表8-12 公私协力绩效"项目规划构面"评估指标文献汇整表

绩效构面	编号	指标名称	指标评估说明	文献出处
项目规划	（1）	环境冲击	大多数 BOT 投资计划皆具有长期性、不可回复性、金额庞大、回收期间长及具高度的风险等特性，运用传统投资决策评价方法是无法真实反映出其计划价值。因而利用实质选择权模式平价 BOT 计划案，将能提供一适切的方法来说明不确定性环境下，投资管理弹性及策略思考的过程，以协助正确衡量 BOT 计划案的真正价值。世界各地学者将投资计划中隐含的各种选择权大略区分为七类，递延选择权、阶段投资选择权、改变营运规模选择权、放弃选择权、转换选择权、成长选择权、多重交互影响选择权。	余尚武、邱雪娥（2003）
			所谓不可抗力之风险，根据相关的文献及实务，包含了几个关键的要素：1. 无法预知；2. 不可避免；3. 无法预防；4. 无法克服及；5. 已合理的控制等五项。不可抗力事件处理方式：BOT 业者责任方：1. 仍有付款义务；2. 自行承担损失；3. 自行投保；4. 不得终止合约。政府责任（买方）：1. 协助筹措资金；2. 补偿损失；3. 提供后续处理保证；4. 卖方得终止合约；5. 承购所有资产。双方均无责任：1. 由成立之基金应对损失；2. 各自吸收损失。再协商：1. 调整合约内容；2. 延长特许期间；3. 双方协调责任归属；4. 由第三人协调解决。	卢展犹（2002）

绩效构面	编号	指标名称	指标评估说明	文献出处
项目规划	（2）	公共设施配套	公共设施是为服务居民，满足生活需求欲望，而凡人的欲望可分为私人欲望和公共欲望两大类，用以满足公共欲望之财货及称为公共财。公共财多由公共部门提供或补贴，而由公众共有，如消防队、公园、道路等公共设施。 公共设施之设置在满足人民对各项基本设施及设备的需求，有助于提供生活水平，促进人口及产业的发展，进而带动地方的繁荣。政府可透过鼓励或限制地区公共设施的提供来引导土地开发的区位与时序，或抑制某些地区的发展、或根据不同地区的发展现况与未来需要，弹性设置公共设施服务水平的标准以达到限制或鼓励某些地区的发展目标。	李国正（2000）
			每个都市都需要一些设施来服务市民，满足市民生活上的需求，依据《都市计划法》第42条规定：都市计划地区范围内，应视实际情况，分别设置道路、公园、绿地、广场、儿童游乐场、民用航空站、停车场所、河道及港埠、学校、社教机构、体育场所、市场、医疗卫生机构及各种机关用地、上下水道、邮政、电信、变动所及加油站、殡仪馆、公墓地、火葬场、屠宰场、煤气场、污水处理等公共设施用地。 第43条更规定："公共设施用地，应就人口、土地使用、交通等现状及未来发展趋势，决定其项目、位置与面积，以增进市民活动之便利，及确保良好的都市生活环境"。因此公共设施的规划与开发建设，应以促成都市发展目标的实现为依据，服务居住、产业休闲等各种都市活动，以维持都市的实质环境及社经环境。	郭基贤、杨贵三（2007）
	（3）	设施配置	服务设施依其在建筑空间内所提供的功能分成三大类，（1）变动设施：是指能够被配置在建筑空间任何一处空位的设施。绝大部分的设施都属于此类；（2）固定设施：是指必须被放置于指定位置的设施，与其他设施依然有相关性，在设施配置中这类的设施是必定存在的；（3）障碍物：是指固定在基地上的设施，但与设施规划进行毫无关系。	张宏旭（2001）

绩效构面	编号	指标名称	指标评估说明	文献出处
项目规划	（4）	联外交通	大众运输导向发展的准则可以由三个一般性的原则来说明：（1）区域结构的成长应该由大众运输系统的扩张，与紧密的都市形式来引导；（2）单一使用的分区，应该以混合使用与适宜步行的邻里作为标准来取代；（3）都市设计政策应该创造公共领域与人性尺度的建筑物，而非私人领域与小汽车导向。 大众运输导向发展的原则概括叙述如下：（1）就区域性层级而言，大众运输导向发展区内，都市结构必须紧密结实，并在具有大众运输系统支持情况下，进行有组织的发展；（2）将商业、住宅、工作、公园与公共设施空间，配置于大众运输车站步行可及的范围内；（3）创造出亲近的步行环境，并使之直接连接地区内目的地的街道网络；（4）提供多样的住屋形式、密度与价格之组合；（5）保留敏感的栖息地、河岸地区与高质量的开放空间；（6）创造建筑物朝向与邻里活动焦点的公共空间；（7）在现有的邻里中，沿着大众运输系统促使都市开发或更新。	陈胜智（2001）
	（5）*	工程设计错误或变更	主办机关与民间机构签订投资契约时，除得拥有查核权、并依个案特性记载稽核及工程控管条款外，依据《促参法》第11条、促参法施行细则第23条；促参法施行细则第21条更要求主办机关应于征求民间参与之招商文件中，载明建设经费计算方式、工程质量监督、验收、产权移转等规定，并应要求申请人提出建设经费偿付计划。	案例地区财政事务主管部门（2014）
			主办机关可指定专责承办部门或委由专业工程管理顾问协助办理定期及不定期查验，如涉及特殊专业技术部分，则可选择独立机构办理验证作业。 又考虑促参案件鼓励民间参与、共谋政府民间双赢之精神，建议主办机关应将其认为重要之事项（例如：公共建设兴建工作之管理计划、特许公司所选承包商人选、分包契约内容等）预先加载投资契约当中要求民间机构于相当期间内提送主办机关备查，否则不得就投资契约未载明之事项任意干涉。此外，为厘清主办机关拥有查核权情况下之权责归属问题，建议应于投资契约中，载明"民间机构为其工程之规划设计、施工及营运等应全权负责，主办机关任何同意、核准、备查、监督、查验、建议或提供之参考数据并不免除民间机构依约应负之任何义务与责任"。	王子安（2006）

绩效构面	编号	指标名称	指标评估说明	文献出处
项目规划	(6)	工程期变动	公共建设在兴建过程易遭受各方面的不确定因素之影响，致使工程成本可能发生超支的现象。 促参计划于兴建阶段面临之不确定因素包括：(1) 自然环境不确定因素：台风、暴雨、地震、水灾等天然灾害通常属于不可抗力事件，对其公共建设造成的灾害往往都是相当巨大的。(2) 社经环境不确定因素：物价上涨、原物料或劳工短缺经常是造成民间机构发包价格超出预期、工程成本超支的主要原因。(3) 变更设计及工期展延：兴建阶段另一不利因素即为变更设计之发生，不论其提出者为主办机关或民间机构，因变更设计造成额外的工程成本及期程，均造成公共建设延后开始营运，进而对于计划之现金流量有重大的影响。(4) 工程规划与管理能力：民间机构于履约初期对于投资契约订定工作范围及兴建成本的评估，倘若过于乐观，则易导致日后的超支风险。	社团法人案例地区当局营建管理协会 (2006)
	(7)	发包方式	依据案例地区公共建设由民间参与的程度不同，一般有下列五种基本的模式：(1) 传统发包：政府全程主导，但规划、设计委由工程顾问办理，兴建交由营造包商办理；发包按照业主的设计图及预订的工法施工，并在阶段性进度勘验合格后，办理报酬给付，受领工程计付款。(2) 替代方案：准许营造包商在竞标时针对工程设计或施工方法，在"相同或更佳"的原则下，提出不同的替代方案，以降低工程成本或缩短工期，如有节约的成本，可依双方事先的约定比例分享。(3) 统包 (Turnkey)：在完成规划确定工程需求或完成初步的设计后，将工程细部设计与兴建均委由同一包商办理。(4) 融资兴建 (BT)：包商结合银行提供资金执行工程案，待工程全部完工勘验合格后，将资产移转与政府；政府则自接收后开始偿付工程款（包括利息）。(5) 特约兴建营运 (BOT)：由政府规划并提供土地，包商经由公开竞标取得投资、办理细部设计、执行工程兴建，以及兴建完成后继续经营该系统的特许权。包商以营运所得作为投资报偿，待营运期满后再将设施与资产移转政府。BOT 的执行方式能充分运用民间经营效率，并且符合公共建设公有的本质。	宋力生 (2006)

数据源：本研究整理

表8-13 公私协力绩效"协商机制构面"评估指标文献汇整表

绩效构面	编号	指标名称	指标评估说明	文献出处
协商机制	（1）	法律风险之分配	应系鉴于各申请人所提之投资计划书内容可能差异颇大，且对于主办机关所拟定之投资条件也可能有所保留或期望予以变更，因此，透过协商使得其评比之基准尽可能一致，以利申请人之公平竞争及甄审委员会之客观评比，并避免在选出最优申请人后，重要之投资条件仍处于不确定之状态，而动摇原本甄选之公平基础。协商之目的，对主办关机而言，透过协商的"取"与"予"的过程，可借由入围申请人之间之相互竞争状态，取得对计划案件与对公共利益最优之条件。故与其在选出最优申请人后议约，不如尽可能在甄审阶段，即透过协商机制确定所有商业条件，避免政府在议约阶段，为求顺利签约，陷入最优申请人"予取予求"。	陈福全（2005）
	（2）	补偿与违约事项	项目计划主要还款来源为计划完成开始营运后所产生之现金流量，因此如计划延迟完工甚或无法完工，将造成融资之极大风险。为处理此风险，一般系将兴建工程以固定工期固定价格统包方式由承包商负担延迟完工损害赔偿、产能不足的赔偿、不符环保要求损害赔偿等责任，并由承包商提供一定比例之履约保证金。借款人亦可投保延迟完工保险，将部分风险移由保险公司承担。融资机构通常不愿提供额外之融资，因此借款人需提列相当之准备金，或寻求其他自有资金来源，以降低此项风险。	陈福全（2005）
	（3）	付款条件及机制	机制有包括谈判机制，因 BOT 即是有限的资源与期程中，政府与民间单位透过协商与沟通而达成合约协议。	林永盛、张有恒（2005）
			案例地区促参案件多系民间机构直接向使用者收费，民间机构营运收入之风险将高于政府收费之案件，因此利率之议定涉及民间机构之信用与还款能力，而基于公私协力之理念，政府亦应协助民间取得融资，俾顺利推动各项工程事项，尤其如付费与民间机构之促参案件，因民间机构之各项成本皆将转嫁于服务费中，因此政府似可考虑参考国外由政府出资之金融机构或政府之特定基金提供一定额度之无息贷款做法，以减低民间机构融资成本。	范雪梅（2013）

绩效构面	编号	指标名称	指标评估说明	文献出处
协商机制	（4）	费率物价调整机制	为免争议，并保障使者之权益，费率之收取标准及其调整费率时机及方式皆应事先于合约中规定，特别是于具市场独占性之计划案，不似竞争市场之计划，可借由市场机能调整费率，故其费率调整规定需较严谨。	黄玺凤、陈慧君（1997）
	（5）	融资机构介入权	融资机构主要考虑的风险 (1) 民间业者自有资金的筹措能力、(2) 承包商及营运商履约风险、(3) 工程延误或成本超支风险、(4) 营运收入未如预期、(5) 计划长期偿债能力不足、(6) 其他考虑风险因素	陈福全（2004）
	（6）	主办单位需求变更	此风险属于政治风险，常常是国际投资者必须面临而不易掌控的风险，如投资国家的政治条件发生变化、信用结构改变及债务偿还能力改变等风险均属之。政治风险大致分为两类。(1) 国家政治或政策改变引致之风险：包括计划所在国因为某种政治或外交政策原因，对计划强制征收、没收，或者对计划产品禁运、抵制、或中止债务偿还等的风险；(2) 国家政治、经济、法律不稳定所引致之风险：所在国在外汇管制、法律制度、税赋制度、劳资制度、环境保护等的立法是否健全，稳定性是否足够。	陈煌铭（1999）

数据源：本研究整理

表8-14 公私协力绩效"政策与制度构面"评估指标文献汇整表

绩效构面	编号	指标名称	指标评估说明	文献出处
政策与制度	（1）	法令制度健全	考虑《促参法》及相关法令之限制放宽；配合环境变迁及市场运作，适时修订窒碍难执行法令；依个案特性，研拟个别适用作业办法。	陈福全（2005）
	（2）	税制变动	在经济发展不佳的情况下，依循凯因斯主义的政府，可利用财政手段及货币政策来解决短期景气波动对就业及所得的负面影响。但对于无法借由货币政策调节的地方政府，创造更多的有效需求，进而达成促进经济复苏的效果。	赖宗裕、苏伟强（2013）
			基本上，不论投资各项公共建设或服务，皆须有财政预算的支应，方能顺利推动。就目前案例地区的财政制度而言，地方政府的主要收入来源为课税收入与补助收入，然课税权却已由案例地区省政府法定而课税自主权	徐仁辉（2000）

绩效构面	编号	指标名称	指标评估说明	文献出处
政策与制度	（3）	土地取得问题	公共建设如有土地取得之问题，主要为土地无法如期取得而影响公共建设之推动。由于公共建设具有投资规模大，回收年期长的特性，常不具备有完全自偿的能力，而需透过适度的土地开发等附属事业之经营，将土地开发并非促进民间参与公共建设的必然措施，政府仍应依各公共建设之性质，进行可行性评估，审慎研拟土地开发的必要性与合理范围	徐肇章（2001）
	（4）	投资奖励优惠吸引力	案例地区财政事务主管部门促参司第三十六条民间机构得自所参与重大公共建设开始营运后有课税所得之年度起，最常以五年为限，免纳营利事业所得税。前项之民间机构，得自各该重大公共建设开始营运后有课税所得之年度起，四年内自行选定延迟开始免税之期间；其延迟期间最长不得超过三年，延迟后免税期间之始日，应为一会计年度之首日。第一项免税之范围及年限核定机关、申请期间、程序、施行期限及其他相关事项，由案例地区财政事务主管部门会商主管机关及目的事业主管机关拟订，报请行政院核定之。案例地区财政事务主管部门促参司第三十七条民间机构所参与重大公共建设下列支出金额百分之五至百分之二十限度内，抵减当年度应纳营利事业所得税额；当年度不足抵减时，得在以后四年度抵减之：(A) 投资于兴建、营运设备或技术、(B) 购置防治污染设备或技术、(C) 投资于研究发展、人才培训之支出。前项投资抵减，其每一年度得抵减总额，以不超过该机构当年度抵减金额，不在此限。案例地区财政事务主管部门促参司为执行行政院借由颁发奖励金，以扩大鼓励地方政府办理促进民间参与公共建设案件，提升推动诱因，进而繁荣地方，创造共荣之局，特制定"扩大鼓励地方政府办理促进民间参与公共建设案件奖励作业要点"。奖励金依签约案件，逐案依民间投资金额采下列方式计算之：(A) 民间投资金额新台币（以下同）一亿元以下部分，发给百分之五；(B) 超过一亿元至十亿元部分，发给百分之二；(C) 超过十亿元至一百亿元部分，发给百分之一；(D) 超过一百亿元部分，发给百分之零点五。	案例地区财政事务主管部门促参司（2014）

绩效构面	编号	指标名称	指标评估说明	文献出处
政策与制度	（5）	政府承诺协助事项	公私合伙风险区分为四大类型：(1) 政治风险：指由政府所引起的风险损失，并为民间投资者的重要考虑关键。(2) 社会风险：指项目进行中受社会环境或自然所产生的风险。(3) 营运风险：指项目进行中在建设、营运阶段所产生的风险。(4) 契约风险：指牵涉契约本身的权责及契约签订前招标与议约等产生的问题。"政治风险"应该大部分由公部门承担；"契约风险"应该由公部门多承担一些；相对地，"营运风险"大部分应由私部门承担；"社会风险"宜由公、私部门共同承担	曾冠球、黄伟诚（2011）
			民间参与公共建设计划中，公共建设的执行主体转换为民间机构，但由于计划之本质仍属于公共建设，所以计划要能顺利执行，仍需政府的全力支持。因此，政府的角色应有明显的不同，必须弥补民间在"权"方面的不足，来排除公共建设因民间机构营运而产生之障碍，使民间顺利执行营运计划，但也要在契约与相关法令许可范围内提供必要之协助，充分赋予民间在"能"方面的施展空间，摆脱传统采购制度下过多的管制与束缚，使政府与民间形成有效率的工作团队，全力发挥工作效能。	社团法人案例地区当局营建管理协会（2006）

数据源：本研究整理

表8-15 公私协力绩效"经济环境构面"评估指标文献汇整表

绩效构面	编号	指标名称	指标评估说明	文献出处
经济环境	（1）	工资波动	所谓工资系为劳工（及其家庭）赖以生存之基础。案例地区劳基法有关工资之规定，将工资定义于第二条第三款："工资：为劳工因工作而获得之报酬，包括工资、薪金及按计时、计日、计件以现金或实物等方式给付之奖金、津贴及其他名义之经常性给予均属之。"实务上有许多不同种类型态之劳动争议手段，就资方而言为锁场。于劳方而言，除罢工外，另有以集体方式具针对目的性的使劳务给付效能降低，即所谓怠工，抑或是以占据厂场之方式为之。只要系符合劳动争议行为概念之手段皆受宪法之保障。劳动争议手段分类特性可区分为 (1) 外形过程：此述可分为同盟领导争议行为以及野劳动争议行为；(2) 目的性：所谓目的性之区分係指与团体协约有关抑或其他劳动争议；(3) 客体性：此处可分为主要罢工及支持性劳动争议；(4) 发动性：此处系指主动发动劳动争议抑或被动发动劳动争议。	未提及出处

绩效构面	编号	指标名称	指标评估说明	文献出处
经济环境	（2）	通货膨胀率变动	通货膨胀率为估计未来各成本与收益项目的主要依据，借由通货膨胀率的设定，主办机关可以将案例地区的总体经济面反映在未来的成本与收益上，进而掌握现金流量的变动。	咨群企业管理顾问股份有限公司（2001）
	（3）	外汇汇率及货币变动	利率风险指的是因市场利率变动而导致预期投资报酬率变动之风险，汇率风险系指投资目标之价值因当地国家币值变动而导致报酬之不确定性。汇率风险通常与政治局势、经济发展及利率水平等因素高度相关，若储蓄水平为衡量财富的"绝对标准"，则当地国家之汇率即可视为"相对标准"。	林左裕（2007）
	（4）	不动产景气波动	不动产景气循环除了受到经济循环的影响外，不动产市场本身的因素也会影响不动产的景气循环，如占有率、租金价格水平、抵押贷款、营建活动等，其影响不动产供给需求的相关因素，使得不动产市场因而产生波动。 占有率反映了供需之间的互动关系，占有率高显示可出租空间紧缩，也反映了较高的租金水平；空屋率高，表示市场衰微，租金水平跟着下滑。是以，占有率的改变是不动产管理者应该特别注意的。 资金的充裕与否会直接影响到不动产市场的活络；投资或经营不动产的资金来源，除自有资金外，最重要的还是要依赖借贷资金。借贷条件反映出贷方对不动产投资的信心，繁荣时期的资金充裕，借贷成本也低；反之，经济衰退或萧条时，不仅难以贷得资金，成本也高，因此，不动产管理者必须随时留意利率的变化。 对应经济景气的衰退、萧条、复苏、繁荣的阶段，不动产景气循环亦可分为建造过多、调整、稳定、发展等阶段。	陈奉瑶、章倩仪（2012）

数据源：本研究整理

表8-16 公私协力绩效"市场环境构面"评估指标文献汇整表

绩效构面	编号	指标名称	指标评估说明	文献出处
市场环境	（1）	产品和市场定位明确程度	透过平行协商将 BOT 有时开放的规定，就投资人计划书之建议构想，整合为具相同基础，以利甄审比较。 主要目的在于：（1）确认计划书之原意。即透过协商机制之机会，确认计划书较不明确的部分。（2）提高政府谈判权力。政府透过协商的"取"与"予"的过程，藉入围申请人间的相互竞争机制，取得对计划案与对公共利益最优之条件。如果在决标后，再与最优申请人协商，则主客易势，最优申请人有恃无恐，予取予求，公共利益可能是最大的输家。	黄明圣（2000）
	（2）	同业竞争情形	如果市场区隔内存在许多强大或野心勃勃的竞争者，则此市场区隔不具吸引力。若有以下各情况可能代表此市场区隔实在没有吸引力：市场区隔稳定或衰退、增加大量的工厂产能、固定成本很高、退出障碍很大，或者留在此区隔的竞争者彼此之间有密切的利害关系。 市场区隔的吸引力，会随着进入与退出障碍的高低不同而有所差异。最具吸引力的区隔，是进入障碍高且退出障碍低的市场区隔，意味着很少有新公司可以进入，而绩效不好的公司却很容易退出。当市场区隔中存在实际或潜在的替代产品时，其吸引力相对地降低。 若市场区隔内的购买者拥有强或逐渐增强的谈判筹码，则该区隔便不再具有吸引力。如果企业的供货商能够抬高价格或减少供应量，则该市场区隔较不具吸引力。产业是由一群提供可高度相互替代产品，或产品类别的公司所组成，企业可以透过市场来确认竞争者，因为竞争者就是可满足相同顾客需要的公司。	Philip Kotler、Kevin Lane Keller（2008）
	（3）	营销和宣传效果	美国营销协会将品牌定义为"一个名称、名词、标志、象征符号、设计，或者是其集合，其目的是要识别一个或一群销售者的产品或服务，以及区隔他们与竞争者的不同"。品牌化赋予产品和服务品牌的力量，目的在创造差异。为产品加上品牌名称时，必须教导消费者产品是"谁"、产品的功能"为何"，以及消费者在乎的"原因"。	Philip Kotler、Kevin Lane Keller（2008）

绩效构面	编号	指标名称	指标评估说明	文献出处
市场环境	（4）	拥有的市场规模特性	企业市场是由需要取得产品与服务的组织所构成，这些组织会运用所获得的产品与服务来生产其他的产品与服务，并将其销售、出租或供应其他的组织。 企业进行营销研究的主要原因之一，是因为营销研究可协助企业确认市场机会。一旦完成了营销研究，必须衡量与预测每一个市场机会的大小、成长与获利潜力。总市场潜量指的是在一定的期间内，已知的产业营销努力及环境条件下，产业内所有公司所能达到最大销售的数量或金额。 预测是预期购买者可能会在一套既定的情况下怎么做，企业必须监视六项主要的环境力量：人口、经济、自然环境、科技、政治法律环境以及社会文化。	Philip Kotler、Kevin Lane Keller (2008)

数据源：本研究整理

第三节　建构公私协力绩效评估平衡计分卡

国际对民间参与公共建设多有世界著名的成功项目经验；然而案例地区在推动多年后，也期望能累积公共建设 PPP 案的在地性经验，积极推动及奖励公私协力之项目方式。

本研究调查数据以一手数据调查，调查母体对象为案例地区财政事务主管部门促参司 GTA 奖第 1 届至第 11 届之得奖案例，政府单位累积共计 77 件调查案例、私部门单位累积共计 94 件，共计 173 件，筛除有重复得奖作品及得奖单位与从缺案件，数据缩减后政府单位缩减为 47 件、私部门单位缩减为 63 件，共计 110 件。调查期间为 2017 年 6 月至 9 月，共计 4 个月，以电话访谈与问卷传真及网络调查问卷进行调查。

经调查结果统计，回收政府单位 24 份（回收率 51.06%），私部门单位回收 30 份（回收率 47.62%），共计回收 54 份总回收率 49.1%。由于成功得奖个案为 10 余年时间跨距，调查回收与调查具有困难度，问卷调查回收结果情况已可接受。

一、平衡计分卡绩效评估法

绩效评估[①]方法文献颇多相关文献，绩效评估必须先定义绩效，尔后再选择管理绩效的方法，过程中应配合高阶管理者的认知、文化、执行力，及项目管理成熟度…等指标来决定。

近年来欧美企业组织较常用来进行绩效管理的方法，以下列三种为主，包括：

---

① 绩效评估 (Performance Evaluation) 是指运用数理统计、运筹学原理和特定指针体系，对照统一的标准，按照一定的程序，通过定量定性对比分析，对项目一定经营期间的经营效益和经营者业绩做出客观、公正和准确的综合评判。

目标管理 (Management by Objectives; MBO)、平衡计分卡 (Balanced Score Card; BSC) 与 360 度回馈。BSC 比较适合应用在"有机式组织",也就是以人为单位的组织,进行绩效管理的原因与目的。

本研究以政府与民间组织组合成的项目组织,文化是以"策略"为导向,适合应用 BSC。Kaplan 与 Norton (2008) 提及企业绩效衡量兹事体大,一个组织的衡量评估系统,对组织内外成员的行为有决定性的影响。做法是将使命与策略转化成目标与量度,而组成财务、顾客、内部流程、学习与成长。此四个构面使组织能够在短期和长期的目标间、期待的成果和这些成果的驱动因素间,以及硬性客观和软性主观的量度间达到平衡状态(朱道凯,2008)。

二、绩效评估影响因素研究设计

本研究依据四步骤设计,首先收集相关公共建设 PPP 项目之发展推动成功经验以及相关研究与文献,拟定研究调查之绩效影响指标定义与计算参照基准见表 8 1 至表 8 6,问卷量表设计以李克特量表(九点量表)"1"至"9"分别代表:"1"极度不影响、"3"非常不影响、"5"不确定、"7"非常影响、"9"极度影响,"2""4""6""8"为前后依序二者之中间值。

其次,调查对象以案例地区财政事务主管部门促参司公告之"GTA 奖"之政府团队及私部门团队得奖案例为成功经验;调查成果运用探索式因素分析[①]将调查资料因素缩减,与主分成归类建构于平衡计分卡四大构面分为"顾客构面""财务构面""内部流程构面""学习与成长构面",依据对问卷影响指标内容填答之平均数进行指标权重计算。

再次,经分析运用累积解释变异量为量表之信度,建构具有客观信度及在地成功经验之"公共设施 PPP 项目绩效评估平衡计分卡",以提供未来研究参考。

---

① 探索性因素分析 (Exploratory factor analysis) 适用于对各种现象未知的结构进行探索。用于数据缩减 (Data reduction),经由因素分析后,选取具有代表性的变量,这些有代表性的变量仍然具有原有变量的大部分解释量外,也保留了原始的结构,因此透过因素分析可以得到数据缩减的功能。

最终进行实证研究，借由得奖成功个案经验进行实证研究，探讨日后政府与民间组织对公共设施 PPP 案绩效评估参考，以及不同设施属性之绩效评估差异。

三、受访回收样本分析

受访个案 PPP 模式：OT 案 17 件；BOT 案 14 件；ROT 案 10 件、BOO 案 2 件、有偿 BOT 案 1 件、其他主管机关核定 10 件，调查结果得知，受访者回收之 PPP 模式较以 OT 及 BOT 模式为主。

受访个案之公共设施属性：依回收数量依序为交通建设及共同管道 12 件；环境污染防治设施 9 件，社会及劳工福利设施 8 件；卫生医疗设施 7 件；文教设施 7 件；农业设施 5 件；工业、商业及科技设施 3 件；污水下水道、自来水及水利设施 1 件；观光游憩设施 1 件；公园绿地设施 1 件，共计 54 件。

填答受访者以 20-50 岁居多，显示目前政府与民间组织承办人员有经验的轮替与传承，承办对象以男性偏多。受访者学历：皆为硕士 (61.1%) 及大学 (37%)，得知负责处理 GTA 奖案件之承办人员具有拥有较高学历与知识，且在专业知识上必须具备相当承办能力水平。

四、绩效评估影响构面构建

以主成分分析法进行因素分析，并以 Varimax 法进行因素转轴，问卷题项 Cronbach's α 系数 (0.969 > 0.8)，各项主成分 (α >0.75)，显示具有相当良好之信度，因此本研究之信度值应可被接受。[①]

设定特征值大于 1 的因素为萃取原则，萃取结果剔除七项指标，包括：(C62) 同业竞争情形、(C24) 联外交通、(C17) 内在报酬率、(C15) 成本控管、(C16) 现金

---

①KMO 值为 0.798，Bartlett's 球形检验值为 2142.815，自由度为 666，显著水平为 0.001 以下，此处的 KMO 值达到 0.798 趋近于 0.8，结果显示为代表适合进行因素分析。设定特征值大于 1 的因素为萃取，萃取结果。

流量稳定、(C25) 工程设计错误或变更、(C31) 法律风险之分配。

原六大构面共可萃取八项主成分，累积解释变异量达到 81.81%，由原先的 37 项原始变数，缩减成 30 项变量，并将成分特性分别重新命名如下（见表 8-17）。

表8-17 因素分析之主成分统计表

成分	影响指标	因素负荷量	转轴后平方负荷量	
			特征值	解释变异量
成分一 开发策略评估 （α=0.921）	付款条件及机制	0.746	17.975	48.58%
	公共设施配套	0.724		
	费率物价调整机制	0.717		
	补偿与违约事项	0.708		
	土地取得问题	0.708		
	环境冲击	0.695		
	设施配置	0.650		
成分二 外部经济条件 （α=0.914）	通货膨胀率变动	0.851	3.291	8.90%
	工资波动	0.796		
	不动产景气波动	0.752		
	税制变动	0.735		
	外汇汇率及货币变动	0.732		
成分三 财务规划 （α=0.908）	回馈金	0.858	2.444	6.61%
	权利金	0.853		
	营运收入	0.756		
	特许期间年期	0.698		
成分四 工程稽核机制 （α=0.890）	发包方式	0.784	1.798	4.86%
	工程期变动	0.654		
	政府承诺协助事项	0.620		
成分五 精准营销策略 （α=0.882）	营销和宣传效果	0.819	1.382	3.74%
	拥有的市场规模特性	0.807		
	产品和市场定位明确程度	0.632		
成分六 财务控管能力 （α=0.812）	自偿率	0.680	1.254	3.39%
	银行融资能力	0.602		
	回收期	0.532		
成分七 合约管理 （α=0.847）	主办单位需求变更	0.863	1.102	2.98%
	法令制度健全	0.556		
	融资机构介入权	0.469		
成分八 奖励诱因 （α=0.775）	土地取得成本	0.784	1.021	2.76%
	投资奖励优惠吸引力	0.508		

数据源：本研究整理

五、策略目标及绩效评估指针权重

本研究依据前述结果，将指针成分属性归纳为"愿景使命"与"目标"，建立"公共建设 PPP 项目绩效评估平衡计分卡"（见表 8-18）：

表8-18 BSC构面之愿景使命及策略目标表

	顾客构面	财务构面
愿景使命	确保公共建设于整体计划执行中，对于整体开发策略的定位与后续经营的营销策略，必须符合公、私双方的期待	确保公共建设于整体项目计划生命周期之财务规划与控管能力的确实掌握
策略目标	（成分一）开发策略评估 （成分五）精准营销策略	（成分二）外部经济条件 （成分三）财务规划 （成分六）财务控管能力
	内部流程构面	学习与成长构面
愿景使命	于公共建设期间提升整体建设质量，必须发展完整的稽核机制与提供合理的奖励诱因	公共建设计划内容牵涉层公、私双方之诸多管理与获利议题，在合约的制定上必须依据每个案例而有所调整方能持续的进步
策略目标	（成分四）工程稽核机制 （成分八）奖励诱因	（成分七）合约管理

数据源： 本研究整理

试算评估指标权重：（1）计算"策略目标"权重（公式 12），以各成分的解释变异量除以总累积解释变异量的比例去换算，并能重新得到新的比例分配。（2）将各策略目标之绩效评估指针权重的计算（公式 13），依据策略目标之权重分配，得出各绩效评估指标权重比例，试算结果（见表 8-19）：

$$\text{"策略目标"权重} = \frac{\text{解释变异量}}{\text{累积解释变异量}} \times 100\% \qquad （公式 12）$$

$$\text{绩效评估指标"权重} = \frac{\text{"绩效评估指标"之因素负荷量累积解释变异量}}{\text{"策略目标"因素负荷量总和}} \times \frac{\text{"策略目标"权重}}{100\%}$$

$$（公式13）$$

表8-19 "策略目标"及"绩效评估指针"权重表

项目构面	策略目标	解释变异量	因素负荷量	权重	绩效评估指标	因素负荷量	权重
顾客构面 (64%)	成分一 开发策略评估	48.58%	4.948	59.3851%	付款条件及机制	0.746	8.9534%
					公共设施配套	0.724	8.6893%
					费率物价调整机制	0.717	8.6053%
					补偿与违约事项	0.708	8.4973%
					土地取得问题	0.708	8.4973%
					环境冲击	0.695	8.3413%
					设施配置	0.650	7.8012%
	成分五 精准营销策略	3.74%	2.257	4.5662%	营销和宣传效果	0.819	1.6568%
					拥有的市场规模特性	0.807	1.6319%
					产品和市场定位明确程度	0.632	1.2780%
财务构面 (23%)	成分二 外部经济条件	8.90%	3.865	10.8736%	通货膨胀率变动	0.851	2.3929%
					工资波动	0.796	2.2388%
					不动产景气波动	0.752	2.1144%
					税制变动	0.735	2.0690%
					外汇汇率及货币变动	0.732	2.0593%
	成分三 财务规划	6.61%	3.166	8.0756%	回馈金	0.858	2.1894%
					权利金	0.853	2.1759%
					营运收入	0.756	1.9282%
					特许期间年期	0.698	1.7813%
	成分六 财务控管能力	3.39%	1.814	4.1425%	自偿率	0.680	1.5529%
					银行融资能力	0.602	1.3755%
					回收期	0.532	1.2149%
内部流程构面 (9%)	成分四 工程稽核机制	4.86%	2.059	5.9410%	发包方式	0.784	2.2624%
					工程期变动	0.654	1.8872%
					政府承诺协助事项	0.620	1.7902%
	成分八 奖励诱因	2.76%	1.307	3.3745%	土地取得成本	0.785	2.0256%
					投资奖励优惠吸引力	0.523	1.3493%
学习与成长构面 (4%)	成分七 合约管理	2.98%	1.888	3.6414%	主办单位需求变更	0.863	1.6638%
					法令制度健全	0.556	1.0724%
					融资机构介入权	0.469	0.9044%
累积	—	81.81%	21.304	100%	—		100%

数据源：本研究整理

六、公私协力项目绩效平衡计分卡

（一）平衡计分卡

1. 平衡计分卡源起

平衡计分卡（Balanced Score Card）是一项可将组织策略加以落实并活络的管理制度，是由哈佛商学院教授 Robert S. Kaplan 及实务界管理顾问 David P. Norton 共同发展出来的一套管理工具，设计当初系为提供绩效衡量问题的解决方案。平衡计分卡（Balanced Score Card，BSC）的概念发展，系来自早期的责任会计（Responsibility Accounting）理念，责任会计系要求将企业中各个部门的营运绩效，加以个别评估，而各个部门的业务功能基本上应有相当的差异。因此，绩效衡量时需要挑选合宜的评估指标。是以在责任会计的指导原则下，选择适当的绩效评估指标实乃至为重要。因此，不免会发生个别部门的绩效与总体绩效相抵触，或短期绩效与长期绩效相冲突，因此需要相互地平衡与协调，是以诞生了平衡计分卡（陈泽义、陈启斌，2012）。组织要能发挥效能，创造价值以达成组织之使命与愿景，其中最重要的关键就在于组织的策略质量与策略之落实程度（吴安妮，2003）。一份有效的平衡计分卡的组成要素是：企业使命、核心价值、愿景与策略（于泳泓，2009）。

财团法人案例地区综合研究院（2005）的委托研究报告中指出，Kaplan 与 Norton 自 1992 年起所发表的历年来有关平衡计分卡之文献，可以发觉其内容已随着许多企业在实务上的陆续应用后，逐渐的修正或补充该理论。最初平衡计分卡被视为如同飞机的仪表板一样，足以化繁为简，使得高阶管理者随时能够一眼立即可看清楚复杂的信息。其次，再加强用来转化愿景与策略的四个绩效衡量构面，能够为企业提供成为一种策略的衡量系统（Strategic Measurement System，1993 年）。而实务上为了克服许多研究的个案公司发生实际执行平衡计分卡时之问题，又演变为策略管理系统（Strategic Measurement System，1996 年），此系统除了强调因果关系、结果与绩效动因、与财务联结等三项原则的重要性，以设计出与策略相联结的绩效衡量指标外，并将平衡计分卡向下推至单位与个人，有助于沟通企业及单位的目标到个人及团队的工作执行中。此外，为应对现今信息与知识时代的环境改变，其又发展了平衡计分卡策略图（Strategy Map），清楚的描绘出策略着眼于各个衡量项目与各项策略间的因果关系，并强调由上至下的建构方式，最终形成焦点策略型的组织（Strategy-focused Organization, 2001）。因此 Kaplan & Norton 的观点，平衡计分卡的理论及应用方式之沿革如下（见表8-20）：

表8-20 Kaplan & Norton 之平衡计分卡观点文献汇整表

年代	文献标题	内容
1992	平衡计分卡－衡量绩效动因	以 12 家公司长达一年的研究来界定一组（财务、顾客、内部经营以及创新与学习四个构面）能够给予组织高阶管理者快速且综合性的绩效衡量构面。
1993	应用平衡计分卡来工作	企业在不同的市场状况、产品策略和竞争环境需要不同的平衡计分卡。如果要求部门或公司改变策略，不如先改变其衡量系统要来得有效。
1996a	使用平衡计分卡为策略管理系统	以管理策的四个程序（转化愿景、沟通与联结、经营规划及回馈与联结）来缩小策略与执行的差距。
1996b	联结平衡计分卡至策略	平衡计分卡应可由企业单位的策略所诱导，各构面应使用策略性衡量方式，并在顾客构面衡量其价值命题。
2000	策略有问题吗？以图示之	以平衡计分卡策略图来表示组织内不同项目间的因果链（cause-and-effect chain），并联结了企业所需的结果与其动因。
2001a	焦点策略型组织	组织将资源整合和聚焦在策略上，并以策略性管理系统达成策略目标。
2001b	转换平衡计分卡由绩效管理成为策略管理系统（Ⅰ）	开创价值的策略须由有形的资产移转到创造及配置组织之无形资产，并且以知识为基础的策略。关键绩效指标（KPI）或关系人（Stakeholder）的计分卡应转换为策略计分卡（Strategy Scorecard）。
2001c	转换平衡计分卡由绩效管理成为策略管理系统（Ⅱ）	平衡计分卡将可启发会计研究者，以多元研究及系统研究的方法，来发掘与执行更有效的衡量及管理系统之主要因素为何。

数据源：财团法人案例地区综合研究院，2005

2. 平衡计分卡四大构面

Kaplan 与 Norton(2007) 将平衡计分卡的愿景和策略转换提供了四大构面（见图 8-6）、在管理策略上有四大流程（见图 8-7），相关说明如下：

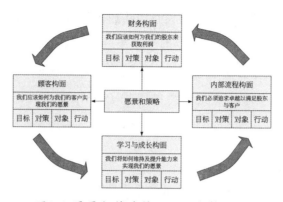

图8-6 愿景与策略转面之四大构面图

数据源：Kaplan 与 Norton，2007

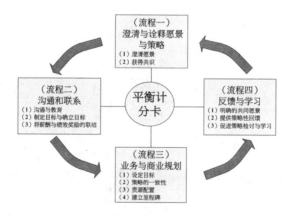

图8-7 平衡计分卡管理策略四大流程图

数据源：Kaplan 与 Norton，2007

（1）澄清与诠释愿景与策略：及澄清转换成企业愿景及经营策略，更可细分为澄清愿景与获得共识两个子步骤。在此一阶段中，由企业的高阶经理人将企业所欲达到的企业愿景与策略加以澄清，确定哪些是企业所要追求的目标与所要衡量的指标；亦即在实施平衡计分卡过程中，先由企业经理人将事业单位的策略转换成特定的策略目标。

（2）沟通和联系制定目标：透过沟通与联结行动，将员工薪酬与企业绩效有效结合，其更可细分为沟通与教育、设定执行目标、将员工薪酬与绩效衡量结合三个子步骤。将企业的愿景与经营策略传达至企业体系中，让企业的员工皆了解自身所担任之职位的工作目标。

（3）业务与商业规划之策略行动方案：规划与设定企业经营目标，制定里程碑，其更可细分为设定目标、策略性动机的一致性分配资源、建立里程碑四个子步骤。在一阶段中，系将绩效指标进行整体规划，并据以设定指标。

（4）加强策略的反馈与学习：策略性的回馈与学习，促进策略复核与学习的效果。其更可细分为修正共有的愿景、提供策略性回馈、促进策略复核与学习三个子步骤。在此阶段中，主要让企业经理人能够了解其所设定的策略目标与攸关指针，是否能够达成财务、顾客、内部流程、学习与成长等个评估构面的要求。

3. 平衡计分卡绩效衡量

Kaplan、Norton(1992)指出，平衡计分卡系将关键性绩效评估指标，与企业所制定的策略紧密结合，并在兼顾企业长期与短期经营目标下，针对财务性与非财务性、主观面与客观面、外部构面与内部构面，以及领先指标（leading indicators）与落后指标（lagging indicators）等具体绩效指标之间，取得"平衡"之策略性管理工具。

Kaplan 及 Norton(1996)将平衡计分卡中"平衡"二字的意义在于以下四个构面上的平衡，并将平衡计分卡与绩效指标之联结。

（1）力求财务与非财务量度之间的平衡：亦即要求财务指标与非财务指针（客户满意、流程、学习与创新）之间的平衡，强调主观面衡量与客观面衡量之间的平衡。

（2）力求短期与长期目标之间的平衡：亦即要求短期指标（财务构面）与长期指标（学习与成长构面）之间的平衡。

（3）力求外界与内部之间的平衡：亦即外部衡量[1]（external measures）与内部衡量[2]（internal measures）间之平衡。

（4）力求领先指标与落后指标之间的平衡：即要求领先指针（客户满意、流程、学习与创新）与落后指标（财务绩效）的平衡，强调未来发展面衡量（学习与创新）

---

[1] 系就股东立场强调财务面，以及就顾客立场强调顾客面的情形，来衡量企业经营绩效。
[2] 强调企业内部营运流程面，以及学习与成长面的因素，来衡量企业经营绩效。

与过去行动结果面衡量之间的平衡。

平衡计分卡有两个主要基本概念:

(1)绩效所衡量的就是企业所要达成的目标。强调绩效衡量的内容、模式需求,必须与企业的经营目标、策略相互结合。俾使企业的经营策略与目标,纳入绩效衡量的模式之中,以协助企业经理人有效地将之与企业的策略计划,以及营运与预算等作业流程加以整合,将企业的财务与人物力资源进行整体规划,建立策略目标与资源分配相配合的机制,以达成企业的营运目标 (Kaplan、Norton, 1992;Clarke, 1997)。

(2)突破传统单一财务面的衡量构面,亦即不再仅是根据投资报酬率与每股盈余等财务性指标,来判定企业经营绩效的高低;而是以财务观点 (Financial Perspective)、顾客观点 (Customer Perspective)、内部流程观点 (Internal Process Perspective)、学习与成长观点 (Learning and Innovation Perspective) 等四个角度,来衡量企业的整体营运表现,将企业的经营目标与策略串联成一致性的策略管理系统 (Gary and Roger, 1996;Kaplan and Norton, 1996a, 1997;Clarke, 1997)。

于泳泓 (2009) 当你要开始执行你的平衡计分卡计划时,所需要做的正是预先规划好你的目标,如果要产生建设性的改变,计分卡必须要与管理制度结合,成为经营管理分析、支持与决策制定的基础,以确保计分卡从单纯的衡量工具,转变成为一种管理制度。陈泽义、陈启斌 (2012) 企业的绩效,是各个部门绩效的整合,也就是生产、销售、研发、人事、财务部门绩效的整合,而非仅是财务绩效而已。是以平衡计分卡[①] 即是一种“平衡”看待各个部门与层面的“计分卡”,而将财务绩效、营销绩效、生产绩效、人力绩效做出平衡性、整合性的计分处理。因此,即可以公平、客观的衡量企业的经营绩效,并且进一步与企业的管理活动紧密结合。

吴安妮 (2003) 平衡计分卡是一套协助组织落实使命及策略的管理工具,平衡计

[①] 陈泽义、陈启斌 (2012) 平衡计分卡 (balanced scorecard, BSC) 系一全方位的绩效衡量工具,充分考虑企业的外部、内部、过去、未来、主观、客观各层面,来评估企业经营绩效。

分卡可以解决组织执行策略之四大障碍。因为平衡计分卡包括了七大要素:(1)策略性议题;(2)策略性目标;(3)策略性衡量指标;(4)策略性衡量指针之目标值;(5)策略性行动方案;(6)策略性预算及(7)策略性奖酬。

平衡计分卡七大要素之间,具有环环相扣之因果关系,亦即策略性议题会影响策略性目标,进而影响策略性衡量指标,以此类推。同时,平衡计分卡之四大构面也具有因果关系,亦即学习与成长构面会影响内部流程构面进而影响顾客构面及财务构面,如图8-8。

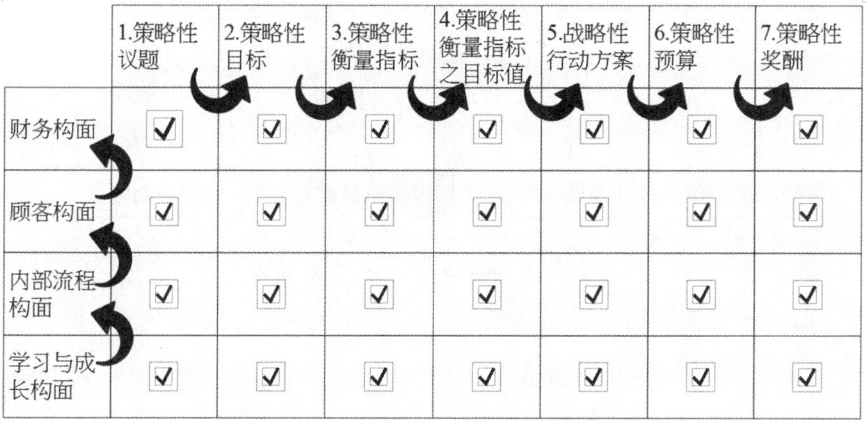

图8-8 平衡计分卡之具体内容

数据源:吴安妮,2003

吴安妮(2003)又指平衡计分卡具有结合目的及手段之功能。平衡计分卡具有四大子系统:(1)策略系统:包括策略性议题及策略性目标;(2)衡量系统:包括策略性衡量指标及策略性衡量指针之目标值;(3)执行系统:包括策略性行动方案、策略性预算及策略性奖酬等内容;(4)沟通系统:平衡计分卡中七大要素间之因果关系,皆得透过企业组织内之持续沟通而形成,因而称此为"沟通系统",如图 8-9。

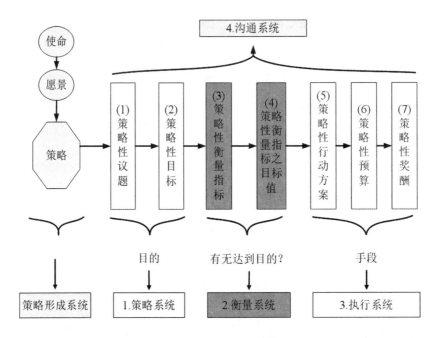

图8-9 平衡计分卡之要素及系统

数据源：吴安妮，2003

林怡伶（2004）平衡计分卡的建构需要明确的了解组织的发展策略，才能制定出一套关键的绩效指标，以用来推动策略及评估策略是否成功。由于每个组织都有其不同之策略与结构，因此在建立平衡计分卡时，建构方式也有所不同。然当企业对其策略不甚了解之际，Norton 与 Kaplan 也于 1996 提出一套系统化的发展计划，来建立平衡计分卡，同时也用来鼓励高阶级中阶经理人使用计分卡。一般而言，组织在建构一套平衡计分卡的流程时，可依策略管理四大流程，展开十项执行步骤，其做法如下图 8-10 所示：

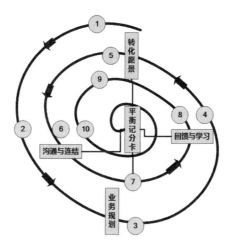

图8-10 建构平衡计分卡的流程步骤

数据源：Norton、Kaplan，1996；林怡伶，2004

4. 平衡计分卡的发展与应用

（1）平衡计分卡应用于非营利组织与政府。

平衡计分卡制度设计之初系着眼于解决营利组织之问题，但发展至今，已有许多的非营利组织及政府陆续广泛地采纳与使用这样制度（罗煜翔，2003）。针对这样的趋势 Kaplan&Norton(2001) 认为，由于对大多数的非营利组织及政府而言，财务绩效并非其最主要目标，因此四个构面的顺序可以重新调整以符合组织需要，他们亦提出一个一般性的架构（见图 8-11），提升了利益关系人（Stakeholder）在非营利组织中的地位。

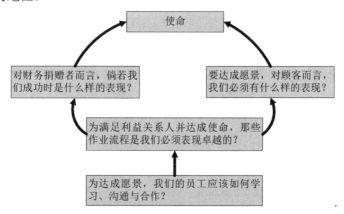

图8-11 平衡计分卡架构在非营利组织的应用

数据源：Kaplan&Norton，2001

平衡计分卡概念至 1998 提出，陆续有许多学者与企业导入学术研究与实务操作。（罗煜翔，2003）将案例地区平衡计分卡运用于非营利组织与政府之情形说明（见表 8-21）：

表8-21 平衡计分卡于非营利组织与政府应用文献汇整表

年份	作者	非营利组织与政府应用
1996	Kaplan&Norton	发现平衡计分卡可以更有效地协助政府部门澄清它们的策略，并将策略转换为具体的衡量项目。
1997	Wise	以美国联邦政府的信息部门为例，认为平衡计分卡除了可澄清策略外，并可经由绩效指标因果关系的导引，协助策略的具体实行。
1999	Bailey, Chow&Hadad	认为平衡计分卡是一项以顾客为导向、不断改进的系统，可以应用到商业学校；研究者并针对 38 位商学院院长进行调查发现，院长们建议学院的目标应以顾客的观点、学校服务及作业质量、大众印象、卓越的教学与课程、财源的增加以及人力资源的投资指标来订定及测量。
2000	Kazemek et al.	以圣玛莉德鲁思医疗综合中心 (St. Mary's Duluth Clinic Helalth Dystem, SMDC) 为各案研究对象，借由平衡计分卡的导入，将其组织使命、策略与日常营运流程相结合，对于 SMDC 的董事会来说，他们可借由平衡计分卡一览组织之整体策略方向，而管理阶层则对较为详细的营运数字负责，研究者认为如此可使董事会的运作较为有效 (Effectiveness)。
2000	高惠松	以 KL 港务局为研究对象，对其现行的绩效评估制度作一检讨，另外在尝试为其建立平衡计分卡的过程中，发现能促使制度成功推行的关键因素为：尚未主管机关的支持、成立专责推行小组、重新塑造组织文化、信息透明的信息平台、人力资源体系的配合及全员的参与等六点。
2000	于嘉玲	以侨务委员会为个案研究对象，探讨个案公务机关现有绩效评估之度之缺失，另依文献汇总公务机关绩效衡量指标，以问卷调查及深入访谈方法，辨认出可实际运用于公务机关绩效衡量之指标。研究者并建议行政机关仍可依照机关之策略、愿景、建构平衡计分卡观念下之绩效衡量指标，以避免过于僵化之公务机关绩效衡量制度阻碍了行政效率的提升。
2001	Kaplan	曾以表演艺术组织为个案对象，经由其使用、愿景、策略的层层分析，为该组织建立平衡计分卡架构为主的经营绩效衡量管理系统。
2001	涂昶辰	以中华社会福利联合劝募协会为个案，进行非营利组织绩效评估指针的建立，研究中透过问卷，调查所有授中华联动补助的机构，并透过专家学者的访谈、整理、建立出其组织绩效评估架构。
2001	洪佳新	认为非营利组织在绩效衡量指针的选择上，更应兼顾财务性与非财务性指标；并以伊甸社会福利基金会为个案，以平衡计分卡之概念进行绩效指标建立与认知之研究，以协助个案组织强化策略与绩效衡量指标间之联结。
2002	廖冠力	以成功大学学务处为个案研究对象，以平衡计分卡之架构透过问卷方式搜集学务处员工对部门及个人别绩效衡量指标重要性程度的认知，并进行因素分析，以找出适用于大学学务处之绩效指标。但该研究并未依理论程序，由组织愿景及策略订定平衡计分卡绩效指标，是为一项颇为重大的研究限制。

数据源：罗煜翔，2003

财团法人案例地区综合研究院（2005）将平衡计分卡引入公共部门相关案例分析，说明如下（见表 8-22）：

表8-22 公共部门导入平衡计分卡案例效益汇整表

公共部门名称	导入平衡计分卡的效益
夏洛特市	1990 年以"成为居住、工作和休闲的最佳选择城市"为愿景，市府幕僚团队透过年度回顾会议，讨论未来 10 年影响或决定资源分配的重要策略主题，提出 15 项重点，经过反复讨论与修正，选出 5 项优先的策略主题：小区安全、交通便捷、城中之城（City within a City）老市区的维护与振兴、政府改造、经济发展。 在平衡计分卡四大构面，顾客构面订定七个策略目标；财务构面订定四个策略目标；内部流程构面订定五个策略目标；学习与成长构面订定三个策略目标。
美国商业部经济发展局	使命即是联合各州政府、地方政府、以及非营利机构的力量，透过各种世界级的产能振兴方案、规划、基础建设研究补助，以及策略行动，来建立有利的事业环境，吸引民间投资和创造工作机会，借此协助各地合伙人创造财富，抛开贫穷。
英国国防部	1990 年代后针对英世界各地交政策目标的策略意涵进行全盘评估，以利英国武装部队的现代化，于是采用平衡计分卡，并着手建立战略地图，策略为"建设出战无不克的国防力量"，两大主题方向为"作战力的提升"和"资源的妥善运用"，抛开传统财务、顾客、内部流程、学习与成长，而将新的构面和两大主题方向结合。其构面修正为成果实现、资源管理、流程推动、未来建设四大构面。
美国陆军	以前沿用 1963 年后制定的信息系统，在情报搜集上大多过时而无法提供正确信息，为了应对美国国家安全需求戏剧化的转变（911 恐怖事件）与地面作战部队角色的快速演进，迫使陆军必须要发展出一套全新的方法，来应对难以捉摸的战备情形，因此导入平衡计分卡建构四大构面，利益关系人／任务构面、内部流程构面、学习与成长构面、资源构面。平衡计分卡的战略地图提供陆军领导阶层精确、客观、可以预测、施行的战备信息，能够有效地强化战略资源管理。

数据源：财团法人案例地区综合研究院，2005

（2）平衡计分卡应与于营利组织与私部门。

企业使用平衡计分卡之特性为，策略目标导向、多元指针、领先与落后标得衡量、建立策略、衡量、执行及沟通系统的完整管理机制，在适用的范围为组织策略阶层、管理阶层、作业阶层，使用上涉及整个组织的执行面（财团法人案例地区综合研究院，2005）。企业导入平衡计分卡的原因即是依据平衡计分卡的优点与缺点，相关说明（见表 8-23）：

表8-23 企业项目导入运用平衡计分卡的优点与缺点汇整表

优点	缺点
• 平衡计分卡提供四个构面及价值创造策略性架构，在绩效评估上，可平衡财务性及非财务性指标、可平衡企业内部与外部的组成要素、可平衡落后信息与领先信息以及平衡短期绩效与长期价值。 • 平衡计分卡具有环环相扣的管理机制：可将组织使命具体落实，透过使命的制定形成策略性议题，据此延伸出策略目标，在形成策略性衡量指针，即可作为组织绩效评估之项目。进而编列年度策略性预算。策略性预算与营运预算结合即为总预算。年终时，可根据绩效指标达成情况加以评分，作为年终考绩及奖金发放之基础。因此，平衡计分卡具有导引、激励的作用，有明确的目标，可与奖励机制结合。 • 平衡计分卡可协助企业聚焦在策略上，并当作动员指导组织变革的机制，重新定义与顾客的关系，流程改造、教导员工新知识、并且部署新的信息基础建设等。可由上而下来贯彻，基于共同目标而达成综效。 • 在目标管理制度下，个人目标是由所属的部门单位目标所产生的，而部门目标的内涵则常受限于部门的功能定位，因此，个人目标容易偏重于短期、战术性且财务面的向度。相对地，平衡计分卡让员工对公司、事业单位的策略有较广泛的了解，且有效阐明员工在组织战略地图上的位置和角色，以及思考员工如何对策略目标的达成有所贡献。除此，在平衡计分卡的架构下，个人的目标能够跨越部门功能的界线，并涵盖较长期、策略性目标。 • 平衡计分卡可以当作绩效管理中心架构，快速且可靠地了解绩效改善之动因及方向。 平衡计分卡可清楚掌握长期性的价值和竞争优势，并且重视无形资产，符合目前朝知识经济发展的趋势。 • 在指针建立时必须反应确实的作业表现，并具有积极向前的作用，以短中长期目标来导引。 可建立问题诊断系统，不断找出策略议题、目标、指针的问题，作为改进参考，以持续不断沟通。	• 高阶管理者若不能明确地厘清组织愿景与策略的话，便无法透过平衡计分卡改善组织绩效。 • 发展与维持平衡计分卡会增加员工工作负荷、包括时间、资源、心力。 • 必须解决落实上的困难，包括： • 会影响到执行面，因此受到的阻力较大。所遇到的内部抗拒，可能包括没时间、保护权力及管理者对信息透明化的抗拒等。 • 虽然，四个构面可以兼顾财务及非财务，但是在策略目标、衡量指针的设定等技术面上，如何正确、可用、具体化，仍是不小的挑战。 • 必须避免导入时间上的落差。尤其，投入时间、经费导入平衡计分卡建立非财务性的领先指标，成本会先显现出来，而产生效益则会落后。因此，必须克服时间落差，并且能以可预期的效益来说服高阶主管支持。

数据源：财团法人案例地区综合研究院，2005

财团法人案例地区综合研究院 (2005) 将平衡计分卡引入民间企业相关案例分析，说明如下（见表 8-24）：

表8-24 民间企业导入平衡计分卡案例原因及效益分析表

民间企业名称	导入原因	效益
××银行	• 对策略愿景解读不一致，力量发散：因为在实施平衡计分卡前，项目小组曾经对高阶主管做过一项测试，以口头询问的方式请高阶经理人说明金处目前的策略与愿景。结果发现个金各部门经理对策略和愿景的阐述皆不相同。 • 过度依赖短期财务指标：个金处每月例行性所召开的会议仅着重于当月盈余的检讨与预算的达成情性，而较少关心影响业绩成长的动因为何。 • 规模持续成长且组织庞大，资源投入无法有效聚焦与管理：有鉴于金组织成长迅速且资源投资庞大，因为资源有限且策略议题未定，以至于项目难以聚焦与排序。 缺乏因果关系检验，无法具体展开策略：每年个金处虽然重复进行"三年计划"的策略规划流程，但是实际上却无法确实的将规划转换成行动方案，以至于虽然每年花费许多时间进行策略规划。	• 导入平衡计分卡迄今，经过时间的施行，发现个金处确实可改善导入前存在的问题，透过持续的维持与延续，在导入平衡计分卡后并不会创造一项新制度，反而是将既有管理机制作一逻辑性串联。 • 对于一个持续成长、组织庞大的组织来说，在既有目标管理制度下，导入平衡计分卡，的确能够促进检讨策略、目标、行动各环节的因果关系，澄清使命、愿景、建立共识及形成更具体的策略，形成共同性沟通的语言。 • 发展四个构面之 KPI，才能兼顾整体财务与非财务、短期及长期、落后与领先指标，协助进行年度计划与预算之资源管理。 • 经由因果关系的联结，确实展开三年计划至年底预算之资源管理。
××半导体公司	• 再导入平衡计分卡之前，已实施方针目标管理多年，原有的方针目标系凭经验订定并没有明确的依据，没有策略议题与策略因果的观念，很多目标充其量只能是算手段而不是策略。在方针管理下出现几个问题，包括 • 未定义公司一致性的愿景与策略 • 方针目标由高阶主管于年度预算编制前设定，时间仅 1 年 • 未与愿景、策略作具体联结 • 所谓的 KPI 沦为落后指标，仅能供事后检讨，无法对目标达成采取事前反应的作用 • 各部门自行进行方针目标展开、拟定工作计划与 PI（先期指标），每季自行汇整工作成果与异常项目的说明与检讨，方式不拘，以致缺乏整合，各单位各自为政 • 缺乏绩效衡量的标准与机制，无法与奖惩有效联结	• 借由导入平衡计分卡修正与补强方针目标管理的弱点，遂导入平衡计分卡的观念，将其导正为具策略性的目标管理系统。 • 借由平衡计分卡定义出公司的使命 - 透过提供最好的产品、服务给客户，使投资人、股东、员工的利益得以实现，也进一步厘清了愿景 - 成为世界级、具竞争力、获利稳定的专业半导体公司，也描绘出公司的经营理念 - 利益共享、稳定成长与积极创新。
××石油北美区营销暨炼油事业处	• 1992 年新任执行长上任，面对积弱不振的组织，获利续居产业之末、管理制度官僚化、作业效率不彰及毫无竞争等问题。 • 该公司应用创造了策略核心组织的五大法则，缔造了突破性的绩效： • 将策略转化成执行面的语言：以降低成本与增加高价位的产品和服务的营收量，在平衡计分卡的以策略为核心整合组织资源，将策略落实为每位员工的日常工作，让策略成为持续的循环流程，由高阶领导带动变革。	• 将策略转化成执行面的语言：以降低成本与增加高价位的产品和服务的营收量。 • 在平衡计分卡的财务构面为"三年内将资本运用报酬率（Return on Capital Employed, ROCE）由 7% 提高到 12%"为战略目标； • 顾客构面将"发展与经销商之间双赢的关系"为战略目标；内部流程将"开发新的产品和服务""由非油类营收来增加经销商的利润"为战略目标； • 学习与成长构面将"核心能力和技能""战略信息的使用""全员参与及贡献"为战略目标

数据源：财团法人案例地区综合研究院，2005

（3）公私协力平衡计分卡建构流程．

本研建构公私协力平衡计分卡之流程，首先建构面向：依据相关文献及研究拟定问卷调查指标，进行因素分析并以战略性目标进行分类，重新命名战略性议题，导回平衡计分卡四大构面，建立平衡计分卡使命与愿景，进行策略性目标之绩效衡量，完成公私协力平衡计分卡，若无法建构将重新筛选新因素建构不同使命与愿景之思维。

其次验证面向为进行策略性目标之绩效衡量评估，已确认完成公私协力平衡计分卡，进一步进行实际实务案例验证，若验证结果通过，即为完成建立公私协力平衡计分卡战略地图，相对地若无法建构，则需再进行检讨策略性目标之绩效衡量，进行优化（见图 8-12）。

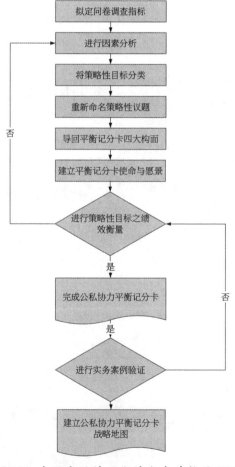

图8-12 本研究设计平衡计分卡建构流程图

（二）公私协力项目绩效指标调查成果分析

1. 调查成果说明

本研究调查成果共回收 54 份问卷，政府机构回收 24 份，民间经营团队回收 30 份问卷，依据调查样本与回收情形，相关说明如下（见表 8-25）。

表8-25 本研究问卷调查结果统计表

调查单位	调查样本	回收样本	回收率	未回收样本
政府机关团队	47	24	51.06%	23
民间经营团队	63	30	47.62%	33

数据源：本研究整理

本研究执行问卷调查期间，透过纸本问卷的寄送与网络问卷的联系，遭遇诸多调查之困难，归结遭遇困难之因素整理如下（见表 8-26）。

表8-26 本研究调查遭遇之研究限制汇整表

受访单位	调查研究限制
政府机关团队	（1）承办人员已离职，单位后续并未持续申请 GTA 奖案件，因此无相关经验之累积与留存，故无法填写本研究问卷。 （2）承办人员已连续承办多届 GTA 奖得奖案件仍继续服务于原单位，因此问卷调查样本仅填写一份问卷，代表个人对 GTA 奖的看法。 （3）承办人员已调离现职，后续新承办人员并未接触类似 GTA 奖案件之内容，因此无法提供客观与专业的看法。 （4）经与承办人员联系后，因案件资料内容涉及相关文件，因此无法协助本研究问卷调查。 （5）经联系承办人员后，由于案件资料的机密性问题，需与主管及上级报告，经会议后无法提供承办相关之经验与数据，因此无法协助填写本研究问卷。 （6）经政府信息公开数据之相关联系方式，透过电话联系承办人员，经同仁与主管告知查无此人，因此无法执行问卷调查。
民间经营团队	（1）经联系后承办单位以迁址，以及查无此人与号码为空号，因此无任何数据更新并持续联系。 （2）承办人员已连续承办多届 GTA 奖得奖案件仍继续服务于原单位，因此问卷调查样本仅填写一份问卷，代表个人对 GTA 奖的看法。 （3）承办人员忙于公务，透过讯息与通话联系，碍于承办人员的职称位阶为内部高阶主管，因此须将公司数据严格保密，故无法填写本研究问卷。 （4）承办人员已调离现职，经同仁联系后，因当初承办经验为公司内部数据，与主管会后结论后，为保护公司内部资产，因此无法填写本研究调查问卷。

数据源：本研究整理

2. 研究对象受访者叙述统计分析

受访者调查结果显示（见表 8 27），31～40 岁受访者占调查比例 31.5%；41～50 岁受访者占调查比例 29.6%；21～30 岁受访者占调查比例 27.8%。调查结果得知，本研究受测年龄层以 20 岁以上 50 岁以下居多，显示目前政府与民间组织承办人员有新血的轮替与世代的经验传承，由图 8-13 观察可得知调查对象偏向 50 岁以下。

表8-27 年龄之次数分配统计表

年龄	人数	百分比	有效百分比	累积百分比
21～30 岁	15	27.8	27.8	27.8
31～40 岁	17	31.5	31.5	59.3
41～50 岁	16	29.6	29.6	88.9
51～60 岁	5	9.3	9.3	98.1
60 岁以上	1	1.9	1.9	100.0
总和	54	100.0	100.0	—

数据源：本研究整理

受访者调查结果显示（见表 8-28），男性占调查百分比 66.7%；女性占调查百分比 33.3%，男女性比约 2:1。调查结果得知，参与 GTA 奖调查承办对象以男性偏多，由图 8-13 观察可得知偏向男性。

表8-28 性别之次数分配表

性别	人数	百分比	有效百分比	累积百分比
男性	36	66.7	66.7	66.7
女性	18	33.3	33.3	100.0
总和	54	100.0	100.0	—

数据源：本研究整理

受访者调查结果显示（见表 8-29），硕士学历占调查百分比 61.1%；其次为大学学历占调查百分比 37%，调查结果得知，负责处理 GTA 奖案件类型之承办人员须拥有较高的学历与知识，因 GTA 奖案件内容涉及烦琐，因此在专业知识上必须具备相当承办能力之水平，由图 8-13 观察可得知偏向硕士学历与大学学历。

表8-29 受访者教育程度之次数分配表

学历程度	人数	百分比	有效百分比	累积百分比
大学（专科）	20	37.0	37.0	37.0
硕士	33	61.1	61.1	98.1
博士	1	1.9	1.9	100.0
总和	54	100.0	100.0	—

数据源：本研究整理

受访者调查结果显示（见表 8-30），私部门承办人员占调查百分比 55.6%；政府承办人员占调查百分比 44.4%，调查结果得知，私部门回复状况较好，因在人事调度上较稳定，如图 8-13 观察可得知较偏向私部门。

表8-30 受访者任职单位之人数分配表

单位	人数	百分比	有效百分比	累积百分比
政府单位	24	44.4	44.4	44.4
私部门单位	30	55.6	55.6	100.0
总和	54	100.0	100.0	—

数据源：本研究整理

受访者调查结果显示（见表 8-31），参与公私协力经验少则 1 年多则 18 年，调查结果得知，因参与年限的分布，能综合彼此的经验而得到较客观的看法。本研究调查对象经年 3 年以上的达 63%，研究结果具较高度可信度。如图 8-13 观察得知。

表8-31 受访者参与公私协力业务经验之次数分配表

参与年期（年）	人数	百分比	有效百分比	累积百分比
1	9	16.7	16.7	16.7
2	6	11.1	11.1	27.8
3	5	9.3	9.3	37.0
4	6	11.1	11.1	48.1
5	5	9.3	9.3	57.4
6	4	7.4	7.4	64.8
7	1	1.9	1.9	66.7
8	4	7.4	7.4	74.1
9	2	3.7	3.7	77.8
10	5	9.3	9.3	87.0
11	1	1.9	1.9	88.9
12	2	3.7	3.7	92.6

参与年期（年）	人数	百分比	有效百分比	累积百分比
14	2	3.7	3.7	96.3
15	1	1.9	1.9	98.1
18	1	1.9	1.9	100.0
总和	54	100.0	100.0	—

数据源：本研究整理

受访者调查结果显示（见表 8-32），参与 OT 案件占调查百分比 31.5%；BOT 案件占调查百分比 25.9%；ROT 案件及其他主管机关核定方式占调查百分比 18.5%，调查结果得知，本研究呈现之结果将以上述案件类型为主，如图 8-13 观察得知。

表8-32 参与公私协力模式之次数分配表

参与公私协力模式	次数	百分比	有效百分比	累积百分比
BOT	14	25.9	25.9	25.9
有偿 BOT	1	1.9	1.9	27.8
ROT	10	18.5	18.5	46.3
OT	17	31.5	31.5	77.8
BOO	2	3.7	3.7	81.5
其他主管机关核定方式	10	18.5	18.5	100.0
总和	54	100.0	100.0	—

数据源：本研究整理

受访者调查结果显示（见表 8-33），在政府与民间组织协商决定之机制占调查百分比 51.9%；政府主导占调查百分比 25.9%；审查专家顾问裁决占调查百分比 18.5%，调查结果得知，GTA 奖案件主导类型之机制以政府与民间组织协商决定为主要进行机制，如图 8-13 观察可得知偏向政府与民间组织协商决定。

表8-33 促参案件之协商机制进行方式之次数分配表

进行方式	次数	百分比	有效百分比	累积百分比
政府主导	14	25.9	25.9	25.9
私部门主导	2	3.7	3.7	29.6
公私部门协商决定	28	51.9	51.9	81.5
审查专家顾问裁决	10	18.5	18.5	100.0
总和	54	100.0	100.0	—

数据源：本研究整理

受访者调查结果显示（见表 8-34），由政府主导，私部门遵循规范以公私协力方式进行占调查百分比 72.2%，调查结果得知，GTA 奖案件类型以政府主导为主，如图 8-13 观察得知。

表8-34 促参案件设施开发方式之次数分配表

开发方式	次数	百分比	有效百分比	累积百分比
由政府主导，私部门遵循规范，以公私协力方式进行	39	72.2	72.2	72.2
由私部门提出申请，政府提供协助，以民间自行进行开发方式进行	15	27.8	27.8	100.0
总和	54	100.0	100.0	—

数据源：本研究整理

受访者调查结果显示（见表 8-35），缺发经营管理技术占调查百分比 42.6%；政府财政状况不佳占调查百分比 35.2%，调查结果得知，公私协力目的主要为解决政府在经营管理技术的不足，如图 8-13 观察得知。

表8-35 采用公私协力最主要的原因之次数分配表

最主要的原因	次数	百分比	有效百分比	累积百分比
政府财政状况不佳	19	35.2	35.2	35.2
缺乏经营管理技术	23	42.6	42.6	77.8
对于土地资源价值不了解	7	13.0	13.0	90.7
与民间参与者无法协助合作	5	9.3	9.3	100.0
总和	54	100.0	100.0	—

数据源：本研究整理

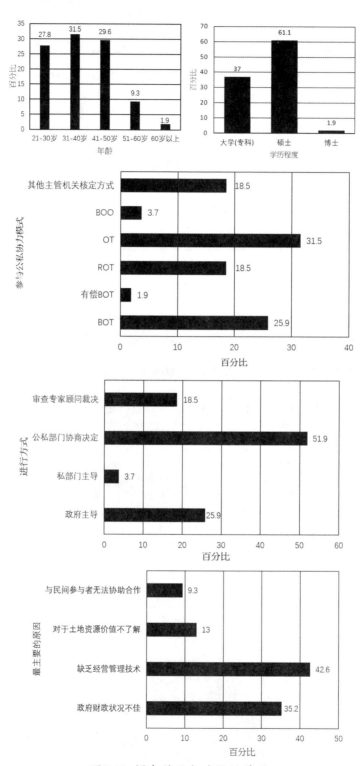

图8-13 调查结果叙述性统计图

数据源：本研究整理

3. 问卷信度分析

本研究各构面之 Cronbach α 系数 (0.969) 达 0.8 以上（见表 8-36），显示题项具有相当良好之内部一致性，因此本研究之信度值应可被接受。

表8-36 信度统计量表

Cronbach's Alpha 值	以标准化项目为准的 Cronbach's Alpha 值	项目的个数
.969	.970	37

数据源：本研究整理

4. 问卷效度分析

本研究的问卷题目是经由文献探讨整理及本研究研拟出来的，并在进行调查与测验后修正与剔除，因此本问卷应具有一定的内容效度。

5. 因素分析

KMO 是 Kaiser-Meyer-Olkin 的取样适当性衡量量数，当 KMO 值愈大时，表示变量间的共同因素愈多，愈适合进行因素分析。根据 Kaiser 观点，如果 KMO>0.9（很棒，Marvelous）、KMO>0.8（很好，Meritorious）、KMO>0.7（中等，Middling）、KMO>0.6（普通，Mediocre）、KMO>0.5（粗劣，Miserable）、KMO<0.5（不能接受，Unacceptable）时，较不宜进行因素分析。本研究 KMO 值达到 0.798 趋近于 0.8（见表 8-37），表示本研究适合进行因素分析。

表8-37 KMO与Bartlett检验表

项目		数据
Kaiser-Meyer-Olkin 取样适切性量数。		.798
Bartlett 球形检定	近似卡方分配	2142.815
	自由度	666
	显著性	.000

数据源：本研究整理

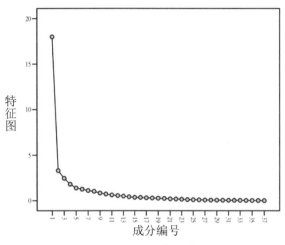

图 8-14 因素陡坡图

数据源：本研究整理

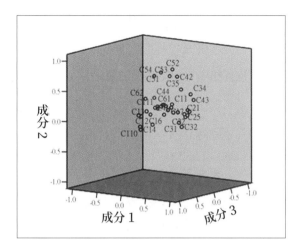

图 8-15 转轴后空间中成分图

本研究探讨公私协力项目绩效指标之形成原因，由文献及本研究汇整之构面为六项，依据相关公私协力研究及公共工程与公共建设之原因探讨，归纳包括（1）项目财务；（2）项目规划；（3）协商机制；（4）政策与制度；（5）经济环境；（6）市场环境。

本研究以探索性因素分析，探讨"公私协力项目绩效指标"之因素，本研究以主成分分析法进行因素分析，并以 Varimax 法进行因素转轴，因素分析表结果见表8-37、图 8-14、图 8-15。

经由因素分析结果得知，本研究调查案例为 GTA 奖得奖案例，在政府机构与民间经营共收集 110 件案例，共有 37 个原始变量，为归纳及了解公私协力项目绩效之形成因素的构面，进行因素分析。

原始资料经过 KMO 及 Bartlett's 检验后发现，此处的 KMO 值为 0.798，Bartlett's 球形检验值为 2142.815，自由度为 666，显著水平为 0.001 以下，结果显示为代表"适合进行因素分析"。

（1）形成因素构面之分析。

为了瞭从文献与本研究所拟定构面，是否经过问卷回收后仍维持一致，除依据上述之设定外，并设定特征值大于 1 的因素萃取，结果（见表 8-38）。原构面为①

项目财务；②项目规划；③协商机制；④政策与制度；⑤经济环境；⑥市场环境；由表中得知，共可抽取八项特征值大于 1 之因素，发现其与本研究之基本设定不同，经观察其差异显著性归纳为八项因素，针对这些因素之特性分别从新命名如下：

因素一：命名为"开发策略评估"因素，包括：（C33）付款条件及机制、（C22）公共设施配套、（C34）费率物价调整机制、（C32）补偿与违约事项、（C43）土地取得问题、（C21）环境冲击、（C23）设施配置，共计七题，皆为"开发策略评估"特点。特征值为 17.975，解释变异量达 48.6% 为最高。

因素二：命名为"外部经济条件"因素，包括：（C52）通货膨胀率变动、（C51）工资波动、（C54）不动产经气波动、（C42）税制变动、（C53）外汇汇率及货币变动，共计五题，皆为"外部经济条件"特点。特征值为 3.291，解释变异量达 8.9%。

因素三：命名为"财务规划"因素，包括：（C19）回馈金、（C110）权利金（固定 + 变动）、（C14）营运收入、（C18）特许期间年期，共计四题，皆为"财务规划"特点。特征值为 2.444，解释变异量达 6.6%。

因素四：命名为"工程稽核机制"因素，包括：（C27）发包方式、（C26）工程期变动、（C45）政府承诺协助事项，共计三题，皆为"工程稽核机制"特点。特征值为 1.798，解释变异量达 4.9%。

因素五：命名为"精准营销策略"因素，包括：（C63）营销和宣传效果、（C64）拥有的市场规模特性、（C61）产品和市场定位明确程度，共计三题，皆为"精准营销策略"特点。特征值为 1.382，解释变异量达 3.7%。

因素六：命名为"财务控管能力"因素，包括：（C12）自偿率、（C11）银行融资能力、（C13）回收期，共计三题，皆为"精准营销策略"特点，特征值为 1.254，解释变异量达 3.4%。

因素七：命名为"合约管理"因素，包括：（C36）主办单位需求变更、（C41）法令制度健全、（C35）融资机构介入权，共计三题，皆为"合约管理"特点，特征值为 1.102，解释变异量达 3.0%。

因素八：命名为"奖励诱因"因素，包括：（C111）土地取得成本、（C44）投资奖励优惠吸引力，共计两题，皆为"奖励诱因"特点，特征值为 1.021，解释变异量达 2.8%。

整体而言，萃取之构面与原本假设构面有显著之不同，其中"开发策略评估"因素，包括：综合多项原假设的问项"公共设施配套""费率物价调整机制""补偿与违约事项"之因素解释最高，为最主要形成之构面；"外部经济条件"因素，将"通货膨胀"视为影响外部经济条件之最重要因素；"财务规划"因素，将"权利金（固定＋变动）"视为影响财务规划最重要之因素；"工程稽核机制"因素，将"工程期变动"视为影响工程稽核机制最重要之因素；"精准营销策略"因素，将营销知识、宣传、定位、特性皆视为影响重要的因素；"财务控管能力"因素，将"回收期"视为影响财务控管能力最重要之因素；"合约管理"因素，将业主需求视为最重要影响之因素；"奖励诱因"因素，将成本考虑视为影响奖励诱因最重要之因素。

（2）一致性分析。

为验证本研究所萃取因素包括变量之一致性，将以信度分析加以验证。一份量表的信度可以整份合并计算信度，也可采用因素分析将题目分组或是主观分组成几个构面，然后再对各构面计算信度。

本研究原 37 项问项形成因素之信度值为（0.969），经因素分析后八项因素构面之信度值，因素一"开发策略评估"构面之信度值（0.921），因素二"外部经济条件"构面之信度值（0.914），因素三"财务规划"构面之信度值（0.908），因素四"工程稽核机制"构面之信度值（0.890），因素五"精准营销策略"构面之信度值（0.882），因素六"财务控管能力"构面之信度值（0.812），因素七"合约管理"构面之信度值（0.847），因素八"奖励诱因"构面之信度值（0.775）。整体而言，因素构面之信度接近整体构面并具一致性，因素构面信度均达 0.7 以上，故信度已达可接受。

分析结果剔除七项变量，"同业竞争情形""联外交通""内在报酬率""成本控管""现金流量稳定""工程设计错误或变更""法律风险之分配"，此 7 项变量因素负荷量皆未达标准的 0.6 以上，因此将之剔除，由原先的 37 项原始变量，缩减成 30 项变量，累积解释变异量达到 81.8%。

表8-38 公私协力项目绩效指标分析结果

编号	形成因素	抽取因素								共同性
		因素一 开发策略评估	因素二 外部经济条件	因素三 财务规划	因素四 工程稽核机制	因素五 精准营销策略	因素六 财务控管能力	因素七 合约管理	因素八 奖励诱因	
C33	付款条件及机制	0.746	0.217	0.184	0.125	0.002	-0.006	0.267	-0.125	0.74
C22	公共设施配套	0.724	0.157	0.214	0.273	0.288	0.304	-0.027	0.082	0.85
C34	费率物价调整机制	0.717	0.492	0.109	0.225	0.063	-0.009	-0.043	-0.072	0.83
C32	补偿与违约事项	0.708	-0.015	0.354	0.327	0.233	0.218	-0.017	0.026	0.84
C43	土地取得问题	0.708	0.383	0.009	-0.063	0.056	-0.051	0.169	0.212	0.73
C21	环境冲击	0.695	0.180	0.257	0.125	0.348	0.140	0.046	0.179	0.77
C23	设施配置	0.650	0.218	0.098	0.241	0.213	0.335	-0.058	0.212	0.74
C52	通货膨胀率变动	0.298	0.851	0.037	0.195	0.132	0.124	0.104	0.051	0.90
C51	工资波动	0.129	0.796	0.129	0.239	0.227	-0.055	0.166	-0.002	0.81
C54	不动产景气波动	0.078	0.752	0.254	-0.084	0.075	0.037	0.221	0.366	0.83
C42	税制变动	0.377	0.735	0.014	0.165	0.103	0.332	0.030	-0.061	0.84
C53	外汇汇率及货币变动	0.235	0.732	0.026	0.113	0.190	0.206	0.066	0.283	0.77
C19	回馈金	0.183	0.195	0.858	-0.085	0.057	0.164	0.040	0.174	0.88
C110	权利金（固定+变动）	0.209	0.008	0.853	0.157	0.258	0.016	0.161	0.146	0.91
C14	营运收入	0.152	-0.056	0.756	0.422	0.216	0.104	0.017	0.132	0.85
C18	特许期间年期	0.125	0.149	0.698	0.458	-0.041	0.168	0.282	-0.053	0.85
C27	发包方式	0.205	0.256	0.234	0.784	0.146	0.055	0.048	0.085	0.81
C26	工程期变动	0.503	0.179	0.172	0.654	0.050	0.092	0.267	0.321	0.93
C45	政府承诺协助事项	0.227	0.281	0.220	0.620	0.401	0.152	0.282	0.033	0.83
C63	营销和宣传效果	0.119	0.242	0.220	0.169	0.819	0.105	0.005	0.178	0.86
C64	拥有的市场规模特性	0.329	0.143	0.053	0.169	0.807	-0.006	0.166	0.049	0.84
C61	产品和市场定位明确程度	0.284	0.293	0.261	0.259	0.632	0.229	0.259	0.142	0.84
C12	自偿率	0.073	0.125	0.357	0.200	0.085	0.680	0.262	0.002	0.73
C11	银行融资能力	0.354	0.289	0.128	-0.013	0.133	0.602	0.121	0.437	0.81

编号	形成因素	抽取因素								共同性
		因素一 开发策略评估	因素二 外部经济条件	因素三 财务规划	因素四 工程稽核机制	因素五 精准营销策略	因素六 财务控管能力	因素七 合约管理	因素八 奖励诱因	
C13	回收期	0.181	0.228	0.626	0.220	0.103	0.532	0.219	0.010	0.87
C36	主办单位需求变更	0.079	0.195	0.158	0.155	0.146	0.124	0.863	0.139	0.89
C41	法令制度健全	0.446	0.268	0.282	0.179	0.132	0.353	0.556	-0.101	0.84
C35	融资机构介入权	0.459	0.532	0.017	0.050	0.095	0.223	0.469	0.217	0.82
C111	土地取得成本	0.112	0.229	0.279	0.249	0.199	0.020	0.119	0.784	0.87
C44	投资奖励优惠吸引力	0.006	0.368	0.150	0.480	0.178	0.216	0.059	0.508	0.73
C62	同业竞争情形	-0.020	0.383	0.370	0.225	0.360	0.261	0.461	0.133	0.76
C24	联外交通	0.418	0.307	0.408	0.297	-0.072	0.342	0.196	0.010	0.68
C17	内在报酬率	0.454	0.243	0.392	0.311	0.338	0.398	-0.007	-0.003	0.79
C15	成本管控	0.275	0.013	0.586	0.599	0.218	0.177	-0.080	0.109	0.88
C16	现金流量稳定	0.309	0.138	0.294	0.582	0.293	0.384	0.136	0.121	0.81
C25	工程设计错误或变更	0.530	0.078	-0.006	0.535	0.192	0.006	0.294	0.293	0.78
C31	法律风险之分配	0.587	0.029	0.261	0.514	0.248	0.073	0.120	-0.040	0.76
特征值		17.975	3.291	2.444	1.798	1.382	1.254	1.102	1.021	—
解释变异量 (%)		48.6(%)	8.9(%)	6.6(%)	4.9(%)	3.7(%)	3.4(%)	3.0(%)	2.8(%)	—
累积解释变异量 (%)		48.6(%)	57.5(%)	64.1(%)	68.9(%)	72.7(%)	76.1(%)	79.0(%)	81.8(%)	—
信度值		0.921	0.914	0.908	0.890	0.882	0.812	0.847	0.775	—
萃取方法：主成分分析。旋转方法：旋转方法：含 Kaiser 常态化的 Varimax 法。转轴收敛于 9 个迭代。										

数据源：本研究整理

6. 样本检验分析

为了了解政府（政府机关团队）与私部门（民间经营团队）之公私协力项目绩效指标内容之差异性是否存在，经由 F 检定结果显示，仅有回馈金（F=5.614、显著性 0.022<0.5）与付款条件及机制（F=6.887、显著性 0.011<0.5）两项因素当变异数相等假设不成立，此两项因素此处回馈金（T=1.014、显著性 0.316<0.5）、付款条件及机制（T=0.832、显著性 0.410<0.5），由此可知，回馈金与付款条件及机制，

表示公、私双方对回馈金与付款条件及机制达显著差异。

检定结果显示其余因素显著性皆高于 0.5，因此全数假设变异数相等，接着以独立样本 t 检定分析，各因素平均数检定后接受假设之显著因素如下：

（1）银行融资能力（显著性 0.486<0.5），私部门平均数高于公部门，且两者皆达到显著，这与一般私部门较以财务考虑为主之印象一致。

（2）权利金（固定＋变动）（显著性 0.409<0.5），公部门平均数高于私部门，且两者皆达到显著，显示出公部门对私部门在权利金的给付作为私部门是否可以如期履约的信用。

（3）土地取得成本（显著性 0.242<0.5），私部门平均数高于公部门，因公共建设期初投资最大笔资金即为土地买卖，因此土地取得的成本将是私部门投资公共建设需考虑重要因素。

（4）设施配置（显著性 0.410<0.5），私部门平均数高于公部门，因公共建设的设施配置攸关整体建设规划，有完善的配置才能符合各项标准。

（5）工程期变动（显著性 0.098<0.5），私部门平均数高于公部门，因建设期间诸多规划必须确实执行，倘若发生不可抗力之事件，将严重影响工程进度，轻则追加成本，重则产生工安事件与工程停摆。

（6）发包方式（显著性 0.323<0.5），私部门平均数高于公部门，因公共建设工程庞大诸多设施类别繁杂，许多案件由单一私部门以统包方式取得工程案件，必须针对各类设施将诸多专业工程发包。

（7）主办单位需求变更（显著性 0.415<0.5），私部门平均数高于公部门，因公共建设期程，短则数月、长则数年，途中将经历政党轮替等政治因素，因此主办单位需求变更，对私部门承接公共建设案件将是一大风险。

（8）政府承诺协助事项（显著性 0.438<0.5），私部门平均数高于公部门，由此可见，公共建设于兴建整体生命周期中，政府承诺协助事项将对私部门承揽公共建设影响甚巨。

（9）工资波动（显著性 0.419<0.5），私部门平均数高于公部门，因公共建设需耗费大量人力资本，人事部门的控管除了影响建设进度，也将造成私部门财务负担。

（10）营销和宣传效果（显著性 0.457<0.5），公部门平均数高于私部门，与一

般认知私部门较着重营销观点不同，由此可见公部门对公共建设后的营运规划非常着重，因设施类别的定位明确与否，将严重影响公共建设整体的后续营运。

（11）拥有的市场规模特性（显著性 0.486＜0.5），公部门平均数高于私部门，公共建设完成后，设施定位的明确与否，将影响后续整体营运的目标客群，每件公共建设皆有各自的属性，因此，如涵盖范围设施属性雷同，将产生市场重叠，进而影响后续营运。

本研究以独立样本 t 检验分析，经分析结果区分为八项成分因素如下（见表 8-39）：

成分因素一"开发策略评估"共七项因素中，"补偿与违约事项""付款条件及机制""费率物价调整机制"共三项，在政府的平均数均高于私部门，可知道政府机关团对于承办 GTA 奖之公私协力案件类型中，特别重视补偿与违约事项的事件，另外付款条件与费率物价调整机制也达到显著差异，结果得知，政府机关团队较注意风险应对的对策与机制的完整性；"环境冲击""公共设施配套""设施配置""土地取得问题"共四项，在私部门的平均数均高于政府，可得知民间经营团队对整体环境与设施配套措施与配置，以及土地取得问题较政府机关团队来的重视，整体来说，政府机关团队在"开发策略评估"较以内部环境为主要考虑，民间经营团队则以外部环境考虑为主。

成分因素二"外部经济条件"共五项因素中，"税制变动""外汇汇率及货币变动"共两项，在政府的平均数均高于私部门，可见政府机关团队对税制及汇率较民间经营机构敏感，两者皆达显著水平；"工资波动""通货膨胀率变动""不动产景气波动"共三项，在私部门的平均数高于政府，可得知私部门于案件执行期间，在风险考虑上有景气的循环工资的问题，以及通货膨胀率，这三点的波动影响将会导致私部门在成本控管上增加营运的成本，其中通货膨胀率变动达显著水平。

成分因素三"财务规划"共四项因素中，"回馈金""权利金（固定＋变动）"在政府的平均数均高于私部门，能了解政府机关团队在执行案件时，为了保障自身利益而必须在回馈金与权利金维持稳定与合理的金额，因素皆达显著水平；"营运收入""特许期间年期"在私部门的平均数均高于政府，能了解民间经营团队在计划期间为维持稳定的周转率与合理的报酬，在营运收入的掌握与特许期间年期的规划须更加小心谨慎。

成分因素四"工程稽核机制"共三项中,"工程期变动""发包方式""政府承诺协助事项"在私部门的平均数均高于政府,由此可见上述三项因素对民间经营团队在执行案件中,扮演非常重要的关键因素,稍有变动与政策改变,将会影响整体计划案件的进行,因素皆达显著水平。

成分因素五"精准营销策略"共三项中,"营销和宣传效果""拥有的市场规模特性"在政府的平均数均高于私部门,由此可见在计划案件整体期程间,政府机关团队更在意美意与建设的公众效益,是否提升整体施政满意度,因素皆达显著水平;"产品和市场定位的明确程度"在私部门的平均数高于公私门,能知道民间经营团队在计划期间对案件类型的市场定位与掌握,必须更加清楚与掌握,这攸关整体经营风险的控管问题。

成分因素六"财务控管能力"共三项中,"自偿率"在政府的平均数高于私部门,能得知政府机关团队非常注重执行单位于计划案件的自偿率规划,希望用自偿率来提高计划执行的信用与质量;"银行融资能力""回收期"在私部门的平均数均高于政府,能了解民间经营机构在财务控管上必须仰赖第三方融资能力,为有效提升融资的成功率,在回收期的资金控管必须确实,以提升借贷的信用,银行融资能力因素达显著水平。

成分因素七"合约管理"共三项中,"融资机构介入权""主办单位需求变更"在私部门的平均数均高于政府,能得知民间经营机构在执行计划合约中,必须充分了解甲方需求,以免造成认知上的差异,一旦有认知差异所产生的变动,将会是经营上的风险,因素皆达显著水平;"法令制度健全"政府与民间组织的平均数均相同,可以了解在政府机关团队与民间经营团队对整体法令制度的健全均有同样的共识。

成分因素八"奖励诱因"共两项中,"土地取得成本""投资奖励优惠吸引力"在私部门的平均数均高于政府,其中在土地取得成本上,民间经营团队对成本的考虑高于政府机关团队,因诸多案件的类型必须有完整的土地才能开发,透过介入民间的力量来共同完成计划案件,因此在取得成本必须提供更多的优惠才能有效吸引民间力量共同投入,土地取得成本因素达显著水平。

表8-39 政府与私部门计量变量之独立样本t检验结果分析表

成分	因素名称	编号	形成因素	政府(N=24)	私部门(N=30)	显著性	平均数差距	T值显著水平	显著性（双尾）
一	开发策略评估	C21	环境冲击	7.0	7.1	0.452	-0.058	-0.108	0.914
		C22	公共设施配套	7.3	7.4	0.330	-0.075	-0.145	0.885
		C23	设施配置	7.0	7.4	0.871	-0.408	-0.830	0.410*
		C32	补偿与违约事项	7.7	7.6	0.081	0.142	0.268	0.790
		C33	付款条件及机制	7.9	7.5	0.011	0.383	0.832	0.410*
		C34	费率物价调整机制	7.3	7.2	0.089	0.017	0.034	0.973
		C43	土地取得问题	7.6	7.7	0.660	-0.083	-0.146	0.885
二	外部经济条件	C42	税制变动	7.0	6.9	0.955	0.092	0.143	0.887
		C51	工资波动	6.6	7.1	0.465	-0.483	-0.809	0.422*
		C52	通货膨胀率变动	6.5	6.6	0.988	-0.058	-0.106	0.916
		C53	外汇汇率及货币变动	5.8	5.7	0.754	0.050	0.078	0.938
		C54	不动产景气波动	6.1	6.2	0.694	-0.108	-0.164	0.871
三	财务规划	C14	营运收入	8.2	8.4	0.605	-0.225	-0.450	0.655
		C18	特许期间年期	7.8	8.0	0.126	-0.242	-0.448	0.656
		C19	回馈金	7.7	7.1	0.022	0.533	1.014	0.316*
		C110	权利金（固定＋变动）	8.2	7.7	0.277	0.475	0.864	0.391*
四	工程稽核机制	C26	工程期变动	7.1	8.0	0.807	-0.875	-1.687	0.098*
		C27	发包方式	6.9	7.5	0.494	-0.583	-1.000	0.322*
		C45	政府承诺协助事项	7.7	8.1	0.650	-0.400	-0.782	0.438*
五	精准营销策略	C61	产品和市场定位明确程度	7.5	7.7	0.890	-0.233	-0.451	0.654
		C63	营销和宣传效果	7.8	7.3	0.706	0.492	1.070	0.289*
		C64	拥有的市场规模特性	7.9	7.6	0.390	0.350	0.751	0.456*
六	财务管理能力	C11	银行融资能力	6.0	6.5	0.810	-0.458	-0.701	0.486*
		C12	自偿率	7.2	7.1	0.512	0.033	0.052	0.959
		C13	回收期	7.5	7.8	0.762	-0.375	-0.627	0.533
七	合约管理	C35	融资机构介入权	6.5	7.0	0.605	-0.500	-0.836	0.407*
		C36	主办单位需求变更	7.7	8.1	0.340	-0.392	-0.825	0.413*
		C41	法令制度健全	8.3	8.3	0.353	0.025	0.052	0.959
八	奖励诱因	C111	土地取得成本	6.8	7.5	0.354	-0.750	-1.168	0.249*
		C44	投资奖励优惠吸引力	7.2	7.3	0.299	-0.092	-0.176	0.861

注1：***P＜.001，**P＜.01，*P＜.5

数据源：本研究整理

（三）公私协力绩效衡量权重

1. 权重的分配

借由因素分析的分类与筛选功能，并进行独立样本 t 检验的分析，将重新分类的八项因素，透过研究分析的判定，将因素导回平衡计分卡四大构面之策略目标，重新建立公私协力平衡计分模式图（见图 8-16）。

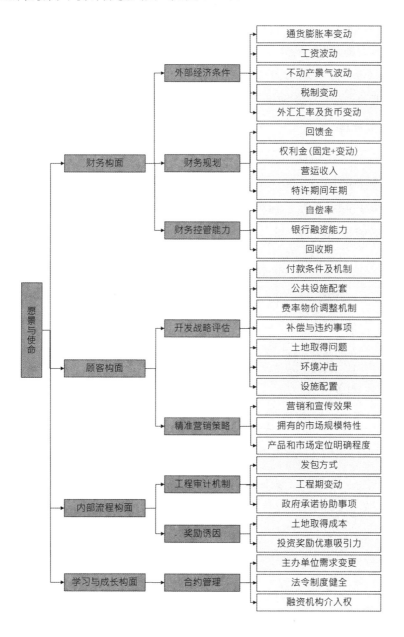

图8-16 公私协力项目绩效平衡计分模式构念图

数据源：本研究绘制

"财务构面（23%）"包含的策略目标有"外部经济条件（11%）""财务规划（8%）""财务控管能力（4%）";"顾客构面（64%）"，包含的策略目标有"开发策略评估（59%）""精准营销策略（5%）";"内部流程构面（9%）"，包含的策略目标有"工程稽核机制（6%）""奖励诱因（3%）";"学习与成长构面（4%）"，包含的策略目标有"合约管理（4%）"，总计 100（%）。

2. 权重的计算

指标权重的计算以各成分的解释变异量除以总累积解释变异量的比例去换算，并能重新得到新的比例分配（见表 8-40），接着计算出绩效衡量指标的权重，透过各指标的平均数除以策略目标填写的总平均数，在承上各策略目标所占的百分比，即可得到绩效衡量指标的权重（见表 8-41）。

表8-40 因素成分策略目标权重比例表

成分	成分名称	解释变异量	累积解释变异量	策略目标比重
一	开发策略评估	48.58%	48.58%	59%
二	外部经济条件	8.90%	57.48%	11%
三	财务规划	6.61%	64.08%	8%
四	工程稽核机制	4.86%	68.94%	6%
五	精准营销策略	3.74%	72.68%	5%
六	财务控管能力	3.39%	76.07%	4%
七	合约管理	2.98%	79.05%	4%
八	奖励诱因	2.76%	81.81%	3%

数据源：本研究整理

表8-41 绩效衡量指标权重比例表

构面	比例	策略目标	比例	绩效衡量指标	平均数	比例
财务构面	(23%)	外部经济条件	(11%)	通货膨胀率变动	0.851	2%
				工资波动	0.796	2%
				不动产景气波动	0.752	2%
				税制变动	0.735	2%
				外汇汇率及货币变动	0.732	2%
		财务规划	(8%)	回馈金	0.858	2%
				权利金（固定＋变动）	0.853	2%
				营运收入	0.756	2%
				特许期间年期	0.698	2%
		财务控管能力	(4%)	自偿率	0.680	2%
				银行融资能力	0.602	1%
				回收期	0.532	1%
顾客构面	(64%)	开发策略评估	(59%)	付款条件及机制	0.746	9%
				公共设施配套	0.724	9%
				费率物价调整机制	0.717	9%
				补偿与违约事项	0.708	8%
				土地取得问题	0.708	8%
				环境冲击	0.695	8%
				设施配置	0.650	8%
		精准营销策略	(5%)	营销和宣传效果	0.819	2%
				拥有的市场规模特性	0.807	2%
				产品和市场定位明确程度	0.632	1%
内部流程构面	(9%)	工程稽核机制	(6%)	发包方式	0.784	2%
				工程期变动	0.654	2%
				政府承诺协助事项	0.620	2%
		奖励诱因	(3%)	土地取得成本	0.785	1%
				投资奖励优惠吸引力	0.523	1%
				银行融资能力	0.485	1%
学习与成长构面	(4%)	合约管理	(4%)	主办单位需求变更	0.863	2%
				法令制度健全	0.556	1%
				融资机构介入权	0.469	1%
总计	100%	总计	100%	总计	—	100%

数据源：本研究整理

（四）建立公私协力平衡计分卡

本研究公私协力平衡计分卡建构之依据为政府机关团队之政府、民间经营团队之私部门，透过问卷调查汇总双方调查成果，运用平衡计分卡计算出策略目标之权重及绩效衡量指标之权重，并将研究成果纳入平衡计分卡四大构面，并借此订定出公私协力愿景与使命。

依据前人文献回顾与调查成果，公私协力于财务构面之使命为，确保公共建设于整体项目计划生命周期之财务规划与控管能力的确实掌握；顾客构面之使命为，确保公共建设于整体计划执行中，对于整体开策略的定位与后续经营的营销策略，必须符合公、私双方的期待；内部流程构面之使命为；于公共建设期间提升整体建设质量，必须发展完整的稽核机制与提供合理的奖励诱因；学习与成长构面之使命为，公共建设计划内容牵涉层公、私双方之诸多管理与获利议题，在合约的制订上必须依据每个案例而有所调整方能持续的进步，相关说明见下表（见表8-42）。

表8-42 公私协力平衡计分卡四大构面之愿景与使命

财务构面	顾客构面
使命：确保公共建设于整体项目计划生命周期之财务规划与控管能力的确实掌握	使命：确保公共建设于整体计划执行中，对于整体开策略的定位与后续经营的营销策略，必须符合公、私双方的期待
目标 外部经济条件 财务规划 财务控管能力	目标 开发策略评估 精准营销策略
内部流程构面	学习与成长构面
使命：于公共建设期间提升整体建设质量，必须发展完整的稽核机制与提供合理的奖励诱因	使命：公共建设计划内容牵涉层公、私双方之诸多管理与获利议题，在合约的制订上必须依据每个案例而有所调整方能持续的进步
目标 工程稽核机制 奖励诱因	目标 合约管理

数据源：本研究整理

七、公私协力绩效评估平衡计分卡个案之应用

透过"策略目标"权重比例及"绩效评估指标"比例换算，将研究成果依据平衡计分卡四大构面，依据调研个案之各指标填入态度量表"1"至"9"，两两相乘计算后加总为"绩效值"总计满分为100%，如下（见表8-43）。

由于以公共设施PPP项目之成功经验具有长期周期性、政府与民间组织立场、各类设施条件需求不同等多元复杂特性，需简化指标性，因此本研究成果将指针成分属性归纳，依据平衡计分卡定义炸纳入"愿景使命"与"目标"，再借由透过双

方对指标认知平均数之差异，呈现出各指针策略目标权重比例。

透过权重设定将成果归纳于平衡计分卡之四大构面，依据"愿景使命"及"策略目标"所建置之"公共建设 PPP 项目绩效评估平衡计分卡"，其可解释之信度为81.81%。再利用实证研究将"交通建设及共同管道"设施绩效评估各项构面及指标与成功机经验比较，进一步了解该公共设施之 PPP 项目特性。

依据《促参法》所规范之各类公共设施属性 PPP 项目绩效特性，可借由本研究成果进行量化评估及比较，累积在地的成功经验，日后项目执行经验里若能持续修正"公共建设 PPP 项目绩效评估平衡计分卡"，将对于发展政府与民间组织单位对公共设施 PPP 案绩效掌握更明确，"愿景使命"及"目标"修正皆可参考。

表8-43 公共建设PPP项目绩效评估平衡计分卡

顾客构面					财务构面				
构面	策略目标	指标	权重	得分	构面	策略目标	指标	权重	得分
顾客构面 0.6400	成分一 开发策略评估 0.5939	付款条件及机制	0.0895	—	财务构面 0.2300	成分二 外部经济条件 0.1087	通货膨胀率变动	0.0239	—
		公共设施配套	0.0868	—			工资波动	0.0224	—
		费率物价调整机制	0.0861	—			不动产景气波动	0.0211	—
		补偿与违约事项	0.0850	—			税制变动	0.0207	—
		土地取得问题	0.0850	—			外汇汇率及货币变动	0.0206	—
		环境冲击	0.0834	—		成分三 财务规划 0.0808	回馈金	0.0219	—
		设施配置	0.0780	—			权利金	0.0218	—
	成分五 精准营销策略 0.0457	营销和宣传效果	0.0166	—			营运收入	0.0193	—
		拥有的市场规模特性	0.0163	—			特许期间年期	0.0178	—
		产品和市场定位明确	0.0128	—		成分六 财务控管能力 0.0414	自偿率	0.0155	—
		—	—	—			银行融资能力	0.0138	—
		—	—	—			回收期	0.0121	—
内部流程构面					学习与成长构面				
构面	策略目标	绩效评估指标	权重	得分	构面	策略目标	绩效评估指标	权重	得分
内部流程构面 0.0900	成分四 工程稽核机制 0.0594	发包方式	0.0226	—	学习与成长构面 0.0400	成分七 合约管理 0.0364	主办单位需求变更 (2%)	0.0166	—
		工程期变动	0.0189	—			法令制度健全 (1%)	0.0107	—
		政府承诺协助事项	0.0179	—			融资机构介入权 (1%)	0.0090	—
	成分八 奖励诱因 0.0337	土地取得成本	0.0203	—			—	—	—
		投资奖励优惠吸引力	0.0135	—			—	—	—
（总计）100%									

* 填答方式：依据影响程度填写的得分："1"极度不影响、"3"非常不影响、"5"不确定、"7"非常影响、"9"极度影响，"2""4""6""8"为前后依序二者之中间值。

数据源：本研究整理

第四节　公共建设项目绩效平衡计分战略地图

一、政府机关团队 GTA 奖案例平衡计分卡策略地图

研究成果依调查案例回复状况，将各案例构面个别问项填写内容，以平均数计算出问项分数，并得知政府机关团队之平衡计分卡之平均分数须达到 73.1 分，透过各项指标平均数数值建立政府机关团队平衡计分卡策略地图（图 8-17）。

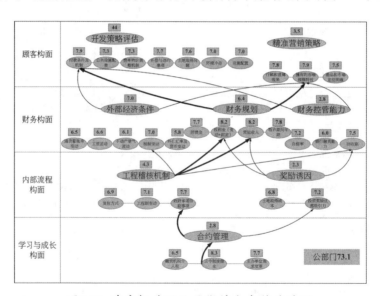

图8-17 政府机关团队平衡计分卡策略地图

数据源：本研究绘制（粗线指针为最佳路径）

研究成果之最佳路径依序为策略目标"合约管理"之"法令制度健全"指针，接着为策略目标"工程稽核机制"之"政府承诺协助事项"指针，接着为策略目标"财务规划"之"权利金（固定＋变动）"指标与"营运收入"指针，最后为策略目标"开发策略评估"之"付款条件机制"指针与策略目标"精准营销策略"之"拥有的市场规模特性"指针为"政府机关团队公私协力平衡计分卡之策略地图"。

（1）学习与成长构面中，合约管理中的"法令制度健全"之平均数为最高。透过策略地图最佳路径呈现，公部门在学习与成长构面之策略目标合约管理中，非常注重法令制度的健全，因公私协力参与公共建设计划期间，所牵涉层面广泛，因此在法源依据与合约内容之权利义务皆须合法与受到合约内容的规范，如有不实将严重影响公私协力计划的执行。

（2）内部流程构面中，工程稽核机制中的"政府承诺协助事项"之平均数为最高，其次为奖励诱因中的"投资奖励优惠吸引力"为次高。内部流程构面之策略目标工程稽核机制中，以政府承诺协助事项为最需考虑之因素，公私协力计划执行期程，少则数月，多则数年，当中以我国政治因素，将面临政党轮替之重大变量，由于各执政党执政考虑，公共建设在规划与执行之愿景必须取得双方共识，否则将严重影响公私协力计划进行，而导致时间、成本的浪费。

（3）财务构面中，以财务规划中的"权利金（变动＋固定）"与"营运收入"之平均数为最高，其次为财务控管能力中的"回收期"为次高，最后为外部经济条件中的"税制变动"为第三高。财务构面之策略目标财务规划中，以权利金（固定＋变动）、营运收入为主要考虑，由于公私协力案件公部门扮演发包与监督的角色，计划案件的金额从数百万到数十亿皆有，必须考虑私部门确实履约与如期完成，并维持公共建设质量与稳定收入以维持运作。

（4）顾客构面中，以开发策略评估中的"付款条件及机制"与精准营销策略中的"拥有的市场规模特性"之平均数为最高。顾客构面之策略目标开发策略评估的付款条件及机制，以策略目标之精准营销策略的拥有的市场规模特性为主要考虑，大型公共建设之落成，必须确实提供整体社会运用福祉，因此在定位上必须明确了解市场规模与市场特性，于付款条件与机制上必须订定合宜的策略，否则，将影响公共建设的美意。

二、民间经营团队 GTA 奖案例平衡计分卡战略地图

研究成果依调查案例回复状况，将各案例构面个别问项填写内容，以平均数计算出问项分数，并得知民间经营团队之平衡计分卡之平均分数须达到 74.5 分，透

过各项指标平均数数值建立民间经营团队平衡计分卡战略地图（Strategy Map）（见图 8-18）。

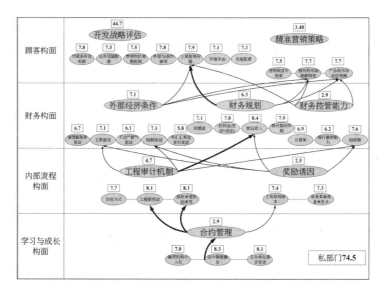

图8-18 民间经营团队平衡计分卡战略地图

数据源：本研究绘制（粗线指针为最佳路径）

研究成果之最佳路径依序为策略目标"合约管理"之"法令制度健全"指针，接着为策略目标"工程稽核机制"之"工程期变动"指针与"政府承诺协助事项"，再者为策略目标"财务规划"之"营运收入"指针，最后为策略目标"开发策略评估"之"土地取得问题"指标为"民间经营团队公私协力平衡计分卡战略地图"。说明如下：

（1）学习与成长构面中，合约管理中的"法令制度健全"之平均数为最高。透过战略地图最佳路径呈现，私部门在学习与成长构面之策略目标合约管理中，非常注重法令制度的健全，因公私协力参与公共建设计划期间，所牵涉层面广泛，因此在法源依据与合约内容之权利义务皆须合法与受到合约内容的规范，如有不实将严重影响公私协力计划的执行，由于私部门兴建公共建设必须完全依照法条与合约内容，不得违约与违反权利义务。

（2）内部流程构面中，工程稽核机制中的"工程期变动"与"政府承诺协助事项"之平均数为最高，其次为奖励诱因中的"土地取得成本"为次高。内部流程构面之策略目标工程稽核机制中，以工程期变动与政府承诺协助事项为最主要考虑，公共建设计划执行期程，少则数月，多则数年，工程期的变动将对建设期程产生巨大的影响，例如成本的增加、工期的延宕等因素，由于私部门于执行公共建设期间，必须依据法源与法律条文与合约内容，不得违法与违约，在规划与兴建过程中影响甚巨的风险为政策的转变，如无法明确地朝向共识来兴建公共建设，将对私部门整体营运产生诸多影响。

（3）财务构面中，以财务规划中的"营运收入"之平均数为最高，其次为财务控管能力中的"回收期"为次高，最后为外部经济条件中的"工资波动"与"税制变动"为第三高。财务构面之策略目标财务规划中，以营运收入为主要考虑，私部门参与公共建设最主要为获得合理的利润与报酬，因此，在公共建设营运期间，稳定的收入与获利将对公私协力产生正面的效果，以便吸引私部门投入公私协力案件，将能替双方塑造正面的形象。

（4）顾客构面中，以开发策略评估中的"土地取得问题"之平均数为最高，其次以精准营销策略中的"拥有的市场规模特性"与"产品和市场定位明确"之平均数为次高。顾客构面之策略目标开发策略评估之土地取得问题为主要考虑，由于公私协力案件之公共建设依据《促参法》第三条之公共建设所称为之，属于大型公共建设，所需使用之土地占地广大与坐落地区主要以都市区域为主，在土地取得之整合问题，碍于协调时程冗长，政府单位必须出面协调土地取得问题，待土地取得问题的解决，私部门方能更顺利执行公共建设兴建。

三、公私双方平衡计分卡战略地图

依据政府与私部门之平衡计分卡战略地图之最佳路径，本节依据公、私双方对公共建设之共识，以双方平均数数值呈现出双方客观的认知，综合汇整出研究成果得知最佳路径，依序为策略目标"合约管理"之"法令制度健全"指针，接着为策略目标"工程稽核机制"之"政府承诺协助事项"指针，接着为策略目标"财务规划"之"营运收入"指针，最后为策略目标"开发策略评估"之"付款条件与机制"指标，为"公私双方平衡计分卡之战略地图"（见图 8-19）。

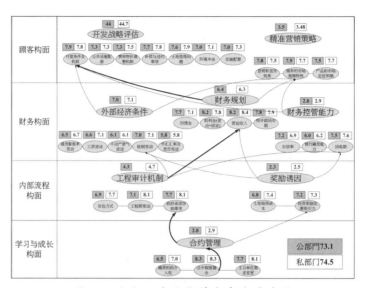

图8-19 公私双方平衡计分卡战略地图

数据源：本研究绘制（粗线指针为最佳路径）

（1）学习与成长构面中，合约管理中的"法令制度健全"为双方平均数总和最高。透过战略地图最佳路径呈现，公私双方在学习成长构面中，政府与民间组织皆以策略目标合约管理之法令制度健全为主要考虑因素，因公私协力案件即是一种项目的精神，必须透过合约来厘清双方的权利与义务，合约内容攸关法源的适用性与依据，因此，法令制度的健全将攸关公私协力公共建设是否能顺利启动之依据。

（2）内部流程构面中，工程稽核机制中的"政府承诺协助事项"之平均数为双方总和最高，其次为奖励诱因中的"投资奖励优惠吸引力"为双方总和次高。内部流程构面之策略目标以工程稽核机制之政府承诺协助事项为主要考虑之因素，足见公、私双方于推行公共建设时，对政府承诺的协助事项最为关切，由于公共建设兴建投入的金额庞大、工程建造期间长且费时、在整体营运规划必须审慎评估，对成本、时程、质量的管控必须清楚与明确，假如政府政策与法令稍做变更与修改，将会影响整体公共建设兴建成本与期程。

（3）财务构面中，以财务规划中的"营运收入"之平均数为双方总和最高，其次为财务控管能力中的"回收期"为双方总和次高，最后为外部经济条件中的"税制变动"为双方总和第三高。财务构面之策略目标以财务规划之营运收入为主要考虑之因素，因营运收入对公共建设是否能吸引私部门参与占了很重要的因素，政府于推行公共建设以公私协力机制进行时，营运收入亦是吸引私部门参与公私协力机制相当重要的考虑因素。

（4）顾客构面中，以开发策略评估中的"付款条件及机制"之平均数为双方总和最高，其次以精准营销策略中的"拥有的市场规模特性"之平均数为双方总和次高。顾客构面之策略目标以开发策略评估之付款条件及机制为主要考虑之因素，政府与民间组织对于公共建设兴建完成后，必须确实提供整体社会运用的福祉，因此，营运管理如何收费来产生稳定的现金流，并有合理适宜的收费机制，将是公共建设落成后，公私双方首要关注的问题，倘若机制合宜将提升施政满意度，并产生稳定的经营收益，一旦收费机制产生异议，除了造成广大使用者的不便，更直接影响公私双方的经营绩效。

公共基础设施闲置及公私协力 (PPP) 活化机制实践

第五节　案例地区 GTA 奖获奖实例绩效评估应用

一、调查得奖项目之绩效评估分析

公共建设 PPP 项目绩效评估平衡计分卡四大构面筛选出 30 项评估指标，作为 PPP 项目绩效评估之依据，导入调查之得奖项目之绩效评估结果，以"计算参照基准"及权重，将九点李特克量表评定指标之影响程度，依各指标之评定结果与权重两两相乘加总，即可获得绩效评估结果定义为"绩效值"。

依据《促参法》规范公共设施中，本研究受访之得奖个案依序：第一类、交通建设及共同管道（12 件）；第二类、环境污染防治设施（9 件）；第五类、社会及劳工福利设施（8 件）；第四类、卫生医疗设施（7 件）；第六类、文教设施（7 件），将上述五项公共设施 PPP 项目之经营绩效评估结果与所有回收得奖公共设施平均值分数（73.9）比较，（见图8-20）。

分析结果呈现"交通建设及共同管道类"（71.2）及"社会及劳工福利设施类"（71.6）之绩效评估表现低于平均值。"环境污染防治设施"（75.1）、"卫生医疗设施"（79.5）、"文教设施"（74.2）三类高于平均值。显示高于平均值者，后三类公共设施 PPP 项目绩效表现较佳，前二类公共设施 PPP 项目绩效表现较不理想。

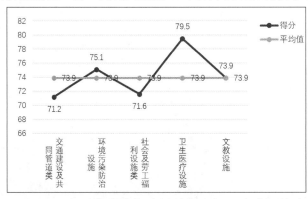

图8-20　本研究受访公共设施PPP项目绩效评估

数据源：本研究整理

二、交通建设及共同管道类公共设施绩效评估分析

由四大构面 30 项评估指标之"计算参考基准"评定之"绩效值",将各评估指标之评定绩效值与平均值相互比较,本研究之绩效评估之各构面与交通建设及共同管道类设施之吻合度颇高,本研究所建构之公共设施 PPP 项目绩效评估模式具合理性及可行性。

针对"交通建设及共同管道"设施绩效评估各项构面及指标比较结果(见图 8-21),分析说明如下:

1. 顾客构面绩效值

包含"开发策略评估"及"精准营销策略"目标,绩效值多低于平均值,显示在此愿景下此类公共建设于整体计划,对于整体开策略的定位与后续经营的营销策略,较其他设施不足未能确实掌握。"付款条件及机制"及"费率物价调整机制"评估"绩效值"高于平均值,显示此类设施之收入机制有助于项目之成功营运,而成为成功案例之原因。

2. 财务构面绩效值

包含"外部经济条件""财务规划""财务控管能力"目标,"通货膨胀率变动""税制变动""权利金""营运收入""特许期间年期""自偿率""工资波动"指标绩效值高于平均值,显示影响财务较大;"不动产景气波动""外汇汇率及货币变动""回馈金""银行融资能力"指标绩效值低于平均值,显示影响财务较小,整体呈现此类项目计划生命周期之财务规划与控管能力之特性仍佳,而成为成功得奖项目。

3. 内部流程构面绩效值为,包含"工程稽核机制""奖励诱因"目标,"工程稽核机制"所含指标绩效值皆高于平均值,而"投资奖励优惠吸引力"指针低于平均值,显示此类公共设施之奖励性优惠之沟通较不足。

4. 学习与成长构面绩效值为,包含"合约管理"目标,绩效值皆低于平均值,"主办单位需求变更""法令制度健全""融资机构介入权"三项呈现项目在合约的制订上调整能力不佳。

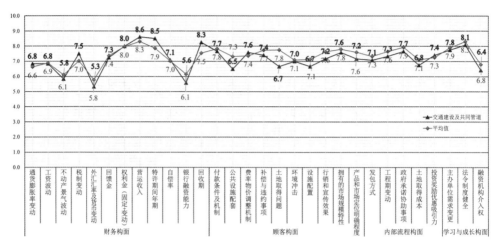

图8-21 本研究公共设施PPP项目绩效评估指标

数据源：本研究整理

公共建设的过程秉持是一种项目精神的延续，政府与民间双方各自拥有对公共建设所期待的效益，由于彼此所期待的效益不同，常导致公共建设在建设过程中的诸多问题，管理大师彼得杜拉克（Peter F·Drucker）(1990) 亦曾提出非营利组织的管理，不是靠"利润动机"的驱使，而是靠"使命"的凝聚和引导，因此经营非营利组织应以"使命"为重。反观营利组织则是靠利润动机的驱使，因组织必须维持整体营运上的周转与获利，方能有效投资与扩张组织的规模。因此，公私协力的机制提供了公、私双方合作建立伙伴关系的机会，随着时代的发展与信息化程度的演变，在如此讲求效率的现今社会，传统各自营运与运作的模式早已无法更有效率的提升整体经营绩效，政府必须外求专业团队的帮助，民间组织必须外求政府的政策与机制的支持，公私协力的合作机制拟补双方各自的不足。

但案例地区诸多公私协力案件因双方于执行上的愿景及使命的不同，产生诸多公共建设的问题，例如工程停摆延宕与设施闲置未能有效利用，岂不让人匪夷所思。双方先有共同理念而共同投入公私协力的公共建设案件，却产生诸多因素而使公共建设无法顺利完成，或是完成后的使用状况与起初规划的目标有诸多的差异。归咎其因则可预测出，政府与民间组织在看待公私协力机制中的愿景与使命并不相同，有认知程度上的差异。而平衡计分卡的运用，可协助解决政府与民间组织在愿景与使命中的差异，因政府与民间组织协力共同完成公共建设的机制即为一种项目模式，而平衡计分卡即是针对项目做平衡的解释与说明。

三、案例地区 GTA 奖实例绩效评估综述

公共建设的过程是一种项目精神，政府与民间双方各自拥有对公共建设所期待的效益，由于彼此所期待的效益不同，常导致公共建设在建设过程中的诸多问题，本研究透过前人研究相关文献，以问卷调查方式来取得问卷数据内容，运用统计多变量之因素分析，筛选出公、私双方对于承办公共建设 GTA 奖成功案例的共同看法，遴选出公、私双方对影响公共建设 GTA 奖之重要指标与并剔除不适任指标，并重新将分类指标命名。

研究成果运用平衡计分卡，针对公、私双方的调查成果，依据个别调查数据呈现出公、私双方各自看待 GTA 奖之公共建设何以顺利成功之原因，接着比较公、私双方看待公共建设成功之差异性，并建立公、私双方平衡计分战略地图。

（一）GTA 奖公共建设公私协力之成功因素

研究调查以 GTA 奖相关案例信息，筛检重复得奖承办单位，透过实地调查与联系，调查样本之政府（政府机关团队）共发出 47 份问卷，回收 24 份，回收率达 51.06%；民间组织（民间经营团队）共发出 63 问卷，回收 30 份问卷，回收率达 47.62%，调查结果无效问卷 0 份，有效问卷共 54 份。

将调查结果分析，Cronbach α 系数（0.969）达 0.8 以上，显示问卷题项具有相当良好之内部一致性，本研究问卷之信度值应可被接受。受访者调查结果以男性、31-40 岁、教育程度硕士居多，参与 GTA 奖公共建设承办案例之经验值为 1 年至 18 年皆有，更可显示与综合出较客观之看法，参与模式以 BOT 与 OT 案件为居多，主要执行方式以政府与民间组织协商决定为最高，足见在政府（政府机关团队）、民间组织（民间经营团队）于承办 GTA 奖公共建设时，皆以公、私协力协商的合作模式来完成 GTA 奖公共建设，与本研究欲探讨之主旨相同，足见研究成果具一定程度之代表性。

公私协力是属于相当复杂的合作模式，经由文献归纳出六大面向（1）项目财务、（2）项目规划、（3）协商机制、（4）政策与制度、（5）经济环境、（6）市场环境，透过调查结果分析，由原先六大项面向借由因素分析筛选与排序指标重要性，重新整理出八大因素。

整体而言，因素构面之信度接近整体构面并具一致性，构面信度均达 0.7 以上，故信度为可接受。分析结果剔除七项变量，"（C62）同业竞争情形""（C24）联外交通""（C17）内在报酬率""（C15）成本控管""（C16）现金流量稳定""（C25）工程设计错误或变更""（C31）法律风险之分配"，此 7 项变量因素负荷量皆未达标准的 0.6 以上，因此将之剔除，由原先的 37 项原始变量，缩减成 30 项变量，累积解释变异量达到 81.8%，研究结果如下（见图 8-22）。

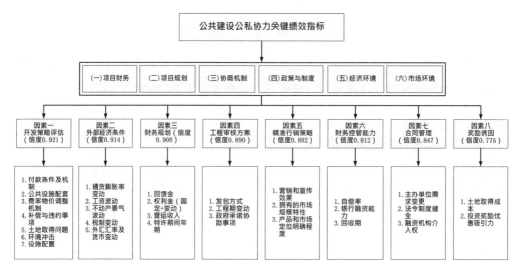

图8-22 公共建设公私协力关键绩效指标图

数据源：本研究绘制

（二）GTA 奖公共建设公私协力项目绩效平衡计分卡

本研究借由实务案例的数据分析，建立计分卡绩效衡量指标之权重，凝聚公私双方之共同愿景与使命，建构公私双方项目绩效平衡计分卡，由平衡计分卡顾客构面使命可得知，公共建设于整体计划案件规划中，须有完善之开发策略评估，因公共建设落成后必须产生使用之效益，在建设主体的定位上必须明确，明确的定位将影响后续的营运规划，内容包括营运模式、收付款流程、商品价格、设施设备的建置与维护、劳安卫规范、灾害冲击与损失等，上述相关之问题即是公私双方于承办公共建设案件中，影响最重要之原因，因此，顾客构面权重比例为 64%。

由财务构面使命可得知，公共建设计划案件生命周期冗长，建设期间将受到整体内、外环境的影响，因外在因素的冲击，期初的财务规划与执行期间的财务控管能力即显得相当重要，诸多影响财务效益的因素，如规划不当与管理失控，将会导致建设成本的增加，降低营运绩效，影响较轻则可透过财务机制维持公共建设的进行，倘若冲击过大，将导致公共建设的兴建失败与工程停摆，此结果除了影响公、私双方，受冲击结果影响最大的为广大使用公共建设的民众。

由内部流程构面使命可得知，前述的开发评估与财务规划后，须考虑后续发包方式与工程期变动之问题，不同类型的发包模式将有不同的工程期程，在土地取得与诸多因素考虑皆为不同。

由学习与成长构面使命可得知，整体公共建设生命周期，在双方权利与义务必须借由合约规范来管理，一切须依据合约内容完成履约与交付成果，如有违约将对公共建设兴建产生诸多问题。

（三）GTA 奖公共建设公私协力认知共识战略地图

研究成果透过调查数据之平均数来呈现出政府（政府机关团队）、民间组织（民间经营团队）在承办 GTA 奖时，依据成功案例经验与客观之认知，将绩效衡量指针之重要性给予分数的填答，以平均数来判断各策略目标中的绩效衡量指针之重要性排序，依据各策略目标之最重要绩效衡量指标来建立出公、私双方对 GTA 奖成功案例的认知与看法，借此客观地建构出公、私协力认知共识战略地图。

研究成果之政府（政府机关团队）平衡计分卡之总平均分数为 73.1 分；民间组织（民间经营团队）平衡计分卡之总平均分数为 74.5 分，透过公私双方平衡计分卡之最佳路径来比较，所得到的成果与传统公私协力之认知有相当的差异，传统公私协力的观点常以自偿率与财务规划来判断公共建设以公私协力执行的成败关键，本研究成果显现出"开发策略评估"中的付款条件与机制，是本研究公私双方于公共建设计划中最关切之议题，其次为"精准营销策略"中的拥有的市场规模与特性；"财务规划"中的营运收入;"财务控管能力"中的回收期;"外部经济条件"中的税制变动;"工程稽核机制"中的政府承诺协助事项;"奖励诱因"中的投资奖励优惠吸引力;"合约管理"中的法令制度健全。

由此可知,一旦公共建设开始执行建造,最后将能完成建设,即便建设期间产生风险与阻碍,透过工程期的展延与成本的追加,依然能顺利完成建设,一旦完成建设后,整体的营运规划将是公共建设是否能顺利营运与稳健发展的最重要原因,公共建设营运收入来源为广大的使用者,倘若规划适宜,除了能提供民众便利的生活,并能增加政府建设的美意,提升民间组织长期营运成效与稳健发展,一旦规划不当,将引起民众反弹并损及政府的施政满意度,更严重将产生诸多负面新闻与消费争讼,并影响民间组织整体的经营绩效。

当付款条件及机制建构完善后,依据公共建设的类型来定位并掌握市场规模与特性,如此精确的产品定位与掌握市场的细腻度,将能提高整体营运收入,并能缩短回收期达到营运的高效益,前述的说明将考验民间组织的管理与规划能力,而政府部门能做的即是协助民间组织建设公共建设时给予的承诺与保证,以及创造更具吸引力的投资诱因来吸引民间组织参与公共建设,并在公、私双方的互动过程中,一切按照合约签订的权利与义务来执行。

研究成果之战略地图能提供公、私双方于后续参与公共建设时,依据公共建设之设施属性,提前将案件类型考虑构面做重要性排序,并借由战略地图之呈现,能于整体兴建生命周期,依循战略地图之路径,提升整体公共建设效益。

经由文献回顾指出,前人研究针对公私协力之着力,常以风险、财务、法令等诸多议题来探讨,并以政府角色与民间组织角色观点来看待公私协力之合作机制,尚无从双方共同之观点来探讨公私协力在公共建设中的共识,由此可知,公私双方对于共同参与的公共建设有相当认知上的差异,导致诸多公共建设产生问题。

在执行本研究后,发现传统上较以规划面为全盘考虑,必须有完整的规划与合理的财务试算,才能断定公共建设是否能如期推行,但仅以规划面考虑并未考虑到建设期间及建设后的诸多状况,由于公私协力计划案件的金额庞大,工期少则数月,多则数年,倘若公共建设完成后,公私双方所面临的将是特许合约年期的营运管理,后续的营运管理之优劣将反应公共建设兴建之效益。

　　政府与民间组织在执行公共建设时，从起始的规划必须花费大量的时间来凝聚双方对公共建设的共识，避免在执行期间遭遇诸多问题再行解决，虽解决当下的问题，但建设后的成果已与双方起始的共识产生落差，即便公共建设顺利完成，在后续的营运与管理上也将产生诸多待解决的问题，若能在建设前先将双方彼此的愿景与共识凝聚，将有助于公私双方于参与公共建设时，获得双赢的公私协力成效。

PPP 项目未来趋势与展望篇

第九章 经济快速发展后公共基础设施 PPP 项目展望

一、公共建设 PPP 项目发展趋势将更加快速

近年来，世界各地积极导入公私协力机制，主要在借由引进企业经营管理理念强化效率及改善公共服务质量。世界公私协力开发公共建设成功案例越来越多，以中国、英国、中国香港、澳大利亚、日本、案例地区之发展沿革说明如下：

中国自 2004 年以来 PPP 模式的爆发式增长，PPP 项目实施的规范性越来越受到国家相关部委和业界的重视。截至 2018 年 12 月末，全国 PPP 综合信息平台项目管理库累计项目数 8654 个、投资额 13.2 万亿元；另外，还有 3971 个项目已列入储备清单，投资额达 4.6 万亿元，中国已成为全球最大、最具影响力的 PPP 市场。案例地区推动公私协力机制法治发展，由 2000 年制定《促进民间参与公共建设法》（简称《促参法》）称"公共建设"（基础建设）（Infrastructure）为供公众使用或促进公共利益之建设。王启光、黄子宜、郑人豪（2006），迄至 2018 年仍持续修正。主管机关为案例地区财政事务主管部门，主办机关依法办理民间参与公共建设前，应先进行可行性评估，并可由民间规划发起。2002 年开始办理 GTA 奖具体推动 GTA 奖迄今，奖励参与或推动公共建设案件具卓越贡献之民间机构、政府机关及顾问机构工作团队。

英国自 1992 年开始大力推动民间投资提案制度（Private Finance Initiative, PFI），迄今已累积相当多的案例与经验（林贵贞，2006）。中国香港自 20 世纪 60 年代开始应用 PPP 模式，2004 年香港铁路有限公司（MTR）也开始与中国内地与国际上积极合作地铁建设之项目（Zhang, 2001）。澳大利亚的 PPP 模式经验已经发展到第二代（Duffield, 2005），迄今已有完整法律结构支持能够满足实施 PPP 项目的要求。已有 55 亿澳元用于 17 个 PPP 项目的实施（Duffield, 2005）。

日本近年公私协力的概念与类型以及推动背景与实际情形。地方自治体倾向以"公私协力型"作为地方政府改革后的行政运作模式，公共领域为新的协力范围，目前民间财务投资"PFI"（Private Finance Initiative）为较受欢迎的协力方式。（林淑馨，2009）

二、奖励性公共基础建设需求仍引入社会资本发展建设的趋势

综观案例地区由于经济快速发展后，民众对于生活品质要求及休闲旅游日渐重视，尤其是对休闲生活之需求增加，这是经济快速发展后明显增加的基础建设 项目，由案例地区过去的经验，各地之民营游乐区如雨后春笋般于各地兴建，似乎成为未来非都市土地开发利用的一股趋势，但就开发经费而言，政府希望借由民间参与公共建设的开发方式，能突破传统单独仰赖政府编列预算之瓶颈，并期望能有效地运用民间的财力与社会资本，借由民间有效率的经营管理特性，提高观光游憩设施开发的时效，及日后经营的效率，因为经营年期过后仍为政府所拥有，归还后仍为社会之公共资产，同时政府于全生命周期间仍具有监督的功能，因此，主要效益不仅提高土地利用价值，更提升民众对于观光游憩的生活质量。

本研究以推动奖励性民间参与观光游憩设施开发项目，再进一步加以思考与寻求解决方法更进一步探讨：观光游憩设施为大型之风景特定区开发，案例地区民间认为该项投资财务特性为投资金额大、财务投资报酬率低、回收期长、风险高、营运初期亏损以及费率调整需经政府许可等不乐观的看法，因此，政府在推动计划时，如何就奖励性政策与社会公平性兼顾进行考虑，才能营造政府与民间组织具有共识之投资环境，推动开发计划亦受社会大众认同。

（1）观光游憩设施为大型之风景特定区开发，案例地区民间认为该项投资财务特性为投资金额大、财务投资报酬率低、回收期长、风险高、营运初期亏损以及费率调整需经政府许可等不乐观的看法，因此，政府在推动计划时，如何就奖励性政策与社会公平性兼顾进行考虑，才能营政府与民间组织具有共识之投资环境，推动开发计划亦受社会大众认同。

（2）开发观光游憩设施时，各种设施的使用、营运特性或需求条件，皆不完全

相同，因此必须个别从其开发设施特性与经营特性需要进行整体考虑，才能引进民间参与。而政府必须加强如何建立推动机制、减少困扰与阻力，降低日后经营与配合上的风险与变因。

（3）民间参与观光游憩设施开发的相关投资环境而言，推动经验方面相当重要，而此类公共基础建设之开发型态多半牵连相当广泛，而民间对于如此相当大的公共建设开发所需的资金，仍视为风险相当高的投资，而投资报酬率亦不认为乐观，然一方面又有期望能获得取得特许权，于特许期间期望获得其外围或经营的获利，故多半民间投资愿仍处观望、评估的阶段。

目前案例地区重大之公共建设皆采用 BOT 公私协力合作方式进行，政府亦大力推动。希望引进民间资金与经营活力，而对于观光游憩设施之开发而言，政府与民间组织皆有共识希望合作进行开发。就目前法令方面，对于观光游憩设施奖励民间开发有许多规定，将有助于民间参与开发与经营，想必未来观光游憩设施之开发将趋向以民间参与之开发方式进行，如此将能解除政府开发经费拮据的状况，亦可提供民间投资业者投资管道（PFI）加入公共基础建设，社会大众也因观光游憩设施质量的提升，而拥有优质的休闲环境质量。

三、闲置公共设施持续以 PPP 模式推动公共资产活化

本研究以实地调查及当地居民访谈方式，确认真正使用情形及闲置主因为何，以及该公共设施之兴建发展背景，发现其背后所牵连之问题十分复杂与多元，岂是短期来客人数就能解决长期荒置与维护管理松散的颓景，足见公共建设之监督必须全民都必须重视，也是政府促进整体竞争力所必须重视的要务。

本研究就下列面向，进一步说明本研究执行之发现如下：

（一）公共设施发生闲置现象形成原因更加复杂

公共设施闲置及低度利用形成之原因，经由文献可归结为五大面向：包括"管理不善""缺乏经费""行政程序尚未完成问题""环境变迁""政治因素"。分析发现结论如下：

1. 依据文献拟定十一项问项，包括："行政机关协调配套措施不足""选举时承诺但未经规划配套""公共建设相关法令的适法性疑虑""空间与土地权属的取得受阻""政府发展政策变迁""专责管理人才级单位缺乏""专业经营经验不足""政府预算不足无力支持""设施规划认知与市场需求现况差异""社区民众支持与参与程度缺乏""设施功能定位及用途配置规划不当"，再针对列管公共设施进行调查。

2. 将各项进行叙述统计，其中发现七项大于普通、一项等于普通、四项低于普通，发现多项具有突显形成闲置的原因。

3. 就相关性分析发现除"政府预算不足无力支持"为"弱相关性"外，其余十项均为"强相关性"。

4. 经因素分析发现结果，调查资料适合进行因素分析（KMO 为 0.834），以探索性因素分析以直交法进行因素转轴，依据因素特征值大于 1 之因素，归纳为三项，命名为"公共行政推动"因素、"管理专业质量"因素、"设施规划使用"因素，累积解释变异量达 70.85% 具代表性，经分析结果可厘清"列管公共设施闲置及低度利用之形成因素"，说明如下：

（1）"公共行政推动"因素，包括：（a05）行政机关协调配套措施不足、（a12）选举时承诺但未经规划配套、（a06）公共建设相关法令的适法性疑虑、（a07）空间与土地权属的取得受阻、（a11）政府发展政策变迁，共计五题，皆为"政府公共政策及行政体制出现之公共行政推动"特点。

（2）"管理专业质量"因素，包括：（a03）专责管理人才级单位缺乏、（a02）专业经营经验不足、（a04）政府预算不足无力支持交通设施规划，共计三题，皆属于"公共事务管理专业质量能力技术"特点。

（3）"设施规划使用"因素，包括：（a09）设施规划认知与市场需求现况差异、（a08）社区民众支持与参与程度缺乏、（a10）设施功能定位及用途配置规划不当，共三题，为"公共设施规划技术及使用"的特点。

5. 另就造成闲置现象之主要的困境分析，发现"缺乏规划及经营管理技术"为最高，其次为"空间主体定位未被民众认同"，再次为"地方（案例地区省政府）政府财政预算不佳"，"无法掌握闲置公共设施资源价值"，又再次为综合四项皆有影响者占 78.2%，显示已涵盖主要造成困境之原因。

6. 将十一项形成闲置原因与最主要困境进行单因子变异数分析，发现除"公共建设相关法令的适法性疑虑""政府发展政策变迁"较不显著，其余九项将达显著，表示最主要困境受形成原因之影响程度显著，验证本研究之形成原因足见掌握及可信。

7. 由九项列管设施（"交通建设""工商投资""文教设施""体育场馆""社福设施""展览场馆""办公厅舍""市场""工商设施"）对于十一项形成闲置原因进行次数分析，发现各项列管设施对于形成因素构面之原因，皆不相同，均有其特殊成因。

8. 由列管设施闲置现况分类（"已活化""低度利用""完全闲置"）对于十一项形成闲置原因进行次数分析，发现均有其特殊成因之现象。

（二）对于公共设施使用绩效必须有预警机制，掌握活化实施契机

对于预测地方型公共设施闲置的概率，能具有更佳的掌握性；所以，未来推动公共设施活化时，除了参考世界各地成功的案例外，本土化趋势及上述之公共工程特性应更加重视。

对于本研究针对案例地区行政管理机构公共工程事务主管部门所曾列管之闲置公共设施，进行"公共设施发生闲置与低度利用发生概率预测模式"之建构，主要期待于公共设施在推动及经营管理期间必须建构一项预警机制，以简化之指针及模式评断进行闲置现象发生的可能。本研究透过曾有闲置或低度利用现象的公共设施，进行问卷调查，对于形成闲置现象的原因进行探讨及建立预测模式，研究发现之结果说明如下：

（1）以案例地区行政管理机构公共工程事务主管部门所曾列管之闲置公共设施进行分析，得知若公共设施所属管辖单位为乡镇层级 45 件（占 37.8%）、县市层级 57 件（47.9%）、案例地区省政府及直辖市层级 17 件（占 14.3%），属于地方政府层级闲置现象较为严重。同时，由罗吉斯回归分析结果发现，管辖单位层级变量为"+"，显示管辖单位层级愈低愈易产生闲置现象，表示每降低一阶管辖单位层级，闲置现象将会增加 1.667 倍，因此，对于若发生闲置现象时，应变措施必须提高管辖单位层次，此外，亦须进入闲置评估预测评估机制，进行管制排除形成闲置因素。

（2）罗吉斯回归分析，相关变量系数检定后，"行政机关协调配套措施不足"变量，Wald 检定为显著，预测概率达 73.1%，因此该模式可作为进行"公共设施发生闲置与低度利用发生概率预测"评估之参考。

（3）影响公共设施是否形成闲置现象的原因，有"行政机关协调配套措施不足"变量达到显著，但是若以行政机关协调配套措施是否造成公共设施闲置现象，则应检视于公共设施推动时是否有建置闲置应变协调机制。因此，由于本研究调查样本之政府单位，于行政机关内少有设置推动公共设施发生风险时应变协调设施，因此出现有设置行政机关协调配套措施时，呈现出现闲置现象。

（4）本研究因素分析结果所呈现的形成因素的三项构面，发现会造成闲置现象之因素分布于三面向中，足见若本研究之形成构面及罗吉斯回归预测模型，能作为预测闲置现象之参考。

（5）由于公共设施发生闲置现象，在公共设施推动建设之初，多无建置于经营期间发生公共设施效益欠佳之状况应变机制，而公共设施多不以营利为目标，反而是以公共服务及社会福利为目标。因此，要建构工程效益之评估效标不同于民间组织以营利为主之工程经济效益为目标，即财务效标之重要性程度将截然不同。因此，要建构公共设施发生效益不彰或闲置风险时之评估机制，将无法仅以财务效标为关键，而更必须由体制、制度及规划等面向进行建构，本研究以此为研究理论基础，建构"公共设施发生闲置与低度利用发生概率预测模式"，可提供于评估闲置风险时一项重要之参考。

（6）对于公共设施闲置风险之掌握，有助于制定合宜的公共建设推动规划，有效提升公共建设预算使用效益，减少设施推动期间可避免之闲置风险，增进政府之行政效能，亦为加强政府于其他防洪减灾之经费调控，创造更大的公共福祉，未来政府应于各级政府机关建置"公共设施发生闲置与低度利用发生预测机制"，以产官学的综合评估，提升整体公共设施服务质量，增强案例地区环境质量整体竞争力。

（7）影响公共设施形成闲置现象原因进行敏感度分析，由罗吉斯回归分析结果发现六项会增加闲置现象，此六项每单位增加一层级单位则便会增加闲置现象发生率，以敏感度分析影响程度，增加闲置现象发生率依序为"管辖单位层级"（1.66

倍）、"公共建设相关法令的适法性疑虑"（1.529 倍）、"社区民众支持与参与程度缺乏"（1.313 倍）、"政府预算不足无力支持"会增加闲置现象（1.278 倍）、"专业经营经验不足"（1.216 倍）、"政府发展政策变迁"（1.210 倍）。

（三）活化方案需要有可行性评估机制增进措施执行成效

本研究将此分为二阶段，首先以模糊德尔菲的专家问卷方式，取得影响公共设施活化之关键重要因素；在各种闲置空间相关的研讨所争议的问题多半围绕在：法令的问题（像是土地权归属、使用权取得、都市计划变更、消防法规等）；再利用规划时缺乏民众与文艺工作者参与的问题；以及众人对闲置空间的认知差距等问题。然而，在讨论这些问题之前，恐需先厘清闲置空间再生的矛盾本质与特性，建立面对这些问题的合宜态度，才能进一步为上述问题找到出路。

本研究目的为建构一个适合闲置公共设施评估活化的影响因素及架构，在考虑建立的准则之易用性、实用性及使用效率。研究经问卷调查后分析得知：由本研究建构之影响活化因素得 55 项评估项目，筛选出共识重要程度值在 7.0 以上的评估因子计有 26 项，以作为"公共设施闲置评估之评估原则"之有效评估使用的因素架构，期望能借此得知，案例地区公共设施闲置活化影响原因，建议促使活化所应注意事项，以提高公共设施使用率，避免公共设施闲置。

1. 专家对活化方案的共识

调查分析及排序得到专家共识分为三类因素如下：

（1）工程完成进度：成本效益评估、工期完工、项目管理技术服务厂商、项目管理之统包厂商能力、使用安全性、设施生命周期持久性、工程维护之效益性，共计七项。

（2）再利用潜力：组织预算之充足程度、设备之完备程度、邻近公共空间发展计划、邻近重大开发计划、地方产业支持度、管理维护制度立法、开发经营模式、民间参与程度、政府配合程度、造成环境污染之程度、影响生态保护之程度、资源再利用，共计十二项。

（3）使用情形：地点可及性、基础设备完善性、兼具都市景观、使用上最适分配、合理管理制度方案、缺失矫正及预防措施、符合现地需求之设计，共计七项。

2. 列管公共设施活化策略的思维

以上述之各类因素之针对列管公共设施单位进行调查，期望目前各单位对于各项列管公共设施活化策略的思维，所得知结果如下：

（1）闲置公共设施推动活化策略面向包含项目之影响程度。

认为重要性"大"项目者：工程完成进度类因素（项目管理技术服务厂商、项目管理之统包厂商能力）；再利用潜力类因素（组织预算之充足程度、设备之完备程度、邻近公共空间发展计划、地方展业支持度、开发经营模式、民间参与程度、政府配合程度）；使用情形类因素（地点可及性、基础设备完善性、符合现地需求之设计）。

认为重要性"普通"项目者：工程完成进度类因素（成本效益评估、工期完工、项目管理之统包厂商能力、使用安全性、设施生命周期持久性、工程维护之效益性）；再利用潜力类因素（邻近公共空间发展计划、邻近重大开发计划、管理维护制度立法、造成环境污染之程度、影响生态保护之程度、资源再利用）；使用情形类因素（兼具都市景观、使用上最适分配、合理管理制度方案、缺失矫正及预防设施）。

整体而言，26 项影响因素皆为"普通"以上之重要程度。

（2）最有可能改善之"设施使用活化方式"。

以强化设施多元功能为最多（占 31.1%），其次为设施规划转型再利用（占 26.9%），此二项占近六成之意见，足见于公共设施规划会建筑企划阶段，便失去焦点。另，提升设施管理技术及制度（占 21.0%），可得知设施之管理专业也为探讨需注意之重点。

（3）最有可能改善之"营运形态活化方式"。

改善营运形态活化方式中以公办民营（占 54.6%）为最多，近五成五之列管个案，认为公办民营方式，兼具政府与民间组织之特性，能促成最佳经营营运方式。

（4）若以"委外经营"方式执行"成功推动活化可行性"。

而依公办民营中"委外经营"方式，认为可行及非常可行者（占 43.7%），而认为不可行及非常不可行（占 23.5%），得知个案多数认为"委外经营"会是较为合宜之活化策略。

（5）"闲置公共设施"个案推动活化策略上"较缺乏的要素"。

个案认为在目前活化策略中较缺乏的要素，以平均数观察以永续经营之规划理念最缺乏（3.57 最高），其余皆多为缺乏（大于3）；而其中建构工程质量监测制度此项（2.85 最低）较不缺乏，主要原因推测为公共设施之建设，多以营建工程质量为审验的核心项目，然而目前闲置现象之发生，多数为营建工程完成但使用性之需求无法配合，恰于现况相符。

就单项因素观察，多数为普通，而"具备多元的诱因机制"及"结合地方民众支持与参与"为较缺乏因素影响程度为大。"具备多元的诱因机制"缺乏因素其影响程度为大，主要是因为目前公共建设以公办公营得情形下缺乏经营效率及弹性，无法思虑最有利及提高效率之方案。"结合地方民众支持与参与"为较缺乏因素影响程度为大，由于民众对于自身环境权益意识抬头，会以长远永续的思维进行地方建设参与，因此若无地方民众支持，将会产生许多窒碍难行的窘境。

（6）"闲置公共设施"活化策略未来应着重的努力方向。

以个案推动活化策略上未来应着重的努力方向中，发现以"健全各类公共设施空间功能机能之定位"平均值 3.54 最高，得知目前列管设施之空间功能及机能，就个案而言仍认为中诸多需要改进。

认为需要努力方向为"大"者，有"强化各类公共设施专业特殊性考虑""健全各类公共设施空间功能机能之定位""建立主办机关及工作团队鼓励措施""汲取世界各地活化案例经验及策略"四项，皆认为需要再多方位努力，进步空间仍颇大。

认为需要努力方向为"普通"者，"建立各类公共设施闲置评估预警机制""落实列管案件追踪管考"二项，而前项"建立各类公共设施闲置评估预警机制"于普通以上者（占84%）达八成以上，足见此项为十分重要与本研究目的相同；另一项"落实列管案件追踪管考"于普通以上者（占79.9%）近八成，为目前案例地区行政管理机构公共建设事务主管部门所在进行，然地方政府单位之建设局等相关单位，亦必须纳入追踪列管项目，以贯彻公共建设之执行，并监督地方市政建设的预算执行效益。

（四）以委外经营之活化方式须建构政府与民间组织协商机制

本研究将此分为二阶段，首先以因素分析将原构面为"政策与法令制度"可行性、"经济环境"可行性、"市场环境"可行性、"项目规划"可行性、"项目财务"

可行性、"项目协商机制"可行性等六类；得知，共可抽取三项特征值大于1之因素，发现其与本研究之基本设定不同，经观察其差异显著性归纳为三项因素，萃取之架构为"特许条件商议"因素、"外部条件配套"因素、"经济环境牵动"因素三项，更厘清"公共设施以委外经营可行性评估"之解释意义，遂即建构出可行性评估效标及架构。

其次，综合前述章节的研究内容，配合可行性评估效标评选结果，将建构"闲置公共设施以委外经营方式推动活化之可行性评估机制流程"，其中将流程分为四大阶段逐步进行，分别为"预测阶段""评估阶段""协商阶段""完成阶段"，期待能将闲置公共设施活化之可行性评估以明确之步骤流程加以定义。

1. 预测阶段

公共设施是否形成闲置现象，其所受到的影响因素十分复杂，而为了达事前防范的目标，必须建构一项预测机制，本研究于第六章已完成建构"公共设施发生闲置与低利用机率预测模式"，必须于平时于公共设施所隶属管辖机关加以定期追踪检测，已发现若产生闲置现象提高时，将必须加以提出预警之反应措施（如：向上级机关呈报、执行活化计划）。

若未能改善闲置情形之发展，将必须进入采用活化策略进行，本阶段主要流程说明如下：

（1）依据政府对于公共设施之主要资产效益及政策发展，检视公共设施之是否合乎开发建设之社会经济效益政策目标。

（2）并以目前发生闲置现象之列管个案经验，所建构之"公共设施发生闲置与低利用机率预测模式"加以检视预测形成闲置现象之概率。

（3）经预测分析后发现需进行活化时，就必须进入可行性评估阶段。

2. 评估阶段

本阶段首先确认活化策略，本文中所提案例地区行政管理机构提及之活化方式有三，"强化设施功能""转型再利用""委外经营"等方式，其中以经营主体革新方式进行活化，便以"委外经营"之活化策略进行可行性评估分析。本阶段主要流程说明如下：

（1）以委外经营所拟定之活化策略，必须经过检视活化方案的可行性评估，本研究共汇集"政策与法令制度"可行性、"经济环境"可行性、"市场环境"可行性、"项目规划"可行性、"项目财务"可行性、"项目协商机制"可行性等六类。

（2）然而基于前项以因素分析方式，将 37 项可行性评估效标，归纳简缩成为三项潜在的共同因素，即"特许条件商议"因素、"外部条件配套"因素、"经济环境牵动"因素。

（3）以三类之因素中分类出两类因素，分别为"规划环境因素"及"财务影响因素"，此二类可涵盖公共设施类别中，具营利型公共设施及非营利型公共设施二类。

（4）借此二项因素可汇集"整体开发财务层面"之内容，进而拟定"招商条件"进行招商，此招商条件并成为政府与民间组织进行协力关系之基础。

3. 协商阶段

本阶段主要由政府与民间组织依据招商条件，建构一个协商流程机制，政府依据可行性评估后，进一步拟定委外经营开发方式，以目前开发方式，就"公私合作开发"方式方面，依据《促参法》中第八条规定，归纳可以"公私协力方式"及"民间自行进行开发"。其中"公私协力方式"就实质环境开发策略方面，可分为三种方式：公私协力方式：可分为"整体开发"（招商模式称为"整体发包"）及"分期分区开发"（招商模式称为"部分发包"）二种、"民间自行进行开发"之招商模式则称为"统包"一种。因此，本研究将"公私合作开发"的不同招商模式，区分为"整体发包""部分发包""统包"三种方式。

但无论采用何种方式开发，若引用《促参法》之奖励性法令，政府与民间组织双方皆必定有必需依循之"合作规则"进行协商；"政府"必须就经济效益及社会公平性进行考虑，探讨所给予之奖励与协助程度之分寸，"民间组织"亦必须就财务效益与预期报酬是否能支持营运或未来整体之获利期望，相关风险之降低。

然而，政府与民间组织协商势必遵守"合作规则"进行，若由政府规划主导，即为"招商条件"；相对地，若由民间组织规划申请开发且引用《促参法》时，即为"申请条件"。二类条件内容必须具备弹性，即政府与民间组织必须要有协商机制与协商空间，而决策程序与开发影响因素（规划影响因素、财务影响因素），在招商模式不同时所要协商的影响财务因子不同，因而开发财务协商机制也不相同。

就以委外经营方式进行协商阶段，本阶段主要流程说明如下：

（1）政府依据整体开发财务层面之结果，进而拟定招商计划，其中民间组织最为关注的关键即招商条件中财务计划部分，因此，欲参与经营之民间组织便会进行财务可行性分析，编订现金流量及进行财务影响因素敏感度分析及评估。

（2）民间组织会将财务评估之效益是否达到预期报酬，若符合期待将会进入研拟财务效益计划；若无法达成财务预期，则便会进入协商"影响开发时具协商空间财务因子"调整。若"有调整空间"时，则经协商同意调整后，政府再进入修正研拟招商条件，民间组织也配合再进行一次财务评估可行性分析。"影响开发时具协商空间财务因子"若"无调整空间"时，则再进行下一步调整协调机制。

（3）若进入"影响开发时合理调整固定假设财务因子"进行调整协商：若协调后"有调整空间"，则进入调整财务影响因素重新调整"整体开发财务层面"，再调整"招商条件"。"影响开发时合理调整固定假设财务因子"若"无调整空间"时，则再进行下一步调整协调机制。

（4）进入"调整环境规划因素"进行调整协商，由于环境规划因子之属性具相关密切之关联性，常需要一并整体考虑，遂为同时调整修正。若协调后"有调整空间"，则进入调整规划环境因素中，重新调整"内部环境规划因子"及"外部环境规划因子"，尔后，再与"财务影响因素"配合，建构调整后之"整体开发财务层面"，接着再调整"招商条件"。"调整环境规划因素"若"无调整空间"时，则再进行下一步调整协调机制。

（5）"调整环境规划因素"若"无调整空间"时，表示所有委外经营协商机制中财务及规划影响因素皆为无法调整，并视政府与民间组织之财务与规划落差过大，无法达成共识，表示"影响财务因素之不确定性"与"开发财务计划之可行性"无法支持，即"协商评估决策机制之完整性"无法完成，便会进入"终止计划"。

（6）若因主客观环境或国政策需要，"政府与民间组织扮演角色差异性"产生变化，需要重新启动活化方案时，则必须重拟活化策略，重新回到可行性评估阶段，再进一步拟定活化策略。

（7）民间组织也必须在各协商阶段的调整过程中，建构应对经协商调整后之招商计划，进行调整后的"编订现金流量"，并针对协商后的"财务影响因素"及"规划环境因素"中，直接影响经营计划中的财务试算并进行敏感度分析。

（8）民间组织探讨所编定之财务计划及敏感度分析结果，分析是否合乎民间组织本身经营事业的财务期待效益及报酬率。若"不合乎"时，则进入"调整开发时具协商财务因子"，重复前项步骤（2）之流程。若"合乎"时，则研拟委外经营之"财务计划书"

4. 完成阶段

（1）依据上述协商阶段中，针对"财务影响因素"（固定假设财务因子、协商条件财务因子）协商调整，或是"规划环境因子"（内部环境规划因子、外部环境规划因子）二项，逐步调整机制过程中，若政府与民间组织在各调整空间过程中达成共识，且合乎民间组织财务效益评估，便可进入"是否合乎开发之社会经济效益政策目标"。若为"不合乎"则就进入"终止计划"；若为"合乎"即可以完成"政府与民间组织共同协议后签订合约之特许合约"，达到建构"委外经营活化公共设施利用可行方案"之目标。

（2）若符合民间组织经营之期待报酬率，交由政府分析"是否合乎开发之社会经济效益及政策目标"，在政府与民间组织皆符合双方的期待下，便完成公共设施以委外经营方式推动活化的完成阶段的目标。

（五）政府以委外经营方式推动活化方案之执行步骤

以将政府所建设投资之公共设施视为"项目"（Project）进行管理，就公共设施的项目生命周期特性，大略可分为"规划评估""兴建施工""执行经营""移转更新"等阶段，而各阶段所需考虑之"项目的目标权衡"（Trade-Offs）与"项目的风险掌控"皆不相同，政府应纳入"项目管理"（Project Management）与"风险管理"（Risk Management）的管理理念进行公共设施管理之认知。

对于公共设施的属性也必须有所区别，而就整体委外经营流程中将政府所需要执行之步骤一并整合，美国学者 Savas，E. S.（2000）提出主要步骤为依据，与本研究推动以委外经营之活化方式须建构协商机制整合，具体步骤可归纳如下：

（1）预测阶段：考虑委外经营理念、选择委外经营的服务范畴

（2）可行性评估阶段：主导可行性研究、营造竞争环境、利益或资格的要求条件、

员工移转计划、准备投标说明书

（3）协商阶段：经营公共关系、从事"管理上竞争"、主导公平投标程序、完成阶段、评估投标结果与赋予契约经营权、监督、评估与强化契约绩效

对于政府与民间组织于协力关系下，委外经营必须执行的具体活化措施◇

将委外经营可行性推动活化策略时，所需要采用的活化执行具体措施提出说明，分为闲置公共设施预测闲置现象之"检视周期"、运用评估效标评估活化可行之"方案内容"、以委外经营方式活化可行性评估机制之"查核点"（管制点）三项。

1. 闲置公共设施预测闲置现象之"检视周期"

公共设施产生闲置情形，可能发生于任何开发阶段或建筑生命周期中，如企划阶段、设计时间、兴建阶段、营运阶段。详细由推动执行工作而言，公共设施之建设执行过程中从土地取得、建筑企划、建筑计划、工程规划、建筑设计、工程发包、工料采购、营建施工、工程验收、工程接管、使用维护等，每项都有可能因失控而造成闲置现象。而就各阶段须采用活化执行措施之周期，就整体而言必须在各项推动执行工作"起始"与"结束"要进行下一项工作前进行检视，以本研究"建构之闲置公共设施闲置现象发生概率模式"进行欲预测性检视。

2. 运用评估效标评估活化可行之"方案内容"

依据案例地区行政管理机构之"活化闲置公共设施推动方案"所成立之跨部会项目小组负责推动活化工作，建议有三类方向："强化设施功能""转型再利用""委外经营"。方案执行措施之时机及个案属性必须加以区别，选择适当的可行性评估效标进行可行性评估，评估之结果必须归结出"规划环境因素"及"财务条件因素"，所包含的各类因子，再确切评比出可行方案内容进行决策。

3. 以委外经营方式活化可行性评估机制之"查核点"（管制点）

本研究流程图所建构之查核点（或称管制点）共计有六项，对于公共设施以委外经营方式进行活化策略可行性评估进行执行成果之掌控，以利实际推动之执行。以下将此六项进行说明：

（1）对于公共设施发生闲置与低度利用概率预测模式之结果进行查核，分析是否产生闲置及低度利用情形。

（2）民间组织对于政府所拟定之招商条件，分析是否符合财务效益之投资期望。

（3）在协商阶段中对于招商条件中"协商财务因子"，可参照本研究之"特许条件商议"因素，分析是否具有调整空间。

（4）在协商阶段中对于招商条件中"固定假设因子"，可参照本研究之"经济环境牵动"因素，分析是否具有调整空间。

（5）在协商阶段中对于招商条件中"实质环境开发规划"因素，可参照本研究之"外部条件配套"因素，分析是否具有调整空间。

（6）于完成阶段中，同时对于政府所拟"招商条件"与民间组织试算研拟"财务效益计划"检视，分析是否合乎开发之社会经济效益政策目标。

由本研究之过程成果得知许多发现，也建构一套从预警模式、委外经营可行性评估及协商机制，政府及民间组织应对之措施与管制事项所呈现之具体意义，能提供公共建设一个更积极具竞争力的环境

研究文献指出闲置空间的活化应注重于如何结合历史记忆与艺文来进行活化改造，依目前观察发现缺乏全盘性的计划及专业的项目管理，仅进行阶段性的改造工程，因此仅求得短期活化的特效，导致公共空间的再次闲置，此一现象代表公共资源的浪费，并未有周延详细的合适项目管理策略。

在执行本研究后，发现政府在推动闲置空间活化时，花费了许多人力、物力但得到的成果往往不彰，许多公共设施空间也是荒废、无人问津，其中该具体检讨作法与策略，就已案例地区行政管理机构公共工程事务主管部门所曾列管之 153 件闲置公共设施，所以有部分依据其所规定之标准，将其闲置情形以三等级"已活化""低度利用""完全闲置"加以区分，其中于活化标准公布后，立即进行追踪列管，各列管单位所属公共设施就被提升列为"已活化"或"低度利用"，实属沦为昧于事实的行政绩效。

政府对于公共环境有责无旁贷的责任，若以委外经营方式推动活化工作，切莫以推诿的心态应付，然而实际上所附之监督之责更巨，具体而言建议如下：须加强整体的"项目管理规划"、推行活化必须有"详细评估机制"、须"活用政府与民间组织资源"不能狭隘地仅发展艺文、工程建设时须"善尽监督"、配合邻近地区需"在地化"获得人民支持认同、须注重"环境保护与生态"、设施实用性质须经"人民与专家检验"、设施推行活化的"成本效益"锱铢必较、重视环境"永续发展"，若

再能引导民间组织共同参与公共设施建设与关心，将勾勒出共荣双赢的委外经营成效，环境永续健康的良好环境。

四、公共基础建设 PPP 项目与项目财务关联是活化方案可行性评估重点

在闲置公共设施的管理上，不仅仅是地方资源的耗费，更有可能是治安的死角，许多因经营管理不当或其他因素而导致闲置的公共设施，往往都是因为在规划阶段，未能谨慎的考核及审慎的进行可行性之评估，然而导致公共资源的浪费与纳税人的不满，本研究透过相关文献探讨与调查资料分析，得到闲置公共设施委外经营可行性之主要方向及关键指标，并筛选出政府对于承办闲置公共设施委外经营的看法，找出闲置公共设施委外经营可行性之重要评估指标。

研究成果运用结构方程模式之建立，针对问卷调查回收，依据调查数据中，影响闲置公共设施委外经营可行性之原因，进而建立闲置公共设施委外经营项目财务可行性评估之结构方程模式。

（一）法律风险及补偿与违规事项的活化可行性的顾虑

检定结果显示其余因素显著性皆高于 0.05，因此全数假设变异数相等设变异数相等，接着以独立样本 t 检验分析，各因素平均数检定后接受假设之显著因素如下：

（1）法律风险（显著性 0.001<0.05），未活化平均数高于已活化，且两者皆达到显著，显示在未活化之闲置公共设施对委外经营者有较大的法律风险。

（2）补偿与违约事项（显著性 0.035<0.05），未活化平均数高于已活化，且两者皆达到显著，显示未活化之闲置公共设施在补偿与违约事项之影响大于已活化者。

经由独立 t 检验之结果发现，在法律风险及补偿与违规事项中，未活化平均数均高于已活化平均数，其显示在未活化之情况下，受访者在评估委外经营可行性时，在法律风险及补偿与违约事项层面会考虑较多并确认更多的相关项目。

（二）闲置公共设施委外经营可行性评估

政府闲置公共设施管理人员对闲置公共设施委外经营的可行性评估，考虑主要项目财务相关之内在报酬率、成本管控、现金流量稳定、融资机构介入权与补偿与违约事项等问题为首，其次以经济环境相关外汇汇率及货币、通货膨胀率与工资等问题，接着以项目规划相关公共设施配套、联外交通与设施配置及市场环境相关市场规模特性、产品和市场定位与营销和宣传等问题为考虑，最后则以政府政策相关投资奖励优或与税制变动等问题为考虑。分析成果显示出政府看待闲置公共设施活化可行性评估所考虑的因素从项目财务、经济环境、项目规划、市场环境及政府政策构面，是政府看待闲置公共设施委外经营的可行性评估指针。

项目财务为闲置公共设施委外经营可行性评估之关键核心，项目财务受各面向的发展以及牵制，而项目财务也为一个项目成功与否之重点。而本研究主要目的为透过一个简易的闲置公共设施委外经营项目财务可行性评估之结构方程模式，借由此可行性评估指标判断闲置公共设施委外经营项目财务之可行性。

五、公共建设公私协力项目绩效评估机制及平衡计分战略地图

公共建设的过程秉持是一种项目精神的延续，政府与民间双方各自拥有对公共建设所期待的效益，由于彼此所期待的效益不同，常导致公共建设在建设过程中的诸多问题，研究成果运用平衡计分卡，针对公、私双方的调查成果，建构具信度的"公共建设 PPP 项目绩效评估平衡计分卡"。

由于以公共设施 PPP 项目之成功经验具有长期周期性、政府与民间组织立场、各类设施条件需求不同等多元复杂特性，需简化指标性，因此本研究成果将指针成分属性归纳，依据平衡计分卡定义炸纳入"愿景使命"与"目标"，再借由透过双方对指标认知平均数之差异，呈现出各指针策略目标权重比例。

透过权重设定将成果归纳于平衡计分卡之四大构面，依据"愿景使命"及"策略目标"所建置之"公共建设 PPP 项目绩效评估平衡计分卡"，其可解释之信度。再利用实证研究将公共基础设施绩效评估各项构面及指标与成功机经验比较，进一步

了解该公共设施之 PPP 项目特性。

　　依据政府与民间组织之平衡计分卡战略地图之最佳路径，依据公、私双方对公共建设之共识，以双方平均数数值呈现出双方客观的认知，成为公私双方共识下建构的公共基础建设 PPP 项目的平衡计分战略地图。

附录：案例地区闲置公共设施活化标准

项次	类别	子类别	活化标准	备注
1	交通建设	停车场	1. 停车场所在村（里）人口数逾 3000 人者："一个月内平均小时停车率 40% 以上"或"尖峰小时停车率 70% 以上"。 2. 停车场所在村（里）人口数 3,000 人以下者："一个月内平均小时停车率 30% 以上"或"尖峰小时停车率 70% 以上"。	1. 个案尖峰时间之期间由设施管理机关提出，由目的事业主管机关审查。 2. 经设施管理机关委外经营之特殊个案得由目的事业主管机关核定活化标准。
		机场	1. 本岛机场： （1）航厦空间使用率达 70% 以上；或 （2）年租金收入占总投资金额 5% 以上；或 （3）机场年平均周起降架次数 14 架次以上。 2. 外岛机场：每周皆有航班飞航。	—
		观光游憩	预估游客量之 70% 以上。	相关预估游客数经相关业者、专家、学者等认可。
		道路工程（含桥梁）	完工开放通车且衔接至既有道路或地区（村落）。	—
		车站、转运站	月台使用率达 70% 以上；室内空间使用率达 70% 以上。	—
		渔港	基本设施完工使用且公共设施正常开放使用，另 1. 第一类渔港：造册船数达 100 艘以上，或单一年度实际停泊船数达 200 艘次以上，或单一年度进出港艘次达 10,000 艘次以上。 2. 第二类渔港：有造册船数，或单一年度实际停泊船数达 10 艘次以上，或单一年度进出港艘次达 300 艘次以上。	1. 基本设施：堤岸防护设施、码头设施、水域设施、运输设施、航行辅助设施、公害防治设施、渔业通信设施。 2. 公共设施：鱼市场、曳船道、上架场、渔具整补场、晒网场、卸鱼设备、渔民活动中心、渔民休憩设施等设施。 3. 若渔港内有其他类别之相关设施闲置，则须一并达到本标准子类别相关设施活化标准，如办公厅舍需达办公厅舍子类别活化标准、渔货直销中心需达零售市场子类别活化标准等。

项次	类别	子类别	活化标准	备注
2	工商园区	工业，产业，科技生化环保园区	完成开发土地及厂房之出租（售）率达 70% 以上。	"完成开发"为完成园区内整体公共设施；"厂房"为标准厂房。 产业园区： 1. 闲置土地定义："产业用地政策革新方案"所称之"闲置土地"，泛指取得产业用地之使用权或所有权后逾 3 年未建厂或虽建厂，未见主要机械设备者。 2. 绩效目标：依"产业用地政策革新方案"，以强化土地清查及媒合机制作法，每年成功媒合约 70 公顷土地为目标值，预计至 106 年成功媒合约 210 公顷土地。
3	文教设施	训练所	设施利用率 40% 以上。	—
		文物馆	1. 预估参观人数之 70% 以上。 2. 经案例地区行政管理机构目的事业主管机关认定之博物馆设施，一年开馆日数达 200 日以上，余文物馆设施一年开馆日（含布、卸展）达 300 日以上。 3. 演艺厅部分一年达 30 场次。	1. 预估参观人数须经相关业者、专家、学者等认可。 2. 博物馆类设施依博物馆法施行细则第 2 条规定，每年开馆天数为 200 日。 3. 设有演艺厅空间之馆舍适用第 3 点。 4. 特殊个案之标准，得由目的事业主管机关核定。
		校舍	原校园内之土地及建筑物均已依计划用途正常使用；或转型后作合理妥适之使用，并能提出相关证明者（包含认养契约、租用契约或其他得以证明校舍活化之文字及照片等数据）	1. 依原计划使用。 2. 减班、废并校：除拆除或报废外，依代管机关学校计划使用，或转型为其他活化方向经评估达该转型子类别之活化标准。
4	体育场馆	室内体育场馆	场地及内部空间活动使用率须达全年天数 50% 以上。	—
		户外封闭式（以围墙、铁丝网等隔离）体育场地	1. 场地活动使用率须达全年天数 60% 以上。 2. "户外冷水游泳池"，考量季节气候及实际使用性与需求性等因素，其活动使用率须达实际开放期间（5-7 个月）之 80% 以上。	—
		户外开放式体育场地	随到随用之户外开放场地，其使用率须达可用天数（全年天数扣除维修整建天数）之 80% 以上。	—
		其他特殊属性体育场馆	由案例地区行政管理机构目的事业主管机关认（核）定，惟场地活动使用率仍须达全年天数 20% 以上。（如国际标准棒球场、沙滩排球场等）。	—

项次	类别	子类别	活化标准	备注
5	社福设施	社福设施	硬件空间利用率达 70% 以上，其中"小区活动中心"须达每周使用 2 天以上。	—
		殡葬设施	设施完成启用，并妥善管理与维护。	—
6	展览场馆	展览馆，产业交流中心，农业中心	全年展览日数达 50% 以上。	取得使用执照，并完全使用。
7	办公厅舍	办公厅舍	人员完成进驻使用，室内空间使用率达 70% 以上，并妥善管理使用。	—
8	市场	零售市场	出租（售）率达 50% 以上	如属多楼层建物有不同用途者，出租（售）率得分楼层计算。
9	工程设施	污水处理厂	1.3 年内：属试运转期，依原活化标准"生活污水或截流污水进厂处理"。2.4 年起：处理生活污水或截流污水水量达设计水量 10%。	—
10	其他	其他	特殊个案之活化标准，由其案例地区行政管理机构目的事业主管机关审核后据以办理。	—

参考文献

[1] 李国正．公共设施区位之合理配置 [M]．新竹：交通大学交通运输研究所，2000.

[2] 徐仁辉．地方政府预算资源配置优先顺序的研究 [M]．台湾：健全地方财政策略学术研讨会，2000.

[3] 徐肇章．民间参与公共建设可行性评估及先期规划作业手册 [M]．台湾：鼎汉国际工程顾问股份有限公司，2001.

[4] 王治平．民间参与公共建设财务评估模式规划 [M]．台北市：谘群企业管理顾问股份有限公司，2001.

[5] 萧丽虹，黄瑞茂．文化空间创意再造意再造 [M]．台湾行政管理机构文化建设事务主管部门，闲置空间再利用世界各地案例汇编，2002.

[6] 李宗勋．政府业务委外经营：理论与实务 [M]．智胜文化事业有限公司，2002.

[7] 刘小兰．公共设施计划，城乡规划理论与实务 [M]．台湾：中国地政研究所，2002.

[8] 台湾行政管理机构文化建设事务主管部门．文化空间创意再造—闲置空间再利用 [M]．台湾：世界各地案例汇编，2002.

[9] 王济川.Logistic 回归模型：方法及应用 [M]．五南图书出版股份有限公司，2004.

[10] 黄芳铭．社会科学统计方法学：结构方程模式 [M]．台北市：五南，2004.

[11] 林怡伶．专案管理平衡计分卡 [M]．台北市：台湾大学，2004.

[12] 林玉华．公私伙伴关系的治理：理论初探并兼论英国的第三条路 [M]．台湾：东海大学公共行政学系，公共服务改革与民营化的现代课题研讨会，2004.

[13] 李宜君．台湾的再生空间 [M]．远足文化事业股份有限公司，2004.

[14] 何心宇．策略性委外经营模式与商机 [M]．资讯与电脑杂志，2005.

[15]Savas ES．民营化历程：公部门．非营利．企业的合伙双赢之道 [M]．台湾：五观艺术，2005.

[16] 财团法人台湾综合研究院．政府机关引进企业绩效评估作法之研究 —— 委托研究报告 [M]．台北市：台湾行政管理机构研究发展考核事务主管部门，2005.

[17] 宋力生 . 国内民间参与公共建设采 OT 结合 BOT 模式经营管理机制之研究 [M].
台北市：台湾科技大学工业管理研究所，2006.

[18] 邱皓政 . 量化研究与统计分析 [M]. 五南图书出版股份有限公司，2006.

[19] 林震岩 . 多变量分析：SPSS 的操作与应用 [M]. 智胜文化事业有限公司，2007.

[20] 陈顺宇 . 结构方程模式：Amos 操作 [M]. 台北市：心理出版社，2007.

[21] 李宗勋 . 政府业务委外经营：理论，策略与经验 [M]. 智胜文化，2007.

[22]Kaplan RS, Norton DP. 平衡计分卡：化策略为行动的绩效管理工具 [M]. 台北
市：脸谱出版，2008.

[23] 洪浚祥 . 机场回馈金执行成效之研究—以台北松山机场为例 [M]. 台中市：朝
阳科技大学建筑及都市设计研究所，2008.

[24]Kotler P, Keller KL. 行销管理 [M]. 台北市：台湾培生教育出版股份有限
公司，2008.

[25] 林左裕 . 不动产投资管理 [M]. 台湾：智胜文化事业有限公司，2010.

[26] 邢志航 . 公共设施发生闲置与低度利用机率模式建构与预测之研究 [M].2010
年全国不动产经营与管理 . 实务学术研讨会，2010.

[27] 张伟豪 . 论文写作 SEM 不求人 [M]. 台北市：鼎茂，2011.

[28] 陈奉瑶，章倩仪 . 不动产经营管理 [M]. 台北市：智胜文化事业有限公司，2011.

[29] 台湾财政事务主管部门 . 促进民间参与公共建设法令汇编 [M]. 台北市：台湾
财政事务主管部门推动促参司，2014.

[30] 陈泽义，陈启斌 . 企业诊断与绩效评估：策略管理观点 [M]. 台湾：华泰文化
事业股份有限公司，2015.

[31] 傅庆阳，张阿芬，李兵 .PPP 项目绩效评价理论与案例 [M]. 北京：中国电力出
版社，2019.

[32] 杨子葆 . 台湾都市交通政策的政治经济学分析 —— 台北都会区大众捷运系统
计划之个案研究 [J]. 台湾社会研究季刊，1991：3(2&3)：33—103.

[33] 吴英明 . 公私部门协力关系和"公民参与"之探讨 [J]. 中国行政评论，
1993，2(3)：1—14.

[34] 林建元 . 山坡地开发灾害风险之负担合理化 [J]. 都市与计划，1993,20(3)：

279—301.

[35] 吴济华. 推动民间参与都市发展：公私部门协力策略之探讨 [J]. 台湾经济，1994(208)：1—15.

[36] 林发立. 引进 BOT 方式兴办公共工程之检讨 —— 风险分析与管理在 BOT 中之重要性 [J]. 万国法律，1996(86)：37—41.

[37] 黄崑山，邢志航. 引用《奖参条例》进行开发财务评估之研究 —— 以民间参与兴建观光游憩设施为例 [J]. 高雄：台湾中山大学公共事务管理研究所，第八届环境管理与都市发展研讨会，1997.

[38] 陈恒钧. 由"公私部门合伙"观念谈民众参与政府建设 [J]. 人力发展月刊，1997(47)，32—41.

[39] 黄玺凤，陈慧君. 以 BOT 方式推动捷运建设之法令架构刍议 [J]. 住都双月刊，1997(127)：26—38.

[40] 井熊均.RFI 公共投资的新方法 [J]. 东京：日刊工业新闻社，1998：234.

[41] 陈煌铭. 论 BOT 计划之风险评估及投资策略 [J]. 土木工程技术，1998：2：2(11)：111—135.

[42] 陈煌铭. 论 BOT 计划之投资及风险管理策略 [J]. 公营事业评论，1999：1(2)：19—50.

[43] 王健全，陈厚铭. 政府奖励措施对厂商绩效之影响 ——LISREL 分析方法之应用 [J]. 台大管理论丛，2000：10(2)：71—96.

[44] 洪鸿智. 公共选择与环境风险设施管制政策工具的选择 [J]. 都市与计划，2000：27(1)：47—63.

[45] 冯正民，林祯家. 都市计划草图替选方案分析模式之改进：纳入公共设施配置 [J]. 都市与计划，2000：27(2)：233—254.

[46] 黄明圣.BOT 研讨会－BOT 案政府与融资者两者定位、两者关系之探讨 [J]. 台湾经济预测与政策，2000：30(2)：35—57.

[47] 郭素贞，高守智.BOT 专案财务规划之利息成本计算 [J]. 营建管理季刊，2000(43)：43—44.

[48] 冯正民，钟启桩. 交通建设 BOT 案政府对民间造成之风险分析 [J]. 运输计划

季刊，2000，29(1)：79—108.

[49] 张玉璜 . 闲置空间更生利用的魅力形塑 —— 空间规划与整修 [J]. 艺术·进驻，2001.

[50] 高惠松 . 平衡计分卡之规划与设计 —— 以基隆港务局为例 [J]. 基隆市：海洋大学，2001.

[51] 蔡吉源 . 台湾土地课税制度：问题、影响与改革 [J]. 台湾土地研究，2001(3)：37—82.

[52] 刘舜仁 . 闲置空间再生的矛盾本质与跷跷板原理 [J]. 文化橱窗，2001(28)，24—25.

[53] 吴济华 . 公私协力策略推动都市建设之法制化研究 [J]. 公共事务评论，2001，2(1)：1—29.

[54] 陈昭宏 . 亚太港埠竞争力与核心能力指标之研究 [J]. 运输学刊，2001，13(1)：1—25.

[55] 杨佳慧 . 公部门绩效管理之初探 [J]. 研习论坛，2001(1)：30—37.

[56] 黄干忠，叶光毅，施蓉铮 . 先进国家市中心复苏之案例回顾 [J]. 建筑与规划学报，2002：3(2)：90—111.

[57] 许美云 . 公立博物馆现有委外经营模式探讨兼谈其冲突与和谐 [J]. 历史文物月刊，2002，12(4)：82—92.

[58] 卢展猷 . 政府在 BOT 计划中不可抗力风险分担之政策考虑 [J]. 运输学刊，2002：14(2).

[59] 丘昌泰 . 政府业务委外经营的三部曲模式 [J]. 人事月刊，2002，34(5)：49—53.

[60] 杜功仁 . 台湾住宅整建需求之特性 [J]. 建筑学报，2002(39)：87—99.

[61] 蔡佳容，邱炯友 . 公共图书馆之 BOT 模式研究 [J]. 图书与资讯学刊，2002(43)：46—67.

[62] 许华伟 . 行政机关资安业务委外经营的法制重点举隅 [J]. 资安季刊，2003(2)：16—19.

[63] 余尚武，邱雪娥 . BOT 专案评价决策支援系统 —— 实质选择权之应用 [J]. 中华管理学报，2003：4(3)：1—22.

[64] 林子钦，许明芳 . 个别土地开发前的产权调整－市地重划区个案观察 [J]. 台湾土地研究 , 2003：6 (2)：1—16.

[65] 李连宗，蔡蜜西 . 明新技术学院运动中心委外经营学生满意度之研究 [J]. 黎明学报 , 2003：15 (2)：1—16.

[66] 黄明圣，黄成斐 . BOT 案之财务规划 —— 以政大学生宿舍为例 [J]. 财税研究，2003：35 (3)：159—183.

[67] 吴安妮 . 平衡计分卡之精髓、范畴及整合 [J]. 会计研究月刊，2003 (211)：45—54.

[68] 吴安妮 . 平衡计分卡在公务机关实施之探讨 [J]. 研考双月刊，2003：27 (5)：45—61.

[69] 张益三，杜建宏，赵志铭 . 以二元回归方法建构建物震害危险度预测模式之研究 —— 以中兴新村都市计划地区为例 [J]. 都市与计划 , 2003：30 (3)：223—239.

[70] 谢文盛，欧俊男 . 台湾政党政治对地方政府补助收入影响之研究 [J]. 问题与研究，2003：42 (6)：97—111.

[71] 黄世杰 . 财务问题是 BOT 成败的关键 [J]. 工程，2003：76 (2)：102—106.

[72] 陈冠年 . 论图书馆服务之全面委外经营 [J]. 高雄市：高雄医学大学，2004.

[73] 朱正一，施仁兴，陈奕芝，徐韶涓，黄秀美 . 乡、镇卫生所医疗业务委外经营可行性初探 —— 以花莲县玉里镇卫生所为例 [J]. 医务管理期刊，2004：5 (4)：403—417.

[74] 王和源，林仁益，谢胜寅 . 以分析层级程序法（AHP）评估游艇港埠建设 BOT 可行性研究：以枋寮游艇港为例 [J]. 价值管理，2004 (6)：20—29.

[75] 李宗勋 . 公私协力与委外化的效应与价值：一项进行中的治理改造工程 [J]. 公共行政学报，2004 (12)：41—77.

[76] 康照宗，冯正民，黄思绮 . BOT 计划政府与特许公司之权利金模式 [J]. 财务金融学刊，2004：12 (3)：1—31.

[77] 陈明吉，苏培魁，罗容恒 . BOT 计划投资时点选择之价值评估 —— 以大鹏湾风景区为例 [J]. 中山管理评论，2004：12 (4)：825—853.

[78] 康照宗，冯正民，黄思绮 . 以政府观点构建 BOT 计划权利金模式 [J]. 管理学报，

2004：22(2)：173—189.

[79] 康照宗，冯正民，黄思绮．以政府观点发展BOT计划财务模型 [J]．运输计划季刊，2004：33(1)：1—27.

[80] 王怡文，萧新煌．环境争议性公共设施的回馈制度：对核一厂、核二厂及TC火力发电厂的分析 [J]．都市与计划，2004：31(1)：65—90.

[81] 廖丽娟．长期社会性资产委外经营管理应有之认知 —— 兼论投资创业投资事业可行性分析 [J]．财税研究，2004：36(1)：130—150.

[82] 谢谓君，李毅斌，蔡宜君．细说大鹏湾风景区开发之规划、推动与招商 [J]．中华科技，2004：(64).

[83] 陈美玲，王凯立，吴家豪．台湾对外直接投资、出口及汇率动态关联之研究：多变量时间序列模型之应用 [J]．农业经济半年刊，2004(76)：109—143.

[84] 蔡进满．政府业务委外财务绩效检讨 —— 以武陵农场第二国民宾馆为例 [J]．主计月刊，2004，585：32—36.

[85] 张学圣，黄惠愉．都市更新公私合伙开发模式与参与认知特性之研究 [J]．立德学报，2005：2(2)：59—76.

[86] 柯正峰．科学教育馆委外经营经验分享 [J]．社教双月刊．2005(200506(127期))，46—51.

[87] 张家春，唐瑜忆．台北花卉批发市场BOT之财务规划研究 [J]．崑山科技大学学报，2005：2：127—138.

[88] 柯伯昇，杨明昌．高雄捷运BOT计划厂站联合开发之财务评估与风险分析 —— 以南机厂开发计划为例 [J]．货币市场，2005：9(2).

[89] 陈明灿，张蔚宏．台湾促参法下BOT之法制分析：以公私协力观点为基础 [J]．公平交易季刊，2005，13(2)：41—75.

[90] 张琼玲，张力亚．政府业务委外经营管理及运作过程之研究 —— 以台北市政府社会局为例 [J]．华冈社科学报，2005(19)：31—59.

[91] 林永盛，张有恒．BOT计划谈判模式建构之研究 [J]．管理学报，2005：22(6)：783—804.

[92] 任维廉，董士伟，吕堂荣．服务场景与等候经验对国道客运来客行为意向与选

择行为之影响 [J]. 运输计划季刊，2005：34（3）：413—442.

[93] 洪昌文，陈思均. 一般性管理训练委外之研究 [J]. 研习论坛，2005，52：12—24.

[94] 庄柏毅，黄英哲. 论促进民间参与公共建设法之"优惠"[J]. 法令月刊，2005：56（9）：14—29.

[95] 程明修. 行政法之行为与法律关系理论 [J]. 台北市：学林文化，2006.

[96] 张家铭，黄芳铭，陈玉树. 结构方程模式应用在体育与休闲领域之期刊论文研究分析 [J]. 台湾体育运动管理学报，2006（4）：1—17.

[97] 郑绍材，郑森鸿. 公共工程施工期间业主对施工厂商管理考核机制之研究 [J]. 中华建筑学刊，2006：2（2）：27—39.

[98] 汪瑞芝. 土地增值税减半征收对公司实质交易之影响 [J]. 会计与公司治理，2006：3（1）：75—95.

[99] 郑人豪. 政府采购模式与促参模式之比较 —— 探讨基础公共建设公益性变迁 [J]. 台湾经济研究月刊，2006：29（9）：32—38.

[100] 黄莹芳. 公立博物馆委外经营探讨 [J]. 台湾经济研究月刊，2006：29（9）：65—70.

[101] 简龙凤，赖宗裕. 以代理理论观点探讨民间参与区段征收开发之规模 [J]. 都市与计划，2006：33（3）：169—188.

[102] 李建强. 金融发展、经济成长与通货膨胀的门槛效果 [J]. 台湾经济预测与政策，2006：36（2）：77—113.

[103] 曾希文. Taipei 当代艺术馆委外经营之困境与蜕变 [J]. 社教双月刊，2006（131）：45—49.

[104] 王庆堂. 运动场馆营运之财务敏感因素分析 [J]. 管理实务与理论研究，2007：1（4）：204—219.

[105] 钟文传. 民间参与公共建设管理策略研究 [J]. 中华建筑技术学刊，2007：4（1）：71—88.

[106] 郭基贤，杨贵三. 应用地理资讯系统探讨台湾现行公共设施闲置因素 [J]. 地图学会会刊，2007（17）：55—69.

[107] 吴亲恩. 所得分配恶化对公共支出增加的影响：1980—2004[J]. 东吴政治学报，2007：25(1)：73—114.

[108] 简龙凤，赖宗裕. 以权力与代理交互效果审视民间参与交通建设所需用地制度之研究 [J]. 东吴政治学报，2007：25(2)：179—217.

[109] Philip Kotler, Kevin Lane Keller. 营销管理概论 [J]. 台北市：台湾培生教育出版股份有限公司，2008.

[110] 游淑满，康静华. 物业管理于不动产市场之研究 [J]. 土地问题研究季刊，2008：7(3)：81—102.

[111] 吴秀光，吴宗宪. 台北市政府促进民间参与公共建设政策之研究 [J]. 政策研究学报，2008(8)：23—75.

[112] 曾惠斌，邓文广，陈淑君. 公共工程统包商评选项目之研究 [J]. 中国土木水利工程学刊，2008：20(3)：415—426.

[113] 叶张基. 民间参与公共建设国家赔偿责任之解构 [J]. 中正大学法学集刊，2008(24)：161—205.

[114] 黄崇哲. 台湾基础建设发展的挑战与契机 [J]. 台湾经济研究月刊，2008，31(5)：29—32.

[115] 唐郁婷. 风险评估于褐地开发之应用 [J]. 中兴工程，2008(98)：23—29.

[116] 康照宗，黄思绮. BOT计划之运量保证与权利金平衡机制之研究 [J]. 财务金融学刊，2009：17(2)：111—137.

[117] 林淑馨. 日本公私协力推动经验之研究：北海道与志木市的个案分析 [J]. 公共行政学报，2009(32)：33—67.

[118] 蔡耀隆，廖朝轩，陈瑞铃. 基地保水设施整体配置规划流程之研究 [J]. 建筑学报，2009(68)：121—140.

[119] 童诣雯，杜功仁. 台北市市民运动中心公办民营之课题与对策 —— 以松山运动中心为例 [J]. 台湾物业管理学会，2010.

[120] 陈龙飞. 公营事业的企业化改革与竞争力提升 —— 台糖的案例分析 [J]. 嘉义大学通识学报，2010(8)：141—157.

[121] 吴衔桑，李建中，吴文彦，李振荣. 台湾公共工程履约争议民事诉讼一审判

决对数线性模型解析 [J]. 中国土木水利工程学刊，2010：22(2)：225—232.

[122] 传柏翔，王惠玲. 企业绩效评估制度对劳动权益之冲击研究 [J]. 政大劳动学报，2010(26)：91—146.

[123] 李秉正，张其禄，李慧琳. 扩大政府公共投资支出之经济成长方案是否依然有效？台湾新十大建设计划的可计算一般均衡分析 [J]. 台湾经济预测与政策，2010：40(2)：127—159.

[124] 谢凤珠. 运用平衡计分卡建构图书馆之核心策略：以陆军专科学校资讯图书中心为例 [J]. 图书与资讯学刊，2010(72)：52—73.

[125] 陈王琨，林文印，林忠铨. 邻避物业设施回馈比例的多准则决策评估 [J]. 物业管理学报，2011：2(2)：35—44.

[126] 徐茂洲，潘丰泉，郑桂玫. 2004—2009 结构方程模式在体育领域论文运用之探讨 [J]. 运动休闲管理学报，2011：8(2)：19—37.

[127] 黄金田，吕世通，孙国勋，古鸿坤. 物业管理之发展策略探讨 [J]. 运筹与管理学刊，2011：10(1)：31—49.

[128] 潘依茹. 土地征收补偿价格之探讨 [J]. 土地问题研究季刊，2011：10(4)：88—100.

[129] 洪贞玲. 政府宣传的界线：以美国法为借镜 [J]. 中华传播学刊，2011(20)：3—24.

[130] 刘芬美，陈博亮，冯文滨. 加入决策弹性以强化高市场风险之 BOT 计划之可行性：以台东深层海水生物技术园区计划为例 [J]. 中国土木水利工程学刊，2011，23(1)：93—102.

[131] 范良锈. 台湾公共工程之管理及效能提升 [J]. 研考双月刊，2011：35(2)：28—42.

[132] 林淑馨. 民间参与公共建设的迷思与现实：日本公立医院 PFI 之启示 [J]. 公共行政学报，2011(39)：1—35.

[133] 曾冠球，黄伟诚. 公共管理者对于公私合伙风险的认知：调查与反思 [J]. 公共行政学报，2011(41)：1—36.

[134] 黄敬仁，杜纯志. 应用平衡计分卡方法于公共工程之绩效评估 [J]. 商业现代化学刊，2012：6(4)：111—127.

[135] 黄任闵，王泳鑫．高雄世界运动会城市行销效益探讨 [J]．运动知识学报，2012(9)：141—152.

[136] 李春长，游淑满，张维伦．公共设施、环境品质与不动产景气对住宅价格影响之研究 —— 兼论不动产景气之调节效果 [J]．住宅学报，2012：21(1)：67—87.

[137] 苏南，陈昆成．台湾土地征收制度之探讨 [J]．财产法暨经济法，2012(30)：1—40.

[138] 郭碧云，陈锦村．银行的所有权类型对借款企业多重往来关系之影响 —— 以台湾的微小型企业与中大型企业为例 [J]．经济论文，2012：40(1)：111—161.

[139] 邢志航．地方型公共建设开发公私合伙协商执行认知之研究 [J]．台南市：第十六届国土规划论坛，2012.

[140] 施光训，林静怡，高永昌．银行业融资授信决策关键影响因子之分析 —— 以建筑业为例 [J]．会计与财金研究，2013：6(1)：81—98.

[141] 何暖轩．高铁桃园站站区开发及联外运输系统之研究 [J]．绩效与策略研究，2013：10(1)：1—31.

[142] 颜怡音，李芎莹．政府产业创新政策对企业智慧资本累积与经营绩效之影响 —— 以研发及人才培训为例 [J]．管理与系统，2013：20(4)：755—791.

[143] 方劲元，梁仁旭，陈奉瑶．销售模式对商用不动产价格之影响 —— 以台北市办公室为例 [J]．土地经济年刊，2013(24)：97—116.

[144] 陈君杰，李思戢，洪清贵．2012台湾灯会整体交通规划及交通疏运计划 [J]．都市交通，2013：27—28，85—98.

[145] 陈博亮，刘芬美，王金隆．非自偿BOT案政府最适补助上限与专案计划最佳资本结构之研究 —— 以台湾高铁为例 [J]．技术学刊，2013：28(3)：135—152.

[146] 范雪梅．强化政府对民间参与公共建设案监督管理机制之探讨 [J]．当代财政，2013(32)：13—28.

[147] 林家祺．论公共工程之工期争议 [J]．财产法暨经济法，2013(33)：133—172.

[148] 苏南．论公共工程契约债务不履行之损害赔偿 [J]．财产法暨经济法，2013(33)：173—243.

[149] 苏南．论BOT制度的经济分析 —— 以风险及代理理论观之 [J]．台湾中正大学法学集刊，2013(38)：47—98.

[150] 赖宗裕，苏伟强. 跨域加值公共建设财务规划方案问题之探讨 [J]. 公共行政学报，2013(45)：41—74.

[151] 郭幸萍，吴纲立. 公私合伙观点之古迹再利用委外经营决策影响因素之研究：多群体分析 [J]. 建筑学报，2013(84)：141—61.

[152] 郭翡玉，谢慧娟. 以跨域加值方式推动公共建设之做法与推动成效 [J]. 公共治理季刊，2014：2(4)：26—36.

[153] 许培基，汤丽芬，叶健次. 影响企业取得银行融资成本之研究—以个案银行为例 [J]. 管理资讯计算，2014：3(2)：298—317.

[154] 周瑞生，詹颖雯，李孝安，林怡芯，张鼎焕，杨正裕. 公共工程计划编审机制探讨与实务运作模式建立之研究 [J]. 营建管理季刊，2013(96)：1—24.

[155] 刘芬美，萧晴惠，陈博亮，陈秉轩. 多重现金流量投资计划之评估 [J]. 致理学报，2014(34)：915—955.

[156] 杨馥如，王伟权，张晓桢，李念慈. 企业社会责任与企业财务绩效之关联性分析 [J]. 绩效与策略研究，2014：11(2)：103—126.

[157] 何暖轩，张伶如. BOT 专案计划财务规划之探讨—以台高速铁路为例 [J]. 华人经济研究，2014：12(1)：111—130.

[158] 陈建宁. 地方政府创造公有闲置不动产公共价值之研究：以标租高雄市小港职训场地案为例 [J]. 人文与社会研究学报，2014：48(1)：1—20.

[159] 史经文. 设备设施管理与物业管理产业的商业模式创新案例分析 [J]. 物业管理学报，2015：6(1)：74—88.

[160] 王琨淇，何孟丞，王维志. 运用 BIM 数量计算辅助公共工程之概算 [J]. 营建管理季刊，2016(104)：1—13.

[161] 陈肇琦. 使用者负担方式应用于都市计划公共设施用地之研究 [D]. 私立中国文化大学，1984.

[162] 许亚儒. 由最大效用原理探讨都市公共设施需求行为 [D]. 台南市：成功大学，1990.

[163] 陈佩君. 公私部门协力理论与应用之研究 [D]. 台北市：政治大学，1999.

[164] 林圣慧. 民众参与政策议程建立过程之研究 —— 云林县反六轻个案之分析

[D]. 台北市：政治大学, 1990.

[165] 张志声. 太鲁阁公园设立对当地原住民土地资源利用冲突之研究 [D]. 台中市：逢甲大学, 1997.

[166] 邢志航. 引用《奖参条例》进行开发财务评估之研究——以民间参与兴建观光游憩设施为例 [D]. 台湾：成功大学, 1998.

[167] 周莳霈. BOT 计划投资选择权与最低营收保证之研究 [D]. 台湾：交通大学, 1999.

[168] 林孜珊. 建筑立面保存方法之探讨——以新竹市北门街为例 [D]. 新竹市：中华大学, 2000.

[169] 童健飞. 公共工程专案管理系统建构之研究 [D]. 台北市：台湾科技大学, 2000.

[170] 于嘉玲. 以平衡计分卡观点探讨公务机关绩效评估制度——以侨务委员会为例 [D]. 新北市：淡江大学, 2001.

[171] 陈胜智. 以大众运输导向发展理念进行车站地区都市再发展之探讨 [D]. 台南市：成功大学都市计划学系研究所, 2001.

[172] 涂昶辰. 中华社会福利联合劝募协会组织绩效评估指标建立之研究 [D]. 新北市：台北大学, 2001.

[173] 张宏旭. 基因算法在设施配置规划上之应用 [D]. 台南市：成功大学土木工程学系, 2001.

[174] 丁福致. 国营事业土地资产利用策略之研究——以台电及 TS 公司为例 [D]. 台北市：台湾政治大学, 2002.

[175] 洪佳新. 社会福利组织绩效衡量制度之探讨——以某基金会为例 [D]. 台北市：政治大学, 2002.

[176] 廖冠力. 以平衡计分卡来探讨绩效衡量指标——以成功大学学生事务处为例 [D]. 台南市：成功大学, 2002.

[177] 杨敏芝. 地方文化产业与地域活化互动模式研究：以埔里酒文化产业为例 [D]. 台北市：台北大学, 2002.

[178] 吴纲立, 赖丽巧. 全球在地化的都市闲置空间再利用策略之研究 [D]. 2003 年

住宅学会年会暨论文发表会论文集，2003.

[179] 罗煜翔. 以平衡计分卡推动公部门组织策略性绩效衡量制度之探讨 —— 以中正文化中心为例 [D]. 台北市：政治大学，2003.

[180] 廖慧萍. 公有闲置空间再利用评估模式之研究 [D]. 台中市：朝阳科技大学，2003.

[181] 吴涵宜. 社区环境改造中民众参与程度之探讨 —— 以"温州公园"与"福林社区"为例 [D]. 台北市：台湾大学，2003.

[182] 李政贤. 以永续观点探讨既存建筑物改善更新可行性之研究 —— 以台湾南部办公建筑为例 [D].TN 市：成功大学，2004.

[183] 徐国训. 闲置空间文化再造策略比较之研究 —— 以台中酒厂旧址为例 [D]. 台中市：逢甲大学，2004.

[184] 王瀞玉. 公有闲置空间再利用为身心障碍福利机构之探讨 [D]. 台湾中山大学，2004.

[185] 朱淑慧. 从经营观点谈历史空间再利用修复之研究 [D]. 台北市：淡江大学，2004.

[186] 叶芳彣. 新旧共生建筑评估模式之建立与检视 —— 以台湾文学馆为例 [D]. 台中市：逢甲大学，2004.

[187] 詹雅婷. 旧建筑防火逃生避难改善办法之案例探讨 [D]. 高雄市：树德科技大学，2004.

[188] 陈孟慧，冯正民，康照宗. 交通建设 BOT 计划特许年期与特许年期调整机制构建 [D]. 新竹：台湾交通大学，2004.

[189] 赖丽巧. 全球在地化理念下都市闲置空间再发展之研究：以台南市中山—中正路历史性都市轴线街廓空间为例 [D]. 台南市：成功大学，2004.

[190] 梁菁华. 台湾旧建筑再利用理念与手法之探讨 [D]. 台北市：台湾科技大学，2005.

[191] 林怡伶. 花莲松园别馆之地方感研究 [D]. 花莲县：花莲师范学院，2005.

[192] 林柏志. 从资源基础论探讨闲置空间再利用之经营策略 —— 以台北之家为例 [D]. 桃园县：中央大学，2005.

[193] 林杰祥 . 共生概念运用于产业闲置空间再利用 —— 以台湾水泥竹东厂为例 [D]. 中原大学 , 2005.

[194] 陈福全 . 民间参与政府规划 BOT 案件潜在问题之探讨 [D]. 基隆市：台湾海洋大学 , 2005.

[195] 吴国硕 . 永续都市发展下闲置空间再利用之研究 —— 以高雄桥仔头糖厂为例 [D]. 台南市：成功大学, 2005.

[196] 吴梵炜 . 旧建筑再利用中历史与文化的省思：以台北之家与红楼剧场为例 [D]. 新北市：淡江大学, 2005.

[197] 杨信洲 . 公私协力应用于闲置空间再利用之研究 —— 以花莲县七星柴鱼博物馆为例 [D]. 花莲县：东华大学 , 2006.

[198] 萧佳虹 . 云林县再利用公有闲置空间营运实施之研究 [D]. 台北市：科技大学, 2006.

[199] 赖家雄 . 以 AHP 法探讨国有财产管理 —— 土地资产之决策研究 [D]. 彰化县：彰化师范大学, 2006.

[200] 陈怡君 . 闲置空间再利用之"再闲置"研究 —— 以台中二十号仓库为例 [D]. 桃园县：中原大学 , 2006.

[201] 郭进雄 . 民间参与公共建设 BOT 模式协商机制之研究 —— 以淡水地区污水下水道系统为例 [D]. 新北市：台北大学, 2006.

[202] 杨司如 . 法国闲置空间再利用与城市发展之关系 [D]. 新北市：淡江大学, 2007.

[203] 黄剑虹 . 都市公有闲置空间再利用策略之研究 —— 以南海学园为例 [D]. 台北市：台北科技大学, 2007.

[204] 于泳泓 . 平衡计分卡最佳实务—按部就班, 成功导入 [D]. 台北：城邦出版集团, 2009.

[205] 李宗勋, 范祥伟 . 以"总量管制"推动政府业务委外经营的理论与策略 [Z]. 财团法人台湾政策研究基金会：网站：https://www.npf.org.tw/2/477.2001.

[206] 王惠君 . 专业者推动闲置空间再生的方向—从日本"谷中学校"的经验谈起 [Z]. 台北市：台湾行政管理机构文化建设事务主管部门, 2001 年推动闲置空间再利用国际研讨会会议实录, 2001.

[207] 傅朝卿. 台湾闲置空间再利用理论建构 [Z]. 台北市：台湾行政管理机构文化建设事务主管部门，2001 年推动闲置空间再利用国际研讨会会议实录，2001.

[208] 傅朝卿. 台湾闲置空间再利用理论建构 [Z]. 台北市：台湾行政管理机构文化建设事务主管部门，2001 年推动闲置空间再利用国际研讨会会议实录，2001.

[209] 理律法律事务所. 民间参与公共建设协商机制之拟义期末报告 [Z]. 台北：台湾行政管理机构公共工程事务主管部门，2002.

[210] 林贵贞. 民间参与公共建设案件营运绩效评估机制之建置委托专业服务案—初步建议报告 [Z]. 财团法人中华顾问工程司. 台北市：台湾行政管理机构公共工程事务主管部门，2006.

[211] 王启光，黄子宜，郑人豪. 台湾推动促参案件之总体经济效益分析 [Z]. 财团法人台湾经济研究院，2006.

[212] 曾巨威. 如何透过中央统筹分配税款及补助款之分配激励地方政府开辟财源 [Z]. 台北市：台湾行政管理机构研究发展考核事务主管部门，2008.

[213] 叶俊荣，江淳芳，陈仲嶙. 公共设施政策之永续性观察 —— 以工业区、污水下水道与渔港建设为中心 [R]. 台北市：台湾 24 大学法律系（台湾行政管理机构科技事务主管部门研究计划成果报告，2002.

[214] 邢志航，黄崑山. 民间参与观光游憩设施开发财务协商机制之研究 [R]. 台湾：建筑学会，建筑学会第十七届第二次建筑研究成果发表会，2005.

[215] 邢志航，黄崑山. 民间参与观光游憩设施开发财务诱因之研究 [R]. 台湾：建筑学会，建筑学会第十七届第二次建筑研究成果发表会，2005.

[216] 社团法人台湾当局营建管理协会. 促参案件履约阶段执行经验调查与建议 [R]. 台北市：台湾行政管理机构公共工程事务主管部门，2006.

[217] 王子安. 民间参与公共建设推动议题改进之研究 —— 加强促参案件履约管理机制委托专业服务案研究报告 [R]. 台北市：台湾行政管理机构公共工程事务主管部门，2006.

[218] 林贵贞. 民间参与公共建设案件营运绩效评估机制之建置委托专业服务案 —— 初步建议报告 [R]. 财团法人中华顾问工程司. 台北市：台湾行政管理机构公共工程事务主管部门，2006.

[219] 胡宗凤，杨德宜，林重莹. 台湾"蚊"物馆美丽摆着烂 [OL]. 联合报网站：http：//forum. nta. org. tw/showthread. php?p=41411：2005.

[220]Relph E. *The Modern Urban Landscape (Routledge Revivals)* [M]. Routledge；1987.

[221]Joreskog, Sorbom. *Lisrel 7: A Guide to the Program and Applications Spss* [M]. 1989.

[222]Kooiman J. *Modern Governance: New Government* [M]. London：Sage Publication，1993.

[223]Walsh K. *Public Services and Market Mechanisms* [M]. New York：St. Martin's Press, 1995.

[224]Kaplan RS，Norton DP. *The Balanced Scorecard:Translating Strategy into Action* [M]. Harvard Business Press，1996.

[225]Reed BJ, Swain JW. *Public finance administration* [M]. New Jersey:Sage Publications, 1996.

[226]Park CS，Morales Peake E，*Companys R. Contemporary engineering economics* [M]. Mishawaka: Better World Books，1997.

[227]Raffel JA，Auger DA，Denhardt KG，Barbour C. *Competition and Privatization Options: Enhancing Efficiency and Effectiveness in State Government* [M]. New York: Institute for Public Administration, Graduate College of Urban Affairs and Public Policy, University of Delaware, 1997.

[228]Wise RI. *The balanced scorecard approach to strategy management* [M]. The Public Manager: The New Bureaucrat，1997.

[229]Savas ES. *Privatization and public—private partnerships* [M]. New York: Chatham House Publishers，2000.

[230]Joreskog KG. A general method for estimating a linear structural equation system[J]. *ETS Research Bulletin Series*，1970：1970(2):1—41.

[231]Bagozzi RP, Yi Y. On the evaluation of structural equation models[J]. *Journal of the Academy of Marketing Science*，1988：16(1):74—94.

[232]Anderson, C. J, Gerbing, W. D. Structural equation modeling in practice: A review and recommended two—step approach [J]. *Psychological Bulletin*, 1988, 103(3):411—423.

[233]Bollen KA. A new incremental fit index for general structural equation models[J].*Sociological methods & research*, 1989：17(3):303—316.

[234]DeHoog RH. Competition, negotiation, or cooperation: Three models for service contracting[J].*Administration & society*, 1990：22(3):317—340.

[235]Browne MW, Cudeck R. Alternative ways of assessing model fit[J]. *Sociological methods & research*, 1992：21(2):230—258.

[236]Kaplan RS, Norton DP. The Balanced Scorecard — Measures That Drive Performance[J].*HARVARD BUSINESS REVIEW*, 1992：70:71—79.

[237]Ishikawa. The max-min Delphi method via fuzzy integration[J].*Fuzzy Sets & Systems*, 1993：55:241—253.

[238]Gary G, Jeff, Roger DA.Who Needs Performance Management[J]. *Management Accounting*, 1996：74(11):20—25.

[239]D. F. Kettl & H. B. Milward. The State of Public Management[J]. *Baltimore: Johns Hopkins University Press*, 1996：92—117.

[240]Clarke P.The Balance Scorecard[J].*Countancy*, 1997：29(3):25—26.

[241]Bailey AR, Chow CW, Haddad KM. Continuous Improvement in Business Education: Insights From the For—Profit Sector and Business School Deans[J].*Journal of Education for Business*, 1999：(74):165—180.

[242]Hair JF, Anderson RE, Tatham RL, Black WC[J].*Multivariate Data Analysis with Readings. NJ: Prentice Hall*, 1998.

[243]Hu Lt, Bentler PM. Cutoff criteria for fit indexes in covariance structure analysis: Conventional criteria versus new alternatives[J].*Structural equation modeling: a multidisciplinary journal*, 1999：6(1):1—55.

[244]Bentler PM, Yuan K—H. Structural equation modeling with small samples: Test statistics[J].*Multivariate behavioral research*, 1999：

34(2):181—197.

[245]Jarvenpaa SL, Tractinsky N, Vitale M. Consumer trust in an Internet store[J]. *Information technology and management*，2000：1(1):45—71.

[246]Gefen D, Straub D, Boudreau M—C. Structural equation modeling and regression: Guidelines for research practice[J].*Communications of the association for information systems*，2000：4(1):7.

[247]Jarvenpaa SL, Staples DS. The use of collaborative electronic media for information sharing: an exploratory study of determinants[J].*The Journal of Strategic Information Systems*，2000：9(2—3):129—154.

[248]Clarke J, Clark J, Gewirtz S, McLaughlin E.Leisure: Managerialism and Public Space[J].*New Managerialism,New Welfare*，2000：186—201.

[249]EA K, PR K, BG W. Effective boards: working smarter to meet the challenge[J]. *Trustee*，2000：53(5):18—23.

[250]Falconer PK, McLaughlin K. Public—Private Partnerships and the "New Labour"：Government in Britain[J].*Public—private partnerships: Theory and practice in international perspective*，2000,120—133.

[251]Woods R. Social housing: managing multiple pressures [J].*New managerialism, new welfare*，2000:137—151.

[252]Lambin EF, Turner BL, Geist HJ, Agbola SB, Angelsen A, Bruce JW, et al. The causes of land—use and land—cover change: moving beyond the myths[J]. *Global environmental change*, 2001：11(4):261—269.

[253]Kumaraswamy MM, Zhang XQ. Governmental role in BOT—led infrastructure development[J].*International Journal of Project Management*，2001：19(4):195—205.

[254]Weng Q. A remote sensing?GIS evaluation of urban expansion and its impact on surface temperature in the Zhujiang Delta, China[J]. *International Journal of Remote Sensing*，2001：22(10):1999—2014.

[255]Whitford V, Ennos AR, Handley JF. "City form and natural

process" —indicators for the ecological performance of urban areas and their application to Merseyside,UK[J].*Landscape and Urban Planning*, 2001：57(2):91—103.

[256]Bevir M, O'Brien D. New Labour and the public sector in Britain[J]. *Public administration review*, 2001：61(5):535—547.

[257]Savas ES. Competition and Choice in New York City. Social Services[J]. *Public Administration Review*, 2002, 62(1):82—91.

[258]Hasse JE, Lathrop RG. Land resource impact indicators of urban sprawl[J]. *Applied geography*, 2003：23(2—3):159—175.

[259]Pauleit S, Ennos R, Golding Y. Modeling the environmental impacts of urban land use and land cover change—a study in Merseyside, UK[J]. *Landscape and Urban Planning*, 2005：71(2):295—310.

[260]Raykov T, Marcoulides GA. A First Course in Structural Equation Modeling [J]. *Mahwah: NJ:Lawrence Erlbaum Associates*, 2006(1):238.

[261]Kaplan RS, Norton DP. Using the Balanced Scorecard as a Strategic Management System[J].*Harvard Business Review*, 2007:75—85.

[262]Haase D, Nuissl H. Does urban sprawl drive changes in the water balance and policy? The case of Leipzig (Germany) 1870‐2003[J]. *Landscape and Urban Planning*, 2007：80(1—2):1—13.

[263]Liu T, Wilkinson S. Large—scale public venue development and the application of Public‐Private Partnerships (PPPs)[J].*International Journal of Project Management*, 2014：32(1):88—100.

[264]Rigdon E. SEM FAQ [OL].http://www.gsu.edu/~mkteer/html.2005.